Recueil de textes relatifs au travail Législatif et Réglementaire du Gouvernement commentés et annotés

RÉPUBLIQUE DU SÉNÉGAL

Un Peuple-Un But-Une Foi

***

Secrétariat général du Gouvernement

***

RECUEIL DE TEXTES RELATIFS AU TRAVAIL LÉGISLATIF ET RÉGLEMENTAIRE DU GOUVERNEMENT

Commentés et annotés

Préface de

Mahammed Boun Abdallah DIONNE

Ministre d'État, Secrétaire général de la Présidence de la République

Avant-propos de

Maxime Jean Simon NDIAYE

Ministre, Secrétaire général du Gouvernement

Textes assemblés, commentés et annotés par

Papa Assane TOURÉ

Secrétaire général Adjoint du Gouvernement chargé des Affaires juridiques

L'Harmattan Sénégal

10 VDN, Sicap Amitié 3, Lotissement Cité Police, DAKAR

http://www.harmattansenegal.com

senharmattan@gmail.com

senlibrairie@gmail.com

ISBN: 978-2-343-19468-4

EAN: 9782343194684

SOMMAIRE

SIGLES ET ABRÉVIATIONS

Act. Jur. pén.	Actualité juridique pénale
AJDA	Actualité juridique de droit administratif
Al	Alinéa
Art.	Article
ASERJ	Association sénégalaise d'études et de recherches juridiques
Bull. civ.	Bulletin des arrêts de la Chambre civile de la Cour de cassation
Bull. crim.	Bulletin des arrêts de la Chambre criminelle de la Cour de cassation
CA	Cour d'appel
CAFORD	Centre africain de formation de recherche et de documentation
CE	Conseil d'État
CEDH	Cour européenne des Droits de l'Homme
CREDILA	Centre de recherches sur le développement des institutions et législations africaines
CS	Cour suprême
Cah. dr. entr.	Cahier de droit de l'entreprise
Cass. Ass. Plén.	Assemblée plénière de la Cour de cassation
Cass. Req.	Chambre des Requêtes de la Cour de cassation
Cass.crim.	Chambre criminelle de la Cour de cassation
Ch.	Chambre
Ch. réun.	Chambres réunies
Chr.	Chronique
Coll.	Collection
Concl.	Conclusions

Cons. const.	Conseil constitutionnel
R.D.	Recueil Dalloz
D. Aff.	Recueil Dalloz affaires
Délib.	Délibération
Dir.	Sous la direction de
Doc. fr.	La documentation française
Doct.	Doctrine
Dr. et patr.	Droit et patrimoine
Dr. pén.	Revue de droit pénal
EDJA	Éditions Juridiques Africaines
Fasc.	Fascicule
GDJAS	Les Grandes Décisions de la Jurisprudence administrative sénégalaise
Gaz. pal.	Gazette du Palais
I.D.E.F	Institut international de droit d'expression française
Ibid	Ibidem
IR	Informations rapides (Dalloz)
J. Cl. Pén.	Juris-classeur pénal
JCP, éd. E.	Semaine juridique édition entreprise
JCP, éd. G.	Semaine juridique édition générale
JOAN	*Journal officiel* de l'Assemblée nationale
JOCE	*Journal officiel* des communautés européennes
JORS	*Journal officiel* de la République du Sénégal
JT	Journal des tribunaux
Juris-data	Bases de données juridiques
LGDJ	Librairie générale de droit et de jurisprudence
Litec	Librairie technique
NEA	Nouvelles Éditions Africaines
Obs.	Observations
Ord.	Ordonnance
Op. cit.	Opere citato

p. pp.	Page, pages
Penant	Recueil Penant
PA	Les petites affiches
PUAM	Presses universitaires d'Aix-Marseille
PUF	Presse universitaire de France
Pouvoirs	La revue Pouvoirs
RDP	Revue de droit public
RIPAS	Revue des institutions politiques et administratives du Sénégal
RSC	Revue de sciences criminelles et de droit pénal comparé
RTD civ.	Revue trimestrielle de droit civil
RTD com.	Revue trimestrielle de droit commercial
RTDH	Revue trimestrielle de droits de l'homme
Rec. lég. et de jurisp.	Recueil de législation et de jurisprudence
RJS	Répertoire de jurisprudence sénégalaise
Rép. pén. et proc. pén.	Répertoire pénal et procédure pénale
Rev. adm.	Revue administrative
Rev. ass. sén.dr. pén.	Revue de l'association sénégalaise de droit pénal
RFDA	Revue française de droit administratif
RIDC	Revue internationale de droit comparé
Rev. jur. pol. ind.coop.	Revue juridique et politique indépendance coopération
RSD	Revue sénégalaise de droit
Rev. sén.dr. aff.	Revue sénégalaise de droit des affaires
S.	Sirey (périodique)
Sem. jur.	Semaine juridique
Somm.	Sommaires commentés (Dalloz)

PRÉFACE

L'activité normative est l'épine dorsale de l'action du Gouvernement. En effet, les chantiers structurants des départements ministériels s'adossent à des lois, des décrets ou des arrêtés censés traduire juridiquement les options majeures du Gouvernement. Les textes normatifs (lois, décrets et arrêtés, etc.) constituent de puissants outils au service de la mise en œuvre des politiques publiques.

Ainsi, dans le cadre de la mise en œuvre du Plan Sénégal Émergent (PSE), les projets et programmes stratégiques du Gouvernement sont portés par des textes législatifs et réglementaires préparés pour l'essentiel par les départements ministériels et autres services de l'État.

Or, la conception d'une norme juridique suppose le recours à des méthodes et à des techniques rédactionnelles complexes objet d'une discipline peu connue appelée « légistique ».

En effet, l'élaboration des textes doit être précédée d'une étape importante de préparation (concertations, consultations préalables, évaluation préalable, études d'opportunité et d'impact, etc.) indispensable à leur efficacité et à leur intelligibilité.

En outre, la rédaction d'un texte normatif constitue un « art » et une technique très complexe dont les arcanes échappent bien souvent aux hauts fonctionnaires de la technostructure administrative sénégalaise ; elle exige un appareillage juridique et un outillage conceptuel assez spécifiques.

Au Sénégal, dès le lendemain de l'indépendance, les pouvoirs publics se sont préoccupés de la qualité rédactionnelle, de l'intelligibilité des textes ainsi que de la célérité de la procédure d'adoption des normes juridiques.

Le Secrétaire général du Gouvernement avait même, par une circulaire n° 00017 PM/SGG/SAGE du 03 février 1976, recommandé aux agents de l'État de se procurer l'ouvrage de grammaire intitulé Le Bon usage de Maurice GREVISSE. On se rappelle également l'importance que le Président SENGHOR attachait au respect des prescriptions du décret n°75-1027 du 10 octobre 1975 relatif à l'emploi des majuscules dans les textes administratifs, modifié par le décret n°80-770 du 24 juillet 1980.

Plusieurs autres lois, décrets, instructions générales et circulaires ont prévu des règles relatives aux techniques de rédaction des documents de présentation, des visas des textes, à l'utilisation des virgules et à la transcription des noms sur les actes. D'autres textes ont fixé des règles essentielles relatives à la procédure d'adoption des projets de décret d'intérim et des projets d'arrêté.

Par ailleurs, depuis son accession au pouvoir en 2012, son Excellence le Président Macky SALL a insufflé une nouvelle dynamique à la politique normative. Cette nouvelle approche s'est manifestée par :

- *la création du poste de Secrétaire général Adjoint du Gouvernement, chargé des Affaires juridiques, confié à un magistrat ;*
- *l'érection du Bureau de Liaison de la Primature en une Direction des Services législatifs, devenue « Direction de l'Activité normative » ;*
- *la mise en place du Comité interne de préparation et de suivi des textes législatifs et réglementaires ;*
- *l'instauration de l'agenda législatif et réglementaire du Gouvernement ;*
- *un contrôle plus soutenu de l'activité normative du Gouvernement ;*
- *le lancement des travaux de rénovation de l'Imprimerie nationale ;*
- *la conception du site web de l'Imprimerie nationale : www.imprimerie-nationale.gouv.sn.*

Conformément à la vision déclinée dans la « Nouvelle Gouvernance normative » définie par son Excellence Monsieur le Président de la République, le Gouvernement a renoué avec la tradition normative du Sénégal. Récemment, plusieurs circulaires primatorales ont notamment prescrit la mise en place de cellules juridiques dans les ministères et ont fixé des règles de rédaction des lois d'orientation et des actes de transposition des directives communautaires. D'autres circulaires ont contribué à affiner les contours de la notion de ministres rapporteurs des projets de texte et ont reprécisé le rôle du Commissaire général et du Commissaire spécial du Gouvernement auprès de l'Assemblée générale consultative de la Cour suprême.

D'ailleurs, la circulaire n° 00041 PM/SGG/SGA/PAT du 06 octobre 2015 sur les règles de présentation et de rédaction des textes constitue aujourd'hui une référence légistique sûre pour les départements ministériels.

Cependant, ces différents textes relatifs au travail normatif, qui ne sont souvent pas publiés au Journal officiel, sont d'un accès très difficile.

C'est pourquoi, je me réjouis du travail important de recherche et d'analyse réalisé par le Secrétariat général du Gouvernement couronné par la publication de ce Recueil de textes relatifs au travail législatif et réglementaire du Gouvernement commentés et annotés. Il s'agit d'un document unique dans l'Administration sénégalaise, qui s'inscrit harmonieusement dans le Plan Sénégal Émergent.

Cet outil documentaire constituera, sans nul doute, un bréviaire pour tous les départements ministériels, les services de l'État et les citoyens désireux de s'initier à « l'art » normatif. Il est une source inépuisable d'informations indispensable à l'amélioration de notre production normative.

Je recommande à tous les ministères et autres services de l'Etat de se le procurer et d'en faire un bon usage.

Mahammed Boun Abdallah DIONNE
Ministre d'État,
Secrétaire général de la Présidence de la République

AVANT-PROPOS

Depuis la réforme introduite par la loi constitutionnelle n° 91-25 du 05 avril 1991 qui a restauré l'institution gouvernementale et le poste de Premier Ministre, la coordination de l'activité normative du Gouvernement est assurée par le Secrétariat général du Gouvernement (SGG) et non plus par le Secrétariat général de la Présidence de la République (SGPR).

Malgré l'entrée en vigueur de la loi constitutionnelle n° 2019-10 du 14 mai 2019 portant révision de la Constitution, ayant supprimé le poste de Premier Ministre de l'ordonnancement constitutionnel, le Secrétariat général du Gouvernement est resté le pivot de notre système de gouvernance normative.

Haut lieu de « l'interministérialité », le SGG assure la coordination et veille à la qualité de la production normative des départements ministériels.

À ce titre, le Secrétariat général du Gouvernement s'appuie sur les outils et les mécanismes de la légistique pour coordonner et réguler l'activité normative du Gouvernement. La légistique, qui étudie les techniques et les méthodes de conception et de rédaction des textes législatifs et réglementaires, est au cœur des options majeures de la gouvernance normative impulsée par Monsieur le Président de la République et mise en œuvre par le Secrétariat général du Gouvernement.

Somme toute, en dépit de la vieille tradition normative du Sénégal, l'expérience a révélé l'absence d'un document de référence en matière de légistique, même sous la forme d'un guide.

Dans un tel contexte, la légistique apparaît comme une discipline ésotérique dont les rouages échappent bien souvent aux hauts fonctionnaires de la technostructure administrative. Les techniques complexes de conception et d'élaboration normative ne s'apprennent que par l'usage et la pratique.

Cette situation explique en partie les manquements persistants aux règles relatives à la rédaction des textes ainsi que la dégradation progressive de la qualité de la production normative préjudiciables à la sécurité juridique.

Fort de ce constat, le Secrétariat général du Gouvernement a engagé, dès l'année 2015, un vaste travail de recherche et de collecte des textes relatifs au travail législatif et réglementaire du Gouvernement aux Archives nationales, à l'Assemblée nationale, à l'Inspection générale d'État et à la Cour suprême.

Le présent recueil est le fruit de ces travaux de recherche, qui ont permis de rassembler plus de deux cent (200) textes, sous forme de lois, de décrets, d'arrêtés, d'instructions, de circulaires, de notes de service et de greffe relatifs au travail normatif du Gouvernement.

Ce manuel s'emploie à systématiser les nombreux préceptes légistiques contenus dans les instructions, les circulaires et les notes de greffe de l'Assemblée générale consultative de la Cour suprême, qui malgré leur ancienneté sont d'une vivante actualité.

Ce travail a été rendu possible grâce à l'engagement de M. Papa Assane TOURE, Secrétaire général Adjoint du Gouvernement, chargé des Affaires juridiques. Ce magistrat et Docteur en droit, qui a dirigé les travaux, collecté, assemblé et étudié les nombreux textes reproduits dans le présent recueil.

Je trouve ici l'occasion de le féliciter pour l'important travail qu'il accomplit au service de l'Administration publique.

Certainement, la publication du recueil que vous tenez entre les mains, constituera une contribution substantielle à la mise en œuvre de la nouvelle gouvernance normative définie par Monsieur le Président de la République et mise en œuvre par le Secrétariat général du Gouvernement.

Maxime Jean Simon NDIAYE
Ministre, Secrétaire général du Gouvernement

INTRODUCTION

1. La tradition normative. Le Sénégal a hérité d'une très vieille tradition normative[1]. Notre pays est l'un des rares États africains où les techniques et méthodes de rédaction des textes législatifs et réglementaires ont été, très tôt, fixées par des lois, des décrets, des instructions et des circulaires[2]. Ainsi, dès 1963, l'instruction générale n° 112 du 09 décembre 1963 sur l'organisation du travail gouvernemental décrivait la procédure d'adoption des textes. Par la suite, la circulaire primatorale n° 45/PM/JUR du 11 novembre 1970 fixait les règles de présentation matérielle des projets de loi et de décret[3]. Aussi, dans les différentes notes de greffe transmises au Gouvernement, l'Assemblée générale consultative de la Cour suprême a eu l'occasion de fixer plusieurs règles de rédaction des textes constituant la « doctrine » de la Cour suprême en matière de légistique.

Au lendemain de l'indépendance, le Président Léopold Sédar SENGHOR, après avoir joué un rôle décisif dans la vérification grammaticale de la Constitution française de 1946[4], par une véritable approche légistique, avait pensé uniformiser certaines méthodes liées à la structuration formelle des textes et à l'emploi des majuscules et des virgules dans les textes[5]. Les pouvoirs publics de l'époque ont même adopté certains mots français[6] et procédé à la transcription des mots sénégalais et français[7].

---

[1] P. A. TOURE, *La légistique. Techniques de conception et de rédaction des lois et des actes administratifs : une tradition de gouvernance normative*, Dakar, l'Harmattan, 2018, p. 13.

[2] D. G. LAVROFF, *La République du Sénégal*, Paris, LGDJ, 1966.

[3] Sur cette question, P. A. TOURE, « La circulaire primatorale du 06 octobre 2015 : l'art de mieux légiférer », www.sudonline.sn

[4] En ce sens, V. *La confection de la loi*, Groupe de travail présidé par Roland DRAGO, membre de l'Académie, Rapport d'étape, mars 2003, p. 132. Dans le même sens, P. A. TOURE, *La légistique. Techniques de conception et de rédaction des lois et des actes administratifs : une tradition de gouvernance normative*, Dakar, l'Harmattan, 2018, p. 14

[5] V. le décret n° 75-1027 du 10 octobre 1975 relatif l'emploi des majuscules dans les textes administratifs (JORS n° 4454 du 08 novembre 1975, p. 1524-1526), modifié par le décret n°80-770 du 24 juillet 1980 abrogeant et remplaçant les articles 3 et 17 du décret n°75-1027 du 10 octobre 1975 relatif l'emploi des majuscules dans les textes administratifs (JORS, n° 4785 du 28 août 1980, p. 1022-1023) et la circulaire présidentielle n° 1596 PR/SG/JUR du 17 juillet 1980 relative l'emploi des majuscules et des virgules (JORS, n° 4785, numéro spécial du 28 août 1980, p. 1021).

[6] V. le décret n° 73-955 du 17 octobre 1973 relatif à l'enrichissement de la langue française modifié notamment par le décret n° 74-430 du 08 mai 1974 complétant le décret n° 73-955 du 17 octobre 1973 relatif à l'enrichissement de la langue française (JORS numéro spécial du lundi 27 mai 1974, p. 811) et par le décret n° 75-311 du 18 mars 1975 (JORS du 12 avril 1975, p. 383). On peut également citer le décret n° 71-481 du 29 avril 1971 relatif à la désignation des services du Premier

L'attachement du Gouvernement de l'époque à la qualité rédactionnelle des textes l'avait même conduit à demander aux agents de l'État de se doter de l'ouvrage de grammaire intitulé *Le Bon usage* de Maurice GREVISSE[8].

2. La crise de la technique législative. Malgré le prestige de l'héritage légistique du Sénégal, la pratique a permis de constater des manquements persistants aux règles relatives à la rédaction des textes ainsi qu'une détérioration progressive de la qualité de la production normative préjudiciables à la sécurité juridique[9].

Aussi, les rapports publics de l'Inspection générale d'État (IGE) sur l'état de la gouvernance et de la réédition des comptes[10] publiés ont-ils beaucoup insisté sur la dégradation progressive de la qualité du travail normatif au Sénégal[11]. Un auteur, évoquant des techniques de rédaction des textes législatifs au Sénégal, a parlé de « l'art de mal légiférer »[12]. Il n'est pas rare de relever dans les textes publiés au *Journal officiel* des malfaçons et des maladresses rédactionnelles, des faux renvois ainsi que des problèmes d'articulation entre des normes voisines[13].

Ministre et des services du gouverneur de région et le décret n° 76-154 du 06 février 1976 relatif à l'usage des mots «*gubernatoral*» et « *médiat*».

[7] V. la loi n° 74-57 du 28 novembre 1974 relative à la transcription des noms propres sénégalais en français (JORS du 09 décembre 1974, p. 1960) et le décret n° 75-262 du 10 mars 1975 relatif à la transcription des mots français en langue nationale et des mots sénégalais dans un texte en français (JORS du 05 avril 1975, p. 365).

[8] V. la circulaire n° 00017 PM/SGG/SAGE du 03 février 1976 relative à l'achat d'ouvrage *Le Bon usage* de Maurice GREVISSE.

[9] En ce sens, V. J. GAUDOUIN et J.-M. ROUSSIGNOL, *Rédaction administrative Afrique. Maghreb-Afrique subsaharienne,* Paris, Armand Colin, 4e édition mise à jour, 2013, p. 179 ; P. A. TOURE, *La légistique. Techniques de conception et de rédaction des lois et des actes administratifs : une tradition de gouvernance normative*, Dakar, l'Harmattan, 2018, p. 15.

[10] IGE, *Le rapport public sur l'état de la gouvernance et de la réédition des comptes*, juin 2014, p. 38 et s. : http://www.ige.sn.

[11] ALBERTINI, *La crise de la loi. Déclin ou mutation ?,* Paris, coll. Essais, Lexisnexis, 2015 ; A. VIANDER, « La crise de la technique législative », *Droits*, n° 4, p. 75 ; C. BERGEAL, *Manuel de légistique*, 8 e édition, Paris Berger-Levrault, 2018, p. 27, n° 09.

[12] I. Y. NDIAYE, « L'art de mal légiférer (propos irrévérencieux sur certains textes de lois) », *Rev.Ass. sén. dr. pén.*, n° 02, juillet-décembre 1995, p. 53 ; également, P. A. TOURE, « Les manquements constatés dans la rédaction des textes législatifs et réglementaires », in *la procédure d'adoption des textes législatifs et réglementaires au Sénégal*, atelier ENA, 28 et 29 avril 2015 ; P. DE MONTALIVET « La dégradation de la qualité de la norme constitutionnelle sous la Ve République », *RDP,* 01/07/2012, n° 4, p. 925 ; P. LAVIGNE, « Comment la loi est mal écrite », *D.*1982, chr., p. 299.

[13] A. L. COULIBALY, « De l'art de mal légiférer au paradigme du mieux légiférer : contribution à la recherche d'une nouvelle gouvernance normative au Sénégal », in A. SALL et I. M. FALL (dir.), *Actualités du droit public et de la science politique en Afrique, Mélanges en l'honneur de Babacar KANTE*, Dakar, l'Harmattan, 2017, p. 664.

Or, la publication de textes à la ponctuation défectueuse ou comportant des erreurs typographiques peut susciter des hésitations sur le sens à leur donner et engendrer par la même occasion des contentieux inutiles[14].

Cette crise de la technique législative n'est pas sans incidence sur les interventions du Gouvernement, puisqu'elle est source de difficultés d'interprétations porteuses d'insécurité juridique. En outre, elle méconnaît le principe d'intelligibilité de la loi et entraîne une perte de légitimité de celle-ci.

Il y a un lien presque fusionnel entre la gouvernance publique et la gouvernance normative. En effet, les textes législatifs et réglementaires sont une composante essentielle de la mise en œuvre des politiques publiques. Il ne peut y avoir une administration publique efficace au service du développement économique et social, lorsque les textes normatifs sont mal pensés et mal conçus. Une norme juridique de piètre qualité contrarie des objectifs de développement économique et social.

Cette situation préoccupante de notre pratique normative s'explique en partie par l'absence d'un cadre de référence même sous la forme d'un guide de légistique et surtout par les difficultés d'accès aux textes (lois, décrets, instructions générales et circulaires) relatifs à la rédaction et à l'adoption des actes législatifs et réglementaires[15].

Certes, l'inspection générale d'État (IGE) avait édité un *Manuel pratique de Secrétariat*[16] destiné aux agents de l'État. Ce document rappelle les règles relatives aux abréviations, aux accents, aux symboles et à la ponctuation, etc.

Par ailleurs en décembre 1999, le Secrétariat général du Gouvernement avait publié un *Recueil de décrets et de circulaires relatifs à l'emploi de certains mots, des majuscules et des virgules dans les textes administratifs.*

Mais, ces deux documents couvrent des matières bien limitées concernant les règles de secrétariat, l'emploi des majuscules et des virgules ainsi que l'usage de certains mots.

3. L'objet du recueil. Fort de ce constat, le Secrétariat général du Gouvernement a engagé un vaste travail de recherche et de collecte des textes relatifs au travail législatif et réglementaire du Gouvernement aux Archives nationales, à l'Assemblée nationale, à l'Inspection générale d'État et à la Cour suprême. L'ouvrage que vous tenez entre les mains est le fruit de ces travaux de recherche qui ont permis de rassembler plus de deux cent (200) textes sous

[14] En ce sens, J. GANDOUIN et J.-M. ROUSSIGNOL, *Rédaction administrative Afrique. Maghreb-Afrique subsaharienne*, Armand Colin, 4e édition mise à jour, 2013, p. 179.

[15] Certaines instructions et circulaires ne sont disponibles qu'au niveau des Archives nationales, de la Cour suprême et de l'Inspection générale d'Etat (IGE). Sur cette question, P. A. TOURE, *La légistique. Techniques de conception et de rédaction des lois et des actes administratifs : une tradition de gouvernance normative*, Dakar, l'Harmattan, 2018, p. 16.

[16] V. *Manuel pratique de Secrétariat*, Dakar, Présidence de la République-Inspection générale d'État, 1980, p. 157 et 158.

forme de lois, décrets, arrêtés, instructions, circulaires ainsi que des notes de service et de greffe relatifs au travail normatif du Gouvernement.

Le présent document a pour objet de rassembler dans un support documentaire unique les nombreux textes relatifs au travail législatif et réglementaire du Gouvernement, en vue de faciliter leur accessibilité, leur interprétation et leur bonne application par les agents de l'État et les citoyens.

Suivant pas à pas les différentes étapes du travail normatif, de la préparation du projet normatif à sa sortie de vigueur (retrait), en passant par son entrée en vigueur, cet ouvrage est enrichi de commentaires et d'annotations en vue d'en ressortir l'économie générale et de faciliter sa compréhension.

4. La valeur des textes reproduits. Depuis notre accession à la souveraineté internationale, les pouvoirs publics n'ont eu de cesse de consolider la bonne gouvernance des normes, garante de la sécurité juridique des citoyens et de l'efficacité de l'action gouvernementale, comme en atteste la richesse de notre production administrative et normative.

Depuis les premières instructions générales édictées par les hautes autorités, sur l'organisation du travail gouvernemental jusqu'aux récentes circulaires signées par le Président Macky SALL et par l'ex Premier Ministre, M. Mahammed Boun Abdallah DIONNE relatives aux techniques de rédaction des textes législatifs et réglementaires, la préoccupation a toujours été la même : consolider la gouvernance normative.

Ces instructions et circulaires, dont certaines remontent à une période antérieure à l'indépendance, ne sont pas toujours adaptées à l'architecture constitutionnelle et administrative actuelle. Il en est ainsi de la circulaire n° 043 PR/SG du 02 avril 1963 relative aux incidences de l'entrée en vigueur de la Constitution sur les conditions d'exercice du pouvoir législatif, du pouvoir réglementaire et du pouvoir de prendre des décisions individuelles signée sous l'empire du régime présidentiel originel instauré par la Constitution de 1963. Il en est de même de l'instruction générale n° 112 du 09 décembre 1963 sur l'organisation du travail gouvernemental et de l'instruction générale n° 15 PR du 1er mars 1968 sur l'organisation du travail gouvernemental adoptées à des périodes où la coordination du travail gouvernemental était assurée par le Secrétariat général de la Présidence de la République et non par le Secrétariat général du Gouvernement.

La même observation peut être faite à propos de la circulaire n° 004/PM SGG/SP du 07 avril 1999 sur les procédures de transmission des textes entre les Assemblées et le Gouvernement et l'adoption des lois par le Parlement. En effet, cette circulaire, prise à la faveur de la réforme constitutionnelle introduite par la loi n° 98-11 du 02 mars 1998 instaurant le bicaméralisme au Sénégal, a défini la procédure de transmission des textes à l'Assemblée nationale et au Sénat (navette) dans le cadre de l'adoption des lois.

Toutefois, dans un contexte marqué par une crise de la technique législative, ces textes, malgré leur ancienneté, contiennent des préceptes de légistique qui sont d'une actualité brûlante.

En outre, la richesse et la profondeur des directives de gouvernance normative « affûtées » par les pères fondateurs de l'indépendance, pendant que nos « infrastructures » administratives et institutionnelles de base étaient encore en chantier, frappent particulièrement l'imaginaire de l'érudition contemporaine. Il est, à cet égard, remarquable de noter que les germes de la jurisprudence Samba Ndoucoumane GUEYE, fixée bien plus tard par la Cour suprême le 23 mars 1966[17], étaient déjà contenues dans la circulaire n° 37 PR/SG/JUR du 16 avril 1964 relative au retrait des actes administratifs individuels. Cette circulaire de base a favorisé l'adoption de l'article 5, alinéa 2 de la loi n° 70-14 du 06 février 1970 fixant les règles d'applicabilité des lois, des actes administratifs à caractère réglementaire et des actes administratifs à caractère individuel qui devait « codifier » l'arrêt Samba Ndoucoumane GUEYE.

Par ailleurs, la charge affective ainsi que la valeur historique dont sont parées les instructions et circulaires signées par les plus hautes autorités exécutives du Sénégal ont justifié leur reproduction intégrale et fidèle.

Gageons que ce document constituera une référence sûre pour les services rédacteurs des départements ministériels, les chercheurs ainsi que pour les citoyens et qu'il apportera une contribution substantielle au renouveau de la gouvernance normative que les pouvoirs publics appellent de leurs vœux[18].

Papa Assane TOURE

Magistrat
Docteur en Droit Privé et Sciences Criminelles
Secrétaire général Adjoint du Gouvernement,
chargé des Affaires juridiques

---

[17] CS 23 mars 1966, Samba Ndoucoumane GUEYE, *Ann. afr.* 1974, p. 287 ; *GDJAS*, tome I, 2e édition 1984 p. 185.

[18] Sur cette question, A. L. COULIBALY, « Gouvernance normative. Nouvelle dynamique, nouvelle approche ! », in *Le Soleil* du mercredi 21 septembre 2015, p. 12 ; plus récemment, A. L. COULIBALY, « De l'art de mal légiférer au paradigme du mieux légiférer : contribution à la recherche d'une nouvelle gouvernance normative au Sénégal », in A. SALL et I. M. FALL (dir.), *Actualités du droit public et de la science politique en Afrique, Mélanges en l'honneur de Babacar KANTE*, Dakar, l'Harmattan, 2017, p. 664.

CHAPITRE PREMIER

LA PRÉPARATION DES TEXTES LÉGISLATIFS ET RÈGLEMENTAIRES

« Avant donc que d'écrire apprenez à penser »
BOILEAU, *L'art poétique.*

Notes

5. La nécessité de la préparation des textes. Les textes législatifs et réglementaires ne sont que la traduction juridique d'une solution à un problème de société. Tout projet normatif a pour objectif de résoudre un problème social, politique ou économique identifié, en vue d'atteindre un résultat défini.

Une fois le problème à résoudre identifié et l'intervention normative jugée nécessaire, le rédacteur du texte doit résister à la tentation ou au « réflexe normatif » de prendre sa plume pour procéder à la rédaction.

L'élaboration des textes doit être précédée d'une étape importante, mais bien souvent négligée, de préparation indispensable à leur efficacité et à leur intelligibilité.

Certains textes ont encadré la mise en place des cellules juridiques (**I**), l'évaluation préalable des textes (**II**), la répartition du domaine de la loi et du règlement(**IV**) et les conditions d'exercice du pouvoir réglementaire (**V**).

I. LA MISE EN PLACE DES CELLULES JURIDIQUES

6. L'importance des Cellules juridiques. Compte tenu de la complexité de la technique légistique, il est nécessaire, pour les départements ministériels, faute de disposer d'une direction chargée de la législation, de mettre en place en leur sein un service chargé de la rédaction des textes et de la coordination des activités normatives du département. C'est pourquoi, par une circulaire n° 0030 CAB/PM.SGG/DSL du 18 décembre 2014 sur la mise en place de l'Agenda législatif et réglementaire du Gouvernement pour l'année 2015, le

Premier Ministre a invité les ministères à créer des cellules juridiques rattachées au Secrétariat général du ministère ou au Cabinet, selon le cas[19].

En effet, la vocation transversale de ces cellules juridiques s'accommode très mal de leur rattachement à une direction technique du département ministériel. La Cellule juridique du ministère remplit en réalité une fonction de support de l'ensemble des structures (directions et services rattachés) dans le cadre de la coordination et de la cohérence de la production normative du département.

Le rôle dévolu aux cellules juridiques est d'ailleurs conforme au décret n° 2017-314 du 15 février 2017 fixant les règles de création et d'organisation des structures de l'administration centrale des ministères. L'article 10 de ce texte énonce, que le service, quelle que soit son appellation (cellule, service, centre etc.), est une structure transversale rattachée directement soit au secrétariat général soit au cabinet. Il est créé pour remplir une fonction de support pour l'ensemble des structures du département ministériel.

L'obligation d'instauration d'une cellule juridique a été récemment rappelée par la circulaire n° 000260 PM/SGG/DSL/db du 27 mars 2017 relative à la création des Cellules juridiques.

---

[19] P. A. TOURE, *La légistique. Techniques de conception et de rédaction des lois et des actes administratifs : une tradition de gouvernance normative*, Dakar, l'Harmattan, 2018, n° 30.

7. La circulaire n° 0030 CAB/PM.SGG/DSL du 18 décembre 2014 sur la mise en place de l'Agenda législatif et réglementaire du Gouvernement pour l'année 2015

REPUBLIQUE DU SENEGAL
Un Peuple-Un But-Une Foi
Primature

N° 0030 CAB/PM/SGG/DSL

Dakar, le 18 décembre 2014

CIRCULAIRE
Le Premier Ministre
A
Mesdames, Messieurs, les Ministres

Objet: Mise en place de l'Agenda législatif et réglementaire du Gouvernement pour l'année 2015

Dans le souci de rationaliser davantage la programmation de l'adoption des projets de loi et de décret en Conseil des Ministres, j'ai décidé, conformément aux orientations de Monsieur le Président de la République, de mettre en place un Agenda législatif et réglementaire du Gouvernement pour l'année 2015.

Ce dispositif, instrument de planification, aura l'avantage de faciliter le suivi et l'évaluation de l'action du Gouvernement dans ce domaine.

En vue de matérialiser cette option, je vous demande de remplir le formulaire attaché à la présente lettre et le faire parvenir au Secrétariat général du Gouvernement, avant la fin du mois de janvier 2015.

Je vous rappelle que ce dispositif fera l'objet d'une évaluation trimestrielle. En conséquence, je vous invite à créer au sein de vos départements une Cellule juridique rattachée au Secrétariat général du ministère ou au cabinet, selon le cas.

Cette cellule aura, entre autres, missions :

- suivre l'état de mise en œuvre de votre agenda législatif et réglementaire ;
- participer aux réunions d'évaluation trimestrielle de l'Agenda du Gouvernement ;
- veiller à la qualité des projets de loi et de décret avant leur transmission au Secrétariat général du Gouvernement.

Le Coordonnateur de ladite cellule, de préférence un juriste, sera votre point focal au sein du Comité technique de la Primature. Il assiste aux réunions de cette instance, chaque fois que les points inscrits à l'ordre du jour intéressent votre département.

En outre, l'élaboration de votre agenda est un prétexte vous permettant de procéder à une large revue documentaire des textes législatifs et réglementaires relevant de vos domaines de compétences en vue de les adapter au contexte actuel, le cas échéant.

J'attache du prix à l'exécution correcte de la présente lettre circulaire.

Le Premier Ministre

Mahammed Boun Abdallah DIONNE

ATCR: Monsieur le Président de la République

---

8. La circulaire n° 000260 PM/SGG/DSL/db du 27 mars 2017 relative à la création des Cellules juridiques

REPUBLIQUE DU SENEGAL
Un Peuple-Un But-Une Foi
Primature

N° 000260 PM/SGG/DSL/db

Dakar, le 27 mars 2017

Le Premier Ministre

CIRCULAIRE

A

Mesdames, Messieurs, les Ministres

Dans ma lettre circulaire n° 0030/CAB/PM/SGG/DSL en date du 18 décembre 2014, je vous avais demandé de créer au sein de vos départements ministériels, des Cellules juridiques rattachées au Secrétariat général ou au Cabinet, selon le cas. Ces Cellules auront pour missions notamment :

- de suivre l'état de mise en œuvre de votre agenda législatif et réglementaire ;
- de participer aux réunions d'évaluation trimestrielle de l'agenda du Gouvernement ;
- de veiller à la qualité des projets de loi et de décret avant leur transmission au Secrétariat général du Gouvernement.

Le coordonnateur de la Cellule, de préférence un juriste, sera votre point focal au sein du Comité interne et du Comité technique de la Primature.

Son Excellence, Monsieur le Président de la République, par lettre confidentielle n° 0139/PR/MSG/Cf.sns en date du 07 mars 2017, a rappelé cette exigence.

C'est pourquoi, je vous exhorte à procéder à la mise en place de ladite cellule, au plus tard le 1er avril 2017.

Vous transmettrez les informations y relatives au Secrétaire général du Gouvernement qui me fera le point.

J'attache du prix à la correcte exécution de la présente circulaire dont vous m'accuserez réception.

Le Premier Ministre

Mahammed Boun Abdallah DIONNE

ATCR : Monsieur le Président de la République

II. L'ÉVALUATION PRÉALABLE DES TEXTES : LES ÉTUDES D'OPPORTUNITÉ ET D'IMPACT

9. Les enjeux de l'évaluation préalable des textes. Face à la dégradation de la qualité rédactionnelle des textes, la réalisation des études d'opportunité et d'impact constitue l'un des outils majeurs des politiques mises en œuvre pour améliorer la rédaction des textes législatifs et réglementaires[20]. Il s'agit d'un mécanisme d'évaluation ex ante permettant d'analyser les retombées potentielles de l'activité normative[21].

10. L'objet des études d'opportunité et d'impact. Les études d'opportunité et d'impact sont des études préalables à l'élaboration d'un texte législatif ou réglementaire ayant pour objet d'identifier les problèmes auxquels le projet normatif entend remédier, de fixer ses objectifs, de déterminer les options envisageables en vue de répondre à l'objectif assigné ainsi que les impacts potentiels de l'intervention normative (économique, social, budgétaire, environnemental, institutionnel, etc.)[22].

11. L'absence de systématisation des études d'opportunité et d'impact. Au Sénégal, le législateur n'a pas procédé à une systématisation de l'obligation de confection des études d'opportunité et d'impact pour tout projet de texte.

Mais la réalisation d'une étude d'opportunité et d'impact n'est une obligation juridique que dans des cas spécifiquement prévus par la loi ou le règlement[23].

Ainsi, la circulaire n° 02937 PM/CAB/CS/GOUV. SD du 24 octobre 2013 sur le respect de la procédure d'adoption des textes législatifs et réglementaires énonce que les projets de texte devront, être accompagnés par une évaluation de leur incidence budgétaire « et, le cas échéant, d'une étude d'impact sur le plan organisationnel, social et économique ».

12. Le cas de la création des agences d'exécution. Dans le cadre de la création des agences d'exécution, l'article 2, alinéa 3 de la loi d'orientation n° 2009-20 du 04 mai 2009 sur les agences d'exécution énonce que l'agence est créée par décret pour une durée déterminée ou indéterminée, sur proposition

---

[20] *Guide de légistique, Paris, La documentation française,* 3e édition, mise à jour 2017, p. 14 ; S. BRACONNIER, « La technique de l'étude d'impact et le renouveau de l'action publique », *RDP*, 1998, p. 817.

[21] V. notamment, A. NOURY, « L'étude d'impact des projets de loi et de décret en Conseil d'État : une tentative de rationalisation du travail gouvernemental », *RRJ*, 2000, p. 599 ; A. HAQUET, « Les études d'impact des projets de loi : espérances, scepticisme et compromis », *AJDA*, 2009, p. 1986.

[22] J. SIRINELLI, « La justiciabilité des études d'impact des projets de loi », *RDP,* du 1er janvier 2010, n° 05, p. 1367.

[23] P. A. TOURE, *La légistique. Techniques de conception et de rédaction des lois et des actes administratifs : une tradition de gouvernance normative*, Dakar, l'Harmattan, 2018, n° 15.

du chef de l'administration de tutelle technique, en vue de remplir des tâches de nature technique, scientifique ou de gestion bien spécifique. Le décret de création est accompagné d'une étude d'opportunité et d'impact démontrant la valeur ajoutée du recours à la formule de l'agence.

La circulaire n° 4006/ PM du 17 septembre 2014 sur l'étude d'opportunité et d'impact préalable à la création d'une agence d'exécution a apporté des précisions utiles sur les modalités de réalisation de l'étude d'opportunité et d'impact.

Cette circulaire a même proposé un canevas de l'étude d'opportunité et d'impact qui doit « servir de référentiel sans toutefois empêcher la prise en compte par les acteurs des spécificités de leur secteur d'intervention ».

Textes

13. La circulaire n° 02937 PM/CAB/CS/GOUV. SD du 24 octobre 2013 sur le respect de la procédure d'adoption des textes législatifs et réglementaires

REPUBLIQUE DU SENEGAL

Un Peuple-Un But-Une Foi

Primature

N° 02937 PM/CAB/CS.GOUV.SD

Dakar, le 24 octobre 2013

CIRCULAIRE

A

Mesdames et Messieurs les Ministres ;

Monsieur le Ministre Délégué

Objet : Respect de la procédure d'adoption des textes législatifs et réglementaires

Monsieur le Président de la République a attiré mon attention sur l'insuffisante préparation des projets de textes qui lui sont soumis en Conseil des Ministres.

En effet, il a été constaté que les projets ne font pas souvent l'objet d'un examen préalable en Comité technique. Or, cet exercice important aurait permis de prendre en compte, les observations des ministères concernés, en amont, et d'éviter, ainsi, leur formulation et leur traitement en réunion de Conseil des Ministres.

Cette étape, au-delà du partage et de l'appropriation des textes par les départements concernés, permet une amélioration de la qualité technique et juridique des textes, tout en facilitant leur mise en œuvre, une fois adoptés.

Pour cette raison, le passage au Comité technique reste obligatoire, sauf exception autorisée par le Président de la République.

Par ailleurs, les projets de texte devront, désormais, être accompagnés par une évaluation de leur incidence budgétaire et, le cas échéant, d'une étude d'impact sur le plan organisationnel, social et économique.

Dans le même registre, je vous rappelle les directives du Président de la République prescrivant, tous les trimestres, la préparation d'un programme législatif et réglementaire à soumettre à son appréciation. Ce programme doit me parvenir au début de chaque trimestre.

J'attache du prix à l'exécution stricte de mes présentes instructions.

Aminata TOURE

Ampliations :

-Monsieur le Président de la République (ATCR)

---

14. La circulaire n° 4006/ PM du 17 septembre 2014 sur l'étude d'opportunité et d'impact préalable à la création d'une agence d'exécution

REPUBLIQUE DU SENEGAL

Un Peuple-Un But-Une Foi

Primature

N° 4006/PM

CIRCULAIRE

LE PREMIER MINISTRE

A

Mesdames, Messieurs les :

Ministres,

Ministres délégués et,

Ministres, Secrétaires généraux de la Présidence de la République et du Gouvernement,

Objet : Etude d'opportunité et d'impact préalable à la création des agences d'exécution

Les dispositions du dernier alinéa de l'article 2 de la loi n° 2009-20 du 04 mai 2009 portant loi d'orientation sur les agences d'exécution rappellent la nécessité de procéder avant leur création à une étude l'opportunité et d'impact qui doit conclure à une amélioration de la situation présente au travers de la création de l'agence.

Cette étude préparée par l'autorité de tutelle technique doit ensuite recueillir l'avis de la Commission d'Evaluation des Agences d'exécution conformément aux dispositions du premier tiret de l'article 2 du décret n° 2010-1811 du 31 décembre 2010 portant création de cette Commission. Au sens des dispositions de cette circulaire et conformément à l'article premier de la loi supra mentionnée, il convient d'entendre par agence d'exécution ou structure assimilée toute personne morale de droit public autre que les différentes catégories d'établissement public investie d'une mission de service public et dotée de l'autonomie financière et de la personnalité juridique.

En outre, les projets de texte à incidence financière à l'image des projets de décret de création d'agences d'exécution doivent être soumis à l'avis du Ministre chargé des Finances en référence aux dispositions du dernier alinéa de l'article 4 de la Directive n° 06/2009/CM/UEMOA du 26 juin 2009 portant lois de Finances au sein de l'UEMOA.

Dans la pratique, il est constaté l'absence systématique d'étude d'opportunité qui accompagne les décrets de création ou, les rares fois où elle est jointe, son caractère sommaire ne permet pas la justification de la prise de décision de l'autorité.

Face à ces manquements et pour éviter les dysfonctionnements constatés de par le passé, je vous demande de veiller désormais dans le cadre de la création des agences ou structures assimilées au strict respect de la réglementation sur la question.

Le canevas de l'étude d'opportunité et d'impact, joint à la présente circulaire, doit servir de référentiel sans toutefois empêcher la prise en compte par les acteurs des spécificités de leur secteur d'intervention.

J'attache du prix à l'exécution de cette instruction.

ANNEXE A LA CIRCULAIRE
CANEVAS DE L'ETUDE D'OPPORTUNITE

L'étude d'opportunité et d'impact est un principe posé par le décret n° 2010-1811 du 31 décembre 2010 portant création de la Commission d'Evaluation des Agences en son article 2 premier tiret. Elle justifie essentiellement l'externalisation d'une mission de service public avant la mise en œuvre du cadre légal et règlementaire. Son application réelle peut être un outil de conseil à la disposition de l'autorité dont le pouvoir discrétionnaire n'est pas remis en cause. Le respect strict de ce mécanisme de création d'agences ou de structures assimilées permet à terme une rationalisation à la fois organisationnelle et budgétaire du secteur public. Ainsi, la transmission à la Commission d'Evaluation des Agences et au Ministère chargé des Finances de tout projet de décret de création d'agence ou de structure assimilée accompagné de l'étude d'opportunité y relative est une obligation avant toute validation proposée à l'autorité.

Relativement au canevas, il n'existe pas de modèle universel. Toutefois, le contenu suivant adaptable en fonction du secteur est proposé :

1. identification des missions pré-existantes et/ou nouvelles dont l'externalisation est proposée ;

2. justification de l'articulation de ces missions avec le document de planification stratégique et opérationnelle définie par le ministère assurant la tutelle du ou des secteurs concerné (s) ;

3. analyse comparée des modèles actuels et futurs de prise en charge des missions et de la gestion du ou des secteur (s) :

3.1. diagnostic détaillé du secteur appuyé sur des données chiffrées et des observations soigneusement étudiées et vérifiées afin de permettre une meilleure appréciation des inefficacités et inefficiences. Cette démarche permet de montrer l'existence réelle du problème, sa nature et son ampleur par l'analyse de facteurs socio-économique actuels et futurs. Cet exercice permet de faire ressortir pour chaque problème identifié, notamment :

- ses caractéristiques (son ampleur, sa gravité, etc.) ;
- ses causes et ses conséquences ;
- le niveau ou l'absence de prise en charge du problème par l'administration centrale.

3.2. Démonstration après ce diagnostic détaillé, des avantages offerts par le nouveau mode de gestion relativement à l'efficience organisationnelle et budgétaire ;

3.3. précision du caractère inéluctable de la décentralisation technique pour la gestion du service ou secteur public considéré en :

- indiquant la nécessité d'impulsion, de développement plus approprié d'un ensemble d'activités (nouvelles ou anciennes), d'un ou de plusieurs secteurs de l'administration publique ;

- démontant l'insuffisance, l'absence ou l'incapacité technique ou managériale de prise en charge par les services centraux d'un ensemble d'activités (nouvelles ou anciennes) ;

- relevant les spécificités de gestion (souplesse, célérité, proximité, etc.) que l'administration centrale ne garantit pas forcément.

4. Présentation synthétique de la structure proposée comme solution alternative, des objectifs assignés à la nouvelle structure, des résultats attendus et de l'estimation des moyens nécessaires à son fonctionnement.

III. La répartition des domaines de la loi et du règlement

Notes

15. Le vecteur normatif approprié. L'identification du vecteur normatif approprié (Constitution, loi organique, loi ordinaire, loi référendaire, loi de finances décret, arrêté, etc.) constitue une étape importante de la préparation des textes législatifs et réglementaires[24] .

A cet égard, le rédacteur doit veiller au respect de la répartition des compétences entre la loi et le règlement fixée par les articles 67 et 76 de la Constitution du 22 janvier 2001 qui s'est inspirée de la Constitution française[25].

16. Le domaine législatif. En vertu des dispositions de l'article 67 de la Constitution, il appartient à la loi de fixer les règles concernant notamment les droits civiques et les garanties fondamentales accordées aux citoyens pour l'exercice des libertés publiques, le statut de l'opposition, la détermination des crimes et délits ainsi que les peines qui leur sont applicables[26], la procédure pénale, l'amnistie, la création de nouveaux ordres de juridictions et le statut des magistrats.

En outre, la loi détermine notamment les principes fondamentaux concernant l'organisation générale de la Défense nationale, la libre administration des collectivités territoriales, de leurs compétences et de leurs ressources et le régime de rémunération des agents de l'État.

Il faut préciser que les matières listées par l'article 67 de la Constitution comme relevant du domaine législatif n'épuisent par les compétences du Parlement. En effet, d'autres textes de la Constitution énoncent de façon spécifique d'autres matières qui relèvent du domaine de la loi. Ainsi, la loi détermine le sceau et l'hymne national[27]. Les conditions dans lesquelles les partis politiques et les coalitions de partis politiques sont formés, exercent et cessent leurs activités sont également fixées par la loi[28]. Il en est de même du

---

[24] C. BERGEAL, *Rédiger un texte normatif. Manuel de légistique*, Paris, Berger-Levrault, 7e édition, octobre 2012, p. 85.

[25] Sur cette question, J. M. NZOUANKEU, « Les domaines respectifs de la loi et du règlement en droit sénégalais », *RIPAS*, n° 11, octobre-décembre 1984, p. 889 et s.

[26] F. DESPORTES et L. LAZERGES-COUSQUER, *Procédure pénale*, Paris, Economica, 3e édition, 2013, p. 1.

[27] V. art. 1er de la Constitution.

[28] V. art. 4 de la Constitution.

régime de la presse[29] ainsi que du statut et des droits et devoirs des partis politiques[30].

17. Le domaine réglementaire. Par ailleurs, l'article 76 de la Constitution précise que les matières qui ne sont pas du domaine législatif en vertu de la Constitution ont un caractère réglementaire.

Il résulte de la combinaison de ces textes constitutionnels que le pouvoir législatif a une compétence d'exception limitée aux matières déterminées par la Constitution, tandis que le pouvoir réglementaire dispose d'une compétence de droit commun.

Déjà, la Constitution du 07 mars 1963, en instituant un régime présidentiel, avait sensiblement modifié les conditions juridiques et techniques du fonctionnement des pouvoirs publics, de l'organisation du travail gouvernemental et du rôle du Secrétariat général de la Présidence de la République, organe de travail du Président. Ainsi, dans le cadre de ce régime, le Président de la République est le détenteur par essence du pouvoir réglementaire[31]. La circulaire n° 043 PR.SG du 02 avril 1963 a précisé les incidences de l'entrée en vigueur de la Constitution de 1963 sur la répartition des compétences, l'organisation du travail gouvernemental et le rôle du Secrétariat général de la Présidence de la République.

Hormis le remplacement du Secrétariat général de la Présidence par le Secrétariat général du Gouvernement, les directives contenues dans cette circulaire sont encore d'actualité.

18. Le support normatif de la création des établissements publics. Au Sénégal, la question du vecteur normatif approprié pour créer un établissement public a donné lieu à des controverses depuis l'avènement de la Constitution du 22 janvier 2001, qui ne vise plus la création des établissements publics dans les matières relevant du domaine de la loi

Récemment, l'Assemblée générale consultative de la Cour suprême, saisie d'une demande d'avis du Gouvernement, sur la question du support normatif approprié pour la création d'un établissement public, a rendu un avis n° 04-A-2017 du 19 avril 2017. Cet avis a apporté d'importantes clarifications à la question de l'identification du vecteur normatif adapté à la création des établissements publics.

La Commission spéciale de l'Assemblée générale consultative de la Cour suprême a distingué suivant qu'il s'agisse d'un établissement public à caractère industriel et commercial (EPIC) ou d'une autre catégorie d'établissement public.

---

29 V. art. 11 de la Constitution.

30 V. art. 58 de la Constitution.

31 M. DEBENE, « Pouvoir règlementaire et régime présidentiel », *RIPAS* n° 23-24, janvier-décembre 1990, *Actes du 5e colloque de la RIPAS*, Dakar du 11 au 15 décembre 1989, p. 45.

S'agissant de l'EPIC, elle a soutenu qu'il ne peut être créé que par voie législative en vertu de l'article 3 de la loi n° 90-07 du 26 juin 1990 relative à l'organisation et au contrôle des entreprises du secteur parapublic et au contrôle des personnes morales de droit privé bénéficiant du concours financier de la puissance publique. Selon ce texte, la création des EPIC est autorisée par la loi.

En ce qui concerne les autres catégories d'établissements publics, en l'absence d'une disposition constitutionnelle ou légale prévoyant leur création par voie législative, la cour estime que le Gouvernement est autorisé, en application de l'article 76, alinéa 2 de la Constitution, à utiliser le support règlementaire.

Ainsi, les établissements publics à caractère administratif, les établissements publics de santé, scientifique et technologique, etc. devraient être institués par un décret qui en fixera également les modalités d'organisation et de fonctionnement.

Toutefois, si le principe de la création des établissements publics autres que les EPIC par voie décrétale est acquis, il comporte certaines limites.

En premier lieu, lorsque dans les règles d'organisation et de fonctionnement de l'établissement public, il y a des matières qui relèvent du domaine exclusif de la loi (procédure pénale, impôts, nationalisation d'entreprises, etc.), le recours au support législatif s'impose[32].

En deuxième lieu, la voie réglementaire est exclue lorsque le texte portant création et organisation de l'établissement public est contraire ou déroge à une loi en vigueur. En vertu du principe de la hiérarchie des normes, un texte réglementaire ne peut déroger à un autre texte de valeur législative.

En troisième lieu, le recours à la loi est inévitable lorsque les règles de création et d'organisation de l'établissement public remettent en cause un principe général du droit. Constituent, par exemple, des principes généraux du droit, le principe de la non-rétroactivité des actes administratifs et le principe selon lequel le silence gardé par l'administration vaut décision de rejet[33].

---

[32] V. l'avis de l'Assemblée générale consultative n° 04-A-2017 du 19 avril 2017.

[33] En ce sens, Cons. const. du 26 juin 1969, n° 69-55 L. Rec. Conseil constitutionnel, p. 27 ; *AJDA* 1969, p. 569.

Textes et note de greffe

19. Extraits de la loi n° 2001-03 du 22 janvier 2001 portant Constitution (JORS, numéro spécial n° 5963 du 22 janvier 2001, p. 27) modifiée notamment par la loi n° 2012-16 du 28 septembre 2012 portant révision de la Constitution (JORS n° 6688 du 28 septembre 2012, p. 1187)

Article 67.-La loi est votée par le Parlement

La loi fixe les règles concernant :

- les droits civiques et les garanties fondamentales accordées aux citoyens pour l'exercice des libertés publiques, les sujétions imposées par la Défense nationale aux citoyens en leur personne et en leurs biens ;

- le statut de l'opposition ;
- la nationalité, l'état et la capacité des personnes, les régimes matrimoniaux, les successions et libéralités ;
- la détermination des crimes et délits ainsi que les peines qui leur sont applicables, la procédure pénale, l'amnistie, la création de nouveaux ordres de juridictions et le statut des magistrats ;
- l'assiette, le taux et les modalités de recouvrement des impositions de toutes natures, le régime d'émission de la monnaie ;
- le régime électoral de l'Assemblée nationale et du Sénat et des assemblées locales ;
- les garanties fondamentales accordées aux fonctionnaires civils et militaires de l'État ;
- les nationalisations d'entreprises et les transferts de propriété d'entreprises du secteur public au secteur privé.

La loi détermine les principes fondamentaux :

- de l'organisation générale de la Défense nationale ;
- de la libre administration des collectivités locales, de leurs compétences et de leurs ressources ;
- de l'enseignement ;
- du régime de la propriété, des droits réels et des obligations civiles et commerciales, du droit du travail, du droit syndical et de la sécurité sociale ;

  du régime de rémunération des agents de l'État. Les lois de finances déterminent les ressources et les charges de l'État dans les conditions et sous les réserves prévues par une loi organique. Les créations et transformations d'emplois publics ne peuvent être opérées que par les lois de finances.

Les lois de programme déterminent les objectifs de l'action économique et sociale de l'État. Le plan est approuvé par la loi.

Les dispositions du présent article peuvent être précisées et complétées par une loi organique.

Article 76.- Les matières qui ne sont pas du domaine législatif en vertu de la présente Constitution ont un caractère réglementaire.

Les textes de forme législative intervenus en ces matières peuvent être modifiés par décret si le Conseil constitutionnel, à la demande du Président de la République, a déclaré qu'ils ont un caractère réglementaire en vertu de l'alinéa précédent.

---

20. La circulaire n° 87 PC/SG28 octobre 1960 relative à la présentation des projets de texte législatifs et réglementaires

REPUBLIQUE DU SENEGAL
Un Peuple-Un But-Une Foi
Présidence du Conseil

N° 87 PC/SG

Dakar, le 28 octobre 1960

LE PRESIDENT DU CONSEIL
A
MESSIEURS LES MINISTRES

Objet : Présentation des projets de texte législatif et réglementaire.

Référence : Ma circulaire n° 78 du 27 septembre 1960

Il m'a été donné de constater que, dans de nombreux cas, les rédacteurs de projets d'ordonnance et de décrets n'observent pas les instructions de ma circulaire citée en référence relative aux incidences de l'entrée en vigueur de la Constitution sur les conditions d'exercice du pouvoir législatif, du pouvoir réglementaire et du pouvoir de prendre des décisions individuelles.

C'est ainsi que dans certains projets, on continue à viser les lois n° 60-043 ALS. du 20 août 1960 alors qu'un nouveau texte est actuellement en vigueur : la loi n°60-046 du 07 septembre 1960 habilitant le Gouvernement à prendre par ordonnance, pour une durée de trois mois, des mesures qui sont normalement du domaine de la loi.

Par ailleurs, la Constitution a fixé d'une façon très précise les matières réservées à la Loi, les matières qui ne sont pas du domaine législatif en vertu de la Constitution ayant un caractère réglementaire. La circulaire n° 78 du 27 septembre 1960 précitée, doit permettre de déterminer exactement ce qui d'une part doit faire actuellement l'objet d'une ordonnance en vertu de la loi n°60-046 du 07 septembre 1960 et ce qui, d'autre part, doit, de par son caractère réglementaire, faire l'objet décret.

Parfois, encore, il est fait état de loi organique en des matières qui sont du domaine de la loi ordinaire. Or, les lois organiques occupent une place, à part dans la Constitution et les lois ainsi qualifiées sont énumérées en page 3 de la circulaire n° 78 du 27 septembre 1960. Il y a lieu de réserver strictement ce domaine aux matières formellement prévues.

Vous voudrez bien communiquer aux fonctionnaires de vos départements chargés de la rédaction des projets de texte, la circulaire n°78 du 27 septembre 1960 précitée, et notamment les modèles d'ordonnances, de décrets et de lois de ratification, en les invitant à s'y conformer à l'avenir.

Le Président du Conseil

Mamdou Dia

21. La circulaire n° 043 PR.SG du 02 avril 1963 relative aux incidences de la mise en vigueur de la Constitution sur la répartition des compétences, l'organisation du travail gouvernemental et le rôle du Secrétariat général de la Présidence de la République

REPUBLIQUE DU SENEGAL
Un Peuple-Un But-Une Foi
PRESIDENCE DE LA REPUBLIQUE

N°043 PR/SG

LE PRESIDENT DE LA REPUBLIQUE
CIRCULAIRE
A
Messieurs les Ministres et
Secrétaires d'Etat

Objet : Incidences de la mise en vigueur de la Constitution sur la répartition des compétences, l'organisation du travail gouvernemental et le rôle du Secrétariat général de la Présidence de la République.

Réf. Mes circulaires n° 26 du 15 /2/1963 et 36 du 25/3/1963

La Constitution du 07 mars 1963 en instituant un régime présidentiel a sensiblement modifié les conditions juridiques et techniques du fonctionnement des pouvoirs publics, de l'organisation du travail gouvernemental et du rôle du Secrétariat général de la Présidence de la République, organe de travail du Président.

I. REPARTITION DES COMPETENCES

1° La Constitution a accentué le partage entre les compétences du pouvoir législatif et celle du pouvoir exécutif. L'article 39 de l'ancienne Constitution a été remplacé par l'article 56 de la nouvelle Constitution qui renforce sur certains points et notamment en matière financière les prérogatives de l'Assemblée nationale.

Je tiens essentiellement au respect scrupuleux par le Gouvernement, des dispositions de l'article 56, et je vous invite à veiller tout particulièrement à ce que les projets de loi et de décret préparés dans vos départements respectifs, y soient conformes.

2° A l'intérieur du pouvoir exécutif, le Président de la République dispose, seul, de la plénitude du pouvoir réglementaire, tant pour faire exécuter les lois que pour agir en dehors du domaine législatif, conformément à l'article 65 de la Constitution et du pouvoir de prendre des décisions individuelles, notamment en ce qui concerne la nomination des fonctionnaires. Il suit de là, que si les ministres continuent à disposer des délégations concernant le pouvoir réglementaire et les décisions individuelles qui leur ont été antérieurement consenties et s'il m'est toujours possible de leur en consentir de nouvelles, je dispose désormais, en permanence, du pouvoir d'évoquer directement une affaire de la compétence de l'exécutif et de décider en personne. Aucune objection tirée de la compétence déléguée d'un ministre ou d'une autorité administrative subordonnée ne pourra donc être opposée à la décision du Président de la République.

II. ORGANISATION DU TRAVAIL GOUVERNEMENTAL

1° Rôle des ministres- La concentration du pouvoir exécutif entre les mains du Président de la République a pour effet d'ôter aux ministres le pouvoir de contresigner les actes du Président, qu'ils possédaient précédemment. Le contreseing a disparu en toutes matières. Les ministres sont aujourd'hui, par délégation du Président de la République, les chefs des départements administratifs à la tête des desquels ils sont placés avec le double rôle : d'une part, d'informer le président et de préparer ses décisions, d'autre part, d'exécuter et de faire exécuter la politique du Chef de l'Etat. C'est dire que j'attache autant d'importance à la qualité des avis que vous voudrez bien me donner sur les affaires de vos départements respectifs qu'à l'exécution ponctuelle et attentive de mes instructions.

La complexité de la tâche du pouvoir exécutif, me conduira à réunir aussi souvent qu'il sera nécessaire, des conseils interministériels à l'issue desquels il me sera possible de faire les synthèses des points de vue des différents ministres intéressés, dûment éclairés par les techniciens compétents.

Le Conseil des Ministres subsiste, mais il subit une novation profonde. En effet, alors qu'il s'agissait sous le régime de la précédente Constitution, d'un organe constitutionnel dont la consultation s'imposait dans certain cas au chef du pouvoir exécutif, le Conseil des Ministres est devenu, aujourd'hui une réunion coutumière dont la consultation est pour moi purement facultative et sans aucun effet sur la validité des actes présidentiels.

Mon intention reste en fait de consulter le Conseil des Ministres sur les grands problèmes de la Nation en évitant autant que possible d'y aborder les questions techniques qui seront examinées, sauf difficulté particulière en Conseil interministériel.

III. ROLE DU SECRETARIAT GENERAL DE LA PRESIDENCE DE LA REPUBLIQUE

Le rôle accru du Chef de l'Etat confère une importance toute particulière au bon fonctionnement de son organe personnel de travail : le Secrétariat général dont l'organisation est fixée par le décret n°63-056 du 29 janvier 1963 (JORS du 16 février 1963 p. 23). Je vous invite donc, chacun en qui le concerne, à faciliter par l'exécution ponctuelle de mes instructions la bonne marche de mes services, du triple point de vue, de la coordination du travail gouvernemental, de l'organisation des réunions, et du contrôle de l'exécution.

1° Le Secrétariat général de la Présidence de la République est l'organe de coordination du travail gouvernemental ; à ce titre il est appelé à assurer la liaison entre les divers départements ministériels pour l'élaboration des décisions présidentielles et le recueil préalable de tous les avis autorisés.

Par le Secrétariat général, exclusivement, vous devez me rendre compte de vos travaux et me saisir de vos projets.

Les projets de loi et de décret seront adressés au Secrétariat général, et celui-ci, au moyen d'une fiche de circulation comportant les emplacements nécessaires pour les visas et les observations des divers ministres, recueillera les avis des départements intéressés par l'exécution du projet, sous réserve bien entendu que j'en approuve l'opportunité.

En cas d'objection sérieuse, des divers ministères intéressés, le projet accompagné des avis motivés, sera retourné au ministère qui en a pris l'initiative auquel il appartiendra, toujours par le canal du Secrétariat général, de me saisir de sa réponse et d'une éventuelle demande d'arbitrage.

2° Le Secrétaire général organise seul toutes les réunions interministérielles. Il vous appartient donc de le saisir de toute demande tendant à l'organisation d'une telle réunion.

3° Organe de contrôle de l'exécution des décisions présidentielles, le Secrétariat général dispose à cet effet de tous les moyens d'information sur la marche des services publics et notamment du Contrôle financier et de l'Inspection générale de l'Administration. C'est donc au Secrétariat général qu'il vous appartiendra d'adresser tous les comptes rendus d'exécution des décisions présidentielles et de demander le concours des moyens d'investigation dont il dispose et notamment des missions de l'Inspection générale.

Fait à Dakar, 02 avril 1963

Léopold Sédar SENGHOR

---

22. Note de greffe n° 01/79 du 04 mai 1979

REPUBLIQUE DU SENEGAL

COUR SUPREME

N ° 01/79

NOTE DE GREFFE

Objet : Habilitation du Gouvernement à prendre des mesures qui sont normalement du domaine de la loi ; nécessité de prendre une loi spéciale

L'Assemblée générale consultative de la Cour suprême a débattu la question de savoir sous quelle forme, par quelle procédure l'Assemblée nationale pouvait autoriser le Gouvernement à prendre des mesures qui sont normalement du domaine de la loi.

Après en avoir discuté la Cour a estimé :

1. qu'il ne peut s'agir que de l'habilitation prévue par l'article 66 de la Constitution ;
2. que cette habilitation ne doit pas être accordée par un ou plusieurs articles figurant parmi d'autres dispositions d'une loi ordinaire ; qu'il convient de voter à cet effet une loi distincte, n'ayant pas d'autres objets ; que cette procédure spéciale est destinée, par sa forme solennelle, à souligner le caractère exceptionnel de l'autorisation donnée par l'Assemblée nationale ;
3. qu'en l'occurrence il faut respecter les régles édictées par l'article 66 de la Constitution et prévoir notamment la date limite de dépôt du projet de loi de ratification.

Assemblée générale consultative du 04 mai 1979

Affaire n° 34/A/79.

LE PRESIDENT LE RAPPORTEUR LE GREFFIER EN CHEF

Suivent les signataires pour expédition certifiée conforme

Le Greffier en Chef de la Cour suprême
Doudou Salmone FALL

Jurisprudence et avis

23. La répartition des domaines de la loi et du règlement

24. Les dispositions subordonnant l'existence d'une société à un agrément de l'autorité publique affectent les garanties fondamentales accordées aux citoyens pour l'exercice de la liberté de s'associer reconnue par l'article 9 de la Constitution de 1963 **(CS section réunies du 29 mai 1965, Statut de la coopération dans les territoires relevant du Ministère de la France d'Outre-Mer, in *RIPAS*, n° 11, octobre-décembre 1984, p. 938)**.

25. L'article 27, alinéa 3 du décret n°2009-328 du 08 avril 2009 fixant le statut des notaires, subordonne les poursuites contre les notaires à l'autorisation du Garde des Sceaux, Ministre de la Justice, après avis de la chambre disciplinaire. Ce texte aménage une procédure pénale spéciale dérogatoire aux règles édictées par la loi n°65-61 du 21 juillet 1965 portant Code de Procédure pénale et constitue une garantie supplémentaire pour le notaire ; il viole manifestement ladite loi ainsi que l'article 67 de la Constitution, en s'immisçant subrepticement dans les attributions relevant exclusivement du domaine du pouvoir législatif **(CA Dakar n° 890 du 22 août 2012, Ministère public c/ Aïssatou Guèye DIAGNE, in *Bulletin des arrêts rendus par la Cour d'Appel de Dakar en matière pénale*, année 2014, p. 134)**.

26. Les dispositions des articles 642, 643 et 648 du Code de Commerce français déclarés exécutoires au Sénégal par la loi du 07 décembre 1850, qui règlent la procédure applicable à l'instruction des causes commerciales en première instance et en appel, ont un caractère réglementaire. En outre, les dispositions relatives à la surenchère du sixième dans les ventes par adjudication des immeubles appartenant à des mineurs ainsi qu'à la procédure d'homologation du procès-verbal de partage constituent des règles de procédure civile ; elles ont dès lors un caractère réglementaire **(CS n° 02 C du 20 juin 1964, *RLJ*, arrêts de la Cour suprême, 1967, p. 68 ; *Penant*, n° 705, janvier-février-mars 1965, p. 81)**.

27. Le législateur peut faire disparaitre pour l'avenir tout caractère délictueux à certains faits pénalement répréhensibles, en interdisant toute poursuite à leur égard et en effaçant les condamnations qui les ont frappés ; il lui appartient de déterminer les infractions amnistiées en fonction de critères objectifs et, au besoin, les personnes auxquelles doit s'appliquer le bénéfice de l'amnistie. Ni la Constitution ni aucune norme de valeur constitutionnelle ne limitent le pouvoir du législateur d'amnistier des catégories quelconques d'infractions qu'elles soient punies de peines criminelles, correctionnelles, ni des faits déjà amnistiés sous réserve du respect de l'intangibilité des droits acquis. Dès lors, en laissant le soin au juge d'interpréter la loi et au pouvoir réglementaire la compétence pour prendre des mesures individuelles de réintégration, le législateur n'a pas violé les articles 67 et 76 de la Constitution. Il est de la nature de la loi d'amnistie de faire disparaitre pour l'avenir tout caractère délictueux de certains faits pénalement répréhensibles. La dérogation apportée au principe de la séparation des pouvoirs trouve son fondement dans les dispositions de l'article 67 de la Constitution qui font figurer au nombre des matières qui relèvent de la loi la fixation des règles concernant l'amnistie **(Cons. const. n° 91/2005 1/C/2005 du 12 février 2005, Affaire de la loi n° 2005-01 du 07 janvier 2005 portant loi d'amnistie dite loi EZZAN, in I. M. FALL, *Les décisions et avis du Conseil constitutionnel du Sénégal*, Dakar, CREDILA, 2008, p. 473, obs. A. DIEYE)**.

28. La compétence dévolue au législateur organique, fondée sur la nécessité d'assurer le respect des garanties dues aux magistrats, s'oppose au renvoi à un texte de caractère réglementaire pour la détermination des principes fondamentaux de fonctionnement du Conseil supérieur de la Magistrature, notamment ceux relatifs aux conditions du quorum requises pour la régularité des délibérations ou la majorité exigée pour l'adoption des décisions ; le renvoi à un décret pour la détermination des modalités de fonctionnement du Conseil supérieur de la Magistrature ne saurait, sans violer l'article 90 de la Constitution, viser d'autres règles que celles ayant pour objet de fixer les modalités techniques de fonctionnement relatives, notamment, à l'élection des membres, à la proclamation des résultats des élections, à la convocation des réunions ou à la tenue des procès-verbaux des délibérations **(Cons. const. n° 01/C/2017 du 09 janvier 2017, *inédit*)**.

29. La quote-part prélevée, en vertu du décret n° 2011-1271 du 24 août 2011 abrogeant et remplaçant le décret n°2010-632 du 28 mai 2010 instituant un système de contrôle et de taxation des communications téléphoniques internationales entrant en République du Sénégal, sur le coût des appels téléphoniques internationaux entrant au Sénégal, constitue un impôt donc une ressource de l'État qui ne peut être créée par voie réglementaire **(CS ch. adm. n° 59 du 08 novembre 2012, SONATEL c/ État du Sénégal, *inédit*)**.

30. Les redevances minières, perçues en contrepartie du droit concédé à un particulier d'exploiter une mine n'ont pas le caractère d'imposition de toutes natures. Leur établissement et la fixation de leur taux relèvent de la compétence réglementaire **(CS n° 03 du 25 juillet 1967, Taux de la redevance pour certains produits miniers, *RLJ*, 2e partie arrêts de la Cour suprême, année 1967, 8e volume, p. 04)**.

31. La redevance, qui est la contrepartie de l'occupation du domaine public au sens de l'article 15 du décret n°2005-1185 du 06 décembre 2005 relatif aux prérogatives et servitudes des exploitants des réseaux de télécommunications ouverts au public, ne fait pas partie des impositions de toutes natures prévues par la Constitution en ce qu'elle est la rémunération d'un service rendu. Ainsi, une délibération du Conseil municipal de Podor, ayant créé une telle redevance n'est pas entaché d'illégalité (**CS ch. adm. n° 18 du 09 mars 2017, la SONATEL c/ la Commune de Podor-État du Sénégal,** ***inédit***).

32. La délibération attaquée porte sur une redevance qui, ne faisant pas partie des impositions de toutes natures en ce qu'elle est la rémunération d'un service rendu, peut être fixée par voie réglementaire. Il s'ensuit que le Conseil municipal de Mboumba est compétent pour fixer les montants et modalités de recouvrement d'une redevance pour l'utilisation du domaine public situé sur son périmètre communal (**CS ch. adm. n° 09 du 09 février 2017, la SONATEL c/ Commune de Mboumba-Etat du Sénégal,** ***inédit***).

33. La délibération du conseil municipal, qui a fixé les modalités d'assiette et de perception ainsi que les taux maxima de la taxe sur la publicité empiète dans le domaine de la loi et est entachée d'illégalité (**CS, ch. adm. n° 21 du 24 mars 2016, REGI PUB S.A., REGIDAK CAURIS COM c/ Commune de Mermoz-Sacré Cœur,** ***inédit***).

34. L'ancien article 56 de la Constitution a expressément prévu que le régime électoral de l'Assemblée nationale ainsi que celui des assemblées locales sont fixés par la loi ordinaire et non par la loi organique. Dès lors, l'ancien article L 50 du Code électoral, issu de la loi n° 77-57 du 26 mai 1977, qui a fait du passage à l'isoloir une faculté, n'est pas contraire à la Constitution (**CS 21 février 1978, Parti démocratique sénégalais,** ***GDJAS*****, tome I,** ***RIPAS*****, 1984, obs. J.M. NZOUANKEU, p. 161**).

35. La fixation des limites d'une commune ne relève pas des principes fondamentaux de la libre administration des collectivités locales au sens de l'article 56 de la Constitution du 07 mars 1963. En conséquence, l'ordonnance n° 60-39 du 22 octobre 1960 ratifiée par la loi n° 61-53 du 23 juin 1961, qui a fixé les limites territoriales de la commune de Kaolack, est intervenue dans une matière réglementaire (**CS n° 8/C/68 du 22 mai 1968, Commune de Kaolack,** ***RIPAS*****, p. 943**).

36. Ne viole le principe de la libre administration des collectivités territoriales ainsi que l'article 67 de la Constitution, la loi n° 2001-09 du 21 novembre 2001 qui a institué en lieu et place des assemblées élues des collectivités locales et, à titre transitoire, pour une période de six (06) mois, des délégations spéciales constituées par arrêté du Ministre chargé des Collectivités territoriales. En effet, la délégation spéciale a pour objet d'assurer la continuité de l'activité des collectivités territoriales (**Cons. const. n° 84/2001 du 11 décembre 2001, Affaire des délégations spéciales, in I. M. FALL,** ***Les décisions et avis du Conseil constitutionnel du Sénégal*****, Dakar, CREDILA, 2008, p. 437, obs. A. SALL**).

37. Les règles relatives aux différentes catégories de sociétés civiles ou commerciales, aux conditions d'adhésion à ces sociétés, à la constitution du capital, aux modalités essentielles de la désignation des organes de ces sociétés et de la compétence, desdits organes aux contenus des statuts de ces sociétés, à la responsabilité encourues par les sociétaires, à la dissolution des sociétés ou au retrait des sociétaires, touchent aux principes fondamentaux du régime de la propriété et des obligations civiles et commerciales et relèvent en conséquence du domaine de la loi (**CS n° 03/C65 du 29 mai 1965, Statut de la coopérative dans les territoires relevant du Ministère de la France d'outre-Mer, *RIPAS*, p. 95**).

38. Selon les dispositions de l'article 144, alinéa 2 du Code du Travail, les permissions exceptionnelles accordées aux travailleurs à l'occasion d'événements familiaux ne peuvent être déduites de la durée du congé acquis ; elles indiquent notamment la limite annuelle dans laquelle les autorisations d'absence peuvent être accordées aux travailleurs et fixent les conditions dans lesquelles les autorisations peuvent être accordées et leurs effets sur le cours du contrat. Ces dispositions ne sont relatives ni aux principes fondamentaux du droit de travail, ni à ceux du droit syndical ou de la sécurité sociale (**CS n° 1/C/65 du 09 février 1965, Code du Travail, *TPOM* n° 177, p. 3829 ; *Annales Africaines*, 1978, p. 105**).

39. Les dispositions de la loi n° 66-68 du 04 juillet 1966 fixant le statut général du personnel des cadres 8moyens et supérieurs des établissements publics à caractère industriel ou commercial concernent notamment les modalités de classement, d'avancement et d'évaluation à l'échelle supérieure des agents statutaires, les conditions de recrutement, de rémunération des heures supplémentaires, la fixation des échelles indiciaires et l'octroi d'une indemnité d'intérim. Elles ne rentrent pas dans la définition de l'ancien article 56 de la Constitution et ont en conséquence un caractère réglementaire.

En outre, les dispositions, qui ont pour effet de soustraire le directeur général ou le directeur, chef de l'établissement employeur à l'application du Code du Travail, relève du domaine législatif pour concerner les principes fondamentaux relatif au régime du droit du travail (**CS n° 01/C/69 du 05 mai 1969, Statut général du personnel des cadres moyens et supérieurs des établissements publics à caractère industriel ou commercial, *RSD*, n° 6, p. 75**).

40. Constituent des règles de création des établissements publics, celles qui octroient la personnalité civile et l'autonomie financière à ces organismes, prévoient l'existence d'un patrimoine propre et fixent le principe de la participation à leurs conseils d'administration de représentants élus (**CS, sect. réun. du 26 juin 1968, Office national des anciens combattants, in *RIPAS*, n° 11, octobre-décembre 1984, p. 944**).

41. Cour suprême, Assemblée générale consultative, avis n° 04-A-2017 du 19 avril 2017

RÉPUBLIQUE DU SÉNÉGAL
Un Peuple-Un But-Une foi

COUR SUPRÊME

Le Premier Président

Président de la Commission spéciale

AFFAIRE N° 04 -A - 2017
AVIS

Saisie par le Premier Ministre, en vertu de l'article 18, alinéa 3 de la loi organique n° 2017 - 09 du 17 janvier 2017 sur la Cour suprême, d'une demande d'avis sur les questions suivantes :

1- La création des établissements publics relève-t-elle du domaine législatif ou de la compétence règlementaire ?

2- A quelles conditions est-il possible de créer un établissement public par voie décrétale ?

La Cour suprême, réunie en commission spéciale tenant lieu d'assemblée générale consultative,

Vu la Constitution ;

Vu la loi organique n° 2017-09 du 17 janvier 2017 sur la Cour suprême, notamment en ses articles 18 et 19 ;

Vu la loi n° 90-07 du 26 juin 1990 relative à l'organisation et au contrôle des entreprises du secteur parapublic et au contrôle des personnes morales de droit privé bénéficiant du concours financier de la puissance publique ;

Considérant que les établissements publics sont des personnes morales de droit public chargées de la gestion de services publics[1]; que l'établissement est une personne morale de droit public chargée d'exercer à la place de l'État, mais sous son contrôle, une ou plusieurs activités[2] ;

[1] A. BOCKEL, *Droit administratif*,- Dakar, CREDILA - NEA, 1978 p. 329.
[2] D. SY, *Droit administratif*, Dakar CREDILA- Harmattan Sénégal, 2 eme éd. 2014, p.268.

Que leur création procède ainsi d'une technique administrative consistant à instituer des entités autonomes chargées de gérer des services publics spécifiques ; qu'il existe plusieurs catégories d'établissements publics classées notamment en établissements publics à caractère industriel et commercial (EPIC), à caractère administratif (EPA) et à caractère professionnel (EPP) ; que, néanmoins, le législateur a créé de nouvelles catégories d'établissements publics : les établissements à caractère scientifique et technologique (loi n° 97-13 du 26 juillet 1997) et les établissements publics de santé (loi n° 98-12 du 2 mars 1998), d'une part, et d'autre part, l'établissement public à caractère spécial (loi n° 2006-03 du 4 janvier 2006 relative à la Caisse des Dépôts et Consignations)[3] ;

Que l'analyse de la législation révèle que les modes de création de ces établissements n'ont pas été toujours uniformes ; qu'il convient donc de retracer l'évolution législative sur la question pour mieux asseoir l'avis à émettre ;

Considérant qu'il importe de rappeler que le Sénégal, déjà dans la Constitution du 29 août 1960 (article 39), avait opté pour la voie législative en ce qui concerne la création de catégories d'établissements publics ; que, d'ailleurs, la Cour suprême dans ses arrêts des 25 novembre 1961 et 05 mars 1963 rappelait le caractère législatif des règles de création de catégories d'établissements publics ;

Qu'avec l'adoption de la Constitution du 07 mars 1963, l'article 56 qui définit le domaine de la loi vient renforcer la compétence législative en la matière : désormais la loi fixe les règles concernant la création des établissements publics et non plus seulement celles relatives aux catégories d'établissements[4] ;

Que cet article 56 de la Constitution de 1963 était ainsi libellé :

« La loi est votée par le Parlement.

La loi fixe les règles concernant : (....)

- la création des établissements publics ;

(.. .).

En outre, le Président de la République, sur la proposition du Premier Ministre, peut, en raison de leur importance sociale, économique ou financière, soumettre au vote du Parlement des projets de loi relatifs à des matières autres que celles énumérées au présent article, sans qu'il en résulte une dérogation aux dispositions du deuxième alinéa de l'article 65 (« loi constitutionnelle n° 83-55 du 1er mai 1983 ») ;

---

[3] D. SY, *op. cit.* pp. 269-270.

[4] C.S, sections Réunies, 25 novembre 1961, Ordre des Médecins et Ordre des Pharmaciens ; 5 mars 1963, Commissariat à l'Urbanisme et à l'Habitat, *RIPAS* 23-24, janv.déc. 1990, pp. 85 et 89.

Que cependant, dans la nouvelle loi constitutionnelle de 2001[5], l'article 67, qui définit le domaine de la loi en énumérant les matières y relevant, ne fait plus référence à la création des établissements publics; que, seulement, cet article a maintenu la disposition qui permet à l'exécutif de soumettre à l'Assemblée nationale des projets de loi relatifs à des matières autres que celles qu'il cite;

Que, par la suite, la modification constitutionnelle de 2012[6] a supprimé le dernier alinéa de cet article 67, lequel était ainsi conçu: « En outre, le Président de la République, sur proposition du Premier Ministre, peut en raison de leur importance sociale, économique ou financière, soumettre au vote du Sénat, des projets de loi relatifs à des matières autres que celles énumérées au présent article, sans qu'il en résulte une dérogation aux dispositions du deuxième alinéa de l'article 76» ;

Que la dernière révision constitutionnelle portée par la loi n° 2016-10 du 5 avril 2016 n'a pas touché à l'article 67 qui, en l'état actuel, se présente comme suit :

« La loi est votée par l'Assemblée nationale ».

La loi fixe les règles concernant:

- *les droits civiques et les garanties fondamentales accordées aux citoyens pour l'exercice des libertés publiques les sujétions imposées par la Défense nationale aux citoyens en leur personne et en leurs biens,*
- *-le statut de l'opposition,*
- *la nationalité, l'état et la capacité des personnes, les régimes matrimoniaux, les successions et libéralités,*
- *la détermination des crimes et délits ainsi que les peines qui leur sont applicables, la procédure pénale, l'amnistie, la création de nouveaux ordres de juridictions et le statut des magistrats,*
- *l'assiette, le taux et les modalités de recouvrement des impositions de toutes natures, le régime d'émission de la monnaie,*
- *le régime électoral de l'Assemblée nationale et des assemblées locales,*
- *les garanties fondamentales accordées aux fonctionnaires civils et militaires de l'État,*

---

[5] JORS numéro spécial 5963 du 22 janvier 2001, p. 27.

[6] Loi constitutionnelle n° 2012-16 du 28 septembre 2012 portant révision de la Constitution (JORS numéro spécial 28 septembre 2012 p. 1187).

- *les nationalisations d'entreprises et les transferts de propriété d'entreprises du secteur public au secteur privé.*

La loi détermine les principes fondamentaux :

- *de l'organisation générale de la Défense nationale ;*
- *de la libre administration des collectivités locales, de leurs compétences et de leurs ressources ;*
- *de l'enseignement ;*
- *du régime de la propriété, des droits réels et des obligations civiles et commerciales, du droit du travail, du droit syndical et de la sécurité sociale ;*
- *du régime de rémunération des agents de l'État.*

Les lois de finances déterminent les ressources et les charges de l'Etat dans les conditions et sous les réserves prévues par une loi organique. Les créations et transformations d'emplois publics ne peuvent être opérées que par les lois de finances.

Les lois de programme déterminent les objectifs de l'action économique et sociale de l'Etat. Le plan est approuvé par la loi.

Les dispositions du présent article peuvent être précisées et complétées par une loi organique».

Qu'à première vue, l'on peut penser qu'avec la suppression de la référence à la création des établissements publics et à la faculté de recourir à la voie législative pour des matières même non citées, le législateur a entendu exclure du domaine de la loi la création des établissements publics; que l'on pourrait raisonnablement croire que celle-ci relève désormais du domaine réglementaire en vertu de l'article 76, alinéa 1er de la Constitution qui prévoit que: «Les matières qui ne sont pas du domaine législatif en vertu de la présente Constitution ont un caractère réglementaire» ;

Que, cependant, ce raisonnement doit être nuancé au regard de la loi n° 90 - 07 du 26 juin 1990 relative à l'organisation et au contrôle des entreprises du secteur parapublic et au contrôle des personnes morales de droit privé bénéficiant du concours financier de la puissance publique[7]; qu'en effet, cette loi qui inclut les établissements publics à caractère industriel et commercial dans son champ d'application (article 2), les définit comme étant des personnes morales de droit public spécialisées, dotées d'un patrimoine propre et de

[7] *Journal officiel* du 07 juillet 1999

l'autonomie financière et ne bénéficiant d'aucun apport privé à leurs fonds de dotation; qu'elle précise, en son article 3, que leur création est autorisée par la loi; que, toutefois, en ce qui concerne leurs règles d'organisation et de fonctionnement, ajoute le même texte, elles sont prévues par décret;

Que la question qui se pose dès lors est celle de savoir si cette loi, qui date de 1990, survit à la suppression par la Constitution de 2001 de la référence à la création des établissements publics par voie législative et à l'abrogation, à la suite de la révision de 2012, de la disposition constitutionnelle permettant de recourir au procédé législatif pour des matières présentant une certaine importance;

Qu'il faut relever que nulle part dans l'exposé des motifs de la loi de 1990, il n'est fait référence aux dispositions constitutionnelles alors en vigueur ;

Qu'ensuite, cette loi n'a pas fait l'objet d'une abrogation expresse par une disposition légale; que, tout au plus, l'on pourrait penser qu'en son alinéa 3, elle serait contraire à la Constitution, notamment à son article 67 ; qu'ainsi, en l'absence d'une décision du Conseil constitutionnel la déclarant inconstitutionnelle, elle reste dans l'ordonnancement juridique; que, d'ailleurs, une lecture attentive de l'alinéa 2 de l'article 76 milite en faveur de son maintien;

Considérant qu'en effet, après avoir indiqué que les matières qui ne sont pas du domaine législatif en vertu de la présente Constitution ont un caractère réglementaire, l'article 76 ajoute en son alinéa 2 que les textes de forme législative intervenus en ces matières peuvent être modifiés par décret si le Conseil constitutionnel, à la demande du Président de la République ou du Premier Ministre, a déclaré qu'ils ont un caractère réglementaire en vertu de l'alinéa précédent ;

Que, même si l'on considère que cette loi concerne un domaine qui relève désormais du pouvoir réglementaire, cela ne veut pas dire pour autant qu'elle est abrogée de plein droit ; qu'elle conserve ses effets tant qu'une décision du Conseil constitutionnel n'est pas intervenue pour la remettre en cause ou la déclarer de caractère réglementaire ;

Considérant, par ailleurs, que des arguments de texte militent en faveur de la survie de cette loi, en particulier de son article 3 ; que le législateur, en application de cette disposition a créé, postérieurement à la révision constitutionnelle de 2012, un établissement à caractère industriel et commercial par la voie législative, en prenant soin de viser la loi *de 1990 ;*

Qu'en effet, la loi n° 2014-13 du 28 février 2014 portant création de l'Office de Gestion des Forages ruraux prévoit, en son article 1er, qu'il est créé un établissement à caractère industriel et commercial régi par les dispositions de la loi n° 90-07 du 26 juin 1990 relative à l'organisation et au contrôle des entreprises du secteur parapublic et au contrôle des personnes morales de droit privé bénéficiant du concours financier de la puissance publique;

Que, de par ce procédé, il apparaît clairement qu'il n'a pas été dans l'intention du législateur d'abroger la loi de 1990 ;

Que, par conséquent, en vertu du principe de la légalité administrative, le Gouvernement ne peut créer un EPIC que par la voie législative;

Considérant, s'agissant des autres établissements, qu'il convient de rappeler que dans son exposé des motifs, la loi de 1990 indique que :

« Comme par le passé, sont exclus du champ d'application de la loi, les établissements publics à caractère administratif», et dans le corps du texte, il est précisé que cette loi régit les entreprises du secteur parapublic, lequel comprend:

- les établissements publics à caractère industriel et commercial ;
- les sociétés nationales ;
- les sociétés anonymes à participation publique majoritaire (article 2) ;

Que les autres catégories d'établissements publics étant manifestement exclues du champ d'application de la loi de 1990, en l'absence d'une disposition constitutionnelle ou légale prévoyant leur création par voie législative, le Gouvernement est habilité, en application de l'article 76 alinéa 2 de la Constitution, à utiliser la voie réglementaire pour les instituer;

Qu'il importe de signaler que la voie réglementaire est aussi ouverte, à fortiori, quand elle est prévue par la loi; qu'ainsi, des établissements publics d'enseignement supérieur dénommés Instituts supérieurs d'Enseignement professionnel (ISEP) ont pu être créés par les décrets n° 2016-812 (ISEP de Bignona) et n° 2016-814 du 14 juin 2016 (ISEP de Richard-Toll), pris en application de la loi d'orientation de la formation professionnelle et technique n° 2015-01 du 6 janvier 2015 ;

Que les textes créant les établissements publics ne se limitent pas nécessairement à la simple création; qu'ils comportent dans certains cas des dispositions diverses qui encadrent l'exercice de l'activité confiée à l'établissement public ou le statut de ses membres, de son personnel; que ces dispositions diverses peuvent, à des degrés variables, avoir des liens avec l'une des matières énumérées à l'article 67 de la Constitution[8]; qu'elles peuvent également toucher un domaine pour lequel la Constitution prévoit la compétence législative, en dehors de l'article 67, par des dispositions éparses qui renvoient à des lois (articles 4, 11, 69, etc.) ;

Qu'ainsi, lorsque la création d'un établissement public autre que l'EPIC implique une réglementation qui retentit sur l'une de ces matières visées par la Constitution ou même qui affecte un domaine pour lequel la loi a déjà prévu la voie législative, il importe alors de recourir au procédé législatif;

Que c'est le cas lorsque le texte portant création de l'établissement public prévoit des dispositions pénales pour protéger l'activité ou préserver le statut des membres;

Que, c'est également le cas de la loi n° 2017-14 du 20 janvier 2017 relative à l'exercice de la profession de sage-femme au Sénégal et portant création de l'Ordre des sages-femmes et des maïeuticiens; que ce texte crée un établissement public à caractère professionnel doté de la personnalité juridique, dénommé Ordre des sages-femmes et des maïeuticiens (article 13); qu'il contient des dispositions pénales incriminant et réprimant l'exercice illégal de la profession de sage- femme (articles 5 à 7) ;

Qu'il en est de même lorsque le texte fondateur de l'établissement public implique un transfert de biens publics à un régime de droit privé ou comporte des dispositions affectant le statut du personnel fonctionnaire; qu'en effet, selon les dispositions de l'article 51, alinéas 2 et 3 du Code du Domaine de l'Etat[9]: «l'Etat peut également transférer les mêmes droits (droit au bail, droit de superficie, droit de propriété constitué sur son domaine privé immobilier) à des personnes morales de droit public;

Que l'apport ou le transfert est réalisé dans les formes et conditions fixées par une loi s'il concerne la propriété d'un immeuble ou par décret dans les autres cas (s'il s'agit d'un bien meuble) » ;

Que le recours à la loi peut s'avérer inévitable, même en dehors des dispositions constitutionnelles ou législatives, lorsque les règles de création,

---

[8] Voir par exemple le décret n° 2002-1032 du 15 octobre 2002 fixant le statut des notaires, modifié par le décret n° 2009-328 du 08 avril 2009, qui crée la chambre des notaires à l'instar des Ordres professionnels, comporte en son article 27 des incriminations pénales (outrage au notaire et exercice illégal de la profession notariale) en violation de l'article 67 de la Constitution qui réserve la matière pénale à la loi, c'est-à-dire « la détermination des crimes et délits ... ».

[9] Loi n° 76-66 du 02 juillet 1976 portant Code du Domaine de l'Etat.

d'organisation et de fonctionnement de l'établissement public envisagé remettent en cause un principe général de droit ;

Qu'au titre du droit comparé, le Conseil constitutionnel français dans sa décision n° 69- 55 L du 26 juin 1969 retient que seule une loi peut déroger à un principe général du droit, ce qui a pour effet d'étendre le domaine d'intervention du législateur au-delà de ce que prévoit expressément la Constitution;

Qu'ainsi, une loi est nécessaire pour déroger au principe général de la non-rétroactivité des actes administratifs; que, dans la même optique, le juge constitutionnel français affirme que seule une loi peut déroger à la règle selon laquelle le silence gardé par l'administration vaut décision de rejet, cette règle constituant un principe général de droit[10];

En conséquence, est d'avis que :

La création des établissements publics relève du domaine législatif ou de la compétence règlementaire, en fonction de la catégorie de l'établissement. S'il s'agit d'un établissement public à caractère industriel ou commercial (EPIC), la voie législative s'impose.

Pour les autres catégories d'établissements publics, la voie réglementaire est possible lorsqu'elle est prévue par une loi, c'est le cas par exemple des Instituts supérieurs d'Enseignement professionnel (ISEP) ou à condition que le texte créateur ne comporte pas de dispositions :

- touchant les matières réservées à la loi par la Constitution (des dispositions pénales, entre autres) ;
- contraires ou dérogatoires à une loi existante ;
- ou contrevenant à un principe général de droit.

Fait à Dakar, le 19 avril 2017

Mamadou Badio Camara

---

[10] Conseil constitutionnel 26 juin 1969, n° 69-55 L: Rec. Conseil constitutionnel p 27, *AJDA* 1969 P 563.

IV. Les conditions d'exercice du pouvoir réglementaire

Notes

42. Le pouvoir réglementaire est le pouvoir d'édicter des règlements qui sont des actes exécutoires, de portée générale et impersonnelle, par opposition aux actes individuels.

Plusieurs circulaires ont apporté des précisions utiles relatives aux conditions d'exercice du pouvoir réglementaire des ministres (**1**) ainsi qu'aux modalités d'exercice du pouvoir réglementaire subordonné (**2**).

1. Le pouvoir réglementaire des ministres

43. Le principe : l'absence de pouvoir réglementaire. Les ministres en tant qu'autorités administratives peuvent disposer du pouvoir réglementaire[44].

La circulaire n° 25/PM/JUR du 24 avril 1975 relative à l'exercice du pouvoir réglementaire[45] a rappelé les conditions d'exercice par les ministres du pouvoir réglementaire. Les prescriptions de cette circulaire ont été récemment reprécisées par la circulaire n° 0013 PM/SGG/SGA/PAT du 16 novembre 2016 sur l'exercice du pouvoir réglementaire des ministres. Selon l'instruction générale n° 15 P.R du 1er mars 1968 sur l'organisation du travail gouvernemental « la position du ministre est totalement différente de ce qu'elle était sous le régime parlementaire. Les ministres ne sont plus responsables devant l'Assemblée, mais devant le seul Président (de la République). Ils ne disposent d'aucun pouvoir propre, pas plus dans le domaine réglementaire ».

Dans l'ancienne architecture constitutionnelle, le Premier Ministre assurait l'exécution des lois et disposait du pouvoir réglementaire[46]. En outre, le Président de la République pouvait autoriser le Premier Ministre à prendre des décisions par décret.

Désormais, avec la réforme introduite par la loi constitutionnelle n° 2019-10 du 14 mai 2019 précitée, qui a instauré un régime présidentiel caractérisé par un exécutif rationalisé, le pouvoir exécutif est dévolu exclusivement au Président de la République. Aux termes de l'article 50, alinéa 1er de la Constitution : « Le Président de la République est détenteur du pouvoir

---

[44] WIENER, *Recherche sur le pouvoir réglementaire des ministres*, Paris, coll. Bibl. Droit public, t. 98, LGDJ, 1970.

[45] JORS du 06 octobre 1975, p. 1403.

[46] V. anc. art. 57, alinéa 2 de la Constitution.

réglementaire et dispose de l'administration ». A cet égard, il signe les ordonnances et les décrets[47]. Il en résulte que le Président de la République est seul titulaire du pouvoir réglementaire qu'il exerce par voie d'ordonnance ou de décret.

Lorsqu'un texte prescrit des mesures qui concernent plusieurs départements ministériels (mise en place d'un comité, d'une commission ou d'un programme interministériel, etc.), il est recommandé de préparer un arrêté conjoint ou interministériel, si les mesures prévues par l'arrêté rentrent dans le cadre de la compétence des ministres.

Mais lorsque les mesures à incidence interministérielle prises échappent à leurs compétences réglementaires, les ministres introduisaient souvent dans le circuit un projet d'arrêté primatoral, puisque le Premier Ministre disposait du pouvoir réglementaire.

Cependant avec la suppression du poste de Premier Ministre, cette solution n'est plus envisageable. Dorénavant, un décret présidentiel doit être préparé sur le rapport du ou des ministres concernés, à la place de l'arrêté primatoral.

Mais cette solution manque de souplesse et ne favorise pas la célérité dans le fonctionnement de la machine administrative, puisque la procédure d'adoption d'un acte décretal est bien plus « lourde » que celle d'un arrêté fût-il interministériel.

En vertu de l'article 50, alinéa 1er de la Constitution, qui habilite le Président de la République à déléguer par décret certains pouvoirs aux autres membres du Gouvernement, ce dernier peut déléguer à un ministre, le pouvoir de prendre, par arrêté, des mesures impliquant plusieurs autres départements ministériels. Cette délégation de pouvoir présente le mérite de favoriser la bonne marche de l'Administration centrale de l'État.

En tout état de cause, à la différence du Président de la République, les ministres ne disposent pas en principe d'un pouvoir réglementaire propre.

44. Les conditions d'exercice du pouvoir réglementaire. Mais la règle selon laquelle les ministres ne disposent pas du pouvoir réglementaire souffre de deux exceptions majeures.

En premier lieu, les ministres disposent d'un pouvoir réglementaire par habilitation législative ou réglementaire. Ils peuvent exercer le pouvoir réglementaire en vertu de la loi ou du règlement. Dans ce cas, le législateur ou l'exécutif confère de façon expresse aux ministres le pouvoir de prendre par arrêté, des dispositions réglementaires d'application.

En second lieu, les autorités ministérielles ont le pouvoir de « fixer l'organisation interne de leur service dans le cadre du décret d'organisation de leur département ». Cette exception constitue une consécration de la

[47] V. art. 43 de la Constitution.

jurisprudence Jamart[48]. En effet, comme tout chef de service, le ministre dispose du pouvoir réglementaire pour le bon fonctionnement de l'administration placée sous son autorité[49].

L'autorité ministérielle est habilitée à édicter un arrêté pour organiser ses services. Par exemple, le ministre peut prendre un arrêté pour fixer les règles d'organisation et de fonctionnement d'un bureau ou d'une division appartenant à une direction du département ministériel.

La circulaire n° 0013 PM/SGG/SGA/PAT du 16 novembre 2016 sur l'exercice du pouvoir réglementaire des ministres précise qu'en dehors des deux cas susmentionnés (organisation du service et habilitation législative ou réglementaire), tout texte de nature réglementaire édicté par un ministre est dépourvu de base légale et encourt dès lors l'annulation du juge de l'excès de pouvoir.

---

[48] CE du 07 février 1936, Jamart, Lebon 172 ; *S.* 1937. 3, p. 113, note Rivero.

[49] V. l'instruction générale n° 15 PR du 1er mars 1968 sur l'organisation du travail gouvernemental. Selon cette instruction générale, le ministre a le « pouvoir de prendre des mesures de pure organisation interne dans le cadre des décrets existants ».

Textes

45. La circulaire n° 25/PM/JUR du 24 avril 1975 relative à l'exercice du pouvoir réglementaire (JORS du 06 octobre 1975, p. 1403)

CIRCULAIRE

A

Mesdames, Messieurs les Ministres et Secrétaires d'Etat,

Objet : Exercice du pouvoir réglementaire

Je vous rappelle que constituent des textes réglementaires toutes décisions de portée générale et permanente par opposition aux décisions individuelles qui en sont par définition l'application.

Or, en vertu de l'article 37 de la Constitution,

« Le Président de la République signe les ordonnances et les décrets ».

« Le Premier Ministre assure l'exécution des lois et dispose du pouvoir réglementaire sous réserve des dispositions du précédent alinéa ».

Il en résulte que toute décision de nature réglementaire doit nécessairement être prise par décret et que les ministres n'ont pas de pouvoir réglementaire autonome, sous réserve de deux exceptions :

- le pouvoir de fixer l'organisation interne de leurs services dans le cadre du décret d'organisation de leur département. Ce décret fixe en général les attributions des directions. Dans ce cadre chacun de vous peut, sans qu'il soit besoin d'un texte spécial, préciser par arrêté l'organisation et les attributions des divisions et bureaux dans la mesure où celles-ci n'ont pas été fixées dans le décret d'organisation ;
- les pouvoirs qui leur sont délégués de façon expresse par un texte spécial prévoyant que telle mesure sera prise par arrêté par tel ministre.

Il arrive cependant relativement et fréquemment que des arrêtés ministériels soient adressés au Secrétariat général du Gouvernement pour enregistrement et publication au *Journal officiel*, qui constituent en fait des textes de nature réglementaire et qui sont donc de ce fait automatiquement illégaux. Je vous demande donc de bien vouloir respecter les principes que je viens de vous rappeler et de veiller soigneusement au respect des compétences définies par la Constitution en vous abstenant de prendre des arrêtés de nature réglementaire.

Abdou DIOUF

---

46. La circulaire n° 0013 PM/SGG/SGA/PAT du 16 novembre 2016 sur l'exercice du pouvoir réglementaire des ministres

REPUBLIQUE DU SENEGAL

Primature

Le Premier Ministre

N° 0013 PM/SGG/SGGA/PAT

Dakar, le 16 novembre 2016

CIRCULAIRE

A

Mesdames et Messieurs les Ministres,

Mesdames et Messieurs les Ministres délégués

Objet : L'exercice du pouvoir réglementaire par les ministres.

A l'occasion du contrôle de l'activité normative du Gouvernement, il m'a été donné de constater que la portée du pouvoir réglementaire des ministres n'est pas toujours bien appréhendée.

La présente circulaire a pour objet de rappeler les conditions d'exercice de ce pouvoir par les ministres.

Le pouvoir réglementaire est le pouvoir d'édicter des règlements, c'est-à-dire des actes exécutoires, de portée générale et impersonnelle.

En vertu des articles 43, alinéa 1er et 57 alinéa 2 de la Constitution, le pouvoir d'édicter des règlements appartient au Président de la République et au Premier Ministre.

Ainsi, les ministres ne disposent pas en principe d'un pouvoir réglementaire propre.

Mais ce principe comporte deux exceptions majeures. En effet, ces autorités peuvent exercer ce pouvoir par voie d'arrêtés, soit par habilitation (I), soit pour fixer l'organisation interne de leurs services (II).

I.- Le pouvoir réglementaire par habilitation

Les ministres peuvent être habilités à édicter des règlements en vertu d'une disposition législative ou réglementaire.

En premier lieu, ils peuvent exercer un pouvoir réglementaire en vertu de la loi. Dans ce cas, le législateur confère de façon expresse aux ministres le pouvoir de prendre par arrêtés, des dispositions réglementaires d'application. Il s'agit souvent de domaines d'activités assez techniques.

A titre d'exemple, l'article L 74 du Code du Travail prévoit que l'organisme devant qui l'apprenti peut passer un examen après la fin de son temps d'apprentissage est désigné par arrêté conjoint du Ministre chargé du Travail et de celui chargé de la Formation professionnelle.

En second lieu, les ministres peuvent également exercer un pouvoir réglementaire par habilitation du Président de la République ou même du Premier Ministre (art. 50 alinéa 1er et art. 57, alinéa 5 de la Constitution). De nombreux décrets renvoient à des arrêtés ministériels, conjoints ou interministériels pour fixer leurs modalités d'application.

Par exemple : « les modalités d'application du présent décret sont fixées par arrêté du Ministre chargé des Finances ».

II.- Le pouvoir réglementaire d'organisation du service

Les autorités ministérielles ont le pouvoir de fixer les règles d'organisation interne de leurs administrations dans la mesure où les nécessités du service l'exigent. En effet, le ministre dispose du pouvoir réglementaire pour le bon fonctionnement de l'administration placée sous son autorité. Ce pouvoir s'exerce en dehors de toute habilitation législative ou réglementaire.

Par exemple : le ministre est habilité à édicter un arrêté pour organiser son cabinet (nomination du directeur de cabinet, des conseillers, etc.).

A cet effet, l'autorité ministérielle doit s'assurer que les mesures prises par arrêté rentrent dans ses attributions et dans le cadre organisationnel de son département fixé par décret. Le décret fixant l'organisation du ministère détermine généralement les attributions des directions.

Ainsi, dans ce cadre réglementaire, il reviendra à chaque ministre, sans qu'il soit besoin d'un texte spécial, de préciser par arrêté l'organisation et les attributions des divisions et des bureaux, dans la mesure où celles-ci n'ont pas été fixées dans le décret d'organisation du département ministériel.

Il est, à cet égard fortement recommandé au ministre de consulter le décret fixant ses attributions ainsi que le décret portant organisation de son département ministériel.

En dehors des cas susmentionnés, tout texte de nature réglementaire édicté par un département ministériel est dépourvu de base légale et encourt dès lors l'annulation du juge de l'excès de pouvoir.

J'attache du prix au respect scrupuleux des prescriptions de la présente circulaire dont vous m'accuserez réception.

Le Premier Ministre

Mahammed Boun Abdallah DIONNE

---

2. L'exercice du pouvoir réglementaire subordonné

Notes

47. La notion de pouvoir réglementaire subordonné. Le pouvoir réglementaire subordonné est un pouvoir réglementaire normal ou dérivé qui signifie qu'il est subordonné à la loi et intervient en vertu d'une loi pour les besoins de son application[50].

En premier lieu, le pouvoir réglementaire d'exécution vise des matières énumérées par l'article 67 de la Constitution pour lesquelles la loi ne détermine que les « principes fondamentaux ». En effet, dans ces cas, il revient au pouvoir exécutif de fixer les modalités d'application de la loi dans le respect des principes fondamentaux qu'elle a posés.

En second lieu, le texte normatif n'est pas toujours en mesure de fixer les modalités précises de son application. Il se borne bien souvent à fixer les principes généraux de la législation ou de la réglementation en renvoyant à d'autres textes subordonnés (décrets ou arrêtés) les modalités d'application. Il revient ainsi au pouvoir exécutif de compléter l'œuvre législative[51]. La compétence réglementaire résulte ainsi d'une intervention ou d'une habilitation législative. A cet égard, la loi peut prévoir que certaines de ses dispositions seront fixées par décret.

48. Les caractéristiques du pouvoir réglementaire subordonné. Le pouvoir réglementaire subordonné trouve son fondement et ses limites dans la norme supérieure (la loi) dont il assure l'exécution. Sa légalité est donc conditionnée par le respect de la norme législative. Il s'agit de la manifestation la plus éloquente de la subordination hiérarchique de l'acte réglementaire à l'acte législatif.

D'abord, le règlement subordonné doit être pris dans le cadre du champ d'application de la loi.

Ensuite, il ne doit ni ajouter de nouvelles dispositions au texte de base, ni en restreindre l'application, sauf si l'acte législatif en prévoit expressément la possibilité.

Enfin, le règlement subordonné ne doit comprendre que des mesures nécessaires à l'application de la loi[52].

---

[50] J-C. VENEZIA, « Les règlements d'application, in *Mélanges* R. CHAPUS, 1992, p. 673 ; R. LIBCHEBER, « Le décret d'application, norme paradoxale », *RTD.civ.*, 1998, p. 788 ; J. M. AUBY, « L'obligation gouvernementale d'assurer l'exécution des lois », *JCP*, 1953, I, n° 1080.

[51] A. BOCKEL, *Droit administratif*, Dakar-Abidjan NEA, 1978, p. 105.

[52] A., *Droit administratif*, Dakar-Abidjan, NEA, LGDJ, 1978, p. 105.

D'ailleurs, la circulaire n° 0008 PM/SGG/SGA/PAT du 08 juin 2017 relative à la rédaction des textes d'application des projets de loi ou de décret énonce que les décrets d'application pris en méconnaissance des dispositions du texte législatif de base, sont entachés d'illégalité et peuvent, dès lors, faire l'objet d'une annulation devant le juge de l'excès de pouvoir.

49. Les manquements constatés. L'intervention des textes d'application est bien souvent une condition de l'application effective des actes législatifs.

Cependant, dans la pratique normative, il arrive que des textes (loi ou décret), entrés en vigueur depuis plusieurs années, annoncent des actes d'application qui tardent à être édictés par les services des départements ministériels concernés.

En outre, certains textes d'application contiennent quelquefois des dispositions qui ne trouvent pas leur fondement dans le texte dont ils sont censés fixer les modalités d'application.

Cette situation particulièrement préoccupante impacte très négativement la gouvernance normative. En effet, les principes généraux fixés par les textes législatifs ou réglementaires, même s'ils sont en principe applicables et opposables aux particuliers ainsi qu'à l'administration, ne peuvent, de fait, faire l'objet de mesures d'exécution, faute d'actes d'application[53].

Par ailleurs, les textes d'application, pris en méconnaissance des dispositions du texte de base, sont entachés d'illégalité et peuvent, dès lors, faire l'objet d'une annulation devant le juge de l'excès de pouvoir.

La circulaire n° 01/PM/SGG/SGA du 29 janvier 1996 relative au suivi des décrets d'application des lois recommande aux ministres de veiller à ce que les projets de loi qui prévoient dans leurs dispositions des décrets d'application soient transmis au Secrétariat général du Gouvernement en même temps que lesdits décrets d'application.

[53] M. GUIBAL, « Le retard des textes d'application des lois », *RDP*, 1974, p. 1039.

50. La circulaire n° 01/PM/SGG/SGA du 29 janvier 1996 relative au suivi des décrets d'application des lois

REPUBLIQUE DU SENEGAL
Un Peuple - Un But -Une foi
Primature

N° 01/PM/SGG/SGA

Dakar, le 29 janvier 1996

CIRCULAIRE
LE PREMIER MINISTRE
A
Messieurs les Ministres d'Etat ;
Mesdames et Messieurs les Ministres ;
Madame et Messieurs les Ministres délégués

Objet : Suivi des décrets d'application des lois

J'ai constaté que certaines lois votées, promulguées et publiées au *Journal officiel* n'ont pas connu de début d'exécution au motif que les décrets d'application pourtant prévus par lesdites lois n'ont pas été préparés.

Les lois doivent être appliquées rapidement. Les décrets d'application qu'elles prévoient doivent être adoptés dans les meilleurs délais.

Désormais, je vous demande de veiller à ce que les projets de loi qui prévoient dans leurs dispositions des décrets d'application soient transmis au Secrétariat général du Gouvernement en même temps que lesdits décrets d'application.

Le non-respect de cette obligation entraîne le retour desdits projets aux ministères initiateurs.

J'attache une importance particulière à l'application rigoureuse de cette circulaire.

Habib THIAM

51. La circulaire n° 0008 PM/SGG/SGA/PAT du 08 juin 2017 relative à la rédaction des textes d'application des projets de loi ou de décret les textes d'application

REPUBLIQUE DU SENEGAL

Un Peuple-Un But-Une Foi

Primature

N° 0008 PM/SGG/SGA/PAT

Dakar, le 08 juin 2017

CIRCULAIRE
A
Mesdames et Messieurs les Ministres,
Messieurs les Ministres délégués

Objet : Rédaction des textes d'application des projets de loi ou de décret

Références : Circulaire primatorale n° 01/PM/SGG/SGA du 29 janvier 1996 relative au suivi des décrets d'application des lois

Le texte normatif n'est pas toujours en mesure de déterminer les modalités précises de son application. Il se limite bien souvent à fixer les principes généraux de la législation ou de la réglementation en renvoyant à d'autres textes subordonnés (décrets ou arrêtés) les modalités d'application.

Cependant, il m'a été donné de constater que certains textes (loi ou décret), entrés en vigueur depuis plusieurs années, ont annoncé des actes d'application, qui tardent à être édictés par les services des départements ministériels concernés.

Il arrive aussi que des textes d'application transmis à la Primature contiennent des dispositions qui ne trouvent pas leur fondement dans le texte dont ils sont censés fixer les modalités d'application.

Cette situation particulièrement préoccupante impacte très négativement la gouvernance normative. En effet, les principes généraux fixés par les textes législatifs ou réglementaires, même s'ils sont en principe applicables et opposables aux particuliers ainsi qu'à l'Administration, ne peuvent, de fait, faire l'objet de mesures d'exécution, faute d'actes d'application.

En outre, les textes d'application, pris en méconnaissance des dispositions du texte de base, sont entachés d'illégalité et peuvent, dès lors, faire l'objet d'une annulation devant le juge de l'excès de pouvoir.

Pour remédier à cette situation et précisant les prescriptions de la circulaire citée en référence, je vous recommande désormais d'inscrire dans votre agenda législatif et réglementaire et de transmettre au Secrétariat général du Gouvernement, les projets de texte d'application (projets de décret ou d'arrêté) en même temps que les projets de loi ou de décret qui les prévoient.

A cet effet, j'appelle votre attention sur la nécessité de préparer et de rédiger les textes d'application dès la finalisation des travaux de conception du texte de base, tout en veillant à la bonne articulation et à la cohérence d'ensemble du dispositif juridique.

Par ailleurs, relevant du pouvoir réglementaire subordonné, la légalité du texte d'application est conditionnée par le respect de la norme de base. En effet, le texte d'application ne doit, en principe, ni ajouter de nouvelles dispositions au texte de base, ni en restreindre l'application. Il doit, en outre, respecter le champ d'application délimité par ledit texte.

En conséquence, tout projet normatif introduit dans le circuit d'adoption des textes sans se conformer aux prescriptions de la présente circulaire ne sera pas instruit par les services du Secrétariat général du Gouvernement.

J'attache du prix à la bonne application de la présente circulaire dont vous m'accuserez réception.

Le Premier Ministre

Mahammed Boun Abdallah DIONNE

Ampliation :

Son Excellence Monsieur le Président de la République (à titre de compte rendu)

Jurisprudence

52. L'exercice du pouvoir réglementaire subordonné

53. Une loi ne peut entrer en vigueur que si son application est possible sans l'intervention d'autres textes ; ce qui est bien le cas de l'article 49 de la loi n° 81-59 du 09 novembre 1981 portant statut du personnel enseignant des universités qui renvoie à un décret le soin de fixer le montant de l'indemnité de logement à allouer aux enseignants. En l'espèce, l'intervention du décret attaqué dépendait du vote de la loi de finances n° 82-08 du 30 juin 1982 prévoyant dans le budget les crédits afférents au paiement de l'indemnité de logement, à compter du 1er juillet 1982 (**CS, n° 14 du 13 février 1985, Alioune SENGHOR c/ État du Sénégal, *inédit***).

CHAPITRE II

LA RÉDACTION DES TEXTES LÉGISLATIFS ET RÈGLEMENTAIRES

« La forme d'un texte, le soin apporté à sa présentation, à la ponctuation et à la rédaction sont révélateurs, le plus souvent, de la conscience avec laquelle ce texte a été élaboré, de son degré de maturité, de la rigueur de la méthode suivie, de la cohérence et de la logique de la pensée de ses rédacteurs ».
(Léopold Sédar SENGHOR,
La circulaire présidentielle n° 1596 PR/SG/JUR du 17 juillet 1980 relative à l'emploi des majuscules et des virgules)

Notes

54. La complexité des techniques de rédaction des textes. La rédaction d'un texte normatif constitue un « art » et une technique très complexe, dont les arcanes échappent bien souvent aux hauts fonctionnaires de la technostructure administrative sénégalaise ; elle exige un appareillage assez spécifique. Les techniques de rédaction des textes constituent un aspect important de la légistique. Ainsi, les techniques complexes de conception et d'élaboration normative s'apprennent souvent « sur le tas », par l'usage et la pratique.

55. La notion de légistique. La légistique est définie comme l'ensemble des techniques, des normes et principes relatifs à la préparation, à la rédaction, à l'adoption, à l'entrée en vigueur et à l'évaluation des textes législatifs et réglementaires[54].

Elle couvre un champ très large qui s'étend en réalité à toutes les règles de droit ; c'est-à-dire tous les textes normatifs (Constitution, lois, décrets, arrêtés) et aux actes administratifs à caractère individuel ; elle irradie tout le phénomène normatif. La légistique s'intéresse également aux méthodes de conception des amendements, aux techniques de rédaction des normes

[54] D. REMY, *Légistique. L'art de faire les lois*, Paris, Romillart, 1994 ; C. KLEITZ, « L'art de la légistique, », *Gaz. pal.* 07/01/2010, n° 07, p. 8.

communautaires (règlements, actes additionnels, actes uniformes, etc.) ainsi qu'à la transposition des traités internationaux et des directives communautaires. Elle traite également des méthodes de rédaction des amendements aux projets et propositions de loi en discussion ; en effet, une fois adopté l'amendement est intégré au texte définitif. La légistique s'intéresse ainsi au phénomène normatif[55].

56. L'absence de document légistique de référence. Le Sénégal ne dispose pas encore d'un cadre de référence en matière de rédaction des textes législatifs et réglementaires même sous forme de guide de légistique[56].

Mais certains textes spécifiques ont pris en compte, de façon ponctuelle, des méthodes de rédaction des textes normatifs.

Les textes relatifs au travail législatif et réglementaire ont prévu des règles générales de présentation et de rédaction de normes **(I)** ainsi que des règles spécifiques à certaines catégories de textes **(II)**.

I. Les règles générales relatives à la rédaction des textes législatifs et réglementaires

57. Des règles générales. Les règles générales relatives à la rédaction des textes législatifs et réglementaires sont les normes et méthodes de rédaction qui ont vocation à s'appliquer à tous les textes législatifs et réglementaires.

Elles sont relatives, en général, aux techniques de présentation et de rédaction des textes **(1)**, aux méthodes de conception du document de présentation **(2)**, des visas **(3)** et aux rapporteurs **(4)**. Ces règles encadrent également l'utilisation des majuscules **(5)**, la ponctuation **(6)**, la transcription des noms sénégalais et français **(7)** et le vocabulaire des textes **(8)**.

[55] En ce sens, J. GANDOUIN et J.-M. ROUSSIGNOL, *Rédaction administrative Afrique. Maghreb-Afrique subsaharienne,* Armand Colin, 4e édition mise à jour, 2013, p. 183.

[56] Sur les guides de légistique, A. FLUCKIGER et Ch. GUY-ECABERT, *Guider les parlements et les gouvernements pour mieux légiférer ? Le rôle des guides de légistique*, Schulthess Medias Juridiques SA (Genève), 2008 ; V. *Guide pour l'élaboration des textes législatifs et réglementaires*, Paris, La documentation française, 2005 ; *Guide de la rédaction des lois et amendements,* Assemblée nationale, juillet, 2007 ; *La rédaction des amendements, sous-amendements et motions de procédure,* Sénat, service de la séance, octobre 2009 ; *Guide de légistique, Paris, La documentation française,* 3 e édition, mise à jour 2017 ; CE, *Principes de technique législative. Guide de rédaction des textes législatifs et réglementaires*, 2008. En Afrique, V. *Guide pratique d'élaboration des textes législatifs et réglementaires, Secrétariat général du Gouvernement du Niger*, édition 2016 ; *Guide pour l'élaboration des textes législatifs et réglementaires*, Mali, août 2016.

1. Les règles de présentation et de rédaction des textes

58. La circulaire de référence. La circulaire n° 00041 PM/SGG/SGA/PAT du 06 octobre 2015 sur les règles de présentation et de rédaction des textes a fixé des règles uniformes de présentation et a rappelé certaines normes de rédaction des textes législatifs et réglementaires en vue de faciliter leur intelligibilité et d'assurer la cohésion de l'action administrative. Cette circulaire, qui rentre dans le cadre de la nouvelle gouvernance normative[57], constitue actuellement une référence légistique sûre pour les départements ministériels[58]. Ses prescriptions ont été récemment rappelées par la circulaire n° 0006/PM/SGG/DSL/od du 14 avril 2016 sur le rappel des règles de rédaction des circulaires et du principe de la responsabilité administrative et par la circulaire n° 0007/PM/SGG/DSL/db du 11 mai 2016 relative au rappel des règles de présentation et de rédaction des textes législatifs et réglementaires.

59. Les autres règles de rédaction et de présentation des textes. D'autres circulaires ont prévu des règles spécifiques relatives notamment à la rédaction et à la présentation des textes. Il s'agit notamment de la circulaire n° 009 PM/SGG du 13 juillet 2000 relative à l'usage du stencil et de la circulaire n° 0001 PM/SGG/ADJ 1 du 30 janvier 1973 qui annule et remplace la circulaire n° 129 en date du 15 décembre 1972. La circulaire n° 0001 PM/SGG/ADJ 1 du 30 janvier 1973 prescrit, lorsqu'un texte en modifie un autre, de rédiger les intitulés (contenu) des articles nouveaux dans les mêmes formes que les intitulés des articles du texte modifié, c'est-à-dire qu'ils doivent comporter un « A » « en majuscule, les autres lettres du mot « Article » étant écrites en minuscule.

La circulaire n° 0008 PM/SGG/SGA/PAT/SP du 05 novembre 2018 relative au plan-type des projets de décret portant organisation des départements ministériels a fixé un plan-type en la matière en vue de favoriser l'harmonisation de ces textes.

Ce plan-type constitue un référentiel et une source d'inspiration pour les services des ministères.

Toutefois, des dérogations sont possibles sur présentation de justifications fondées notamment sur les particularités organisationnelles et managériales de certains départements ministériels, après avis du Bureau Organisation et Méthodes (BOM). A titre d'exemple, l'organigramme d'un ministère doté de

---

[57] A. L. COULIBALY, « De l'art de mal légiférer au paradigme du mieux légiférer : contribution à la recherche d'une nouvelle gouvernance normative au Sénégal », in A. SALL et I. M. FALL (dir.), *Actualités du droit public et de la science politique en Afrique, Mélanges en l'honneur de Babacar KANTE*, Dakar, l'Harmattan, 2017, p. 664.

[58] Sur cette circulaire, P. A. TOURE, « La circulaire primatorale du 06 octobre 2015 : l'art de mieux légiférer », www.sudonline.sn

plusieurs directions générales ne saurait être identique à celui d'un département ne disposant pas de directions générales.

Des circulaires ont prévu des normes de rédaction spécifiques à certains textes. On peut aussi citer la circulaire n° 51/PR/SG/JUR 07 juin 1968 relative à la nature juridique des textes règlementant des diplômes ou des concours professionnels. En effet, les autorités ont constaté que des projets de décret règlementant des certificats d'aptitude et des diplômes relevant de l'Education nationale, renvoyaient souvent à des arrêtés ministériels ou interministériels la fixation des modalités (épreuves, coefficients, programmes) des examens prévus pour ces certificats et diplômes. La circulaire n° 51/PR/SG/JUR 07 juin 1968 précitée a exhorté les auteurs de ces projets de décret de prévoir dans ces textes mêmes la nature des épreuves et leur coefficient. Cette technique rédactionnelle présente le mérite de permettre au Gouvernement et au Président de la République d'apprécier les modalités des examens et concours avant l'adoption des projets de décret.

Textes

60. La circulaire n° 51/PR/SG/JUR 07 juin 1968 relative à la nature juridique des textes règlementant des diplômes ou des concours professionnels

REPUBLIQUE DU SENEGAL

Un Peuple-Un But-Une Foi

PRESIDENCE DE LA REPUBLIQUE

N° 51/PR/SG/JUR

Dakar, le 07 juin 1968

CIRCULAIRE

LE PRESIDENT DE LA RE PUBLIQUE

A

MESSIEURS LES MINISTRES

Objet : Nature juridique des textes règlementant des diplômes ou des concours professionnels

A l'occasion de l'examen par un récent conseil de cabinet de deux projets de décret règlementant un certificat d'aptitude et un diplôme relevant de l'Education nationale, j'ai constaté que ces projets renvoyaient à des arrêtés ministériels ou interministériels la fixation des modalités (épreuves, coefficients, programmes) des examens prévus pour ce certificat et ce diplôme.

Bien que cette pratique ait été courante jusqu'à ce jour, notamment pour les certificats d'aptitude et les concours professionnels prévus par les statuts particuliers de la Fonction publique, j'estime qu'elle doit être abandonnée et que ces modalités doivent dorénavant être fixées par décret. Je pense en effet que le maintien du niveau de ces diplômes, certificats et concours de type professionnel, dont la possession est exigée pour passer d'un corps au corps supérieur, est un facteur essentiel de la valeur de notre fonction publique et de notre enseignement. Il est bon que le Gouvernement tout entier, et le Président de la République, soient appelés à en connaître à l'occasion de leur examen par le Conseil de Cabinet.

Pour l'avenir, je vous invite donc, lorsque vous élaborerez des projets de décrets prévoyant des examens ou concours de ce type, à prévoir dans le décret lui-même la nature des épreuves et leur coefficient. Les programmes des épreuves, ainsi que leur durée, feront l'objet d'une annexe au décret, annexe qui en fera partie intégrante et possédera la même valeur juridique. Certains éléments des programmes pourront cependant être renvoyés à un arrêté s' ils sont appelés à changer fréquemment (liste d'auteurs à étudier, par exemple) .II n'y a pas lieu, pour le moment, de modifier les décrets déjà intervenus qui ne sont pas conformes à cette règle : cette modification interviendra à l'occasion du réexamen général des statuts particuliers de la Fonction publique, que j'ai l'intention de prescrire lorsque les derniers statuts seront parus.

Léopold Sédar SENGHOR.

---

61. La circulaire n° 0001 PM/SGG/ADJ 1 du 30 janvier 1973

REPUBLIQUE DU SENEGAL
Primature
Secrétariat général du Gouvernement

N° 0001 PM/SGG/SGGA/ADJ

CIRCULAIRE
A
Mesdames et Messieurs les Ministres,
Messieurs les Secrétaires d'Etat,
Monsieur le Délégué général au Tourisme,

La présente circulaire annule et remplace ma circulaire n° 129 en date du 15 décembre 1972 que je vous ai adressée, relative à l'usage des majuscules et des minuscules dans les correspondances administratives. J'y indiquai particulièrement que « lorsqu'un décret abroge et remplace certains articles d'un décret précédent, il était indiqué d'écrire en minuscules l'intitulé des articles modifiés ».

A la réflexion, cette solution ne me parait plus pouvoir être retenue pour les raisons juridiques, lesquelles prévalent, en ce domaine, sur les considérations grammaticales.

En effet lorsqu'un texte juridique en modifie un autre, les articles nouveaux remplacent les articles correspondants du texte modifié, qui disparaissent purement et simplement, les articles nouveaux étant automatiquement insérés tels quels dans le texte primitif.

Il en résulte que les intitulés des articles nouveaux doivent être rédigés dans les mêmes formes que les intitulés des articles du texte modifié, c'est à dire comporter un A majuscule, les autres lettres du mot « Article » étant écrites en minuscule.

Cependant, pour éviter toute confusion dans le texte abrogatif entre les articles propres de ce texte et les articles nouveaux du texte modifié, il suffira que ces derniers soient placés entre guillemets, et que le début de la rédaction soit décalé sur le côté droit.

La disposition correcte est donc la suivante :

Article premier. - Les articles 2 et 3 du décret n °... du......... sont abrogés et remplacés par les dispositions suivantes :

> « Article 2.-....................................... »
>
> « Article 3.-....................................... »

Dakar, le 30 janvier 1973

Abdou DIOUF

---

62. La circulaire n° 009 PM/SGG du 13 juillet 2000

REPUBLIQUE DU SENEGAL
Un Peuple-Un But-Une Foi
Primature

N° 009 PM/SGG

Dakar, le 13 juillet 2000

CIRCULAIRE
Le Premier Ministre
A
Mesdames et Messieurs les Ministres,
Messieurs les Ministres Délégués

L'usage du stencil a été abandonné par la plupart des administrations au profit de moyens modernes qu'offrent les nouvelles technologies de traitement de l'information. Le Sénégal doit s'adapter aux exigences du monde moderne.

A cet effet, le Gouvernement adopte, pour compter de la date de la diffusion de la présente circulaire, la procédure définie ci-dessous :

-les projets de loi et les projets de décret sont soumis à la signature du Président de la République et au contreseing du Premier Ministre, sur papier A4 (21 29, 7) de couleur blanche ;

- les lois et décrets sont enregistrés par les soins du Secrétariat général du Gouvernement et des copies transmises au ministère initiateur des textes ;

- le Secrétariat général du Gouvernement procède à la publication immédiate des textes au *Journal officiel*, la version publiée faisant foi ;

- les originaux des lois et des décrets sont conservés au Secrétariat général du Gouvernement pendant un délai de cinq années, avant leur versement aux Archives nationales.

En cas de nécessité d'authentification, le Secrétariat général du Gouvernement délivre copie de l'original, certifiée conforme, en y apposant un cachet spécial.

Le Premier Ministre

République du Sénégal
Le Premier Ministre
PRIMATURE

Moustapha NIASSE

63. La circulaire n° 00041 PM/SGG/SGA/PAT du 06 octobre 2015 sur les règles de présentation et de rédaction des textes

REPUBLIQUE DU SENEGAL

Un Peuple-Un But-Une Foi

Primature

N° 00041 PM/SGG/SGGA/PAT

Dakar, le 06 octobre 2015

CIRCULAIRE

Le Premier Ministre

A

Mesdames et Messieurs les Ministres,

Mesdames et Messieurs les Ministres délégués,

Monsieur le Ministre, Secrétaire général de la Présidence de la République,

Objet : Règles de présentation et de rédaction des textes législatifs et réglementaires

Au Sénégal, malgré l'existence d'une vieille et intense activité normative, seules quelques règles de rédaction des textes législatifs et réglementaires ont fait l'objet d'un encadrement juridique. Ce dispositif est aménagé par le décret n°75-1027 du 10 octobre 1975 relatif à l'emploi des majuscules dans les textes administratifs, modifié par le décret n° 80-770 du 24 juillet 1980 et la circulaire présidentielle n°1596 PR/SG/JUR du 17 juillet 1980 relative à l'emploi des majuscules et des virgules.

Aussi, en l'absence d'un cadre légistique de référence, la pratique normative a-t-elle permis de constater des manquements persistants aux règles relatives à la rédaction des textes ainsi qu'une dégradation progressive de la qualité de la production normative, préjudiciables à l'intelligibilité des normes et à la sécurité juridique.

En attendant la finalisation du travail de standardisation des règles d'élaboration et d'adoption des textes au Sénégal engagé par le Secrétariat général du Gouvernement dans le cadre de la nouvelle gouvernance normative, la présente circulaire a pour objet de fixer et de stabiliser des règles uniformes de présentation et de rappeler certaines normes de rédaction des textes législatifs et réglementaires en vue de faciliter leur intelligibilité et d'assurer la cohésion de l'action administrative. Ce référentiel légistique unique favorisera l'instauration d'un cadre normalisé de présentation et de rédaction des actes législatifs et réglementaires au Sénégal.

I. Les règles de présentation et de rédaction des textes législatifs et réglementaires

Le soin apporté à la rédaction des actes législatifs et réglementaires et le respect, par l'ensemble des ministères de règles de présentation identiques facilitent leur compréhension et leur bonne application.

Ainsi, je vous demande d'instruire vos services chargés de l'élaboration des textes de se conformer aux règles décrites ci-après:

A. L'appellation officielle de l'Etat et le timbre

A la première page du texte, l'appellation officielle de l'Etat est mentionnée sur une seule ligne en majuscule et en gras. La désignation de l'Etat figure en haut et est aligné à gauche de cette page ainsi qu'il suit :

« REPUBLIQUE DU SENEGAL »

L'appellation officielle de l'Etat est suivie de la devise nationale qui est écrite en minuscule et en italique: « *Un Peuple-Un But-Une Foi* »

Le timbre est la mention d'identification du ministère maître d'œuvre du projet de loi ou du projet de décret. Il figure également en haut et à gauche de la première page sous la devise nationale.

Le timbre doit se limiter à indiquer le département ministériel ayant conçu le texte, sans qu'il soit nécessaire de préciser la direction technique ou le service qui l'a effectivement élaboré.

> Par exemple : « Ministère des Affaires étrangères et des Sénégalais de l'Extérieur ».

B. L'intitulé du texte

1. Règles de présentation.

A la première page du texte, comportant le document de présentation (exposé des motifs, rapport ou note de présentation), l'intitulé du texte est centré et écrit en gras.

Il doit être précédé de la mention « projet », qui signifie qu'il ne s'agit que d'une proposition faite à l'autorité qui garde un pouvoir d'appréciation quant à la suite à lui donner.

2. Titres de modification ou d'abrogation

L'intitulé indique, de manière aussi claire, précise et concise que possible, l'objet essentiel de l'acte normatif.

Il est recommandé de rédiger l'intitulé en utilisant les formules suivantes :

> « Projet de loi /de décret/d'arrêté relatif à… » ;
>
> « Projet de loi /de décret/d'arrêté portant…»
>
> « Projet de loi /de décret/d'arrêté portant application…/ relatif à l'application de… » (s'il s'agit d'un texte d'application)

S'agissant des textes modificatifs, les formules suivantes sont recommandées :

« Projet de loi /de décret/d'arrêté modifiant la loi/le décret/l'arrêté… »

«Projet de loi /de décret/d'arrêté abrogeant et remplaçant les articles 2,3, 5 et 23 de la loi/du décret/de l'arrêté… »

«Projet de loi /de décret/d'arrêté complétant l'article 11 de la loi/du décret/de l'arrêté… » (s'il s'agit d'une modification par insertion)

En ce qui concerne les textes abrogatifs, lorsque le projet de texte abroge un autre texte intégralement, la formule suivante est utilisée :

« Projet de /décret/arrêté abrogeant et remplaçant la loi/le décret/l'arrêté… »

Mais il est souvent recommandé de se limiter à mentionner dans le titre l'objet du texte, sans faire référence à l'abrogation d'un texte antérieur, dès lors que le texte contient une disposition abrogatoire expresse.

L'intitulé contenu dans la page comportant les visas (s'il s'agit d'un décret ou d'un arrêté), ou dans celle où est rédigé le dispositif du texte (s'il s'agit d'une loi), est aligné à droite de la page et écrit en gras. Il ne comporte pas le mot « Projet » et est suivi de la mention « n°…»

Par exemple : « **Projet de décret n°… relatif au contrat de stage ».**

C. L'autorité qui décide

Après l'énoncé de l'intitulé du texte et avant les visas, le rédacteur doit mentionner l'autorité qui décide, c'est-à-dire l'autorité ayant édicté l'acte. Il peut s'agir du Président de la République, du Premier Ministre ou d'un ministre.

La mention de l'autorité qui décide doit être centrée et rédigée en gras et en majuscule, suivi d'une virgule.

Par exemple :

LE PRESIDENT DE LA REPUBLIQUE,

LE PREMIER MINISTRE,

LE MINISTRE,

Toutefois, cette mention ne figure pas dans les textes législatifs.

D. Les documents de présentation

1. Objet

Les documents de présentation sont destinés à éclairer respectivement le Parlement ou le signataire du texte (Président de la République ou Premier Ministre) sur le sens et la portée des dispositions qui lui sont soumises.

Seuls les décrets et les arrêtés comportent des visas. La loi ne contient pas de visas, puisqu'il s'agit d'une norme cadre.

Les documents de présentation ont pour objet d'énoncer le contexte dans lequel s'insère le projet normatif, les raisons pour lesquelles celui-ci est proposé, les objectifs qu'il se fixe, les innovations qu'il apporte au cadre juridique antérieur ainsi que sa teneur, c'est-à-dire son économie générale.

2. Règles de présentation

Les documents de présentation sont annoncés à la première page du texte par la formule « EXPOSE DES MOTIFS » (pour les lois), « RAPPORT DE PRESENTATION » (pour les décrets) ou « NOTE DE PRESENTATION » (pour les arrêtés).

Ces formules sont alignées au centre et écrites en gras et en majuscule.

Par souci de cohésion, il est recommandé que le document de présentation tienne sur deux pages au maximum.

Si le texte est structuré en partie, livre, chapitre ou section etc., à la fin, le document de présentation doit décliner sa structuration, par une liste de puces, ainsi qu'il suit :

« Le présent projet de loi/décret/arrêté comprend trois chapitres :

- le chapitre premier est relatif à ...
- le chapitre II traite de ....
- le chapitre III concerne... »

Le document de présentation est clôturé par la formule suivante : « Telle est l'économie du présent projet de loi/de décret/ d'arrêté ».

L'exposé des motifs accompagnant les lois n'est pas signé.

Mais s'agissant du rapport de présentation ou de la note de présentation, la signature du ministre sur le rapport duquel le texte est élaboré est obligatoire. Cette signature est apposée au bas du document de présentation après la mention du titre du ministre.

E. Les visas

1. Objet

Les projets d'ordonnance, de décret et d'arrêté comportent des visas. Ils ont pour objet notamment :

- de justifier la compétence de l'auteur de la décision ;
- de mettre en évidence les textes dont le projet doit faire application ou qu'il doit modifier ou transposer ;
- d'attester du respect des procédures, particulièrement des consultations préalables et obligatoires (consultation de la Commission d'évaluation des agences d'exécution, du Conseil consultatif national du Travail et de la Sécurité sociale, du Conseil supérieur de la Fonction publique etc.)

2. Techniques de visas

Les visas n'ont pas de portée juridique propre, l'omission d'un visa ou une erreur dans les visas étant sans influence sur la légalité du texte. Néanmoins, les visas doivent être soigneusement présentés.

Ils sont précédés du terme « VU » qui s'écrit en majuscule.

Les textes sont visés avec leur numéro, leur date et leur intitulé suivi d'un point-virgule à la fin. Les codes s'écrivent avec un « C » en majuscule.

> Exemple : « VU la loi n° 72-61 du 12 juin 1972 portant Code de la Famille ; »

Les avis des organismes consultés sont mentionnés avec leur numéro et leur date. Exemple : « VU la délibération n° 0025/2015 du 2 mai 2015 du Conseil de surveillance de…»

On vise un texte que le projet abroge partiellement, mais jamais un texte que le projet abroge entièrement ; en effet, l'abrogation totale d'un texte a pour effet de le faire sortir de l'ordonnancement juridique.

De même, dans un décret, on ne vise pas en principe un arrêté ministériel ou interministériel.

Lorsque le texte visé comporte des modifications, il est d'usage de mentionner expressément les textes modificatifs dans la limite de trois, avec l'indication de leur numéro et de leur date, mais non de leurs intitulés.

Mais si le texte a subi plus de trois modifications, on se contente de le signaler par la mention « modifié (e) » placée après la mention de sa date et de son objet.

> Par exemple : « VU la loi n°65-60 du 21 juillet 1965 portant Code pénal, modifiée ».

Le visa du décret portant nomination du Premier Ministre, celui du décret portant composition du Gouvernement et du décret portant répartition des services de l'Etat n'est justifié que lorsque le projet normatif a un lien avec ces textes.

A titre d'exemple, un projet de décret devant être contresigné par le Premier Ministre, devrait viser le décret portant nomination du Premier Ministre.

Les visas se terminent par la référence au rapport du ministère ou de la direction ayant initié le texte ; ce dernier visa se termine par une virgule : « SUR le rapport du Garde des Sceaux, Ministre de la Justice, »

3. Ordre hiérarchique

La présentation des visas obéit à l'ordre suivant, conformément à la hiérarchie des normes :

- la Constitution ;
- les conventions internationales ;
- les règlements et directives communautaires ;
- les lois organiques ;
- les codes (y compris les codes purement réglementaires) ;
- les lois et les ordonnances ayant de plein droit valeur législative ;
- les décrets ;
- les arrêtés ;
- les consultations obligatoires ;
- l'intervention du Conseil Constitutionnel ou de la Cour suprême.

S'agissant des directives communautaires, la référence au texte de la directive transposée dans l'acte de transposition, constitue même une obligation prévue par la plupart des directives des organisations communautaires auxquelles notre pays est membre.

4.- Ordre chronologique

Les textes d'une même catégorie sont classés selon un ordre chronologique en commençant par les textes les plus anciens et en terminant par les plus récents suivant le modèle suivant :

> « VU la loi n° 61-33 du 15 juin 1961 relative au statut général des fonctionnaires, modifiée ;
>
> VU la loi n° 97-17 du 1e décembre 1997 relative au Code du Travail, modifiée ;
>
> VU la loi n° 2008-11 du 25 janvier 2008 sur la cybercriminalité ;
>
> VU la loi n° 2011-01 du 24 février 2011 portant Code des Télécommunications ; »

F. Le verbe central

Le verbe central est un verbe placé au-dessus du dispositif normatif (corps du texte). Il est aligné au centre et écrit en gras et en majuscule suivi de deux points.

Par exemple :

> « **ORDONNE :** » (pour les ordonnances)
>
> « **DECRETE :** » (pour les décrets)
>
> « **ARRETE :** » (pour les arrêtés)

Toutefois, la loi ne comporte pas de verbe central.

G. Le dispositif normatif

1.- Subdivision du texte normatif

Dans un texte court, relatif à un seul sujet, une subdivision en articles est le plus souvent suffisante.

Cependant, par souci de clarté, un texte long, traitant de sujets multiples (surtout les codes), peut être divisé en livres, titres, chapitres, sections et articles ou même en chapitres, sections. Ces subdivisions (titres, livres, chapitres, sections et articles) doivent être écrites en gras.

En outre, chaque partie, livre, titre, chapitre et article est suivi « d'un point et du tiret du six (6) » avant la mention de son intitulé.

Ainsi, conformément à la circulaire présidentielle n°1596 PR/SG/JUR du 17 juillet 1980 relative à l'emploi des majuscules et des virgules, on se conformera aux règles suivantes :

les parties, les livres et les titres sont en majuscules.

Exemple (tiré du Code de Procédure pénale).

PREMIÈRE PARTIE.- DISPOSITIONS GÉNÉRALES.

LIVRE PREMIER.- DE L'EXERCICE DE L'ACTION PUBLIQUE ET DE L'INSTRUCTION.

TITRE PREMIER.- DES AUTORITÉS CHARGÉES DE L'ACTION PUBLIQUE ET DE L'INSTRUCTION

Les chapitres, sections et articles sont en minuscules, sauf en ce qui concerne la première lettre et les noms ou substantifs, qui commencent par une majuscule).

Exemple (tiré du Code de Procédure pénale).

Chapitre premier.- De la Police judiciaire.

Chapitre II.- Du Ministère public.

Section 1.- Dispositions générales.

Article premier. – La Police judiciaire est chargée…

Article 2. – Ont la qualité d'officier de police judiciaire… »

2. Définitions

Lorsque le projet normatif comporte des notions techniques, il est recommandé d'y insérer un chapitre ou un article intitulé « définition » ou « terminologie », consacré à leur conceptualisation, en respectant l'ordre alphabétique.

Le chapitre ou l'article comportant les définitions est précédé de l'expression suivante : « Au sens/ Aux fins de la présente loi, on entend par : »

Chaque terme défini est écrit en gras et la définition se termine par un point-virgule, selon le modèle suivant :

« Au sens/ Aux fins de la présente loi, on entend par :

-**affrètement :** le contrat par lequel le fréteur s'engage moyennant paiement d'un certain fret, à mettre à la disposition de l'affréteur un navire en bon état de navigabilité ;

-**capitaine :** toute personne qui exerce régulièrement le commandement d'un navire ; «

3. La numérotation des articles

Les articles sont numérotés dans l'ordre croissant (**Article premier, Article 2, Article 3**, etc.). Chaque article est suivi d'un point et du tiret de six (6).

Par exemple : **Article 2.-**

Typographiquement, le début de l'alinéa est indiqué par un léger retrait sur l'alignement du texte.

Pour insérer une ou plusieurs dispositions dans un article du texte, deux techniques peuvent être employées :

- soit on ajoute à cet article un tiret et un numéro additionnel.

  Exemple : On peut insérer entre les articles 8 et 9, les articles 8-1, 8-2, 8-3, 8-4.

On peut insérer entre les articles 23-2 et 23-3, les articles 23-2-1 et 23-2-2 ;

- soit, on ajoute à cet article les signes bis, ter, quater, quinquies,

sexies, septies, octies, nonies, decies, etc.

  Exemple : On peut insérer entre les articles 20 et 21, les articles 20 bis, 20 ter et 20 quater, etc.

Mais cette dernière technique tend à être supplantée par la première.

4. La subdivision des articles

Un article peut comporter plusieurs alinéas.

L'alinéa constitue toute phrase, tout mot, tout un ensemble de phrases ou de mots, commençant à la ligne précédé ou non de guillemets, d'un tiret, d'un point ou d'une numérotation.

La référence à la notion d'alinéa dans les textes normatifs est souvent ambiguë en raison des difficultés d'identification et de décompte des alinéas.

J'invite les services producteurs de normes à agencer le contenu des articles comportant plusieurs alinéas, en utilisant au début de chaque alinéa, des chiffres ou des lettres d'identification et non de simples tirets.

La première lettre d'un alinéa est une capitale, même si l'alinéa est précédé d'une lettre ou d'un chiffre d'identification.

Par exemple : « **Article 2.- La Commission de Régulation des Marchés** »

1° Il est institué une Commission de Régulation des Marchés… ;

2° Elle a pour mission de réguler les marchés… »

Ou bien

« **Article 2.- La Commission de Régulation des Marchés**

a) Il est institué une Commission de Régulation des Marchés… ;

b) Elle a pour mission de réguler les marchés… ; »

5. Les renvois

Lorsqu'au sein d'un même article, on renvoie à un autre article ou à un autre alinéa du même texte (renvoi intérieur), il convient d'éviter d'utiliser les expressions « l'article précédent » ou « l'alinéa suivant ».

Cette technique risque, en effet, de soulever des difficultés en cas d'insertion ultérieure d'un nouvel article dans le texte.

En bonne règle légistique, il est recommandé de renvoyer à un article ou à un alinéa du texte, par référence à un chiffre ou à une lettre. Par exemple, « les obligations mentionnées à l'article 10 de la présente loi » ou « les droits visés au 2° de l'article 23 de la présente loi ».

6. Les textes modificatifs

Lorsqu'un texte en modifie un autre, il y a lieu de disposer les mots et d'utiliser les caractères et la ponctuation conformément au modèle suivant, en application de la circulaire présidentielle n°1596 PR/SG/JUR du 17 juillet 1980 relative à l'emploi des majuscules et des virgules :

Article premier. – L'article 5, l'alinéa premier de l'article 29 et le 7e alinéa de l'article 34 du décret n° ... du ... sont abrogés et remplacés par les dispositions suivantes :

« **Article 5.-** .... ».

« **Article 29 alinéa premier.-**............».

« **Article 34 alinéa 7.-** .... ».

Lorsque la modification du texte se fait par insertion de nouvelles dispositions, il y a lieu de disposer les mots et d'utiliser les caractères et la ponctuation conformément au modèle suivant:

Article premier.- Il est inséré, dans l'article 22 de la loi n° 61-33 du 15 juin 1961, les articles 22-1, 22-2 et 22-3 ainsi libellés :

« **Article 22-1.-** ……………………… »

« **Article 22-2.-**…………………….. »

« **Article 22-3.-**………………………»

Ainsi, dans la présentation du texte modificatif, les dispositions modifiées ou insérées sont décalées par rapport aux articles du texte modificatif.

7. Les formules abrogatoires

La formule abrogatoire, contenue souvent dans les dispositions transitoires, prévoit l'abrogation totale d'un texte ou de certains articles spécifiques du texte.

Certains ministères ont pris l'habitude d'insérer dans les dispositions transitoires la formule de style suivante : « la présente loi abroge toutes les dispositions contraires »

Pour conjurer des difficultés d'application du nouveau texte, je vous recommande de spécifier le texte ou les dispositions qui seront abrogées par le projet normatif ainsi qu'il suit :

« Le présent décret abroge le décret n°...du ... »

« La présente loi abroge les articles 12, 24, 45 et 78 de la loi n°...du... »

8. La formule exécutoire

L'article d'exécution est la disposition du texte qui énumère les autorités chargées de l'exécution des mesures prévues par ce texte normatif. Cet article doit viser les autorités (ministres ou directeurs) chargées de la mise en œuvre du texte dans leurs dénominations génériques.

Par exemple « le Ministre chargé de la Justice », « Ministre chargé des Affaires étrangères» ou la « Direction chargée des Collectivités territoriales ».

Il convient d'éviter de viser les dénominations officielles du moment.

Par exemple : « le Garde des sceaux, Ministre de la Justice » ou « le Ministre des Affaires étrangères et des Sénégalais de l'Extérieur ».

Cette dernière pratique peut être source de difficultés d'identification de la structure chargée de l'exécution, en cas de changement dans leurs dénominations officielles.

L'énumération des autorités doit également respecter l'ordre protocolaire. Pour se faire, je vous demande de vous référer au décret portant composition du Gouvernement en vigueur.

9. Les formules de promulgation

Dans les projets de textes législatifs, il est courant de constater la présence de formules de promulgation. Ces formules sont ainsi rédigées :

« L'Assemblée nationale a adopté en sa séance du... ;

Le Président de la République promulgue la loi dont la teneur suit :

Par le Président de la République :

Le Premier Ministre »

Les formules de promulgation, prévues par le décret n° 2001-456 du 13 juin 2001 relatif aux formules de promulgation des lois par le Président de la République, varient suivant qu'il s'agit d'une loi ordinaire, d'une loi organique ou d'une loi constitutionnelle.

A l'étape de l'examen du texte au Secrétariat général du Gouvernement, ces formules ne doivent pas être intégrées dans le projet de texte normatif. Elles sont en réalité ajoutées au texte par les services du Secrétariat général du Gouvernement après son adoption par l'Assemblée nationale.

II. La charte graphique des textes législatifs et réglementaires

A. Protocole graphique

La charte graphique vise l'ensemble des règles fondamentales d'utilisation des signes graphiques qui constituent l'identité graphique d'une organisation, d'un projet, d'une entreprise. Elle définit notamment les polices de caractères et les attributs typographiques à utiliser par le rédacteur.

Il m'a été donné de constater qu'au Sénégal, l'univers graphique des textes est caractérisé par une grande diversité des règles typographiques utilisées qui varient d'un ministère à un autre, voire d'une direction à une autre, ce qui ne garantit pas un bon confort de lecture des textes.

Il est ainsi nécessaire de fixer une charte graphique uniforme des textes législatifs et réglementaires applicable à tous les services de l'État.

En conséquence, je demande aux services rédacteurs des textes de se conformer à la charte graphique suivante :

- type de police : tahoma ;
- taille de police : 12 ;
- style de police : normal ;
- interligne : 1,15.

Cette charte graphique s'applique à l'appellation de l'État, au titre, à l'intitulé du texte aux subdivisions et articles du texte.

B. Caractères graphiques

Le corps des textes législatifs et réglementaires est toujours écrit en romain.

Echappent à cette présentation, les locutions ou numérotations latines (*bis, ter, quater,* etc.), les titres d'ouvrages (*Les bouts de bois de Dieu*), de journaux (*Le Quotidien)*, les mots non francisés (*ad hoc, ad litem, ad litteram,* etc.), les créations commerciales (*Chanel*, *Petit Prince,* etc.), les devises (*Un Peuple-Un-But-Une Foi)* et les mots et expressions en langue étrangère (*money)*, qui sont présentés en italique.

Cependant, les numérotations latines sont en romain lorsqu'elles s'insèrent dans des numérotations déjà en italique en tête d'articles insérés ou rédigés.

Par exemple : Article 34 bis ou Article 4 ter...

J'exhorte tous les ministères et services de l'Etat à se conformer aux règles de rédaction et de présentation des textes législatifs et réglementaires prévues par la présente circulaire.

J'attache du prix à sa correcte exécution.

Le Premier Ministre

Mahammed Boun Abdallah DIONNE

---

64. La circulaire n° 0006 PM/SGG/DSL/OD du 14 avril 2016 relative au rappel des règles de rédaction des circulaires et du principe de la responsabilité administrative

REPUBLIQUE DU SENEGAL

Un Peuple-Un But-Une foi

Primature

N° 0006 PM/SGG/DSL/OD

Dakar, le 14 avril 2016

CIRCULAIRE

LE PREMIER MINISTRE

A

Mesdames et messieurs les ministres,
Mesdames et messieurs les ministres délégués,

Objet: Rappel des règles de rédaction des circulaires et du principe de la responsabilité administrative

Monsieur le Président de la République a bien voulu attirer mon attention sur l'usage récurrent et abusif des circulaires à caractère réglementaire et des circulaires interprétatives par certains ministres, qu'ils adressent aux autres membres du Gouvernement.

Je vous rappelle que la circulaire à caractère réglementaire fait partie intégrante du bloc de légalité. Par conséquent, vous ne pouvez pas utiliser ce type de circulaire pour vous adresser aux autres membres du Gouvernement.

Pour rappel, les ministres ne disposent pas du pouvoir réglementaire sauf dans le cadre de l'organisation et du fonctionnement de leurs services, comme l'a consacré la jurisprudence administrative.

Toutefois, lorsque vous désirez initier des circulaires présentant un caractère réglementaire ou interministériel, il faudra, désormais, les transmettre au Secrétaire général du Gouvernement, dont la mission essentielle demeure, sous ma haute autorité, la coordination des activités et de l'information gouvernementale, qui se chargera de les examiner avant de les soumettre à ma signature.

Par ailleurs, Monsieur le Président de la République a attiré également mon attention sur le fait que nombreux sont les ministres qui, bien que présents sur le territoire national, ne signent pas leurs courriers adressés à leurs collègues, mais laissent le soin à leur Directeur de Cabinet ou Secrétaire général d'y procéder.

Je vous rappelle que les règles de courtoisie administrative ainsi que les exigences attachées au principe de la responsabilité requièrent qu'un ministre, présent sur le territoire national, signe les courriers adressés à ses collègues membres du Gouvernement.

J'attache du prix à l'exécution correcte de la présente circulaire.

Le Premier Ministre

Mahammed Boun Abdallah DIONNE

ATCR : Monsieur le Président de la République.

---

65. La circulaire primatorale n° 0007/PM/SGG/DSL/db du 11 mai 2016 relative au rappel des règles de présentation et de rédaction des textes législatifs et réglementaires

REPUBLIQUE DU SENEGAL
Un Peuple-Un But-Une foi
Primature

N° 0007 PM/SGG/DSL/db

Dakar, le 11 mai 2016

CIRCULAIRE
LE PREMIER MINISTRE
A
Mesdames et Messieurs les Ministres,
Mesdames et Messieurs les Ministres délégués

Objet : Rappel des règles de présentation et de rédaction des textes législatifs et réglementaires

Dans ma lettre circulaire n°0004/PM/SGG/SGA/PAT/SP en date du 06 octobre 2015, j'avais insisté sur la nécessité d'harmoniser les règles de présentation et de rédaction des textes législatifs et réglementaires.

Dans ladite circulaire, aux pages 12 et 13, il a été demandé aux services rédacteurs des textes législatifs et réglementaires de se conformer à la charte graphique suivante :

- type de police: tahoma ;
- taille de police: 12 ;
- style de police : normal ;
- interligne: 1,15.

Il m'est revenu de constater que certains ministres n'ont pas donné les instructions qu'il faut en vue de rendre effective cette circulaire.

D'ailleurs, Monsieur le Président de la République, au cours de l'audience qu'il avait bien voulu accorder aux Secrétaires généraux et Directeurs de Cabinet, lors du Forum national de l'Administration, tenu à Dakar, les 09 et 10 avril 2016, a longuement insisté sur la nécessité d'harmoniser la forme rédactionnelle des textes législatifs et réglementaires. .

En vue de satisfaire sa préoccupation, j'ai donné instruction au Secrétaire général du Gouvernement de faire de cette question un point de contrôle.

Les projets de décret portant mesures individuelles doivent, également, être élaborés selon les normes indiquées par la circulaire précitée.

S'agissant de ces projets, je vous rappelle la nécessité d'être vigilant au moment de leur rédaction. En effet, il a été constaté dans lesdits décrets des erreurs notamment sur les noms et prénoms et même sur la fonction de la personne proposée.

C'est pourquoi, je vous demande de joindre aux projets de décret de nomination le rapport sur l'enquête de moralité et le curriculum vitae de l'intéressé.

Des erreurs, aussi, sont constatées au niveau des visas notamment sur leur agencement et leur chronologie. L'agencement doit se faire en fonction du respect de la hiérarchie des normes juridiques. Quant à la chronologie, elle consiste à classer les textes en fonction de leur date d'entrée en vigueur en commençant par les textes les plus anciens et en terminant par les plus récents.

En conséquence, les projets de loi, de décret et d'arrêté déposés au Secrétariat général du Gouvernement qui ne respectent pas les règles édictées par la lettre circulaire susmentionnée feront l'objet de rejet au moment de leur examen par les services compétents.

J'attache du prix à la correcte exécution de la présente circulaire.

Le Premier Ministre

Mahammed Boun Abdallah DIONNE

Monsieur le Président de la République (ATCR)

66. Note de greffe n° 02/71 du 30 décembre 1971

REPUBLIQUE DU SENEGAL

COUR SUPREME

N ° 02/71

NOTE DE GREFFE

Objet : Décret- Exécution- Ministres chargés de l'exécution-Ordre.

L'Assemblée générale consultative de la Cour suprême, s'est penchée sur la question de savoir le rang qu'il convient de donner à chaque Ministre chargé de l'exécution d'un décret.

L'Assemblée a estimé que les Ministres concernés par l'exécution du décret doivent être énumérés dans l'ordre adopté par le décret les nommant qui est l'ordre auquel se réfère l'article 33 de la Constitution pour la suppléance du Président de la République.

Assemblée générale consultative séance du 30 décembre 1971.
Affaires n° 193 à 199/A/71

LE PRESIDENT LE RAPPORTEUR LE GREFFIER EN CHEF

Suivent les signataires pour expédition certifiée conforme

Le Greffier en Chef de la Cour suprême
Doudou Salmone FALL

---

67. Note de greffe n° 04/72 du 05 mai 1972 relative au renvoi à un arrêté dans une disposition législative ou réglementaire

REPUBLIQUE DU SENEGAL

COUR SUPREME

N ° 4/72

NOTE DE GREFFE

Objet : Disposition législative ou réglementaire-Renvoi à un arrêté-Substitution d'un décret à cet arrêté- Possibilité oui.

L'Assemblée générale consultative de la Cour suprême, après débats sur la question de savoir si le Gouvernement peut prendre décret à la place de l'arrêté auquel renvoie une disposition législative ou réglementaire, s'est ainsi prononcée :

« Lorsqu'une disposition législative ou réglementaire prévoit l'intervention d'un arrêté, il est loisible au Gouvernement de prendre à la place un décret, sans qu'il soit nécessaire de modifier ladite disposition ».

- Assemblée générale consultative séance du 05 mai 1972.
- Affaire n° 96/A/71.

LE PRESIDENT LE RAPPORTEUR LE GREFFIER EN CHEF

Suivent les signataires pour expédition certifiée conforme

Le Greffier en Chef de la Cour suprême

Doudou Salmone FALL

---

68. Note de greffe n° 01/73 du 12 janvier 1973

REPUBLIQUE DU SENEGAL

COUR SUPREME

N ° 01/73

NOTE DE GREFFE

Objet : Disposition législative-Renvoi à décret-Substitution d'un arrêté ministériel au décret-Possibilité (oui).

L'Assemblée générale consultative de la Cour suprême s'est penchée sur le problème de savoir si, lorsqu'une disposition législative prévoit qu'une mesure sera prise par décret, il était possible au Gouvernement de substituer au décret arrêté ministériel.

Après débats, l'Assemblée s'est ainsi prononcée :

Le choix relève de la seule appréciation du pouvoir exécutif, la Constitution offrant la possibilité de délégations de certains pouvoirs, aux Membres du Gouvernement à l'exception de ceux prévus aux articles 41 (droit de faire grâce), 46 (soumission de tout projet de loi au référendum), 75 bis (dissolution de l'Assemblée nationale) et 89 (révision de la Constitution).

Un arrêté ministériel peut donc être substitué au décret prévu par la loi.
Assemblée générale consultative, du 12 janvier 1973
Affaire n° 7/A/73

LE PRESIDENT LE RAPPORTEUR LE GREFFIER EN CHEF

Suivent les signataires pour expédition certifiée conforme
Le Greffier en Chef de la Cour suprême
Doudou Salmone FALL

---

69. Note de greffe n° 02/75 du 11 juillet 1975

REPUBLIQUE DU SENEGAL

COUR SUPREME

N ° 02/75

NOTE DE GREFFE

Objet : Mode de désignation des ministres au sein de divers groupes de travail.

L'Assemblée générale consultative de la Cour suprême, lors de sa séance du vendredi 11 juillet 1975, s'est penchée sur le problème relatif à la façon d'indiquer dans les textes le ou les ministres chargés soit de prendre un acte, soit d'assurer une participation directe ou par représentation au conseil, à un comité ou à un groupe de travail.

Plus précisément, il s'agissait de savoir quelle était, en l'espèce, la meilleure formulation à retenir pour éviter des difficultés d'application, notamment dans l'hypothèse d'une répartition ultérieure des compétences gouvernementales.

La Cour a estimé :

1. que lorsqu'un ministre ayant plusieurs compétences est requis dans un texte comme responsable de l'ensemble de ces compétences, il échet de les mentionner toutes en les énumérant.
   Par exemple, s'agissant des rapports à présenter au Conseil national de l'urbanisme et de l'environnement, il convient d'indiquer qu'ils seront faits par « le Ministre chargé du Développement industriel et de l'Environnement ».

2. que si l'une de ces compétences venait à être détachée des autres pour être confiée à un autre membre du Gouvernement, c'est ce dernier qui serait

automatiquement chargé de faire acte et s'il y a lieu, conjointement avec le ministre antérieurement compétent.

3. que lorsqu'un ministre ayant plusieurs compétences est requis dans un texte comme responsable de l'une d'entre elles seulement, il échet de ne mentionner que la compétence concernée.
Par exemple (et pour parler toujours dans le cadre du Code de l'Urbanisme), la « Commission de la Formation, de l'information et des études juridiques en d'environnement », doit comprendre un représentant du « Ministre chargé des Finances », et non du « Ministre chargé des Finances et des Affaires économiques ».

Assemblée générale consultative du 11 juillet 1975.
Affaire n° 117/A/75.

LE PRESIDENT LE RAPPORTEUR LE GREFFIER EN CHEF

Suivent les signataires pour expédition certifiée conforme
Le Greffier en Chef de la Cour suprême
Doudou Salmone FALL

---

70. La circulaire primatorale n° 00008/PM/SGG/SGA/PAT/SP du 05 novembre 2018 relative au plan-type des projets de décret portant organisation des départements ministériels

REPUBLIQUE DU SENEGAL
Un Peuple-Un But-Une foi
Primature

N° 00008 PM/SGG/SGA/PAT/SP

Dakar, le 05 novembre 2018

CIRCULAIRE
A
Mesdames et Messieurs les Ministres,
Messieurs les Ministres délégués

Objet : Plan-type des projets de décret portant organisation des départements ministériels

Les départements ministériels constituent l'épine dorsale de l'action de l'Etat. En effet, le bon fonctionnement de ces structures, bases de l'administration centrale de l'Etat présente des enjeux stratégiques de bonne gouvernance publique.

C'est pourquoi, le décret n° 2017-314 du 15 février 2017 a mis en place un cadre de référence de l'organisation des structures de l'administration centrale. En outre, le décret n° 2017-313 du 15 février 2017 a procédé à la généralisation de l'institution du Secrétariat général dans tous les ministères et a dégagé les principes régissant l'organisation des services rattachés au Secrétariat général.

L'objectif visé par ce nouveau dispositif juridique est d'une part, d'éviter les distorsions constatées dans l'organisation des ministères et d'autre part, de garantir la bonne coordination administrative et technique des activités des différents services des ministères.

Mais il m'a été donné de constater que malgré l'instauration de ce référentiel juridique uniforme, les départements ministériels ne se conforment pas toujours à ces règles dans les projets de décret portant organisation de leurs services introduits dans le circuit normatif. Cette situation est préjudiciable à la bonne coordination de l'action publique et à l'efficacité des interventions de l'Etat.

La présente circulaire a pour objet de fixer le plan-type des décrets portant organisation des départements ministériels en vue d'en favoriser l'harmonisation.

Désormais, pour les besoins de l'élaboration des projets de décret portant organisation de vos départements ministériels, je vous instruis de vous conformer au plan-type annexé à la présente circulaire.

Ce plan-type constitue un référentiel et une source d'inspiration pour vos services.

Toutefois, des dérogations sont possibles sur présentation de justifications fondées notamment sur les particularités organisationnelles et managériales de certains départements ministériels, après avis du Bureau Organisation et Méthodes (BOM).

A titre d'exemple, l'organigramme d'un ministère doté de plusieurs directions générales ne saurait être identique à celui d'un département ne disposant pas de directions générales.

En outre, il n'est pas recommandé de faire référence, dans le texte portant organisation de vos départements, à la tutelle exercée sur certaines entités (agences d'exécution, sociétés nationales et établissements publics). En effet, les textes portant création de ces organismes publics, qui sont dotés de la personnalité juridique et de l'autonomie financière, précisent les ministères chargés d'en assurer la tutelle.

Le Secrétariat général du Gouvernement veillera à ne programmer aux réunions de validation des textes que les projets de décret conformes aux directives contenues dans la présente circulaire.

J'attache du prix à la bonne application de cette circulaire dont vous m'accuserez réception.

Le Premier Ministre

Mahammed Boun Abdallah DIONNE

Ampliation :
Son Excellence Monsieur le Président de la République (ATCR)

ANNEXE :

PLAN-TYPE DES PROJETS DE DECRET PORTANT ORGANISATION DES DEPARTEMENTS MINISTERIELS

TITRE PREMIER.- DISPOSITIONS GENERALES

Article.- (sur l'objet du texte)

Article.- (sur la composition du ministère)

TITRE II.- LE CABINET ET LES SERVICES RATTACHÉS

Chapitre premier.- Le cabinet

Article.- (sur la composition du cabinet)

Chapitre II.- Les services rattachés au cabinet

Article.- (sur les différents services rattachés au cabinet)

Article (sur la mission et les attributions du service n° 1)

Article.- (sur les modalités de nomination du chef/coordonnateur du service n°1)

Article.- (sur la composition du service n° 1)

Article.- (sur la mission et les attributions du service n°2)

Article.- (sur les modalités de nomination du chef/coordonnateur du service n°2)

Article.- (sur la composition du service n°2)

etc.

TITRE III.- LE SECRETARIAT GENERAL ET LES SERVICES RATTACHÉS

Chapitre premier.- Le secrétaire général du ministère

Article.- (sur la mission et les attributions du Secrétaire général)

Article.- (sur les modalités de nomination du Secrétaire général)

Chapitre II. Les services rattachés au Secrétariat général du Ministère

Article.- (sur les différents services rattachés au Secrétariat général)

Article.- (sur la mission et les attributions du service n° 1)

Article.- (sur les modalités de nomination du chef/coordonnateur du service n°1)

Article.- (sur la composition du service n° 1)

Article.- (sur la mission et les attributions du service n°2)

etc.

TITRE IV.- LES DIRECTIONS GENERALES

Article.- (sur les différentes directions générales)

Chapitre premier.- La direction générale n° 1

Section première.- L'organisation de la direction générale

Article.- (sur la mission et les attributions de la direction générale n° 1)

Article.- (sur les modalités de nomination du directeur général, et au besoin, du directeur général adjoint)

Article.- (sur la composition de la direction générale n° 1)

Section II.- Les services rattachés à la direction générale

Paragraphe premier.- Service rattaché n° 1

Article.- (sur la mission et les attributions du service)

Article.- (sur les modalités de nomination du chef/coordonnateur du service)

Article.- (sur la composition du service)

Paragraphe II.- Service rattaché n° 2

etc.

Section III.- Les directions (directions rattachées à la direction générale)

Paragraphe premier.- La direction n° 1

Article.- (sur la mission et les attributions de la direction n°1)

Article.- (sur la composition de la direction)

Paragraphe II.- La direction n° 2

etc.

Chapitre II.- La direction générale n° 2

etc.

TITRE V.- LES AUTRES DIRECTIONS

(Directions non rattachées à une direction générale)

Section première.- La direction n° 1

Article.- (sur la mission et les attributions de la direction n°1)

Article.- (sur la composition de la direction n°1)

Section II.- La direction n° 2

Article.- (sur la mission et les attributions de la direction n°2)

etc.

TITRE VI.- DISPOSITIONS FINALES

Article.- (sur le renvoi des modalités d'organisation et de fonctionnement des directions et autres services du ministère à un arrêté du ministre)

Article.- (sur les modalités de nomination des directeurs généraux et des directeurs)

Article.- (sur la disposition abrogatoire)

Article.- (sur la disposition d'exécution)

---

2. Le document de présentation

Notes

71. L'objet du document de présentation. Le texte normatif est précédé d'un exposé des motifs, s'il s'agit d'un projet de loi, d'un rapport de présentation, s'il s'agit d'un projet de décret ou d'ordonnance[59] ou d'une note de présentation pour les projets d'arrêté. C'est la partie argumentaire du texte.

Les documents de présentation sont destinés à éclairer respectivement l'Assemblée nationale ou le signataire du texte (Président de la République ou Premier Ministre, ministre, etc.) ainsi que les ministres contresignataires, sur le sens et la portée des dispositions qui lui ou leur sont soumises ; il s'agit du « support philosophique» du texte[60].

72. Les méthodes rédactionnelles. En dehors de la circulaire n° 00041 PM/SGG/SGA/PAT du 06 octobre 2015 sur les règles de présentation et de rédaction des textes, plusieurs autres circulaires ont fixé les méthodes de rédaction des documents de présentation.

Il s'agit de la circulaire n° 0006/PM/SGG/ADJ 1 du 18 janvier 1972, de la circulaire primatorale n° 0009/PM/JUR du 03 février 1977 et de la circulaire n° 01 PR/SG du 27 février 1985 sur la présentation des exposés des motifs de loi et des rapports de présentation des projets de décret.

De façon générale, quelle que soit la nature du texte (texte autonome, modificatif ou abrogatif), les documents de présentation doivent comporter les éléments suivants :

- le contexte du projet de texte ;
- les raisons du projet de texte ;
- les objectifs que se fixe le texte
- les innovations du texte ;
- la structuration du texte.

Cependant, les textes modificatifs ne comportent pas une partie relative à sa structuration. En effet, le texte modifié, auquel le texte modificatif s'incorpore a, en principe, décliné sa structuration.

Les documents de présentation n'ont pas portée juridique et le Parlement n'en délibère pas ; ils ne peuvent être déférés devant un juge.

---

[59] Sur les ordonnances, P. A. TOURE, « L'ordonnance : un instrument normatif hybride au service de la stratégie de riposte contre le Covid-19 », *Le Soleil* n° 14987 du 12 mai 2020, p. 18.

[60] I. Y. NDIAYE, « L'art de mal légiférer (propos irrévérencieux sur certains textes de lois) », *Rev. ass. sén. dr. pén.*, n° 02, juillet-décembre 1995, p.53.

73. La circulaire du Secrétaire général du Gouvernement n° 0006/PM/SGG/ADJ 1 du 18 janvier 1972

REPUBLIQUE DU SENEGAL

Un Peuple-Un But-Une foi

PRIMATURE

N° 0006PM/SGG/ ADJ 1

CIRCULAIRE
LE SECRETAIRE GENERAL DU GOUVERNEMENT
à M. les Ministres
les Secrétaires d'État
le Délégué général au Tourisme

Il est parfois arrivé que des rapports de présentation de certains projets de textes règlementaires soient signés par les directeurs de cabinet des ministères. Cette pratique est contraire à l'esprit des règles qui gouvernent la matière de la délégation de signature : elle excède manifestement les limites de celle-ci, fixées notamment par les dispositions de l'instruction n° 15/PM/JUR. du 1er mars 1968.

Les rapports de présentation devront être signés par les ministres eux-mêmes, ou, en leur absence, par les ministres chargés de l'intérim.

Dakar, le 18 janvier 1972

Dakar, le 18
Secrétaire Général du Gouvernement

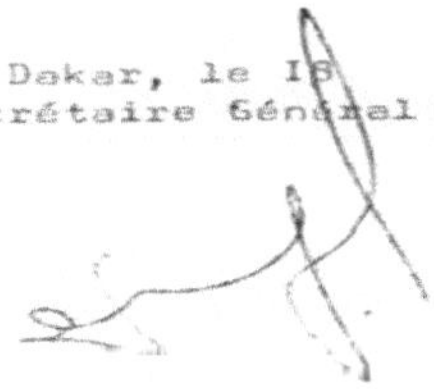

Alioune DIAGNE

74. Note de greffe n° 01/75 du 18 avril 1975

REPUBLIQUE DU SENEGAL

COUR SUPREME

N ° 01/75

NOTE DE GREFFE

Objet : Projets de décrets préparés par un secrétaire d'État auprès d'un ministre - Rapport du secrétaire d'État-Possibilité oui-Exécution et contreseing- Nécessité associer le ministre-oui

L'Assemblée générale consultative de la Cour suprême s'est penchée sur la question de savoir si les secrétaires d'État sont qualifiés pour signer les rapports de présentation des projets de décrets, être chargés de leur exécution et les contresigner.

L'Assemblée générale a répondu par l'affirmative, en ajoutant qu'en pareil cas le ministre dont relève le secrétaire d'État doit également être chargé de l'exécution du décret concerné et être compris parmi ses contresignataires.
Assemblée générale consultative du 18 avril 1975.
Affaire n° 48/M75.

LE PRESIDENT LE RAPPORTEUR LE GREFFIER EN CHEF

Suivent les signataires pour expédition certifiée conforme
Le Greffier en Chef de la Cour suprême
Doudou Salmone FALL

75. La circulaire n° 0009/PM/JUR du 03 février 1977 ayant pour objet la présentation des exposés des motifs des projets de loi et des rapports de présentation des projets de décret

REPUBLIQUE DU SENEGAL
Un Peuple-Un But-Une foi
PRIMATURE

N° 0009/PM/JUR

CIRCULAIRE

LE PREMIER MINISTRE
A
Messieurs les Ministres d'État ;
les Ministres ;
le Secrétaire général de la Présidence de la République ;
le Secrétaire général du Gouvernement
les Délégués généraux

Objet : Présentation des exposés des motifs des projets de loi et des rapports de présentation des projets de décret

A la suite d'observations formulées de façon réitérée depuis quelque temps par l'Assemblée générale consultative de la Cour suprême et pour donner satisfaction à celles-ci, je vous donne les instructions suivantes quant à la présentation des projets de décret préparés dans vos départements respectifs.

1) Tous les rapports de présentation des projets de décret devront être signés du ministre rapporteur avant leur transmission au Secrétariat général du Gouvernement.

En revanche, les exposés des motifs des projets de loi n'ont pas à être signés par les ministres qui les auraient personnellement préparés, les projets de lois étant présentés à l'Assemblée nationale par le Président de la République.

2) Tous les exposés des motifs des projets de loi et rapports de présentation des projets de décret devront être datés en haut et à droite de leur première page. Cette date correspondra à la réalisation matérielle de ces projets par vos services et au plus tard à la transmission de ces projets au Secrétariat général du Gouvernement.

Je demande au Secrétaire général du Gouvernement, et particulièrement au service de liaison, de veiller avec soin à l'observation des présentes instructions et notamment de faire compléter systématiquement les projets qui lui seraient transmis par les départements ministériels et qui n'observeraient pas les règles ainsi posées.

Dakar, le 03 février 1977

Abdou DIOUF

---

76. La circulaire n° 01 PR/SG du 27 février 1985 sur la présentation des exposés des motifs de loi et des rapports de présentation des projets de décret

REPUBLIQUE DU SENEGAL
Un Peuple-Un But-Une foi
PRESIDENCE DE LA REPUBLIQUE

N° I/PR.SG

Dakar, le 27 février 1985

CIRCULAIRE
LE PRESIDENT DE LA REPUBLIQUE
A
Mesdames et Messieurs les Ministres,
Madame et Monsieur les Secrétaires d'État.

Objet : Présentation des exposés des motifs de loi et des rapports de présentation des projets de décret

Il m'a été donné de constater que les instructions contenues dans la circulaire n° 9.PM.JUR du 03 février 1977, relatives à la présentation des exposés des motifs des projets de loi et des rapports de présentation des projets de décret, ne sont pas respectées.

L'Assemblée générale consultative de la Cour suprême le fait d'ailleurs souvent observer au Gouvernement.

C'est pourquoi je vous rappelle :

1. que les rapports de présentation des projets de décret doivent être signés du ministre maître d'œuvre, avant leur transmission au Secrétariat du Conseil des Ministres, alors que les exposés des motifs des projets de loi ne le sont pas parce qu'étant présentés à l'Assemblée nationale par le Président de la République ;

2. que les exposés des motifs des projets de loi et les rapports de présentation des projets de décret doivent être datés avant leur transmission au Secrétariat du Conseil des Ministres pour leur introduction dans le circuit d'adoption.

Je demande au Secrétaire du Conseil des Ministres, de veiller à l'application stricte de ces instructions, en renvoyant aux départements ministériels les projets, au cas où les règles ainsi posées ne seraient pas respectées.

Abdou DIOUF

---

3. Les visas

77. L'objet des visas. Les projets de décret et d'arrêté comportent des visas[61]. Il en est de même des projets d'ordonnance, puisque tant qu'elle n'a pas fait l'objet d'une ratification législative, l'ordonnance revêt encore la nature d'un acte réglementaire[62].

Cependant, les lois ne contiennent pas de visas, puisqu'il s'agit de normes cadres[63].

Ces visas qui constituent les références du texte sont appelés visas de référence, par opposition aux visas de contrôle. Ces derniers visas ont pour objet de s'assurer du contrôle de la part des services financiers de l'État dans le cadre du circuit des visas.

Les visas de référence ont pour objet notamment :

- de préciser la base légale qui donne à l'auteur de l'acte la compétence et le pouvoir de l'édicter ;
- de mettre en évidence les textes dont le projet doit faire application ou qu'il doit modifier ou transposer ;
- d'attester du respect des procédures, particulièrement des consultations préalables obligatoires (consultation de l'Assemblée générale consultative de la Cour suprême, de la Commission d'évaluation des agences, du Conseil consultatif national du Travail et de la Sécurité Sociale, du Conseil supérieur de la Fonction publique, etc.).

Les visas n'ont pas de portée juridique propre ; ils sont facultatifs.

Cependant, ils doivent être soigneusement présentés.

78. Techniques de rédaction. En dehors de la circulaire n° 00041 PM/SGG/SGA/PAT du 06 octobre 2015 sur les règles de présentation et de rédaction des textes, la circulaire primatorale n° 71-PM/JUR du 13 décembre 1971 sur la rédaction des visas des décrets et arrêtés ministériels et la circulaire du Secrétaire général du Gouvernement n° 0064/PM/SGG du 20 novembre 1974 relative à la rédaction des visas des décrets ont fixé les méthodes de rédaction des visas des textes réglementaires.

Mais face à la complexité des techniques de rédaction des visas des textes modifiés, la circulaire n° 006 PM/SGG/SGA/PAT du 05 avril 2017 relative aux techniques de rédaction des visas des textes modifiés a procédé à la

---

[61] G. DEPUIS, « Les visas apposés sur les actes administratifs », *Mélanges M. WALINE*, 1974, p. 407.

[62] En ce sens, V. P. A. TOURE, « L'ordonnance : un instrument normatif hybride au service de la stratégie de riposte contre le Covid-19 », *Le Soleil* n° 14987 du 12 mai 2020, p. 18.

[63] Sur cette question, C. BERGEAL, *op. cit.*, p. 293 ; C. BERGEAL, *Manuel de légistique*, 8e édition, Paris Berger-Levrault, 2018, p. 291, n° 270 ; *Guide de légistique, Paris, La documentation française, 3e édition, mise à jour 2017*, p. 272.

modification de ces techniques dans le sens d'une simplification des méthodes rédactionnelles. Désormais, lorsqu'un texte comporte une seule modification, il est recommandé de mentionner, après son indication, le texte modificatif, avec l'indication de son numéro et de sa date, sans préciser son intitulé.

Par exemple : VU la loi organique n° 2011-15 du 08 juillet 2011 relative aux lois de finances, modifiée par la loi organique n° 2016-34 du 23 décembre 2016.

Lorsque par contre, le texte a fait l'objet de plus d'une modification, il importe d'ajouter, après son indication, la mention « modifié (e) » placée après celle de son numéro, de sa date et de son intitulé.

Par exemple : VU la loi n°65-60 du 21 juillet 1965 portant Code pénal, modifiée.

79. La circulaire n° 71-PM/JUR du 13 décembre 1971 sur la rédaction des visas des décrets et arrêtés ministériels

REPUBLIQUE DU SENEGAL
Un Peuple-Un But-Une foi
PRIMATURE

N° 71/PM/JUR

Dakar, le 13 décembre 1971

CIRCULAIRE
LE PREMIER MINISTRE
A
Messieurs les Ministres et Secrétaires d'État,

Objet : Rédaction des visas des décrets et arrêtés ministériels.

L'examen des textes-décrets réglementaires non soumis, décrets individuels et arrêtés ministériels-adressés au Secrétaire général du Gouvernement en vue de leur publication au *Journal officiel* révèle de très nombreuses et constantes erreurs dans la rédaction des visas. La présente circulaire a donc pour objet de vous rappeler les règles élémentaires qui doivent présider à cette rédaction :

1. il faut tout d'abord viser, après la Constitution, l'ensemble des lois que l'on désire viser puis l'ensemble des décrets, enfin éventuellement les arrêtés ministériels. En aucun cas, un décret ne peut être visé avant une loi ;
2. à l'intérieur de chacune de ces catégories-la loi, décret et arrêté ministériel-l'ordre chronologique doit être strictement respecté. Notamment, un décret individuel antérieur à un décret réglementaire doit être visé avant celui-ci en dépit de son caractère individuel ;
3. les textes modificatifs s'incorporent aux textes originels qu'ils sont venus modifier. Il n'y a donc jamais lieu de les viser sous une forme autonome mais uniquement sous la forme :

   « VU le décret n°...............du...........modifié par les décrets n° .... du ....et n°........... du .... ».

Je vous demande de rappeler à vos services les règles ci-dessus et de veiller soigneusement à ce qu'elles soient appliquées par eux à l'avenir dans la confection des textes qu'ils sont appelés à présenter.

Abdou DIOUF

---

80. Note de greffe n° 06/72 du 23 juin 1972 relative au visa d'arrêtés ministériels dans les décrets

REPUBLIQUE DU SENEGAL

COUR SUPREME

N ° 06/72

NOTE DE GREFFE

Objet : Visa-Arrêté ministériel.

L'Assemblée générale consultative de la Cour suprême, s'est penchée sur le problème de savoir si dans les visas des décrets doivent figurer celui des arrêtés ministériels intervenus après l'indépendance du Sénégal. Ceux de ces arrêtés intervenus avant cet évènement et ayant la valeur d'un décret pouvant évidemment être visés.

L'Assemblée a estimé que des arrêtés ministériels, même intervenus après l'indépendance du Sénégal, peuvent figurer aux visas d'un décret, de tels visas ayant pour objet d'indiquer non seulement la base légale du décret, mais aussi les textes à caractère législatif ou réglementaire auxquels il fait directement appel.

- Assemblée générale consultative séance du 23 juin 1972.
- Affaire n° 117/A/72.

LE PRESIDENT LE RAPPORTEUR LE GREFFIER EN CHEF

Suivent les signataires pour expédition certifiée conforme

Le Greffier en Chef de la Cour suprême

Doudou Salmone FALL

---

81. La circulaire du Secrétaire général du Gouvernement n° 0064/PM/SGG du 20 novembre 1974 relative à la rédaction des visas des décrets

REPUBLIQUE DU SENEGAL
Un Peuple-Un But-Une foi
PRIMATURE

N° 4006/PM

LE SECRETAIRE GENERAL DU GOUVERNEMENT

A

Mesdames, Messieurs les Ministres et Secrétaires d'Etat, les délégués généraux

Objet : Rédaction des visas des décrets

Il m'a été donné de constater que certains décrets présentés à la signature du Président de la République comportaient un certain nombre d'erreurs ou de maladresses dans la présentation des visas. La présente circulaire n'a d'autre objet que de vous rappeler les règles relatives à la rédaction des visas des décrets, afin que vous puissiez attirer l'attention de vos services sur leur respect et d'éviter le renouvellement de ces errements.

1- Il convient de viser tout d'abord, l'ensemble des lois à viser, puis ensuite l'ensemble des décrets d'une manière désordonnée ;
2- dans chacune des catégories : lois d'une part, décrets d'autre part, il faut respecter strictement l'ordre chronologique, les textes les plus anciens étant visés avant les textes les plus récents ;
3- un texte modificatif ne doit jamais être visé de façon autonome mais simplement à l'occasion du visa du texte d'origine en utilisant la formule « modifié par ».

   Par exemple, il ne faut pas dire :

   « VU la loi n° 66-60 du 30 juin 1966 portant création de l'Office national de Coopération et d'Assistance pour le Développement (ONCAD), modifiée par la loi n° 67-46 du 12 octobre 1967 ».

   Même si la disposition que l'on tient précisément à viser se trouve dans le texte modificatif, ce texte vient s'intégrer dès son entrée en vigueur dans le texte original dont les dispositions qu'il vient remplacer se trouvent abrogées ; c'est donc bien ce texte original qu'il convient de viser en priorité en mentionnant les modificatifs dont il a fait l'objet ;
4- lorsqu'un texte a été modifié, il faut viser à la suite, en utilisant la formule « modifié par », l'ensemble de ses modificatifs.

Toutefois, s'il y en a eu plus de trois, on emploie simplement la formule « modifié » ajoutée après le visa du texte original ;

5- il faut reproduire le titre exact et intégral des textes visés et non employer des formules abrégées ou fantaisistes ;

6- dès qu'il y a plus d'un ministre rapporteur, il faut utiliser la formule « SUR le rapport conjoint ».

Toutes ces règles sont conformes à la jurisprudence de l'Assemblée générale consultative de la Cour suprême en la matière.

Il est souhaitable que les décrets qui ne sont pas soumis à l'avis de la Cour suprême les respectent également de façon qu'il y ait une présentation uniforme des décrets qu'elle qu'ait été la procédure de leur adoption.

Fait à Dakar, le 20 novembre 1974

Alioune DIAGNE

82. La circulaire n° 006 PM/SGG/SGA/PAT du 05 avril 2017 relative aux techniques de rédaction des visas des textes modifiés

REPUBLIQUE DU SENEGAL
Un Peuple-Un But-Une foi
PRIMATURE

N° 006 PM/SGG/SGA/PAT

Dakar, le 05 avril 2017

CIRCULAIRE
Le Premier Ministre
A
Mesdames et Messieurs les Ministres,
Messieurs les Ministres délégués

Objet : Techniques de rédaction des visas des textes modifiés

Références : La circulaire n° 0064/PM/SGG du 20 novembre 1974 relative à la rédaction des visas des décrets

Il m'a été donné de constater que les techniques de rédaction des visas des textes comportant des modifications présentent une certaine complexité ; ce qui ne facilite pas toujours l'activité normative des départements ministériels et des autres services de l'Etat.

En effet, lorsque le texte visé comporte plusieurs modifications, la circulaire n° 0064/PM/SGG du 20 novembre 1974 relative à la rédaction des visas des décrets, citée en référence, prescrit de mentionner, après le texte modifié, les textes modificatifs dans la limite de trois (3), avec l'indication de leur numéro et de leur date.

Mais si le texte a fait l'objet de plus de trois (3) modifications, cette circulaire recommande d'ajouter au texte la mention « modifié (e) » placée après sa date et son intitulé.

Cependant, ces méthodes de rédaction, récemment rappelées par la circulaire n° 00041 PM/SGG/SGA/PAT du 06 octobre 2015 sur les règles de présentation et de rédaction des textes, ne sont pas toujours observées par les services rédacteurs des ministères. Aussi, donnent-elles lieu souvent à des hésitations sur le décompte du nombre de modifications du texte originaire effectivement entrées en vigueur.

Ainsi, il a paru nécessaire de réaménager ces règles dans le sens d'une simplification des techniques rédactionnelles des visas.

La présente circulaire a pour objet de modifier les prescriptions de la circulaire n° 0064/PM/SGG du 20 novembre 1974 citée en référence, relatives aux techniques de rédaction des visas des textes modifiés.

Désormais, lorsqu'un texte comporte une seule modification, il est recommandé de mentionner, après son indication, le texte modificatif, avec l'indication de son numéro et de sa date, sans préciser son intitulé.

Par exemple : VU la loi organique n° 2011-15 du 08 juillet 2011 relative aux lois de finances, modifiée par la loi organique n° 2016-34 du 23 décembre 2016.

Lorsque par contre, le texte a fait l'objet de plus d'une modification, il importe d'ajouter, après son indication, la mention « modifié (e) » placée après celle de son numéro, de sa date et de son intitulé.

Par exemple : VU la loi n°65-60 du 21 juillet 1965 portant Code pénal, modifiée.

En conséquence, je vous recommande, avant d'introduire les projets normatifs préparés par vos départements dans le circuit d'adoption des textes, de vous conformer aux prescriptions de la présente circulaire dont vous m'accuserez réception.

Le Premier Ministre

Mahammed Boun Abdallah DIONNE

---

4. Les rapporteurs des projets de texte

Notes

83. La détermination des rapporteurs des textes. Les visas des ordonnances, décrets et arrêtés se terminent par la référence au rapport de présentation du ministre ou à la note de présentation du directeur maître d'œuvre du texte. Il s'agit, en effet, de justifier que l'édiction du projet normatif rentre bien dans les attributions du rapporteur. Ce dernier fait rapport à l'auteur du texte, à savoir le Président de la République, en ce qui concerne les ordonnances et les décrets présidentiels, le Premier Ministre s'agissant des décrets et des arrêtés primatoraux ou le ou les ministres, en ce qui concerne les arrêtés interministériels, conjoints ou ministériels.

Au Sénégal, la circulaire primatorale n° 0002 PM/SGG/SGA/PAT du 27 janvier 2017 relative aux rapporteurs des projets de texte a affiné les contours de la notion de rapporteur.

D'après cette circulaire, les rapporteurs des textes sont ceux « principalement chargés d'élaborer la politique que le texte met en œuvre » ; c'est-à-dire les signataires du document de présentation (rapport de présentation ou note de présentation). Il s'agit des autorités dont les attributions rentrent dans le cadre du projet de texte soumis à la signature de son auteur[64]. La circulaire n° 0002 PM/SGG/SGA/PAT du 27 janvier 2017 relative aux rapporteurs des projets de texte a également déterminé les rapporteurs des projets de texte normatif.

[64] C. BERGEAL, *op. cit.*, p. 393 ; C. BERGEAL, *Manuel de légistique*, 8 e édition, Paris Berger-Levrault, 2018, p. 291, n° 269.

Texte et note de greffe

84. Note de greffe n° 02/73 du 21 décembre 1973

REPUBLIQUE DU SENEGAL

COUR SUPREME

N ° 02/73

NOTE DE GREFFE

Objet : Projet de décret « pris » par le Premier Ministre-Visa relatif au rapport - Possibilité de mentionner : « SUR le rapport du Premier Ministre »- Non.

L'Assemblée générale consultative de la Cour suprême, après avoir rappelé sa jurisprudence selon laquelle les décrets ne touchant pas aux matières énumérées au 3e alinéa de l'article 37 de la Constitution sont « pris » par le Premier Ministre bien que signés par le Président de la République et se présentant sous la forme :

LE PRESIDENT DE LA REPUBLIQUE,

« DECRETE »

s'est est penchée sur la question de savoir si de tels décrets peuvent porter la mention « SUR le rapport du Premier Ministre », l'Assemblée a répondu par la négative. Elle a estimé qu'il n'y avait lieu, dans les cas considérés, de comprendre dans les visas le rapport du Premier Ministre, celui-ci se trouvant en pareil cas, dans la même situation que le Président de la République lorsqu'il prend des actes relevant de son « domaine réservé ».

Assemblée générale consultative séance du 21 décembre 1973.

Affaire n° 173/A/73

LE PRESIDENT LE RAPPORTEUR LE GREFFIER EN CHEF

Suivent les signataires pour expédition certifiée conforme

Le Greffier en Chef de la Cour suprême

Doudou Salmone FALL

85. Note de greffe n° 02/74 du 26 avril 1974

REPUBLIQUE DU SENEGAL

COUR SUPREME

N ° 02/74

NOTE DE GREFFE

Objet : Projet de décret pris par la Président de la République-Visa relatif au rapport -Possibilité de mentionner : « SUR le rapport du Premier Ministre » - oui.

L'Assemblée générale consultative de la Cour suprême, après avoir rappelé sa note de greffe n° 2/73 du 21 décembre1975, selon laquelle il n'y a pas lieu de comprendre dans les visas d'un projet de décret pris par le Premier Ministre, le rapport de ce dernier, s'est penchée sur la question de savoir si un décret pris par le Président de la République dans le cadre de son « domaine réservé » peut porter la mention « SUR le rapport du Premier Ministre ». L'Assemblée a répondu par l'affirmative.

Assemblée générale consultative du 26 avril 1974.

Affaires n° 67 et 68/A/74.

LE PRESIDENT LE RAPPORTEUR LE GREFFIER EN CHEF

Suivent les signataires pour expédition certifiée conforme

Le Greffier en Chef de la Cour suprême

Doudou Salmone FALL

86. La circulaire n° 0002 PM/SGG/SGA/PAT du 27 janvier 2017 relative aux rapporteurs des projets de texte

REPUBLIQUE DU SENEGAL
Un Peuple-Un But-Une foi
PRIMATURE

N° 0002 PM/SGG/SGA/PAT

Dakar, le 27 janvier 2017

CIRCULAIRE
Le Premier Ministre
A
Mesdames et Messieurs les Ministres,
Messieurs les Ministres délégués

Objet : Les rapporteurs des projets de texte

Références :

Instruction n° 04 PM du 18 mars 1970 relative à la présentation et à la préparation des décrets

Circulaire n°0064/PM/SGG du 20 novembre 1974 relative à la rédaction des visas des décrets

Les projets de texte transmis au Secrétariat général du Gouvernement pour contrôle et enregistrement ont révélé que certains départements ministériels n'appréhendent pas toujours le sens et la portée du rapport fait par le ministre ou par le directeur à l'auteur du projet normatif. En outre, il arrive que des projets de texte ne comportent pas le visa de leurs rapporteurs.

La présente circulaire a pour objet d'une part de préciser les contours de la notion de rapporteurs (I) et d'autre part de déterminer les rapporteurs des projets de textes normatifs (II).

I. La notion de rapporteurs des projets de texte

Selon l'instruction n° 04 PM du 18 mars 1970 relative à la présentation et à la préparation des décrets, les visas des ordonnances, décrets et arrêtés se terminent par la référence au rapport ou à la note de présentation du ministre ou du directeur maître d'œuvre du texte. Ces derniers font rapport à l'auteur du texte, à savoir le Président de la République, en ce qui concerne les ordonnances et les décrets présidentiels et le Premier Ministre s'agissant des décrets et des arrêtés primatoriaux.

Le visa du rapporteur est rédigé comme suit :

« SUR le rapport du Ministre... ; ».

« SUR la note du Directeur...».

Les rapporteurs sont les autorités principalement chargées d'élaborer la politique que le texte met en œuvre ; il s'agit de celles dont les attributions rentrent dans le cadre du projet de texte soumis à la signature de son auteur.

Tous les ministres ou les directeurs impliqués dans l'exécution du texte ne sont pas toujours rapporteurs. Le rapporteur est le ministre ou le directeur chargé de la conception du texte.

II. La détermination des rapporteurs des projets de texte

En principe, seuls les ministres titulaires ont la qualité de ministres rapporteurs. Ainsi, les ministres délégués et les secrétaires d'Etat ne peuvent pas, en principe, établir les rapports des projets de texte. Si le texte rentre dans le cadre des attributions du ministre délégué ou du secrétaire d'Etat, il reviendra au ministre titulaire de dresser le rapport.

En principe, un seul ministre ou directeur suffit pour faire rapport au Président de la République, au Premier Ministre ou au ministre auteur du texte : celui qui en a effectivement piloté la préparation.

Cependant, il peut y avoir une pluralité de rapporteurs, lorsque plusieurs autorités ont élaboré conjointement un texte. Ainsi, dans le cas d'un projet d'ordonnance, de décret ou d'arrêté conjoint ou interministériel, tous les ministres ou directeurs signataires du document de présentation feront conjointement rapport à l'auteur du texte. La circulaire primatorale n° 0064/PM/SGG du 20 novembre 1974 relative à la rédaction des visas des décrets recommande, dans cette hypothèse, l'utilisation dans les visas des formules suivantes : « SUR le rapport conjoint du Ministre... et du Ministre de...» ; « SUR la note conjointe du Directeur de... et du Directeur de...».

Certains textes législatifs procèdent quelquefois à la détermination expresse du rapporteur d'un texte qu'ils annoncent.

Dans ce cas, le décret édicté sans que le rapporteur visé ait été associé à son élaboration sera entaché d'illégalité. En effet, le rapport établi par l'autorité en question constitue une condition supplémentaire de légalité dudit décret.

Le rapporteur d'un projet de texte peut être le Premier Ministre, lorsqu'il a été préparé par ses services. En effet, d'après l'instruction n° 04 PM du 18 mars 1970 relative à la présentation et à la préparation des décrets, ne sont pris sur le rapport du Premier Ministre que les projets d'ordonnance et de décret préparés par son cabinet ou par le Secrétariat général du Gouvernement.

J'attache du prix au respect des prescriptions de la présente circulaire dont vous m'accuserez réception.

Le Premier Ministre

Mahammed Boun Abdallah DIONNE

Ampliation :

Son Excellence Monsieur le Président de la République (à titre de compte rendu

5. Les dispositions abrogatoires

Notes

87. La technique de « l'abrogation balai ». L'abrogation est une opération normative ayant pour objet de supprimer une règle de droit qui cesse d'être applicable pour l'avenir[65].

Les pouvoirs publics ont constaté que les départements ministériels ont de plus en plus tendance à insérer dans les textes législatifs et réglementaires des dispositions abrogatoires par lesquelles il est procédé, sans distinction, à l'abrogation de toutes dispositions contraires.

Cette technique normative dite de « l'abrogation balai », se traduit souvent par le recours à la formule abrogatoire suivante : « Le présent décret abroge toutes dispositions contraires ». Il arrive même que ladite formule soit suivie de l'énumération d'un ou de certains textes spécifiques ciblés par l'opération d'abrogation.

Par exemple : « La présente loi abroge toutes dispositions contraires, notamment la loi n°...du.....relative à...... ».

88. Les directives primatorales. Face à cette situation, la circulaire n° 00006 PM/SGG/SGA/PAT/SP du 18 juillet 2018 relative aux dispositions abrogatoires dans les textes législatifs et réglementaires a fixé les modalités d'insertion des dispositions abrogatoires dans les textes normatifs.

Selon cette circulaire, le recours à ces formules de style imprécises n'est pas recommandé. En effet, il est source d'incertitudes juridiques puisqu'il confronte l'interprète à la délicate question de l'identification des dispositions contraires, c'est-à-dire celles contenues dans le texte ancien dont la coexistence avec le texte nouveau est impossible[66].

En outre, ces formules abrogatoires risquent de favoriser la naissance d'un contentieux complexe qui est celui de la disposition contraire et d'entraîner ainsi l'encombrement des juridictions, en retardant l'issue de certaines procédures.

La circulaire n° 00006 PM/SGG/SGA/PAT/SP du 18 juillet 2018 précitée a prescrit aux départements ministériels, lorsqu'ils envisagent d'abroger intégralement un ancien texte et de procéder à son remplacement par un

---

[65] G. CORNU, *op. cit,* V° abrogation, p. 04.

[66] A. T. NDIAYE, « La portée abrogatoire des droits supranationaux de l'espace OHADA sur les dispositions du COCC », in I. Y. NDIAYE, J.J. L. CORREA et A.A. DIOUF (dir.), *Code des Obligations civiles et commerciales du Sénégal (COCC) : cinquante ans après,* Vol 2, Dakar, CREDILA, Dakar, l'Harmattan, 2018, p. 420.

nouveau dispositif, d'insérer dans le nouveau texte une disposition finale abrogeant expressément l'ancien texte[67].

Lorsque le nouveau texte a pour objet d'abroger en partie un ancien texte, cette circulaire recommande au rédacteur d'élaborer un texte modificatif qui, dès son article premier, devra énumérer avec précision toutes les dispositions du texte de base qu'il entend abroger en laissant subsister les autres dispositions.

[67] Dans ce sens, C. BERGEAL, *op. cit.*, n° 156 ; *Guide de légistique, Paris, La documentation française, 3e édition, mise à jour 2017, p. 444* ; *Guide pratique d'élaboration des textes législatifs et réglementaires, Secrétariat général du Gouvernement du Niger*, édition 2016, p. 13.

Texte

89. La circulaire n° 00006 PM/SGG/SGA/PAT/SP du 18 juillet 2018 relative aux dispositions abrogatoires dans les textes législatifs et réglementaires

REPUBLIQUE DU SENEGAL

Un Peuple-Un But-Une foi

PRIMATURE

N° 00006 PM/SGG/SGA/PAT/SP

Dakar, le 18 juillet 2018

Objet : Les dispositions abrogatoires dans les textes législatifs et réglementaires

A l'occasion du contrôle de l'activité normative du Gouvernement, il m'a été donné de constater que certains départements ministériels ont tendance à insérer dans les textes législatifs et réglementaires des dispositions par lesquelles il est procédé, sans distinction, à l'abrogation de toutes dispositions contraires.

Cette technique normative dite de « l'abrogation balais », se traduit souvent par le recours à la formule abrogatoire suivante : « Le présent décret abroge toutes dispositions contraires ». Il arrive même que ladite formule soit suivie de l'énumération d'un ou de certains textes spécifiques ciblés par l'opération d'abrogation.

Par exemple : « La présente loi abroge toutes dispositions contraires, notamment la loi n°…du…..relative à…… ».

Le recours à ces formules de style imprécises n'est pas recommandé. En effet, il est source d'incertitudes juridiques puisqu'il confronte l'interprète à la délicate question de l'identification des dispositions contraires, c'est-à-dire celles contenues dans le texte ancien dont la coexistence avec le texte nouveau est impossible.

En outre, cette formule abrogatoire risque de favoriser la naissance d'un contentieux complexe qui est celui de la disposition contraire et d'entraîner ainsi l'encombrement des juridictions, en retardant l'issue de certaines procédures.

La présente circulaire a pour objet de fixer les modalités d'insertion des dispositions abrogatoires dans les textes législatifs et réglementaires.

Désormais, si vous envisagez de procéder à l'abrogation de dispositions d'un texte antérieur, vous vous conformerez aux directives suivantes :

- lorsque le nouveau texte a pour objet d'abroger intégralement un ancien texte et de procéder à son remplacement par un nouveau dispositif, le rédacteur devra y insérer une disposition finale abrogeant expressément l'ancien texte. Pour ce faire, le rédacteur doit identifier clairement le texte abrogé par son support normatif, son numéro, sa date et son intitulé.

  Par exemple : « La présente loi abroge la loi n°.... du .... relative à........ ».

- lorsque le nouveau texte a pour objet d'abroger en partie un ancien texte, il n'est pas recommandé de préparer un texte abrogatif. Le rédacteur devra plutôt élaborer un texte modificatif qui, dès son article premier, devra énumérer avec précision toutes les dispositions du texte de base qu'il entend abroger en laissant subsister les autres dispositions.

  Par exemple : « Article premier.- Les dispositions des articles 4, 9 et 28 du décret n°....du.........portant......sont abrogées et remplacées par les dispositions suivantes :

  « Article 4.-...................».

  « Article 9.-.....................».

  « Article 28.-..................».

J'attache du prix à la bonne application de la présente circulaire dont vous m'accuserez réception.

Le Premier Ministre

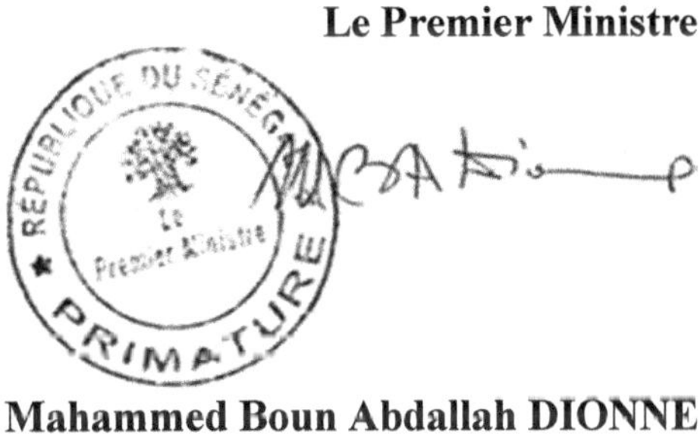

Mahammed Boun Abdallah DIONNE

Ampliation :

Son Excellence Monsieur le Président de la République (ATCR)

6. L'utilisation des majuscules et des minuscules

Notes

90. Le cadre juridique de l'utilisation des majuscules. Les règles relatives à l'emploi des majuscules et des minuscules sont assez délicates.

Dans la rédaction des documents administratifs, en général, et des textes législatifs et réglementaires, en particulier, les règles relatives à l'utilisation des majuscules ne sont souvent pas respectées. On y perdrait même son français

Au Sénégal, l'emploi des majuscules dans les textes administratifs de toute nature (notamment dans les textes normatifs) est réglementé par le décret n° 75-1027 du 10 octobre 1975 relatif à l'emploi des majuscules dans les textes administratifs[68]. Ce texte a été modifié par le décret n° 80-770 du 24 juillet 1980[69] dans le sens d'une simplification des règles.

La note de service pour la rédaction du *Journal officiel* du Président de la République du 21 février 1966 et la note de service n° 464/PR/SP du 12 février 1976 ont également fixé certaines règles relatives à l'utilisation des majuscules.

91. Les sources d'inspiration. Ce dispositif juridique spécifique est inspiré par deux ouvrages de référence en la matière à savoir : *Le Bon Usage* de Maurice GREVISSE et *Le nouveau Dictionnaire des difficultés du français* de Jean Paul COLLIN.

La circulaire présidentielle n° 1596 PR/SG/JUR du 17 juillet 1980 relative à l'emploi des majuscules et des virgules[70] recommande aux ministères et autres services de l'État de veiller à ce qu'aucun texte ne sorte de leurs administrations « sans être rigoureusement conforme aux dispositions prescrites ».

---

[68] JORS n° 4454 du 08 novembre 1975, p. 1524-1526.
[69] JORS, n° 4785 du 28 août 1980, p. 1022-1023.
[70] JORS, n° 4785, numéro spécial du 28 août 1980, p. 1021

Textes

92. Le décret n° 75-1027 du 10 octobre 1975 relatif à l'emploi des majuscules dans les textes administratifs (JORS n° 4454 du 08 novembre 1975, p. 1524-1526)

RAPPORT DE PRESENTATION

Un lecteur francophone tant soit peu attentif sait que peu d'écrivains, encore moins de journalistes, appliquent les règles qu'ils ont apprises, à l'école, pour l'emploi des majuscules. On y perd son français. C'est la raison pour laquelle le Gouvernement sénégalais a tenu à adopter certaines règles pour le Sénégal.

Nous nous sommes inspirés, pour rédiger ce décret, de deux ouvrages parmi les meilleurs en la matière :

- *le Bon Usage* par Maurice Grévisse ;
- *le Nouveau Dictionnaire des Difficultés du Français* par Jean Paul Collin.

L'emploi des majuscules et des minuscules est délicat dans un grand nombre de cas. Les auteurs ne sont d'ailleurs pas tous d'accord. Selon Jean Paul Collin, par exemple, « le mot âge prend toujours une minuscule, sauf dans « Moyen Âge » qui s'écrit sans trait d'union », tandis que Maurice Grévisse nous apprend, d'autre part, que l'Académie écrit « moyen âge» avec des minuscules, et sans trait d'union, mais que plus d'un auteur écrit : « Moyen Âge », « Moyen-âge » ou « moyen-âge ».

Faut-il suivre l'Académie ? Pas nécessairement, du moins si l'on se réfère à un des exemples donnés par Maurice Grévisse. Celui-ci nous indique, en effet, que, dans son dictionnaire, l'Académie française écrit tantôt, « la semaine sainte», tantôt, « la Semaine Sainte ». Comme on le constate, l'Académie n'est pas toujours conséquente avec elle-même.

L'emploi des majuscules et des minuscules étant un problème extrêmement complexe, nous ne retiendrons que les données et les exemples utiles ainsi que les règles générales applicables sans trop de difficultés.

Nous proposerons des aménagements, le cas échéant.

LE PRÉSIDENT DE LA RÉPUBLIQUE,

VU la Constitution, notamment en ses articles 37 et 65 ;

VU la Cour suprême entendue en sa séance du vendredi 18 juillet 1975 ;

SUR le rapport du Ministre d'État, chargé de l'Éducation nationale,

DÉCRÈTE :

Article premier- L'emploi des majuscules dans les textes administratifs de toute nature est réglementé par les dispositions suivantes :

Article 2. - ***Adjectif***

L'adjectif prend la majuscule quand il est joint intimement au nom propre et fait corps avec lui : les *États-Unis, le Cap-Vert, la Comédie Française, le Saint-Père.*

S'agissant de ce dernier adjectif, il existe de nombreuses exceptions, mais il faut savoir que, lorsque l'adjectif désigne le saint lui-même, il ne prend pas de majuscule : *Le supplice de Saint-Pierre.*

L'adjectif prend seul la majuscule quand il qualifie un terme géographique auquel il n'est pas rattaché par un trait d'union : *la mer Méditerranée, l'océan Atlantique, le cap Bon, mais le Cap-Vert, le mont Blanc,* mais le *massif du Mont-Blanc.* Employé isolément, « océan» prend la majuscule : *il traverse l'Océan.*

Article 3.- ***Administration, corps de l'État, assemblées, écoles, universités, juridictions, institutions.***

Lorsque l'institution désignée est unique, les substantifs prennent la majuscule ainsi que le premier mot, quelle que soit sa nature :

Assemblée nationale ;
Conseil des Ministres ;
Contributions directes ;
Direction des Douanes ;
Inspection des Finances ;
Enregistrement ;
Service des Eaux et Forêts ;
Trésor ;
Cour suprême ;
État.

Dans un établissement public comme dans une administration, les différentes cellules administratives suivent la même règle : *Division des Statistiques, Section de la Solde.*

Mais lorsque l'institution n'est pas unique, qu'elle est l'émanation d'une catégorie d'organismes semblables, la minuscule est de rigueur. Seul, le nom qui détermine l'institution prend une majuscule : *ministère des Finances et des Affaires économiques : palais de Justice de Rouen : cour d'Appel d'Amiens, Cour suprême du Sénégal, musée du Louvre, mais Musée dynamique, faculté de Médecine et de Pharmacie de Dakar, lycée Van Vollenhoven, institut Pasteur de Dakar.*

Article 4. - *Débuts de phrases et alinéas*

On met la majuscule :

après le point, et après les points d'interrogation, d'exclamation ou de suspension quand ils terminent une phrase : *Ah ! mon Dieu, miséricorde ! Qu'est-ce que c'est donc cela !*

au premier mot de toute phrase citée, de tout vers : *Un homme dit : « Je passerai la mer... »*

(La Bruyère).

Article 5. - *Rues, édifices, monuments, musées, navires, avions*

Les noms de rue prennent la majuscule : *la Corniche, Rue du Bac, Rue du Port, Route des Grands-Moulins* (adjectif placé avant le nom).

Le nom (ou les noms) qui caractérise l'édifice, le monument, le musée, prend la majuscule, ainsi que l'adjectif si celui-ci est placé avant le nom : *monument de l'Indépendance, Musée dynamique, musée du Louvre, la Grande Pyramide, la Croix du Sud.*

Article 6. - *Fêtes*

Les noms de fête prennent une majuscule :

Quatre Avril;
Premier Mai ;
Journée du Maouloud ;
Journée de la Korité ;
Journée de Tabaski ;
Lundi de Pâques ;
Jeudi de l'Ascension ;
Lundi de la Pentecôte ;
Journée du 15 Août;
Journée de la Toussaint ;
Vingt-cinq Décembre.

Article 7 - *Mois et jours de la semaine*

Sauf pour les fêtes légales, les mois ou les jours de la semaine ne prennent pas de majuscule : *lundi, dimanche, février, avril.*

Article 8 - *Noms propres*

On met une majuscule aux noms propres. il n'est pas nécessaire de donner des exemples de noms propres ; seuls les cas particuliers seront retenus.

Dynasties : *les César, les Borgia...*

Marques : *Un Cinzano, une fermeture Éclair, des Frigidaires, une Peugeot...*

Cependant, beaucoup de noms propres sont devenus des noms communs : *un camembert, une jeep, un lebel.*

Toutefois, lorsque ces noms communs sont précédés d'un nom d'espèce, ils redeviennent noms propres : *un fusil Lebel.*

Style : *Un ensemble Empire.* Toutefois, si le nom propre est considéré comme adjectif il ne prend pas de majuscule : *un ensemble pompadour, le style renaissance.*

Œuvres artistiques : *Un Renoir.*

Particules : La particule nobiliaire ou patronymique, si elle est incluse entre le prénom (ou le titre) et le nom, conserve la minuscule : *Alfred de Vigny.*

Les particules étrangères prennent généralement la majuscule : *Rembrand VanRijn,* mais *Erick von Stroheim.*

Les articles contractés *du* et *des,* faisant partie intégrante du nom, prennent la majuscule : la mort de *Du Guesclin.*

Cependant, si la particule nobiliaire devait se trouver à côté de la préposition de, il ne faut distinguer la particule de la préposition en mettant une majuscule *(les discours de De Gaulle),* mais tourner la difficulté en écrivant : *les discours du général de Gaulle.*

Article : L'article inclus dans le nom propre prend une majuscule : *Le Notre, La Fontaine.*

Article 9 - *Ordres et décorations*

Les noms des ordres civils, militaires ou religieux et les distinctions civiles et militaires comportant une hiérarchie, prennent une majuscule au mot caractéristique : *L'ordre de la Libération, la médaille de la Résistance.*

Telle est la règle, mais il est d'usage d'écrire, au *Journal officiel l'Ordre national du Lion.* En tout état de cause, la majuscule à l'adjectif doit être proscrite.

Article 10 - *Partis politiques, syndicats, associations*

Le nom qui entre dans le libellé d'un parti, d'un syndicat ou d'une association aux statuts déposés prend une majuscule : *l'Union progressiste sénégalaise, la Confédération nationale des Travailleurs du Sénégal, le Parti démocratique sénégalais.*

Article 11 - *Pays*

Les mots confédération, empire, république s'écrivent avec une majuscule s'ils sont suivis d'un adjectif : *Empire britannique,* mais *empire des Indes.*

Article 12 - *Peuples et races*

Les noms de peuples et de race prennent la majuscule : *Sénégalais, Français, Sarakolés, Polonais, Indiens, Brésiliens.*

Cependant, ces noms, pris adjectivement, ont la minuscule : *le peuple sénégalais.*

Article 13 - *Points cardinaux*

Les noms de points cardinaux sans complément de lieu prennent la majuscule : *Les plus belles fourrures viennent du Nord, mais du nord de l'Alaska. Il a une propriété dans le Midi, mais dans le midi de la France.*

Cependant, les points cardinaux employés dans le sens de direction ne prennent pas de majuscule : *Se tourner vers le midi. Le vent souffle du nord.*

Les noms composés de points cardinaux ne prennent pas de majuscules : *le sud-est.*

Article 14 - *Sigles*

Les initiales d'organismes créent parfois des mots nouveaux : *le Benelux, l'Unesco.*

La règle usuelle est de composer les initiales en lettres majuscules séparées par des points : *l'O.C.A.M.* Cependant, la tendance est de supprimer les points : l'OMVS.

Article 15 - *Sociétés*

On met une majuscule aux noms, ainsi qu'au premier mot, quelle que soit sa nature : *la Société générale, la Compagnie Air France, l'Office des Postes et Télécommunications, la Régie des Chemins de Fer du Sénégal.*

Article 16 - *Symboles d'unités*

Les symboles d'unités prennent une majuscule s'ils dérivent d'un nom propre : 1 *m* - (mètre), 1 A (Ampère).

Article 17 - *Titres, personnalités, grades*

Les titres honorifiques ou professionnels prennent la majuscule : *Sa Majesté, Son Excellence, Monsieur le Président, Monsieur le Préfet, Monsieur l'Inspecteur, Monsieur le Directeur, le Révérend Père Bourieux, El Hadji Abdoul Aziz Sy, Cheikh Abdoul Ahad Mbacké.*

Les grades et les fonctions prennent la minuscule : *le général de Gaulle, le préfet, le gouverneur.*

Cependant, employés en tant que titres honorifiques, ils prennent une majuscule : *Monsieur le Gouverneur.*

Le mot ministre s'écrit avec une minuscule. L'usage toutefois s'est établi d'écrire : Premier Ministre. L'usage s'est établi, au Sénégal, de mettre aussi une majuscule au mot *Ministre* lorsque le titulaire du département est visé en tant que tel mais sans référence à son département : *le ministre de l'Éducation nationale demande la parole. Le Ministre déclare...*

Président prend une minuscule quand le mot a valeur de désignation commune : *le président du Sénat, le président du Tribunal, le président Coty, le président-directeur général.* Mais il prend une majuscule dans une acception honorifique : *Monsieur Ndiaye, Président de section.*

Article 18 - *Titres d'ouvrage*

Le mot initial prend toujours la majuscule : *le Figaro, À la Recherche du Temps perdu, le Canard enchaîné.*

Pour les titres d'ouvrage comme, d'une façon générale, pour les autres titres et outre le mot initial, les substantifs seuls prennent la majuscule.

Article 19 - Le Ministre d'État, chargé de l'Éducation nationale est chargé de l'exécution du présent décret qui sera publié au *Journal officiel.*

Fait à Dakar, le 10 octobre 1975.

Par le Président de la République
Léopold Sédar SENGHOR.

Le Premier Ministre,
Abdou DIOUF.

Le Ministre d'État, chargé de l'Éducation nationale,
Doudou NGOM.

---

93. Le décret n° 80-770 du 24 juillet 1980 abrogeant et remplaçant les articles 3 et 17 du décret n° 75-1027 du 10 octobre 1975 relatif à l'emploi des majuscules dans les textes administratifs (JORS, n° 4785 du 28 août 1980, p. 1022-1023)

RAPPORT DE PRESENTATION

Le présent texte, tirant la leçon de plus de quatre années d'application du décret du 10 octobre 1975 relatif à l'emploi des majuscules dans les textes administratifs, modifié par les articles 3 et 17 de ce décret.

Ces modifications vont dans le sens de la simplification. Elles sont assorties d'un grand nombre d'exemples et d'explications.

Ces nouvelles dispositions devraient donc permettre une application plus rigoureuse, par l'ensemble des pouvoirs publics, des règles concernant l'emploi des majuscules dans les textes administratifs.

LE PRÉSIDENT DE LA RÉPUBLIQUE,

VU la Constitution, notamment en ses articles 37 et 65 ;

VU le décret n° 75-1027 du 10 octobre 1975 relatif à l'emploi des majuscules dans les textes· administratifs ;

La Cour suprême entendue en sa séance du 30 mai 1980 ;

Sur rapport du Ministre de l'Éducation nationale,

DÉCRÈTE :

Article premier. – Les articles 3 et 17 du décret n° 75-1027 du 10 octobre 1975 sont abrogés et remplacés par les dispositions suivantes :

« **Article 3-** ***Administration, corps de l'État, assemblées, écoles, universités, juridictions, institutions***

Lorsque l'institution désignée est unique au Sénégal la première lettre des substantifs prend la majuscule ainsi que la première lettre du premier mot quelle que soit la nature de celui-ci.

- l'Assemblée nationale ;
- la Haute Cour de Justice ;
- la Direction des Douanes ;
- le Service des Eaux et Forêts ;
- le Trésor, l'État, l'Administration ;
- la Cour suprême et le Conseil des Ministres ;
- Ministère de l'Économie et des Finances ;
- la Direction de l'Océanographie et des Pêches maritimes ;
- le Secrétariat d'État à la Jeunesse et aux Sports ;

- la Faculté de Médecine et de Pharmacie de Dakar ;
- le Lycée Van Vollenhoven ;
- la Gouvernance de Thiès (il existe plusieurs gouvernances, mais celle de Thiès est unique) ;
- la Gendarmerie de Diourbel (même observation que ci-dessus) ;
- la Préfecture de Rufisque (même observation que ci-dessus) ;
- le Département de Dagana (même observation que ci-dessus) ;
- l'Arrondissement de Fissel (même observation que ci-dessus) ;
- la Communauté rurale de Koul (même observation que ci-dessus) ;
- le Commissariat de Police du 1er Arrondissement de Dakar (il existe huit commissariats de police à Dakar, mais celui du 1er Arrondissement est unique).

Lorsque l'institution est prise dans un sens général qu'il en existe plusieurs du même type la minuscule est de rigueur.

- les ministères, directions et services sénégalais ;
- les préfectures de région, les tribunaux ;
- une direction du personnel de ministère ;
- une gendarmerie (parmi d'autres) ;
- un lycée de Dakar (il en existe plusieurs) ;
- les commissariats de police (il en existe plusieurs) ;
- les services de contrôle ;
- les musées nationaux ;
- un département (parmi d'autres) ; -un arrondissement (parmi d'autres) »

« **Article 17. -** ***Titres, personnalités, grades, diplômes***

Les titres honorifiques ou professionnels prennent la majuscule : Sa Majesté, Son Excellence, Monsieur le Président, Monsieur le Préfet, Monsieur l'Inspecteur, Monsieur le Directeur, le Révérend père Bourieux, El Hadji Abdou Aziz Sy, Cheikh Abdou Ahad Mbacké.

Les grades prennent la minuscule :

le général de Gaulle ; - le lieutenant X ; - le brigadier Y.

Les fonctions s'écrivent également, avec des minuscules sauf s'il s'agit de caractériser une fonction unique d'un rang élevé dans la hiérarchie :

- le Ministre de l'Éducation nationale ;
- le Secrétaire d'État aux Eaux et Forêts ;
- le Président de l'Assemblée nationale ;
- le Directeur de l'Océanographie et des Pêches maritimes ;
- le Président du Tribunal de X ;
- le Président-Directeur général de la Société Z ;
- le Gouverneur de Casamance ;

- le Préfet du Département de Mbour ;

par contre on écrit :

- les ministres et secrétaires d'État (il s'agit dans ce cas des ministres et secrétaires d'État en général) ;
- le préfet est un haut-fonctionnaire (il s'agit de faire référence au métier de préfet en général et non de désigner un préfet d'un département déterminé) ;
- les directeurs d'administration centrale ;
- les présidents-directeurs généraux de sociétés ;
- la charge de président de tribunal est lourde (on ne précise pas de quel tribunal il s'agit) ;
- le gardien des Établissements Y (même s'il n'existe qu'un emploi de gardien dans la Société Y, il ne s'agit pas d'une fonction d'un rang élevé dans la hiérarchie) ;
- le chauffeur de la Direction départementale du Tribunal.

Les diplômes s'écrivent avec des minuscules :

- le baccalauréat ;
- le diplôme de fin d'études moyennes (D.F.E.M.) ;
- le certificat d'aptitude professionnelle (C.A.P.) ;
- la maîtrise ès sciences ;
- le diplôme universitaire de technologie ».

Article 2.- Le Ministre de l'Éducation nationale est chargé de l'exécution du présent décret qui sera publié au *Journal officiel*.

Fait à Dakar, le 24 juillet 1980.

Léopold Sédar SENGHOR

Par le Président de la République:

Le Premier Ministre

Abdou DIOUF

Le Ministre de l'Éducation nationale,

Abdel Kader FALL.

94. La note de service du 21 février 1966

REPUBLIQUE DU SENEGAL
Un Peuple-Un But-Une foi
SECRETARIAT GENERAL DE LA PRESIDENCE
DE LA REPUBLIQUE

N°0016/PR/SG

Dakar, le 02 mars 1966

**LE SECRETAIRE GENERAL DE LA PRESIDENCE
DE LA REPUBLIQUE
A MESSIEURS LES MINISTRES,**

J'ai l'honneur de vous transmettre ci-joint copie de la note que Monsieur le Président de la République a faite à l'attention du Secrétaire général de la Présidence de la République au sujet de l'emploi de la majuscule dans la rédaction du *Journal officiel.*

Les textes officiels devant se conformer à la règle définie par le Chef de l'État, il m'a semblé nécessaire de vous demander de faire appliquer les prescriptions de cette note au niveau de vos départements.

REPUBLIQUE DU SENEGAL
Un Peuple-Un But-Une foi
SECRETARIAT GENERAL DE LA PRESIDENCE
DE LA REPUBLIQUE

Dakar, le 21 février 1966

NOTE
pour la rédaction du *Journal officiel*

On a pris l'habitude, au Sénégal, même dans les textes officiels, d'employer les majuscules n'importe où, surtout lorsqu'il s'agit d'une expression qui a la valeur d'un nom propre. Il est vrai aujourd'hui, dans les textes littéraires, l'emploi de la majuscule vise à des effets psychologiques.

Mais un *Journal officiel* doit obéir à des règles strictes. En l'occurrence, la meilleure est celle de la grammaire. Or, l'emploi de la majuscule obéit à des règles très simples. On emploie la majuscule :

1.- **après un point**, c'est-à-dire au début d'une phrase ;

2.- au **début d'une citation**, quand celle-ci commence après **deux points et des guillemets** ;

3.- lorsqu'il s'agit d'un **nom propre** ou d'un **titre**.

C'est dans ce dernier cas qu'il faut faire attention. Prenons quelques exemples :

a.- Ministère du Plan et du Développement ;

b.- « République française » ;

c.- « Deuxième Plan de Développement économique et social ».

Il résulte de ces exemples que, lorsqu'il s'agit d'un titre, seuls les substantifs prennent une majuscule tandis que tous les autres mots, y compris les adjectifs, prennent une minuscule.

En conséquence, les textes officiels devront appliquer strictement cette règle.

Léopold Sédar SENGHOR

---

95. La note de service n° 464/PR/SP du 12 février 1976

REPUBLIQUE DU SENEGAL
Un Peuple-Un But-Une foi
PRESIDENCE DE LA REPUBLIQUE

N° 464/PR/SP du 12 février 1976

NOTE

J'attire l'attention des membres de la Présidence de la République et du Secrétariat général sur certaines règles de grammaire et, singulièrement, l'orthographe.

Le Secrétariat général fera ronéotyper et distribuer à tous les chefs de services et conseillers, pour leurs secrétaires, le décret sur l'emploi des majuscules.

1.- Je rappelle, entre autres, que, dans les titres, comme Nouvelles Editions africaines, seuls la première lettre et les noms prennent la majuscule.

2.- On écrit le nom de famille avec uniquement des majuscules que dans les actes d'état civil et quand il s'agit d'une liste de personnes. C'est ainsi que, dans vos correspondances, seule la première lettre du prénom et du nom doit être en majuscule. Exemple : Sidy Diagne.

3.- Il faut observer la concordance des temps, qui est de plus en plus perdue de vue, surtout lorsqu'il s'agit du futur antérieur et du plus-que-parfait.

Ainsi, on écrit : « je transmettrai votre lettre quand je l'aurai reçue » et non pas : « je transmettrai votre lettre quand je le recevrai ». C'est ainsi encore qu'il faut écrire : « je vous ai donné le livre que votre père m'avait remis » et non pas : « je vous ai donné le livre que votre père m'a remis ».

Léopold Sédar SENGHOR

7. La ponctuation

96. La notion de ponctuation. La ponctuation est l'ensemble des signes conventionnels servant à indiquer, dans l'écrit, des faits de la langue orale comme les pauses et l'intonation ou à marquer certaines coupures et certains liens logiques.

Il s'agit d'un élément essentiel de la « communication normative »[71]. Les signes de ponctuation sont : le point (.), le point d'interrogation (?), le point d'exclamation (!), la virgule (,), le point-virgule (;) les deux points (:), les points de suspension (…), les parenthèses (), les crochets [], les guillemets (« »), le tiret (-) et la barre oblique (/).

La publication de textes à la ponctuation défectueuse peut susciter des incertitudes sur le sens à leur donner et engendrer des contentieux inutiles. La présence ou l'absence d'une virgule peut ainsi modifier le sens d'un texte[72].

97. Le cadre juridique. Au Sénégal, en matière de ponctuation, seules les règles relatives à l'emploi des virgules ont été prévues par le décret n° 75-1027 du 10 octobre 1975 relatif à l'emploi des majuscules dans les textes administratifs, modifié par le décret n° 80-770 du 24 juillet 1980 et par la circulaire présidentielle n° 1596 PR/SG/JUR du 17 juillet 1980 relative à l'emploi des majuscules et des virgules.

La note de service n° 31 PM/SGG/SP du 25 avril 1978 relative à la virgule a également rappelé les principales règles d'emploi de la virgule.

L'attachement du Gouvernement de l'époque à la qualité rédactionnelle des textes l'avait même conduit à demander aux agents de l'État, par une circulaire n° 00017 PM/SGG/SAGE du 03 février 1976, de se procurer l'ouvrage de grammaire intitulé *Le Bon usage* de Maurice GREVISSE[73].

Dans les textes normatifs, on ne devrait retrouver que le point, le point-virgule, la virgule, les deux points et les guillemets. L'usage des autres signes de ponctuation n'est pas en principe nécessaire[74].

---

[71] M. GREVISSE et A. GOOSSE, *Le bon usage*, 14e édition, Paris, De boeckduculot, 2010, p. 121, n° 116 ; également, A. TANGUAY, *L'art de ponctuer*, 2e édition, Montréal, Editions Quebec Amérique, 2000.

[72] *Guide de légistique du Conseil d'Etat français* du 20 octobre 2007, p. 166.

[73] V. M. GREVISSE, *Le bon usage. Grammaire française avec des remarques sur la langue française d'aujourd'hui,* Gembloux, éditions J. Duculot SA, 9e édition, 1969, p. 1142 ; plus récemment, M. GREVISSE et A. GOOSSE, *Le bon usage*, 14e édition, Paris, De boeckduculot, 2010.

[74] D. REMY, *op.cit.*, p. 198.

Textes

98. La circulaire n° 0129 PM/SGG/ADJ du 15 décembre 1972

REPUBLIQUE DU SENEGAL
PRIMATURE
Secrétariat général du Gouvernement

N° 0129 PM/SGG/ADJ

CIRCULAIRE
A
Messieurs les Ministres
Messieurs les Secrétaires d'État
Monsieur le Délégué général au Tourisme

L'attention a souvent été attirée, notamment par Monsieur le Président de la République, sur l'emploi de la majuscule dans les correspondances administratives. Les règles qui gouvernent la matière ont été rappelées, en ce qui concerne les adjectifs, par la circulaire n° 03 du 11 janvier 1972.

Les conditions de l'emploi de la majuscule méritent aussi d'être précisées dans la rédaction des textes qui modifient d'autres textes. Ainsi, lorsqu'un décret abroge et remplace certains articles d'un décret précédent, il est indiqué d'écrire en minuscule l'intitulé des articles modifiées

Une bonne disposition dans la rédaction est celle qui est donnée ci-contre.

Dakar, le 15 décembre 1972

Abdou DIOUF

99. La circulaire n° 00017 PM/SGG/SAGE du 03 février 1976 relative à l'achat d'ouvrage *Le Bon usage* de Maurice GREVISSE

REPUBLIQUE DU SENEGAL

Un Peuple-Un But-Une Foi

Primature

Secrétariat général du Gouvernement

N° 00017 PM/SGG/SAGE

CIRCULAIRE

Le Secrétaire général du Gouvernement

A

MM. Les Ministres,

le Secrétaire d'Etat

les Secrétaires généraux

les Délégués généraux

Objet : Achat d'ouvrage *Le Bon usage* de Maurice GREVISSE

Le Bon usage de Maurice GREVISSE est un des livres de grammaire les plus cités actuellement ; ce qui en fait un ouvrage de référence.

C'est pourquoi, le Président de la République, soucieux de voir les agents de l'Etat apporter plus de rigueur dans la préparation des textes recommande, vivement, de le posséder.

Je vous signale que vous pouvez commander directement la 10e édition de cet ouvrage à la maison Diffusion Oasis, 22, rue de Varenne Paris, au prix de 4 750 francs l'exemplaire

Dakar, le 13 février 1976

Le Secrétaire général du Gouvernement

Alioune DIAGNE

100. La note de service n° 31 PM/SGG/SP du 25 avril 1978 relative à la virgule

REPUBLIQUE DU SENEGAL
Un Peuple - Un But - Une Foi
Primature

N° 31 /PM/SGG/SP

Dakar, le 25 avril 1978

LE PREMIER MINISTRE
A MM. les Secrétaires d'État,
les Secrétaires généraux,
les Délégués généraux

En matière d'orthographe, l'emploi des majuscules a fait l'objet du décret n° 75-1027 du 10 octobre 1975 publié au *Journal officiel* n° 4454 du 8 novembre 1975.

Le Chef de l'Etat vient d'appeler à nouveau notre attention sur certaines règles de grammaire et singulièrement d'orthographe et de ponctuation.

La note jointe rappelle les principales règles d'emploi de la virgule.

Je vous demande de faire reproduire ces deux textes et de les faire distribuer à tous vos collaborateurs ainsi qu'à leurs secrétaires et de veiller personnellement à leur stricte application.

Abdou DIOUF

LA VIRGULE

Texte tiré de l'ouvrage *Le bon Usage* de Maurice GREVISSE, 10e édition, paragraphe 1063, pages 1231/1234)

La virgule (a) marque une pause de peu de durée.

A. Dans une proposition, la virgule s'emploie :

1 - En général, pour séparer les éléments semblables (sujets, compléments, épithètes. attributs) non unis par une conjonction de coordination : les honneurs, les richesses, les plaisirs nous rendent-ils pleinement heureux ? La charité est douce, patiente, bienfaisante. - On aime la compagnie d'un homme bon, juste, affable. - Il avait appris seul à nager, à plonger, à lancer le trident (E. Peisson. Les Ecumeurs. p. 103).

REMARQUES :

a - Quand un verbe a plusieurs sujets, si le dernier est joint au précédent par et, on ne le sépare pas du verbe : l'injustice, le mensonge et l'ingratitude m'inspirent de l'horreur. A midi, lapins, lièvres, perdreaux et faisans formaient un assez joli tas (Fr. Ambrière. Le Solitaire de la Cervara. p. 142).

Si le dernier sujet est simplement juxtaposé au précédent. On ne le sépare pas du verbe par la virgule :

Etym. - (a) Virgule, empr. du latin virgula. petite verge, d'après la forme primitive de ce signe. La paresse, l'indolence, l'oisiveté_ consument_ beaucoup de belles énergies - Un mot, un regard, un geste, un silence, une combinaison atmosphérique l'avaient tenue sous le charme (A. Dumas f., Un Père prodigue, Préf.) - Les sacs. les boîtes, les locaux occupaient les deux murs latéraux (J. Romains, Les Hommes de b. vol.. t.V, p. 16). - Les montagnes, le ciel, la mer sont comme ces visages (A. Camus, Noces, p. 25). - Ces paroles, cette menace me déchiraient (M. Arland, Terre natale. p. 21). - Le nez, la bouche étaient puissants (Vercors. Les Yeux et la Lumière, p. 231).

Mais cet usage n'est pas impérieux, et l'on met parfois la virgule : L'Inde, la Perse, l'Asie mineure, l'Afrique, sont représentées par des meubles, des stores, des tentures ... (R. Bazin, Terre d'Espagne. p. 213). - Une confidence, un souvenir, une simple allusion, ouvrait des perspectives insoupçonnées (R. Martin du Gard, Les Thibault, III, 2, p. 138). - Tuyaux épais, tiges, chaînes, fils, poutres, poutrelles, manches à vent, leviers, commandes, composaient, tout autour de ces créatures étranges, comme des racines de fer qui les garrottaient (H. Bosco, Un Rameau de la nuit, p. 63-64).

b - Si les Sujets forment une gradation ou sont résumés par un mot, cet ensemble ne doit pas être séparé du verbe par la virgule : Un souffle, une ombre, un rien lui donnait la fièvre.- Un souffle, une ombre, un rien, tout met le lièvre en alarme. - Et tout de suite, sac, couverture, chassepot, tout disparut dans le grand chapeau cabriclet (A. Daudet, Contes du Lundi, p. 41).

c - On ne sépare pas par la virgule les différentes parties d'une somme:

Une dépense de vingt francs cinquante centimes. L'espace parcouru en deux heures dix minutes trente secondes.

Dans les nombres écrits en chiffres, la virgule s'emploie uniquement pour séparer de la partie entière la partie décimale

2 693,25 ; 0.275 42.

d - En principe, on ne sépare pas par la virgule les éléments coordonnés par et, ni (1) : La richesse et les honneurs séduisent bien des hommes. - Ils veulent vaincre ou mourir. - Ni Corneille ni Racine n'ont encore été surpassés (Sainte-Beuve, Caus. du Lundi. t. IX, p.318).

Mais quand et, ou, ni servent à coordonner plus de deux éléments, on sépare ces éléments l'un de l'autre par une virgule : Et les champs, et les bois, et les monts, et les plaines, s'éclairaient brusquement. - Il arrivait que, soudain, l'un de ces chiffonniers contraints aperçût une commode, ou une potiche, ou un secrétaire de bois de rose (G. Duhamel, Cri des profondeurs, p. 182). - Un bon financier, dit La Bruyère, ne pleure ni ses amis, ni sa femme, ni ses enfants.

2 - Pour séparer tout élément ayant une valeur purement explicative : Saint-Malo, riche cité de pierre, ramassée sur son île entre ses nobles remparts était vers 1740 une ville prospère, vigoureuse et hardie (A. Maurois, Chateaubriand, p. 14).

N.B. - Le complément d'objet direct ou indirect ne se sépare jamais du verbe par la virgule : La lecture procure un plaisir délicat.- La fortune sourit aux audacieux.

3 - Après le complément circonstanciel placé en tête de la phrase, s'il a une certaine étendue : Sur tous les coteaux d'alentour, le père de ces petits Peyral possédait des bois, des vignes, où nous devînmes les maîtres absolus (P. Loti. Le Roman d'un Enfant, XLIV). - Dans les champs, c'était une terrible fusillade. A chaque coup, je fermais les yeux (A. Daudet, Contes du Lundi. p. 290).

4.- Règle non absolue : Ni Alibert, ni moi, n'avions jugé utile de la mettre au fait de cette parenté (H. Bosco, Le Mas Théotime. p. 73).

REMARQUES. -

a - En principe, on ne met pas la virgule après le complément d'objet indirect ou après le complément déterminatif en inversion : A un tel homme comment désobéir? - D'un pareil adversaire les attaques sont redoutables.

b - Il ne faut pas omettre la virgule après le nom du lieu dans l'indication de la date : Paris, le 5 janvier ...

5 - Pour isoler les mots qui forment pléonasme ou répétition : Rompez, rompez tout pacte avec les méchants. - Je vous assure, moi, que cela est.

6 - Pour isoler les mots mis en apostrophe : Observe, Phèdre, que le Démiurge, Quand il s'est mis à faire le monde s'est attaqué à la confusion du Chaos (P. Valéry, Eupalinos, p. 120).

B. Dans un groupe de proposition, on emploie la virgule :

1 - En général, pour séparer plusieurs propositions de même nature non unies par une conjonction de coordination : On monte, on descend, on débarque les marchandises (E. Peisson, Les Ecumeurs, p. 103). - Il y a des gens qui cachent leurs passions, qui entendent leurs intérêts, qui y sacrifient beaucoup de choses, qui s'appliquent à grossir leur fortune.

2.- Avant les propositions introduites par les conjonctions de coordination autres que et, ou, ni : Même je me suis arrêté de souhaiter franchement cette vie, car j'ai soupçonné qu'elle deviendrait vite une habitude et remplie de mesquineries (M. Barrès. Un Homme libre, p. 12). Il ne faut pas faire telle chose, car Dieu le défend (Ac.). Il est fort honnête homme, mais il est un peu brutal (Id.). - Je pense, donc je suis.

REMARQUE

Les conjonctions et, ou, ni ne sont pas en général, précédées de la virgule : Il croit et il espère. Je ne le plains ni ne le blâme. - Il ne faut ni s'en donner ni s'en indigner (J. Lemaître, Jean Racine. p. 186). - J'ignorai s'il restera ou s'il partira. La philosophie stoïcienne enseigne que toutes les fautes sont égales et que tous les mérites se valent.

Cependant les conjonctions et, ou, ni sont précédées de la virgule quand elles servent à coordonner plus de deux propositions ou encore quand elles joignent deux propositions qui n'ont pas le même sujet ou qui s'opposent l'une à l'autre ou que l'on disjoint pour quelque raison de style : Je ne veux, ni ne dois, ni ne puis obéir. - La tempête s'éloigne, et les vents sont calmés (Musse, Le Seule, II). L'ennemi est aux portes, et vous délibérez ! Nous vaincrons, ou nous mourrons.

3 - Avant les propositions circonstancielles ayant une valeur simplement explicative : Je le veux bien, puisque vous le voulez (Ac.).

Mais dans des phrases telles que les suivantes, on ne met pas la virgule, parce que la proposition circonstancielle est intimement liée par le sens à la principale et qu'aucune pause n'est demandée : Il est tombé parce que le chemin est glissant (Ac.). - J'irai le voir avant qu'il parte (Id.). J'irai vous voir quand je pourrai (Id.). - Je ne puis parler sans qu'il m'interrompe (Id.).

4 - Après les propositions circonstancielles placées en tête de la phrase :

Quand la démission de l'ambassadeur fut publique, la presse ministérielle attaqua Chateaubriand (A. Maurois. Chateaubriand, p. 397). - S'il pensait me mortifier par cette pratique, il y a pleinement réussi (G. Duhamel, Cri des profondeurs. p. 31).

5 -Pour isoler une proposition relative explicative : Bérénice, qui attendait son amie de Nîmes, ne tarda pas à nous quitter (M. Barrès, Le Jardin de Bérénice, p. 77).

REMARQUE

La proposition relative déterminative ne se sépare pas de l'antécédent par une virgule, mais si elle est assez longue, on la fait suivre de la virgule : La vertu dont nous parlons le plus volontiers est quelquefois celle qui nous manque le plus. - L'homme gui ne pense qu'à soi et à ses intérêts dans la prospérité, restera seul dans le malheur.

6 - Pour séparer la proposition participe absolue ou la proposition incise : La pêche finie, on aborda parmi les hautes roches grises (A. Daudet, Contes du Lundi, p. 275). - Il devrait, toute honte cessant, enfourcher un âne (Taine, Voy. aux Pyrén., p. 213).

7 - Pour marquer l'ellipse d'un verbe ou d'un autre mot énoncé dans une proposition précédente : Les grands yeux étaient éteints et mornes, les paupières, striées de rides, les commissures des narines, marquées de plis profonds (E. Jaloux, La Branche morte, p. 112).

Cependant on ne met pas la virgule si aucune équivoque n'est à craindre et si aucune pause n'est demandée: Parmi les contemporains, les uns le trouvaient (Pyrrhus) trop violent et trop sauvage, et les autres trop doucereux (J. Lemaître, Jean Racine, p. 150).

---

101. La circulaire présidentielle n° 1596 PR/SG/JUR du 17 juillet 1980 relative à l'emploi des majuscules et des virgules (JORS, n° 4785, numéro spécial du 28 août 1980, p. 1021)

EMPLOI DES MAJUSCULES

En ce qui concerne les majuscules, j'ai demandé que le décret n° 75- 1027 du 10 octobre 1975 (J.O. du 8 novembre 1975, page 1524) fût modifié dans le sens d'une simplification des règles applicables.

Le nouveau texte sera publié prochainement au *Journal officiel.*

Je vous demande de prendre connaissance avec attention de ces nouvelles règles et d'en assurer largement la diffusion dans l'ensemble de vos services.

Il vous appartiendra de veiller à ce qu'aucun texte ne sorte de votre administration sans être rigoureusement conforme aux dispositions prescrites.

La simplification des règles rendra d'autant moins excusables les erreurs ou les négligences dans ce domaine.

Emploi des virgules

En ce qui concerne l'emploi des virgules, je me bornerai à vous rappeler, ici, les deux règles essentielles, sans parler des détails que vous trouverez dans les bonnes grammaires.

Première règle : Quand l'ordre des mots n'est pas respecté dans la phrase, on met entre virgules les groupes de mots qui ne sont pas à leur place normale.

L'ordre des mots, déterminé par leur fonction, est normalement le suivant : sujet, verbe, complément d'objet direct, complément d'objet indirect, complément circonstanciel.

Exemple : « Paul a donné une mangue à Soukeïna hier soir ».

Dans cette phrase, l'ordre des mots est respecté : sujet (Paul), verbe (a donné), complément d'objet direct (une mangue), complément d'objet indirect (à Soukeïna), complément circonstanciel (hier soir). Aucune virgule n'est donc nécessaire.

Il en va différemment si les mots (et les fonctions qu'ils occupent) ne sont pas à leur place normale.

Recueil sur l'emploi de mots, majuscules et virgules dans les textes administratifs 13

Exemples : « Hier soir, Paul a donné une mangue à Soukeïna » « Paul, hier soir, a donné une mangue à Soukeïna ».

Dans ces phrases, le complément circonstanciel a été placé avant les compléments d'objet, au lieu d'être situé à la fin. Il est donc suivi et, dans le deuxième exemple, précédé d'une virgule.

Deuxième règle : lorsque des mots ou des groupes de mots remplissant la même fonction sont juxtaposés, ils sont séparés par une ou des virgules.

Exemple : « Paul a donné une mangue à Soukeïna hier soir, à 18 heures ».

Dans cette phrase, les groupes de mots « hier soir » et « 18 heures » remplissent tous deux la même fonction, celle de complément circonstanciel de temps. Ils doivent de ce fait être séparés par une virgule.

Divisions et subdivisions des textes

Un texte long ou posant des questions multiples peut être, suivant les cas, divisé en titres, chapitres, sections, articles. Il peut même, s'il s'agit d'un texte exceptionnellement long, être divisé en « partie » puis en « livres » (puis en titres, chapitres, sections).

En ce qui concerne le type et la taille des caractères à utiliser, on se conformera aux règles suivantes :

a) Les parties, livres et titres sont en majuscules.

Exemple (tiré du Code de Procédure pénale).

PREMIÈRE PARTIE. – DISPOSITIONS GÉNÉRALES.

LIVRE PREMIER. – DE L'EXERCICE DE L'ACTION PUBLIQUE ET DE L'INSTRUCTION.

TITRE PREMIER. – DES AUTORITÉS CHARGÉES DE L'ACTION PUBLIQUE ET DE L'INSTRUCTION

TITRE II. – DU JUGEMENT DES DÉLITS.

LIVRE DEUXIÈME. – DES JURIDICTIONS DE JUGEMENT

b) Les chapitres, sections et articles sont en minuscules (sauf en ce qui concerne la première lettre et les noms ou substantifs, qui commencent par une majuscule) et soulignés.

Chapitre premier. - De la Police judiciaire.

Chapitre II. - Du Ministère public.

Section 1. - Dispositions générales.

Section 2. - Des Officiers de Police judiciaire.

Article premier.- La Police judiciaire est chargée…

Art 2.- Ont la qualité d'officier de police judiciaire…

Modification de textes

Lorsqu'un texte modifie un autre texte, il y a lieu de disposer les mots et d'utiliser les caractères et la ponctuation conformément au modèle suivant :

Article premier. - L'article 5, l'alinéa premier de l'article 29 et le 7e alinéa de l'article 34 du décret n° .... du ..... sont abrogés et remplacés par les dispositions suivantes :

« Article 5.- .... ».

« Article 29, alinéa premier.- .... ».

« Article 34, alinéa 7- ....».

En outre, le premier mot de chaque nouvel alinéa doit être décalé par rapport aux lignes qui précèdent et à celles qui suivent. Le respect des règles de présentation et d'écriture des textes administratifs peut sembler secondaire aux yeux de certains. Il n'en est rien.

La forme d'un texte, le soin apporté à sa présentation, à la ponctuation et à la rédaction sont révélateurs, le plus souvent, de la conscience avec laquelle ce texte a été élaboré, de son degré de maturité, de la rigueur de la méthode suivie, de la cohérence et de la logique de la pensée de ses rédacteurs. En outre, ils facilitent la compréhension du texte et, donc, son application. Enfin, le respect de règles de présentation identiques par l'ensemble des ministères traduit le degré de cohésion de l'Administration toute entière.

C'est pourquoi je vous demande, dans ce domaine également, de redoubler d'attention et d'être exigeants.

Léopold Sédar SENGHOR

8. La transcription des noms sénégalais et français

Notes

102. Les erreurs de transcription. Dans la transcription des noms propres sénégalais en français, le colonisateur français avait commis, à partir du XVIIe siècle, voire du XVIII ^{e} siècle, de nombreuses erreurs matérielles. En effet, à cette époque la grammaire était encore à ses débuts et la linguistique n'était pas une science élaborée, encore moins la phonétique[75].

103. Les règles de transcription. Après avoir, par le décret n° 71-566 du 21 mars 1971, procédé à la transcription phonétique des six (6) langues nationales, les pouvoirs publics ont fixé les règles de transcription du prénom et du nom dans les documents administratifs. En effet, le décret n° 63-448 MJ du 03 juillet 1963 portant obligation de placer le prénom avant le nom sur tous actes et documents administratifs a posé la règle selon laquelle dans tous les actes officiels de la République, le prénom doit obligatoirement figurer, en lettres minuscules, avant le nom, lui-même en majuscules. Les dispositions de ce décret ont été précisées par la circulaire n° 76/PR.DIR. CAB du 31 juillet 1963 relative aux places respectives des prénoms et nom. Cette solution a pour but d'éliminer une source fréquente de confusion et de permettre une plus facile identification des personnes vivant au Sénégal. Au surplus, cette règle juridique ne fait que codifier et systématiser une pratique coutumière issue de nos traditions ancestrales.

Le Gouvernement sénégalais s'est également préoccupé de la transcription des noms propres sénégalais en français. En effet, la loi n° 74-57 du 28 novembre 1974 relative à la transcription en français des noms propres sénégalais en français a fixé les règles de transcription des noms propres sénégalais, c'est-à-dire des prénoms, des noms patronymiques et des noms géographiques[76].

Ce texte a pour objet de réparer ces erreurs matérielles en faisant en sorte que la transcription des noms propres sénégalais dans la langue officielle du pays soit la plus proche possible de leur prononciation réelle.

A cet égard, la circulaire primatorale n° 0009 du 13 février 1975 a recommandé que la règle de la prohibition de l'utilisation de l'apostrophe dans la transcription des consonnes nasalisées initiales posée par la loi n° 74-57 du 28 novembre 1974 soit immédiatement appliquée chaque fois que besoin sera.

---

[75] V. exposé des motifs de la loi n° 74-57 du 28 novembre 1974 relative à la transcription des noms propres sénégalais en français.

[76] G. HESSELING, *Histoire politique du Sénégal. Institutions. Droit et société*, Paris, Karthala, 1985, p. 353.

S'agissant de la transcription des mots français dans un texte en langue nationale, le décret n° 75-262 du 10 mars 1975 relatif à la transcription des mots français en langue nationale et des mots sénégalais dans un texte en français a prévu des règles fondamentales.

Textes

104. Le décret n° 63-448 MJ du 03 juillet 1963 portant obligation de placer le prénom avant le nom sur tous actes et documents administratifs (JORS, n° 3616 du 20 juillet 1963, p. 984)

LE PRESIDENT DE LA REPUBLIQUE,

VU la Constitution et notamment son article 37 ;

SUR le rapport du Garde des Sceaux, Ministre de la Justice,

DECRETE :

Article premier. - Dans tous les actes officiels, décrets, arrêtés, décisions, dans toutes les correspondances et tous les documents administratifs, lorsque les prénoms et nom des personnes mentionnées dans lesdits actes, correspondances et documents sont juxtaposés, le prénom doit obligatoirement figurer en lettres minuscules, avant le nom lui-même en majuscules.

Article 2.- Le présent décret sera publié au *Journal officiel*.

Fait à Dakar, le 3 juillet 1963

Léopold Sédar SENGHOR

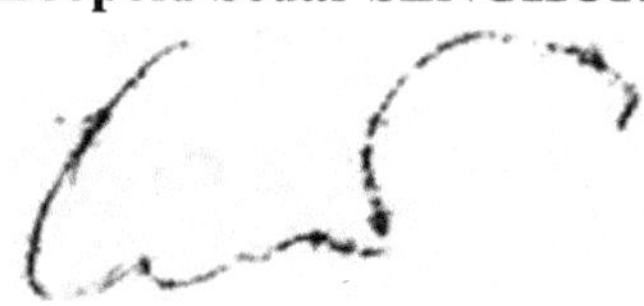

105. La circulaire n° 76/PR.DIR. CAB du 31 juillet 1963 relative aux places respectives des prénoms et nom

REPUBLIQUE DU SENEGAL
Un Peuple - Un But - Une Foi
PRESIDENCE DE LA REPUBLIQUE

N° 76/PR.DIR. CAB.

Dakar, le 31 juillet 1963

LE PRESIDENT DE LA REPUBLIQUE

A Messieurs les gouverneurs de région

Objet: Places respectives des prénoms et nom

Le décret n°63-448 du 3 juillet 1963 pose, comme règle, que dans tous les actes officiels de la République, le prénom doit obligatoirement figurer, en lettres minuscules, avant le nom, lui-même en majuscules.

Or, depuis la parution du décret, j'ai pu constater par moi-même que, dans de nombreux cas, la règle ainsi posée était souvent transgressée.

Il m'apparaît donc nécessaire de souligner, à votre intention, toute l'importance que j'attache à une rigoureuse application de ce texte, dont l'adoption a eu pour but d'éliminer une source fréquente de confusion, et de permettre une plus facile identification des personnes vivant au Sénégal. Au surplus, cette règle juridique ne fait que légaliser et systématiser une pratique coutumière issue de nos traditions ancestrales.

Je vous demande, en conséquence, de veiller désormais à que, dans tous les actes officiels - au sens le plus large possible le prénom figure avant le nom, selon les stipulations du décret précité.

Je vous tiendrai pour personnellement responsable de toutes les entorses à la règle qui seraient relevées dans votre circonscription.

Vous voudrez bien m'accuser réception de la présente circulaire.

Léopold Sédar SENGHOR

Copie certifiée conforme transmise pour information.

pour le Ministre de l'Économie rurale,
par ordre le chef de la Division du Personnel,
Moustapha FALL

106. La loi n° 74-57 du 28 novembre 1974 relative à la transcription des noms propres sénégalais en français (JORS du 09 décembre 1974, p. 1960)

EXPOSE DES MOTIFS

Le colonisateur français, dans la transcription qu'il a effectuée dans sa langue des noms propres sénégalais, a commis d'assez nombreuses erreurs matérielles. La présente loi a pour objet de réparer ces erreurs matérielles en faisant en sorte que la transcription des noms propres sénégalais dans la langue officielle du pays soit la plus proche possible de leur prononciation réelle.

Si la fixation de l'orthographe des noms de lieu ne semble pas relever du domaine de la loi, il ne parait pas en être de même en ce qui concerne les noms de personnes. En effet, l'article 56 de la Constitution précise que : « La loi fixe les règles concernant ... la nationalité, l'état et la capacité des personnes, les régimes matrimoniaux, les successions et libéralités ... ».

Il est difficilement contestable, que l'orthographe du nom patronymique fait partie de l'état des personnes. D'ailleurs, l'article 2 du Code de la Famille dispose :

« La personne s'identifie par son ou ses prénoms et par son nom patronymique.

Le nom est attribué dans les conditions fixées par la loi… ».

Il ressort de ce qui précède que c'est bien par une loi que doit s'effectuer la réforme mentionnée ci-dessus.

La présente loi tend donc à fixer les règles de transcription des noms propres sénégalais, c'est-à-dire des prénoms comme des noms patronymiques et des noms géographiques, en français. Il convient de préciser tout de suite que les règles de transcription proposées sont applicables dans le cas où les noms propres s'insèrent dans un texte en langue française, les règles établies par le décret n° 71-566 du 21 mai 1971 s'appliquant quand il s'agit d'un texte écrit dans une des six langues nationales.

Cela entraînera naturellement la modification de l'orthographe de plusieurs noms géographiques, d'autant que l'orthographe de beaucoup de ces derniers est fantaisiste. Ainsi, l'on peut se demander pourquoi le nom d'un village qui se prononce *Fimla* en sérère a été transcrit *Fumela* en français (avec un et un *e* !) et pourquoi celui d'un autre village qui se prononce *Jiloor* en sèrère a été transcrit *Gullor* (uvee un *gu* pour rendre la palatale) et non *Djilôr.*

Il nous faut, avant de poser les éléments du problème, en faire un bref historique. C'est au XVIIIe siècle, voire au XVIIe, que les Français-commerçants, marins, missionnaires, voyageurs - ont commencé à transcrire des noms propres sénégalais. La grammaire étant, alors, dans son enfance, était métaphysique et logique. La linguistique n'avait pas encore été élaborée comme science, encore moins la phonétique. Et l'orthographe du français elle-même était encore hésitante. C'est ainsi que l'orthographe française des noms sénégalais, datant pour la plupart du XIXe siècle, a survécu à la révolution linguistique du XXe siècle. Il était, dès lors, naturel qu'après avoir, par décret, arrêté la transcription phonétique des six langues nationales, le Gouvernement se préoccupât d'améliorer la transcription des noms propres sénégalais en français.

D'autant que cette dernière transcription présente des difficultés qui proviennent, d'une part, du peu d'aptitude qu'ont les bouches françaises à prononcer certains phonèmes, comme les *uvulaires* et les *implosives,* d'autre part de l'orthographe française elle-même qui est plus conventionnelle que scientifique.

S'agissant de la transcription de noms sénégalais en français, nous ne saurions faire fi de ces conventions françaises. C'est pourquoi les modifications introduites par la loi ne s'appliqueront qu'à quelques phonèmes ou sons.

La loi prévoit que toutes ces dispositions seront applicables immédiatement à toutes les personnes n'ayant pas encore d'état civil.

En ce qui concerne les personnes possédant un état civil, seules les dispositions de l'article 4 prescrivant l'utilisation des apostrophes dans la transcription des consonnes nasalisées initiales seront également immédiatement applicables. Les autres dispositions du projet seront simplement facultatives et laissées à la discrétion du père de famille.

L'Assemblée nationale a délibéré et adopté en sa séance du vendredi 22 novembre 1974,

Le Président de la République promulgue la loi dont la teneur suit :

Article premier. - Les noms propres sénégalais, c'est-à-dire les prénoms, noms de famille et noms géographiques sont transcrits en français conformément aux règles en usage actuellement, sauf les exceptions fixées par la présente loi et son annexe.

Article 2. - La longueur vocalique est rendue par un accent circonflexe.

Article 3. - Les consonnes géminées, pourvu qu'elles existent réellement comme souvent en peul, sont indiquée par le redoublement de la lettre utilisée.

Article 4. - L'utilisation des apostrophes dans la transcription des consonnes nasalisées initiales est proscrite.

Article 5.- Les semi-voyelles *y* ou *w* ne doivent pas être représentées par les voyelles *i* ou *0*, mais transcrites telle quelles.

Article 6. - Sauf celle contenue dans l'article 4, lequel s'appliquera dans tous les cas, les dispositions de la présente loi régiront seulement les personnes pour lesquelles aucun acte d'état civil n'a encore été dressé.

Toutefois, tout chef de famille pourra, conformément à l'article 90 du Code de la Famille et pour que son nom puisse être transcrit selon la nouvelle orthographe, demander au juge de paix ou au procureur de la République de faire procéder d'office à la rectification des actes d'état civil concernant soit lui-même, soit son épouse ou ses enfants.

Article 7. - Les modalités d'application de la présente loi seront fixées par décret.

La présente loi sera exécutée comme loi de l'Etat.

Fait à Dakar, le 28 novembre 1974.

---

107. Le décret n° 75-262 du 10 mars 1975 relatif à la transcription des mots français en langue nationale et des mots sénégalais dans un texte en français (JORS du 05 avril 1975, p. 365)

LE PRESIDENT DE LA RÉPUBLIQUE,

VU la Constitution, notamment en ses articles 37 et 65 ;

VU la loi n°74-57 du 28 novembre 1974 relative à la transcription des noms propres sénégalais en français ;

VU le décret n° 71-566 du 21 mai 1971 relatif à la transcription des langues nationales, complété par le décret n° 72-702 du 16 juin 1972 ;

La Cour suprême entendue en sa séance du 27 décembre 1974 ;

SUR le rapport du Ministre de l'Éducation nationale,

DECRETE

Article premier. - Dans un texte en langue nationale (wolof, sérère, peul, diola, mandingue, sarakolé, etc.), les mots français sont transcrits tels qu'ils sont prononcés par les locuteurs sénégalais de la campagne et conformément au tableau du décret n° 71-566 du 21 mai 1971.

Exemple : «Demna lékool » : Il est allé à l'école.

Article 2. - Par dérogation aux dispositions de l'article premier, lorsque le locuteur sénégalais entend garder aux mots français qu'il veut utiliser dans un texte en langue nationale leur orthographe et leur prononciation française, ces mots sont mis en italique.

Exemple : « Summa doom guénana *école polytechnique »* :

Mon fils quitte l'école polytechnique.

Article 3- Dans un texte en français, les mots sénégalais sont transcrits conformément à l'orthographe traditionnelle française en la matière, sous réserve des dispositions de la loi n° 74-57 du 28 novembre 1974.

Exemple : «Le Diaraf et le Ndiambour ont fait match nul»:

Article 4- Par dérogation aux dispositions de l'article 3 ci-dessus, lorsque le locuteur sénégalais entend garder aux mots sénégalais qu'il veut utiliser dans un texte en français leur orthographe et leur prononciation sénégalais, ces mots sont mis en italique.

Exemple : «Il veut nous rappeler que son grand-père était *fara biir kêr »,*

Article 5- Le Ministre de l'Education nationale, le Ministre de l'Enseignement supérieur, le Ministre de la Culture et le Secrétaire d'Etat auprès du Premier Ministre, chargé de la Jeunesse et des Sports sont chargés, chacun en ce qui le concerne, de l'exécution du présent décret qui sera publié au *Journal officiel.*

Fait à Dakar, le 10 mars 1975.

LÉOPOLD SÉDAR SENGHOR.

Par le Président de la République

Le Premier Ministre
Abdou DIOUF

Le Ministre de l'Enseignement supérieur
Ousmane CAMARA.

Le Ministre de l'Education nationale
Doudou N'GOM

Le Ministre de la Culture
Alioune SENE

Le Secrétaire d'Etat auprès du Premier Ministre,
chargé de la Jeunesse et des Sports,
Joseph MATHIAM

108. La circulaire n° 27 PM/CAB/DC du 03 août 1970

REPUBLIQUE DU SENEGAL
Un Peuple - Un But - Une Foi
CABINET DU PREMIER MINISTRE
LE PREMIER MINISTRE

N° 27 PM/CAB/DC

Dakar, le 3 août 1970

CIRCULAIRE
A Messieurs les Ministres ;
Secrétaires d'Etat ;
Secrétaires généraux de la Présidence de la République et du Gouvernement ;
Gouverneurs

J'ai constaté qua dans les correspondances et documents officiels, sur les tableaux de signalisation, le mot Fimela désignant un village du Sine et l'arrondissement du même nom, est souvent écrit avec l'orthographe Fumela.

Je vous rappelle que le nom sérère de ce village s'écrit avec un I et non avec un U dont le son n'existe pas en sérère.

Je vous demande donc, chacun en ce qui le concerne, de tenir compte désormais des observations ci-dessus pour que l'orthographe du mot Fimela soit respectée.

Abdou DIOUF

109. La circulaire n° 0009 du 13 février 1975

REPUBLIQUE DU SENEGAL
PRIMATURE
Secrétariat général du Gouvernement

N°0009

Dakar, le 1er février 1975

LE PREMIER MINISTRE,
A Messieurs les Ministres ;
Secrétaires d'Etat ;
Secrétaires généraux;
Délégués généraux

L'Assemblée nationale a adopté, en sa séance du 22 novembre 1974, la loi n°74-57 du 28 novembre 1974 relative à la transcription des noms propres sénégalais en français.

Le Chef de l'Etat a décidé de créer un groupe de travail chargé d'élaborer un projet de décret qui fixera, de façon précise, la transcription en français des noms propres sénégalais, à l'intention du public, des organismes administratifs, publics et privés et de nos partenaires extérieurs.

En attendant la parution très prochaine de ce décret, je vous invite à informer le plus largement possible tous les fonctionnaires et agents placés sous votre autorité pour que les dispositions de l'article 4 de la loi qui prohibe l'utilisation de l'apostrophe dans la transcription des consonnes nasalisées initiales soient immédiatement appliquées chaque fois que besoin sera.

C'est ainsi que pour les noms propres de personnes on écrira par exemple : Mbaye, Ndoye, Ngom, pour les noms de localités par exemple : Ngor, Ndiassane, Mbour ,

Il convient de noter que, dans ces cas, la consonne nasale est en majuscule et la consonne nasalisée en minuscule.

J'attache du prix à ce que les instructions que voilà soient appliquées immédiatement avec rigueur et esprit de suite.

Abdou DIOUF

9- Le vocabulaire

Note

110. La conceptualisation et l'adoption de mots. Le vocabulaire est l'ensemble des mots utilisés dans une réalisation orale ou écrite[77]. Dans les textes normatifs, l'utilisation des mots obéit à un certain nombre de principes.

Le Sénégal a déjà eu l'occasion d'adopter certains mots français nouveaux ou anciens, pour exprimer des objets, des besoins ou des idées nouvelles. C'est dans le cadre de cet effort qu'il faut inscrire l'adoption du décret n° 71-481 du 29 avril 1971 relatif à la désignation des services du Premier Ministre et des services du gouverneur de région.

S'agissant des adjectifs relatifs à ces substantifs, une circulaire n° 0024/PM/SGG du 19 février 1972 avait déjà proposé respectivement les mots «primatoral » et «gouvernoral » comme adjectifs de «Primature » et de «Gouverneur ».

Cependant, par un autre décret n° 76-154 du 06 février 1976 relatif à l'usage des mots «gubernatoral» et « médiat », il a été décidé que tout ce qui est relatif aux gouverneurs de région sera désigné par l'adjectif « gubernatoral ».

Le décret du 06 février 1976 a proposé, à la place de « mass-media », le mot «médiat» retenu à la sixième Biennale de la Langue française, tenue à la même année, au Luxembourg.

En outre, la circulaire présidentielle n° 109 en date du 17 juin 1967 relative à l'utilisation des titres de directeur adjoint, gouverneur-adjoint, préfet-adjoint, etc. a recommandé d'utiliser dans les textes d'organisation des départements ministériels ou des établissements publics, les titres d'adjoint au directeur, d'adjoint au gouverneur ou d'adjoint au préfet, etc., à la place de ceux de directeur adjoint, de gouverneur-adjoint ou de préfet-adjoint, etc. En effet, l'utilisation de ces derniers titres pourrait laisser supposer l'existence d'un partage des responsabilités de direction au niveau des services nationaux ou des régions. Or, les adjoints ont une mission d'assistance des titulaires qui déterminent les tâches à leur confier.

Face à la propension des services de l'Etat à abuser du mot « technologie » qu'ils employaient trop souvent à la place de l'adjectif « technique », la circulaire primatorale n° 0071 PM du 16 décembre 1974 a cerné les contours conceptuels de la notion de « technologie ». Il s'agit de « l'étude raisonnée des techniques, et particulièrement des techniques industrielles ». Elle peut aussi

[77] M. GREVISSE et A. GOOSSE, *Le bon usage*, 14e édition, Paris, De boeckduculot, 2010, p. 117, n° 147.

désigner « l'état d'avancement de ces techniques ». (Le Robert). Il s'agit donc d'une science alors que la technique est une manière de faire, un procédé, un art.

Dans les années 70, le Président SENGHOR avait déjà fait adopter des textes relatifs à l'enrichissement de la langue française[78]. Il en est ainsi du décret n° 73-955 du 17 octobre 1973 relatif à l'enrichissement de la langue française. Ce texte a été modifié notamment par le décret n° 74-430 du 08 mai 1974 complétant le décret n° 73-955 du 17 octobre 1973 relatif à l'enrichissement de la langue française et par le décret n° 75-311 du 18 mars 1975.

[78] Sur cette politique linguistique, G. HESSELING, *Histoire politique du Sénégal. Institutions. Droit et société*, Paris, Karthala, 1985, p. 353.

111. Le décret n° 71-481 du 29 avril 1971 relatif à la désignation des services du Premier Ministre et des services du gouverneur de région (JORS n° 4165 du 22 mai 1971, p. 516)

LE PRÉSIDENT DE LA RÉPUBLIQUE,

VU la Constitution, notamment en ses articles 36, 37 et 65;

VU le décret n° 64-282 du 03 avril 1964 relatif à l'organisation administrative de la République ;

VU le décret n° 70-232 du 26 février 1970 relatif à l'organisation des services du Premier Ministre, modifié par le décret n° 70-1374 du 15 décembre 1970 ;

La Cour suprême entendue ;

SUR le rapport du Premier Ministre,

DÉCRÈTE :

Article premier.- Les services du Premier Ministre et les locaux où sont installés ces services seront désignés par le mot « Primature ».

Article 2. - Les services du gouverneur de région et les locaux où sont installés ces services seront désignés par le mot « Gouvernance ».

Article 3.- Le Premier Ministre est chargé de l'exécution du présent décret qui sera publié au *Journal officiel.*

Fait à Dakar, le 29 avril 1971.

---

112. Le décret n° 76-154 du 06 février 1976 relatif à l'usage des mots «gubernatoral » et « médiat » (JORS du 28 février 1976, p. 305)

RAPPORT DE PRESENTATION

Le Sénégal a eu, déjà, l'occasion d'adopter certains mots français, nouveaux ou anciens, pour exprimer des objets, des besoins ou des idées nouvelles. C'est dans le cadre de cet effort que nous vous proposons l'adoption de l'adjectif gubenatoral et du substantif médiat.

Le mot gubernatoral servira à désigner tout ce qui est relatif au gouverneur, en particulier ses actes, singulièrement ses arrêtés. Il a été constitué par un radical, gubern-, auquel on a ajouté deux suffixes ato- (du latin -ator) et al (du latin -alis).

S'agissant de médiat, ce mot a été proposé, à la place de « mass- media », à la sixième Biennale de la Langue française, tenue cette année même, au Luxembourg. En effet, le mot « mass-media», employé par les Anglo-Saxons, est le type même du néologisme hasardeux et hybride, composé qu'il est de l'anglais mass, « masse », et du latin media, adjectif employé ici au nominatif neutre pluriel.

Le mot médiat est formé de l'adjectif français médiat, ate, employé comme substantif sous sa forme masculine.

LE PRÉSIDENT DE LA RÉPUBLIQUE,

VU la Constitution, notamment en ses articles 37 et 65 ;

DÉCRÈTE :

Article premier. -Tout ce qui est relatif aux gouverneurs de région sera désigné par l'adjectif « gubernatoral ».

Article 2. - Les moyens de communication de masse seront désignés par le substantif masculin « médiat », qui sera désormais employé à la place du mot d'origine anglo-saxonne « mass media ».

Article 3. - Le Premier Ministre est chargé de l'exécution du présent décret qui sera publié au *Journal officiel*.

Fait à Dakar, le 6 février 1976.

113. La circulaire n° 0024 PM/SGG du 19 février 1972

LE PREMIER MINISTRE,
À Messieurs les Ministres ;
les Secrétaires d'État ;
le Secrétaire général de la Présidence de la République ;
le Délégué général au Tourisme,

Le décret n° 71-481 du 29 avril 1971 a désigné les services du Premier Ministre et ceux des gouverneurs de régions respectivement par les mots de Primature et de Gouvernance.

L'emploi de ces substantifs, désormais passé en usage, invite que sur le modèle de préfecture et de préfectoral, les adjectifs suivants soient choisis : primatoral comme adjectif de Primature, et gouvernoral comme adjectif de gouverneur. Ainsi, l'on se réfèrera à une circulaire « primatorale » ou à une décision « gouvernorale ».

Je vous demande de diffuser la présente circulaire à travers vos services.

Fait à Dakar, le 19 février 1972.

Abdou DIOUF

Ampliation : - Gouverneurs de région

114. La circulaire n° 21 PM/SGG/EC1 du 22 mars 1982 relative à l'emploi du mot « médiat »

REPUBLIQUE DU SENEGAL
Un Peuple-Un But-Une Foi
Primature
Secrétariat général du Gouvernement

N° 0021 PM/SGG/EC1

Dakar, le 22 mars 1982

CIRCULAIRE
Le Premier Ministre
A
Madame, Messieurs les Ministres ;
Madame, Messieurs les Secrétaires d'Etat

Objet : Emploi du mot « médiat »

L'attention du Chef de l'Etat a été attirée sur ce que les mots « mass média » et « média » continuent d'être employés pour désigner les moyens de communication de masse.

Or, le décret n° 76-154 du 6 février 1976, pris à la suite de la sixième Biennale de la Langue française, stipule en son article 2 :

« Les moyens de communication de masse seront désignés par le substantif masculin « médiat », qui sera désormais employé à la place du mot d'origine anglo-saxonne « mass média ».

Il faut en déduire également, que l'on écrira plus les « média » mais les « médiats ».

Je vous demande d'être attentifs à l'application des dispositions que voilà.

Le Premier Ministre

Habib THIAM

115. La circulaire présidentielle n° 109 en date du 17 juin 1967 relative à l'utilisation des titres de directeur adjoint, gouverneur-adjoint, préfet-adjoint, etc.

REPUBLIQUE DU SENEGAL

Un Peuple-Un But-Une Foi

PRESIDENCE DE LA REPUBLIQUE

N° 109/PR

Dakar, le 17 juin 1967

CIRCULAIRE

LE PRESIDENT DE LA RE PUBLIQUE

A

MESSIEURS LES MINISTRES

Je constate depuis, quelque temps, l'abus des titres suivants : directeur adjoint, gouverneur-adjoint, préfet-adjoint, etc.

Je tiens à rappeler que j'ai plusieurs fois proscrit l'utilisation de ces titres, qui laisseraient supposer l'existence d'un partage des responsabilités de direction au niveau de nos services nationaux ou de nos régions.

Vous voudrez donc bien veiller :

1° à ne jamais prévoir, dans les textes d'organisation de nos départements ou des établissements publics placés sous votre tutelle, des postes de directeur-adjoint. Il peut cependant exister des postes d'adjoints au directeur, dont les titulaires ne font qu'assister les vrais responsables qui déterminent les tâches à leur confier ;

2° à éviter d'utiliser dans les textes et documents officiels, les appellations erronés suivantes : directeur-adjoint, gouverneur adjoint, préfet-adjoint, etc.

Je compte sur votre vigilance pour faire respecter ces instructions qui contribueront à dissiper la confusion qui règne actuellement dans ce domaine.

Fait à Dakar, le 17 juin 1967

Léopold Sédar SENGHOR

116. La circulaire n° 0071 PM du 16 décembre 1974

REPUBLIQUE DU SENEGAL
Un Peuple - Un But - Une Foi
PRIMATURE

N° 0071 /PM

Dakar, le 16 décembre 1974

CIRCULAIRE
LE PREMIER MINISTRE
A
MM. les Ministres
MM. les Secrétaires d'Etat
le Secrétaire général de la Présidence
M. le Secrétaire général du Gouvernement
MM. les Délégués généraux
MM. les Directeurs d'Etablissements publics
MM. les Directeurs de Sociétés d'Economie mixte

Dans le domaine scientifique « la technique désigne l'ensemble de procédés méthodiques, fondés sur des connaissances scientifiques, employés à la production ou à l'investigation et à la transformation de la nature » (Le Robert).

Dans le domaine des arts, « la technique désigne un ensemble de procédés plus ou moins empiriques pour produire une œuvre ou obtenir un résultat déterminé ».

Le Chef de l'Etat vient d'attirer mon attention sur la tendance des services à abuser du mot technologie qu'ils emploient trop souvent à la place de technique.

Quant à la technologie, elle est « l'étude raisonnée des techniques, et particulièrement des techniques industrielles ». Elle peut aussi désigner « l'état d'avancement de ces techniques ». (Le Robert).

L'on voit ainsi que la technologie est une science alors que la technique est une manière de faire, un procédé, un art.

L'on parlera par exemple d'une recherche ou d'une étude technologique, mais de l'application ou de l'amélioration d'une technique.

Je vous demande d'assurer la diffusion la plus complète à cette circulaire et de veiller personnellement, à l'avenir, à la propriété des termes qu'utilisent vos collaborateurs.

Abdou DIOUF

II. Les règles spécifiques relatives à la rédaction des textes législatifs et réglementaires

Notes

117. Les règles spécifiques de rédaction. A côté des méthodes et des techniques ordinaires de rédaction des textes législatifs et réglementaires, il y a des règles spécifiques qui concernent certaines catégories de textes. Ces règles spécifiques de la technique légistique prennent en compte la particularité de certains actes normatifs.

Récemment, certaines circulaires ont fixé les méthodes de transposition des directives communautaires (**1**) ainsi que les techniques de rédaction des lois d'orientation (**2**).

1. Les techniques de transposition des directives dans l'ordre juridique national

118. Les méthodes de transposition. La directive est une norme communautaire qui lie tout État membre destinataire quant au résultat à atteindre tout en laissant aux instances nationales la compétence quant à la forme et aux moyens[79]. Une directive s'adresse donc aux États membres de l'organisation communautaire et oblige ceux-ci à la transposer, c'est-à-dire à en intégrer les règles dans leur droit interne[80].

L'introduction de cette norme dans l'ordre juridique national suppose sa transposition. Il s'agit de l'opération par laquelle un État membre destinataire de la directive procède à l'adoption de toutes les mesures nécessaires à son incorporation effective dans l'ordre juridique national par les véhicules normatifs appropriés[81].

La circulaire n° 008/PM/SGG/PAT du 1er juin 2016 sur la transposition des directives communautaires a fixé les principes directeurs (le principe de la fidélité et de l'exhaustivité de la transposition et le principe « du tout ou rien »)

[79] V. art. 43 du Traité de l'UEMOA ; également, D. SIMON, *La mise en œuvre des directives en droit national,* 1991, Aix-en-Provence, CERIC ; *La directive européenne,* Paris, Dalloz, 1997.
[80] CE, *Principes de technique législative. Guide de rédaction des textes législatifs et réglementaires*, 2008, p. 113.
[81] D. SIMON, « Directive », *Rép. dr. eur.*, Dalloz, mars 2012, n° 29.

ainsi que les techniques et méthodes relatives à la transposition des directives communautaires[82].

Quant à la circulaire n° 008/PM/SGG/SGA/DSL/is du 31 mai 2017 sur le processus de transposition des directives communautaires, elle a rappelé l'obligation de transposition des directives qui participe de l'harmonisation des législations des États et de la mise en œuvre des réformes communautaires. Cette directive a également recommandé aux ministères de prendre toutes les dispositions nécessaires pour accélérer le processus de transposition des directives relevant de leur compétence en rapport avec la Cellule de Suivi de l'Intégration (CSI) du Ministère de l'Économie des Finances et du Plan[83].

Le Conseil constitutionnel sénégalais, à l'occasion du contrôle de la Constitutionnalité de la loi organique abrogeant et remplaçant la loi organique n° 2011-15 du 08 juillet 2015 relative aux lois de finances, a rappelé, dans sa décision n° 1/C/2020 du 24 février 2020, certains principes relatifs à la transposition de la Directive n° 06/2009/CM/UEMOA du 26 juin 2009 portant lois de finances au sein de l'Union Économique et Monétaire Ouest Africaine.

119. L'adoption du Guide de transposition des Directives de l'UEMOA. Il faut préciser que, par une décision n° 05/2019/COM/UEMOA du 06 août 2019, la Commission de l'UEMOA a adopté un Guide relatif aux méthodes et techniques de transposition des Directives de l'UEMOA et au modèle d'acte de notification. Ce document qui reprend pour l'essentiel, le Projet de lignes directrices pour la transposition des directives communautaires, comporte des recommandations et suggestions des bonnes pratiques sur les principes, méthodes et sur la procédure de transposition des Directives de l'UEMOA. Il s'agit d'une sorte de lignes directrices destinées à faciliter l'appropriation des règles relatives à la transposition des Directives de l'UEMOA et à exhorter les Etats à adopter des mesures facilitant leur application.

[82] P. A. TOURE, « Le cadre normalisé de la transposition des directives communautaires au Sénégal », in *Séminaire régional sur la pratique des Etats membres en matière de transposition des directives communautaires*, Bissau (Guinée Bissau) du 28 novembre au 02 décembre 2016.

[83] Sur cette question, O. SAMB, « Procédures et effets attachés au défaut de transposition », *Echos Finances*, n° 04, janvier-février-mars, 2017, p. 42 et s.

120. La circulaire n° 008/PM/SGG/SGA/PAT du 1er juin 2016 sur la transposition des directives communautaires

REPUBLIQUE DU SENEGAL
Primature
Le Premier Ministre

N° 008 /PM/SGG/SGA/PAT

Dakar, le 1er juin 2016

CIRCULAIRE
A
Mesdames et Messieurs les Ministres,
Madame et Messieurs les Ministres délégués,

Objet : La transposition des directives communautaires.

Les organisations communautaires adoptent souvent des directives dans divers secteurs d'activités en vue de favoriser l'intégration économique et l'harmonisation des cadres juridiques des Etats membres.

La directive est une norme communautaire qui lie tout État membre destinataire quant au résultat à atteindre tout en laissant aux instances nationales la compétence quant à la forme et aux moyens (art. 43 du Traité de l'UEMOA).

Contrairement à d'autres normes de droit dérivé (Acte uniforme, Acte additionnel, Règlement, etc.), la directive ne constitue pas une norme directement applicable.

L'introduction de cette norme dans l'ordre juridique national suppose sa transposition. Il s'agit de l'opération par laquelle un État membre destinataire de la directive procède à l'adoption de toutes les mesures nécessaires à son incorporation effective dans l'ordre juridique national par les véhicules normatifs appropriés.

La présentation et la rédaction des actes normatifs assurant la transposition des directives communautaires obéissent aux mêmes règles que celles prévues pour tous les autres textes législatifs et réglementaires (Cf. notre circulaire n° 00041 PM/SGG/SGA/PAT/SP du 06 octobre 2015 relative aux règles de présentation et de rédaction des textes législatifs et réglementaires).

Toutefois, la conception des normes de transposition présente quelques spécificités techniques liées à l'objet même de l'acte de transposition.

Or, il m'a été donné de constater une faible maîtrise par les services rédacteurs des départements ministériels des méthodes de transposition des directives ainsi que des errements dans le processus de transposition préjudiciables à la qualité et à l'intelligibilité des actes de transposition ainsi qu'à la cohérence de la politique communautaire.

La présente circulaire a pour objet de rappeler les principes directeurs et de fixer les méthodes et les techniques de transposition des directives.

I. Les principes directeurs de la transposition des directives communautaires

L'insertion des directives communautaires dans l'ordre juridique interne obéit à des principes directeurs qui irriguent tout le processus de transposition de ces normes.

- **Le principe de la fidélité et de l'exhaustivité de la transposition**

Ce principe signifie que les Etats membres ne sont pas autorisés à dénaturer la directive ou à en faire une transposition partielle. L'incorporation de la directive dans l'ordre juridique national doit être fidèle et complète par rapport au texte de la directive éclairé, au besoin, par ses considérants.

La transposition doit être intégrale et parfaite ; elle ne doit pas être une nouvelle occasion de discussion des questions d'ordre substantiel, ce qui conduirait ainsi au maintien des spécificités du droit interne.

A cet égard, il est recommandé aux rédacteurs des textes de transposition d'établir un tableau de transposition mettant en rapport les dispositions de la directive et celles du projet de texte de transposition, afin de garantir la complétude de la transposition et d'assurer une bonne articulation avec les textes en vigueur (voir en annexe le tableau de transposition).

- **Le principe « du tout ou rien »**

En vertu de ce principe, lorsque l'Etat membre opte pour la transposition des dispositions facultatives de la directive, il a l'obligation d'incorporer intégralement ces dispositions dans son édifice national.

La marge de manœuvre de l'Etat réside uniquement dans la liberté de transposer ou de ne pas transposer une disposition facultative.

Mais une fois la décision de transposer prise, tout le contenu de la directive doit être fidèlement transcrit dans l'ordre juridique national.

A titre d'exemple, l'article 9, alinéa 2 de la Directive n°02/2006/CM/UEMOA du 23 mars 2006 relative à l'harmonisation des régimes applicables aux opérateurs de réseaux et fournisseurs de services énonce que les Etats membres peuvent imposer des redevances afin de tenir compte de la nécessité d'assurer une utilisation optimale de la ressource attribuée. Ces redevances sont non discriminatoires et tiennent compte notamment de la nécessité de promouvoir le développement des services innovateurs et de la concurrence.

Conformément au principe « du tout ou rien », un Etat qui décide de rendre obligatoire une redevance, ne saurait imposer une redevance ayant un caractère discriminatoire.

II. Les méthodes et techniques de transposition des directives communautaires

L'opération de transposition obéit à des méthodes et techniques particulières qui ont pour objet de garantir la pleine et fidèle incorporation de la directive communautaire dans l'ordre juridique national.

- **Le support normatif de l'acte de transposition**

Le droit communautaire laisse aux Etats membres une liberté sur le choix du vecteur normatif de transposition, à condition qu'il soit juridiquement contraignant.

En règle générale, la transposition d'une directive requiert l'adoption de dispositions législatives ou réglementaires, puisque seules celles-ci sont de nature à assurer une sécurité juridique suffisante. Une directive ne peut donc pas être transposée par de simples mesures de nature administrative telles que des circulaires.

En outre, la transposition doit être opérée dans le respect de la hiérarchie des normes et de la répartition constitutionnelle des matières entre la loi et le règlement (art. 67 et 76 de la Constitution).

A titre d'exemple, une directive prévoyant des dispositions relatives à l'assiette, le taux et les modalités de recouvrement d'impositions ou instituant une procédure pénale, ne saurait être transposée par un acte réglementaire, ces matières relevant du domaine exclusif de la loi (art. 67 de la Constitution).

Une même directive peut être transposée pour partie par la voie législative et pour autre partie par la voie réglementaire, l'essentiel est que le partage entre le domaine législatif et réglementaire soit respecté.

Lorsque la matière dans laquelle intervient la directive relève du domaine législatif, il est possible de recourir au procédé de la transposition par ordonnance dans le respect des procédures constitutionnelles. A cet effet, le parlement doit habiliter par une loi le Président de la République à prendre des mesures de transposition qui sont normalement du domaine de la loi, à charge pour lui de les ratifier (art. 77 de la Constitution).

- **La transposition par un acte modificatif ou par un acte normatif autonome**

Le rédacteur de l'acte de transposition peut procéder à une modification d'un ou de plusieurs textes ou à l'instauration d'une nouvelle législation, l'essentiel est que le principe de fidélité et d'exhaustivité de la transposition soit préservé.

En effet, si la transposition doit être complète, elle ne doit pas pour autant conduire à superposer des dispositions nouvelles au droit existant lorsqu'une simple adaptation de ce dernier est satisfaisante.

La transposition d'une directive peut être effectuée par une pluralité d'actes normatifs complémentaires, à condition qu'ils assurent conjointement une application exhaustive de la directive et qu'ils soient tous adoptés dans le délai imparti.

Inversement rien n'interdit que plusieurs directives soient transposées par un seul et même acte de droit interne, pourvu également que cet acte garantisse la mise en œuvre complète de l'ensemble du corpus normatif communautaire et respecte les délais de transposition.

- **L'intitulé de l'acte de transposition**

Comme pour tout acte normatif, l'intitulé de l'acte de transposition de la directive indique, de manière aussi claire, précise et concise que possible, l'objet essentiel de l'acte normatif.

- Si l'intitulé de la directive n'est pas long ou si la directive à transposer n'a pas fait l'objet de modification, il est recommandé de mentionner la directive dans l'intitulé de l'acte de transposition ainsi qu'il suit :

« Loi...portant transposition … de la Directive n°……. »

- Cependant, si cet intitulé de la directive est long ou si la directive en cause a fait l'objet de modifications, il est préférable de définir l'objet du texte de transposition en fonction de son contenu.

Par exemple : projet de loi relatif à la lutte contre le blanchiment de capitaux.

- **La mention de la directive transposée dans l'acte de transposition**

En règle générale, la mention de la directive transposée dans le texte de transposition est une obligation. Bien souvent, les directives communautaires imposent une telle obligation en indiquant dans leurs dispositions finales que les dispositions de transposition contiennent une référence à la directive lors de leur publication officielle.

Lorsque la directive est transposée par une loi, les techniques rédactionnelles suivantes sont recommandées :

- mentionner la directive transposée dans l'exposé des motifs ;
- viser la directive transposée dans l'article premier de la loi de transposition relatif à l'objet ainsi qu'il suit : « La présente loi a pour objet la transposition de la Directive….».

Lorsque la directive communautaire a été transposée par une ordonnance, un décret ou un arrêté, les techniques rédactionnelles suivantes sont recommandées:

- faire référence à la ou aux directive (s) transposée (s) dans le document de présentation (rapport ou note de présentation) et/ou dans les visas ;
- mentionner la directive transposée dans l'article premier de la loi de transposition relatif à l'objet ainsi qu'il suit : « La/le présent (e) ordonnance/décret/arrêté a pour objet la transposition de la Directive….».

- **La transposition par référence**

Transposer par référence consiste à faire référence, dans l'acte de transposition, à la directive transposée en indiquant qu'elle est applicable dans le droit interne, sans en reproduire le contenu.

En bonne règle légistique, cette technique n'est pas recommandée puisqu'elle ne garantit pas une transposition effective de la directive en droit interne.

La transposition par référence à la directive est cependant la seule technique de transposition possible lorsqu'il s'agit de dispositions techniques, comme par exemple, les annexes d'une directive comportant des listes d'objets ou des modèles de formulaires, ou encore celle faisant l'objet de modifications fréquentes.

Mais le renvoi à la directive doit être impérativement ciblé, c'est-à-dire que l'acte de transposition doit viser des dispositions spécifiques de la directive. Un renvoi général à une directive (renvoi au texte de la directive en général) ne peut être regardé comme une norme de transposition valable.

J'exhorte tous les ministères et services de l'Etat à se conformer aux prescriptions contenues dans la présente circulaire.

J'attache du prix au strict respect et à l'application des directives contenues dans la présente circulaire dont je prescris une large diffusion.

Le Premier Ministre

REPUBLIQUE DU SENEGAL
Le Premier Ministre
PRIMATURE

Mahammed Boun Abdallah DIONNE

121. La circulaire n° 008/PM/SGG/SGA/DSL/is du 31 mai 2017 sur le processus de transposition des directives communautaires

REPUBLIQUE DU SENEGAL
Primature

N° 0008 PM/SGG/SGA/DSL

Dakar, le 31 mai 2017

Le Premier Ministre
A
Mesdames et Messieurs les Ministres,
Messieurs les Ministres délégués

Objet: Processus de transposition des directives communautaires

Il m'a été donné de constater un retard dans la transposition de certaines directives des organisations communautaires auxquelles le Sénégal est membre.

Je vous rappelle que la transposition des directives constitue une obligation communautaire qui participe de l'harmonisation des législations des Etats membres et de la mise en œuvre des réformes communautaire.

En conséquence, je vous recommande de prendre toutes les mesures utiles pour accélérer le processus de transposition des directives relevant de la compétence de vos départements en rapport avec la Cellule de suivi de l'Intégration (CSI) du Ministère de l'Economie, des Finances et du Plan.

Vous vous conformerez également aux prescriptions de la circulaire n° 0008 PM/SGG/SGA/PAT du 1er juin 2016 relative aux techniques de transposition des directives.

Le Secrétariat général du Gouvernement, prendra toutes les dispositions nécessaires pour que tous les projets de texte à transposer introduits dans le circuit d'adoption des textes législatifs et règlementaires soient examinés dans les meilleurs délais.

J'attache du prix à la correcte exécution de la présente circulaire dont vous m'accusez réception.

Le Premier Ministre

Mahammed Boun Abdallah DIONNE

122. Cons. const. décision n° 1/C/2020 du 24 février 2020 (JORS n° 7273 du 25 février 2020, p. 391)

(…)

SUR LA PROCÉDURE DE TRANSPOSITION:

9. Considérant que l'internalisation des directives communautaires obéit aux règles et procédures prévues par la Constitution et les lois nationales notamment en ce qui concerne la délimitation du domaine de la loi et celui du règlement, le nécessaire respect des exigences communautaires ne s'opposant pas au droit, pour chaque Etat, de déterminer, conformément aux règles d'organisation des pouvoirs publics, la nature des mesures de transposition et la procédure à suivre pour l'adoption de telles mesures;

10. Considérant que la République du Sénégal a procédé, en adoptant une loi organique, à la transposition de la Directive n° 06/2009/CMIUEMOA du 26 juin 2009 portant lois de finances au sein de l'Union Economique et Monétaire Ouest Africaine; qu'il appartient, dans ces conditions, au Conseil constitutionnel d'apprécier, au regard des dispositions des articles 67 et 78, alinéa 2 de la Constitution, la conformité aux exigences constitutionnelles du choix de la nature de la mesure de transposition et de la régularité de la procédure suivie;

11. Considérant, en ce qui concerne la nature de l'acte de transposition, qu'en vertu des articles 67, alinéa 4 et 68, alinéa 1er de la Constitution, les lois de finances déterminent les ressources et les charges de l'Etat dans les conditions et sous les réserves prévues par une loi organique et que l'Assemblée nationale vote les lois de finances dans les conditions fixées par une loi organique;

12. Considérant que l'adoption d'une loi organique pour transposer une directive ayant pour objet de déterminer le contenu des lois de finances et les conditions d'examen desdites lois par l'Assemblée nationale est justifiée au regard des dispositions précitées; (…).

SUR LE CONTENU DE LA NORME CONTRÔLÉE :

16. Considérant que l'Etat du Sénégal est tenu de se conformer à l'obligation constitutionnelle de transposition des directives édictées par les organes des communautés créées sur le fondement d'accords signés en application des dispositions de l'article 96, alinéa 3 de la Constitution ;

17. Considérant, par conséquent, que la loi d'internalisation de la Directive n? 06/2009/CM/ UEMOA, qui reproduit à l'identique les dispositions précises et inconditionnelles de cette directive, répond aux exigences de l'article 96, alinéa 3 précité; (…) ;

101. Considérant que la loi organique soumise à l'examen du Conseil constitutionnel est une reproduction de la Directive n° 06/2009/CM/UEMOA du 26 juin 2009 qu'elle a pour objet de transposer; qu'elle a été adoptée par l'Assemblée nationale conformément aux dispositions constitutionnelles,

DECIDE :

Article premier. - La loi organique abrogeant et remplaçant la loi organique n? 2011-15 du 08 juillet 2011 relative aux lois de finances, modifiée par la loi organique n° 2016-34 du 26 décembre 2016, adoptée par l'Assemblée nationale en sa séance du 03 février 2020 sous le numéro 02/2020, est conforme à la Constitution.

Article 2. - La présente décision sera publiée au *Journal officiel* de la République du Sénégal.

---

2. Les techniques de rédaction des lois d'orientation

Notes

123. La notion de loi d'orientation. Dans un contexte marqué par le renouveau des projets de l'État impulsé par le Plan Sénégal Émergent (PSE), les départements ministériels ont de plus en plus tendance à recourir à des lois d'orientation.

La notion de « loi d'orientation » n'est pas une catégorie juridique répertoriée dans la nomenclature des normes, à l'image des lois constitutionnelles, des lois organiques, des lois référendaires, des lois ordinaires, etc.

Il s'agit d'une catégorie de loi ordinaire dont la dénomination traduit une option stratégique et politique. Les lois d'orientation ont pour objet de fixer les principes et les grandes orientations d'une politique à suivre dans un secteur d'activité déterminé, tout en laissant le soin au législateur, par l'adoption de lois dites sectorielles ou au pouvoir exécutif par voie réglementaire (décrets, arrêtés), d'en fixer les modalités de mise en œuvre[84].

La loi d'orientation fixe le cadre dans lequel doit être conduite une politique publique dans un secteur d'activité déterminé. A cet égard, la norme d'orientation constitue un puissant instrument juridique au service de la définition et de la conduite rationnelle des politiques publiques. Elle contribue, par l'instauration d'un cadre juridique normalisé propre à un secteur d'activité, à la mise en cohérence des objectifs et des options stratégiques des politiques publiques.

124. Les techniques de rédaction des lois d'orientation. Cependant, il a été constaté une insuffisante maîtrise par les services producteurs de normes des techniques de conception des lois d'orientation, souvent liée à l'incertitude conceptuelle qui affecte cette catégorie législative.

Cette situation était préjudiciable à l'intelligibilité des normes et à l'efficacité des interventions du Gouvernement.

La circulaire n° 0010 PM/SGG/SGA/PAT du 05 juillet 2016 relative à l'objet et aux techniques de rédaction des lois d'orientation a fixé de façon spécifique les principes régissant la conception et l'élaboration de cette catégorie de norme.

[84] A-H MESNARD., « La notion de loi d'orientation sous la Ve République », *RDP.*, 1977, p. 1139 et s. ; du même auteur, « Ordonnances, lois d'orientation ou lois-cadres ? », *RDP*, 1982, p. 1073.

Ainsi, par dérogation au principe de la normativité des lois, la loi d'orientation comporte bien souvent des dispositions non normatives, sortes de déclarations d'intention, censées orienter la politique du Gouvernement dans le secteur d'activité concerné.

Quant au contenu de la loi d'orientation, il varie suivant qu'elle a pour objet la normalisation d'un secteur d'activité (secteur parapublic, enseignement, etc.) ou suivant qu'elle fixe des règles uniques d'organisation et de fonctionnement de structures étatiques (agences d'exécution, établissements publics de santé, etc.).

Texte

125. La circulaire n° 0010 PM/SGG/SGA/PAT du 05 juillet 2016 sur l'objet et les techniques de rédaction des lois d'orientation

REPUBLIQUE DU SENEGAL

Primature

Le Premier Ministre

N° 0010 PM/SGG/SGGA/PAT

Dakar, le 05 juillet 2016

CIRCULAIRE

A

Mesdames et Messieurs les Ministres,

Mesdames et Messieurs les Ministres délégués

Objet : L'objet et les techniques de rédaction des lois d'orientation.

Dans un contexte marqué par le renouveau des projets de l'Etat impulsé par le Plan Sénégal Emergent (PSE), mon attention a été attirée par la tendance des départements ministériels à recourir aux lois d'orientation et par une insuffisante maîtrise par les services producteurs de normes des techniques de conception des lois d'orientation.

Cette situation de la production normative tient souvent à l'incertitude conceptuelle qui affecte cette catégorie législative, préjudiciables à l'intelligibilité des normes et à l'efficacité des interventions du Gouvernement.

La présente circulaire a pour objet de rappeler l'objet de la loi d'orientation et de fixer de façon spécifique les principes régissant la conception et l'élaboration de cette catégorie de norme.

I. L'objet de la loi d'orientation

La notion de « loi d'orientation » n'est pas une catégorie juridique répertoriée dans la nomenclature des normes du droit interne, à l'image des lois constitutionnelles, des lois organiques, des lois référendaires et des lois ordinaires, etc.

En réalité, elle constitue une catégorie de loi ordinaire dont la dénomination traduit plus une option stratégique et politique. En effet, la loi d'orientation est une loi qui a pour objet de fixer les principes et les grandes orientations d'une politique à suivre dans un secteur d'activité déterminé, tout en laissant le soin au législateur, par l'adoption de lois dites sectorielles ou au pouvoir exécutif par voie réglementaire (décrets, arrêtés), d'en fixer les modalités de mise en œuvre.

La loi d'orientation fixe le cadre dans lequel doit être conduite une politique publique dans un secteur d'activité déterminé.

A cet égard, la norme d'orientation constitue un puissant instrument juridique au service de la définition et de la conduite rationnelle des politiques publiques ; elle contribue, par l'instauration d'un cadre juridique normalisé propre à un secteur d'activité, à la mise en cohérence des objectifs et des options stratégiques des politiques publiques.

Cependant, la loi d'orientation doit être soigneusement distinguée de la loi de programme prévue par la Constitution. Aux termes de l'article 67, alinéa 5 de la Constitution : « Les lois de programme déterminent les objectifs de l'action économique et sociale de l'Etat ». Les lois de programme ont ainsi pour objet de définir des objectifs à moyen ou long terme en matière économique et sociale ; elles comportent, en outre, des prévisions de dépenses chiffrées pour la réalisation de ces objectifs. C'est d'ailleurs la raison pour laquelle au Sénégal, les lois de programme, qui peuvent prendre la forme de lois portant Programme Triennal d'Investissements Publics (PTIP), sont votées avant l'examen du projet de loi de finances de l'année.

En tant qu'outil législatif au service des interventions de l'Etat, la loi d'orientation contribue notamment à la normalisation de secteurs d'activités (sécurité intérieure, pastoralisme, enseignement supérieur, formation professionnelle et technique, technologies de l'information et de la communication, etc.) ou à la fixation de règles uniques d'organisation et de fonctionnement de structures étatiques (agences d'exécution, organismes du secteur parapublic, etc.). Il s'agit du cadre juridique pertinent dans lequel doit se mouvoir l'action et les interventions étatiques dans un secteur d'activité déterminé.

II. Les techniques de rédaction de la loi d'orientation

Les règles ordinaires relatives à la rédaction des actes législatifs et réglementaires prescrites par la circulaire n° 0041 PM/SGG/SGA/PAT/SP du 06 octobre 2015 relative aux règles de présentation et de rédaction des textes législatifs et réglementaires, ont vocation à s'appliquer aux lois d'orientation.

Cependant, le style de rédaction ainsi que le contenu des lois d'orientation présentent quelques spécificités.

A. Le style de rédaction de la loi d'orientation

En principe, les dispositions de la loi doivent avoir une portée normative. La loi, dont la caractéristique essentielle est d'énoncer des droits et des obligations, doit ordonner, permettre, interdire ou punir. Elle ne doit pas comporter des dispositions dépourvues de portée juridique, c'est-à-dire des sortes de déclarations d'intention et des pétitions de principe sans valeur normative. Ces proclamations devraient normalement figurer dans l'exposé des motifs de la loi et non dans son dispositif.

Cependant, de par sa nature, la norme d'orientation sert à impulser, à orienter et à encadrer juridiquement une politique dans un secteur déterminé. Aussi, comporte-t-elle bien souvent des dispositions non normatives, censées orienter la politique du Gouvernement dans le secteur d'activité concerné.

A titre illustratif, l'article 2 de la loi n° 2004-16 du 04 juin 2004 portant loi d'orientation agro-sylvo-pastorale dispose que : « La présente loi tient compte de l'ensemble des activités économiques en milieu rural… »

B. Le contenu de la loi d'orientation

La substance normative de la loi d'orientation varie suivant qu'elle a pour objet la normalisation d'un secteur d'activité ou la fixation des règles uniques d'organisation et de fonctionnement de structures étatiques.

1.- La normalisation d'un secteur d'activité

Les lois d'orientation visant à normaliser un secteur d'activité comportent, notamment les éléments suivants :

- **la définition des termes**

Lorsque la loi d'orientation comporte des termes techniques ou des notions ambiguës, il est recommandé d'y insérer un chapitre ou un article intitulé « définition » ou « terminologie », consacré à leur conceptualisation. La définition doit servir à clarifier les termes techniques ou ceux pouvant prêter à confusion ; elle est inutile si elle se contente de donner aux mots la signification qu'ils ont usuellement.

La définition des termes employés dans le texte contribue à circonscrire le champ d'application de la loi d'orientation.

Elle est recommandée dans une loi d'orientation puisqu'elle permet de garantir l'homogénéité des concepts employés dans un secteur d'activité donné. En effet, ces définitions vont valoir même pour les textes d'application de la loi d'orientation.

- **Les principes directeurs**

L'énoncé des principes directeurs contribue à fixer le cadre principiel de la politique envisagée dans le secteur d'activité. Il s'agit de règles juridiques établies en termes généraux destinées à inspirer diverses applications et s'imposant aux textes d'application. Par exemple, le principe de liberté.

Un grand soin doit être apporté à l'énoncé des principes directeurs qui constituent des règles générales irriguant tout le dispositif juridique mis en place par la loi d'orientation.

En bonne règle légistique, le rédacteur ne doit pas se limiter à l'énoncé de ces principes directeurs. Il doit leur affecter un contenu précis, soit en les définissant dans la partie consacrée à la terminologie, soit en précisant dans le dispositif ce qu'ils recouvrent comme suit : « Le principe de liberté signifie que… ».

- **Les objectifs et orientations**

Les objectifs constituent les finalités recherchées par la politique publique conduite dans le secteur d'activité. Il peut s'agir de la protection des personnes vulnérables ou de la maîtrise de l'eau, etc.

Par exemple : « la politique de développement agro-sylvo-pastorale vise à…. » ou « la formation professionnelle et technique a pour finalité… ».

Les objectifs peuvent être déclinés autour d'un objectif général et d'objectifs spécifiques.

Les orientations de la politique sont les directions stratégiques qu'emprunte cette politique, qui permettront, à l'application, d'obtenir la réalisation d'actions prioritaires. Il peut s'agir de la réforme foncière ou de la sécurité des personnes et des biens, etc.

- **Le cadre institutionnel**

L'instauration d'un cadre institutionnel spécifique à un domaine d'activité permet d'impulser la politique conduite dans ce secteur. Il s'agit de créer des entités chargées d'assurer la mise en œuvre de la politique envisagée aussi bien au niveau national que local.

Il est recommandé d'instituer dans la loi d'orientation ces structures et de déterminer au besoin leur statut, tout en renvoyant à un texte d'application pour fixer leurs règles d'organisation et de fonctionnement.

Il peut même être nécessaire de déterminer dans le texte d'orientation les rapports entre les structures créées ainsi que les rôles et responsabilités d'autres acteurs comme les collectivités territoriales, la société civile, les organisations non gouvernementales et même l'implication des citoyens dans la mise en œuvre de la politique.

- **Les mécanismes de financement**

La mise en place d'un cadre financier incitatif et favorable à la politique définie dans le secteur s'inscrit dans le cadre des mesures d'accompagnement prévues par la loi d'orientation. La loi peut ainsi mettre en place des fonds pour financer le secteur d'activité, instituer des taxes, redevances, impôts ou prévoir des exonérations fiscales.

Les modalités de fonctionnement des fonds, taxes ou redevances crées sont fixées par décret.

Faute de pouvoir insérer ces mesures dans le Code général des Impôts, il est fortement recommandé au ministère maître d'œuvre d'élaborer ces dispositions financières en rapport avec les services du Ministère chargé des Finances.

- **Les dispositifs de planification, de suivi et d'évaluation**

Les dispositifs de planification instaurés par la loi d'orientation permettent l'organisation dans le temps de la réalisation des objectifs visés dans un domaine d'activité. Ces mécanismes mettent en œuvre différents moyens, sur une durée et des étapes précises.

Le suivi est le processus systématique du recueil, de l'analyse et de l'utilisation d'informations visant à déterminer en continu les progrès d'une politique en vue de la réalisation de ses objectifs et à guider les décisions relatives à sa gestion.

La mise en place de mécanismes d'évaluation permet d'apprécier l'efficacité de la politique conduite dans le secteur d'activité concerné à l'aide de critères pertinents. Elle porte sur les avancées escomptées et réalisées et examine la chaîne des résultats.

- **Les dispositions d'exécution de la loi d'orientation**

Pour les besoins de la mise en œuvre de la politique définie, la loi d'orientation peut mettre en place un cadre d'exécution, en renvoyant à d'autres lois dites sectorielles ou à des textes réglementaires.

Elle peut même énumérer des réformes à mener par le Gouvernement en vue de l'atteinte des objectifs visés dans le secteur d'activité concerné.

A titre d'exemple, l'article 18 de la loi n° 2008-10 du 25 janvier 2008 portant loi d'orientation relative à la société de l'information a décliné des réformes à engager dans des secteurs prioritaires (santé, justice, propriété intellectuelle, état civil, etc.), en vue de l'adoption de règles plus adaptées aux exigences de la société de l'information.

2.- La fixation du cadre organisationnel d'entités étatiques

Les lois d'orientation ayant pour objet de fixer le cadre d'organisation d'entités étatiques comportent, notamment les éléments suivants :

- **La définition, le statut et le champ d'application**

Lorsque la loi d'orientation fixe le cadre d'une entité juridique unique, par exemple, les agences d'exécution, il est recommandé que la première disposition de la loi définisse de façon claire cette entité ainsi que les structures qui lui sont assimilées.

Par exemple, l'article premier de la loi d'orientation n° 2009-20 du 4 mai 2009 sur les agences d'exécution propose une définition claire de l'agence d'exécution.

Le statut de l'entité est la condition juridique de l'entité en question (agence d'exécution, autorité administrative indépendante, établissement public, société nationale, sociétés anonymes à participation publique majoritaire, etc.)

La fixation du champ d'application de la loi d'orientation est surtout nécessaire lorsqu'elle détermine le cadre d'organisation et de fonctionnement de plusieurs entités étatiques ayant des formes juridiques différentes mais relevant du même régime juridique. A titre d'exemple, l'article 2 de la loi n°90-07 du 26 juin 1990 relative à l'organisation et au contrôle des entreprises du secteur parapublic et au contrôle des personnes morales de droit privé bénéficiant du concours financier de la puissance publique, détermine les entités juridiques qui relèvent du secteur parapublic, à savoir les établissements publics à caractère industriel et commercial, les sociétés nationales et les sociétés anonymes à participation publique majoritaire.

- **Les modalités de création et la tutelle exercée sur l'entité**

Les modalités de création de l'entité renvoient à l'acte juridique créateur de cette structure (loi, décret, arrêté) et éventuellement à l'autorité sur la proposition de laquelle la création de l'entité est décidée ainsi qu'aux formalités à accomplir avant la création de l'entité, notamment les études préalables (étude d'impact, d'opportunité, etc.) et les consultations préalables (avis de la Commission d'évaluation des agences d'exécution, du Conseil supérieur de la Fonction publique ou du Conseil consultatif du Secteur parapublic, etc.).

La loi d'orientation fixe également la ou les tutelles exercées sur l'entité. Il s'agit de l'ensemble des moyens de contrôle dont dispose une autorité sur l'entité sous tutelle, en vue de la maintenir dans le respect de la loi.

En principe, ce pouvoir de contrôle est exercé par l'institution de rattachement (la Présidence, la Primature, le ministère) et non par l'autorité dirigeant cette institution (le Président de la République, le Premier Ministre, le ministre).

La tutelle technique est le contrôle exercé par l'administration de rattachement ; il peut s'agir du ministère qui a dans ses missions le service public dont il est prévu de confier à l'entité publique ou du ministère sous l'autorité duquel l'entité est rattachée.

La tutelle financière est exercée par le Ministère chargé des Finances ; il s'agit du contrôle exercé par ce ministère sur la gestion des ressources et des charges de l'entité.

- **Les règles d'organisation et de fonctionnement de l'entité**

Les règles d'organisation et de fonctionnement de l'entité fixent notamment les organes de l'entité, les modalités de gestion et d'administration, la gestion du personnel, les ressources et les charges de l'entité, la comptabilité, les règles de passation des marchés publics, les contrôles exercés sur l'entité (audit des comptes, contrôle des corps de contrôle de l'État) et celles relatives aux modes de dissolution.

La loi d'orientation fixe les principes généraux de l'organisation et du fonctionnement de l'entité en renvoyant à un texte d'application pour en fixer les modalités de fonctionnement.

- **Les dispositions transitoires**

La loi d'orientation peut prévoir des dispositions transitoires différant son applicabilité à une date postérieure à son entrée en vigueur, conformément à la loi n°70-14 du 06 février 1970 fixant les règles d'applicabilité des lois, des actes administratifs à caractère réglementaire et des actes administratifs à caractère individuel, modifiée. Il s'agit d'accorder un délai aux entités ou acteurs concernés par la loi pour se conformer au nouveau dispositif prévu par la norme d'orientation.

Par exemple : « Les établissements publics à caractère administratif se conforment aux dispositions de la présente loi d'orientation dans un délai de douze mois, à compter de sa date d'entrée en vigueur ».

J'attache du prix au strict respect et à l'application des directives contenues dans la présente circulaire dont je prescris une large diffusion.

Le Premier Ministre

Mahammed Boun Abdallah DIONNE

Ampliation :
Monsieur le Président de la République (à titre de compte rendu

CHAPITRE III

L'ADOPTION DES TEXTES LÉGISLATIFS ET RÈGLEMENTAIRES

« Le législateur exerce moins une autorité qu'un sacerdoce. Il ne doit point perdre de vue que les lois sont faites pour les hommes, et non les hommes pour les lois ».
PORTALIS, *Discours préliminaire sur le Code civil*, 1804.

Notes

126. De l'adoption gouvernementale. Après sa rédaction, le projet normatif est introduit dans le circuit d'adoption des textes législatifs et réglementaires en vue de lui conférer une force juridique.

L'adoption gouvernementale des textes renvoie à leur approbation par le Gouvernement ; elle suppose l'intervention de plusieurs acteurs qui contribuent à améliorer son contenu et se termine par leur adoption par le Conseil des Ministres en tant qu'instance suprême du processus d'adoption gouvernementale des textes.

Les textes relatifs au travail normatif ont prévu, d'une part, des règles générales régissant les différentes étapes de l'adoption des textes (**I**) et, d'autre part, celles relatives à certaines catégories de textes spécifiques (**II**).

I. Les règles générales relatives à l'adoption des textes

127. Le cadre juridique. Les règles générales relatives à l'adoption des textes sont celles qui concernent en général tous les textes législatifs et réglementaires.

Au Sénégal, la procédure d'adoption des textes législatifs et réglementaires fait l'objet de textes très épars. Ce dispositif a notamment pour siège la Constitution, l'arrêté n°00893 du 1er janvier 2015 portant organisation et fonctionnement de la Direction des Services législatifs de la Primature, l'arrêté primatoral n°1524 du 04 février 2015 portant création et fixant les règles d'organisation et de fonctionnement du Comité interne de préparation et de suivi des textes législatifs et réglementaires, l'arrêté primatoral n°1525 du 04 février 2015 portant création et fixant les règles d'organisation et de fonctionnement du Comité technique de validation des textes législatifs et réglementaires[85] ainsi que plusieurs instructions et circulaires.

1. La procédure d'adoption des textes

128. Les principes de base. La procédure d'adoption des textes normatifs renvoie aux différentes étapes à suivre en vue d'obtenir l'approbation du texte par les autorités gouvernementales[86].

Les principes de base de la procédure d'adoption des textes sont pour l'essentiel fixés par l'instruction générale n° 15 PR du 1er mars 1968 sur l'organisation du travail gouvernemental, qui a pour objet de mettre à jour et de compléter l'instruction générale n° 112 du 09 décembre 1963 sur l'organisation du travail gouvernemental à laquelle elle se substitue. Après avoir rappelé des principes constitutionnels de base, l'instruction générale n° 15 PR du 1er mars 1968 sur l'organisation du travail gouvernemental fixe les règles relatives à la coordination du travail gouvernemental et détermine la procédure législative et réglementaire.

L'instruction n° 11/PM/SGG/JU du 14 avril 1970 relatives aux relations du Gouvernement avec les Assemblées, précisée par la circulaire n° 16/ PM/CAB/JUR du 13 novembre 1991 relative aux relations du Gouvernement avec l'Assemblée nationale, a déterminé les relations entre le Gouvernement et les Assemblées, et plus particulièrement dans la mise en œuvre de la procédure législative. Dans le même sens, la circulaire n° 56/SG du 29 juin 1960 relative à la liaison avec l'Assemblée nationale indiquait déjà les règles qui doivent être observées pour l'examen des résolutions, questions écrites ou propositions émanant des membres de l'Assemblée législative de l'époque.

Plusieurs autres circulaires ont procédé à l'encadrement de la procédure d'élaboration, de diffusion et d'adoption des textes législatifs et réglementaires. Il en est ainsi notamment de la circulaire n° 004/PM SGG/SP du 07 avril 1999 sur les procédures de transmission des textes entre les Assemblées et le Gouvernement et d'adoption des lois par le Parlement, de la circulaire n° 006/PM SGG du 16 mai 2000 sur la procédure d'élaboration, d'enregistrement et de publication des projets de loi et de décret ainsi que de la

---

[85] A. L. COULIBALY, « Gouvernance normative. Nouvelle dynamique, nouvelle approche ! », in *Le Soleil* du mercredi 21 septembre 2015, p. 12.

[86] Sur cette procédure, PH. GEORGES, « La procédure législative au Sénégal, *Annales africaines*, 1965, p. 177 ; E. DIARRA, « La procédure législative au Sénégal », *RIPAS*, n° 11, octobre-décembre 1984, p. 722-723.

circulaire n° 008/PM/SGG/SGA du 12 juin 2001 relative à la procédure d'élaboration et d'enregistrement des projets de loi et de décret.

La circulaire n° 10/PR du 5 avril 1989 relative à la procédure d'adoption des textes a particulièrement insisté sur la nécessité du respect du « circuit de la concertation interministérielle ». Elle a encouragé les ministères à recourir dans toute la mesure du possible aux concertations en dehors de l'Administration qui ne peuvent « qu'enrichir le point de vue du Gouvernement lors de la mise au point du texte ».

Selon la circulaire n° 004 du 21 mars 1997 relative à la procédure d'élaboration des textes au sein de chaque ministère, il appartient à chaque ministère, lorsqu'il initie un projet de loi ou de décret, d'organiser trois types de concertations, préalablement à la transmission du projet au Secrétaire général du Gouvernement.

D'abord, une concertation interne doit être menée au sein même du ministère, tant entre les différentes directions qu'entre le cabinet et les services.

Ensuite, une concertation horizontale doit être organisée en tant que de besoin avec les autres ministères intéressés.

Enfin, une concertation extérieure avec les futurs utilisateurs du texte est indispensable, puisque la plupart des projets de texte ont des incidences sociales et économiques. Il est donc nécessaire de consulter les intéressés en saisissant les organisations syndicales ou les ordres professionnels.

Ainsi, avant la transmission du projet normatif au Secrétaire général du Gouvernement, la circulaire n° 004 du 21 mars 1997 recommande qu'il soit accompagné d'une fiche technique dûment remplie, indiquant le respect du circuit des concertations.

129. Le réaménagement de la procédure d'adoption des textes. Récemment, dans le cadre de la nouvelle gouvernance normative, le Gouvernement a réaménagé la procédure d'adoption des textes, en vue d'améliorer leur qualité rédactionnelle et de faciliter leur mise en œuvre.

Les innovations majeures introduites dans la procédure d'adoption des textes législatifs et réglementaires s'articulent autour de la création du Comité interne de préparation et de suivi des textes législatifs et réglementaires ainsi que de l'institution de l'agenda législatif et réglementaire du Gouvernement.

Textes

130. La circulaire n° 56/SG du 29 juin 1960 relative à la liaison avec l'Assemblée nationale

FEDERATION DU MALI
REPUBLIQUE DU SENEGAL
Secrétariat général du Gouvernement

N° 56/SG

Dakar, le 29 juin 1960

CIRCULAIRE

A Messieurs les Ministres du Gouvernement du Sénégal,

Objet : Liaison avec l'Assemblée législative

J'ai l'honneur de vous faire connaître ci-après les règles qui doivent être observées pour l'examen des vœux, résolutions, questions écrites ou propositions émanant des membres de l'Assemblée Législative.

Les réponses aux questions écrites, vœux et résolutions doivent faire l'objet d'une lettre rédigée et signée par le ministre compétent.

1° / Questions écrites, vœux ou résolutions.

Celui-ci devra au préalable, se concerter avec ceux de ses collègues du Gouvernement qui sont intéressés par l'affaire évoquée de manière à définir une position qui soit celle du Gouvernement et non celle d'un seul ministre.

Cette lettre sera transmise à l'Assemblée sous couvert de la Présidence du Conseil (Secrétariat général).

2° / Propositions de loi.

Les propositions de loi déposées sur le bureau de l'Assemblée par les députés sont transmises, dès réception, par le Secrétaire général du Gouvernement au ministre compétent.

La proposition de loi est inscrite à la diligence du Secrétaire général, à l'ordre du jour d'un prochain Conseil des Ministres qui arrêtera la position du Gouvernement sur proposition du ministre compétent.

131. La circulaire n° 26/PR/SG/ADJ 1 du 15 février 1963

REPUBLIQUE DU SENEGAL
PRESIDENCE DE LA REPUBLIQUE

N° 26 PR/SG/ADJ 1

Dakar, le 15 février 1963

LE SECRETAIRE GENERAL DU GOUVERNEMENT
A
MESSIEURS LES MINISTRES
LES SECRETAIRES D'ETAT
LE SECRETAIRE GENERAL DE LA PRESIDENCE DE LA REPUBLIQUE
LE SECRETAIRE DU CONSEIL DES MINISTRES

Au moment où les dispositions du décret n° 63-056 du 29 janvier 1963, portant création du Secrétariat général de la Présidence de la République, entrent en vigueur, la nécessité m'est apparue de préciser les points suivants Les avant-projets de textes, de toute nature, élaborés par les différents ministères seront, désormais, transmis à la Présidence de la République qui, après examen au fond, jugera ou ne jugera pas de l'opportunité de leur envoi aux départements directement concernés. Cette diffusion s'effectuera par l'entremise du Secrétariat du Conseil des Ministres.

Les ministres directement intéressés feront connaître au Secrétaire du Conseil des Ministres leurs observations éventuelles. Celles-ci seront ensuite portées à la connaissance du département instigateur qui en tiendra ou n'en tiendra pas compte.

C'est lorsque des divergences apparaîtront entre un ou plusieurs ministres et l'auteur du projet que je pourrai être amené à arbitrer en Comité interministériel.

Après mon arbitrage, le projet considéré est mis en forme et soumis, par l'intermédiaire du Secrétariat du Conseil des Ministres, à l'avis de la Cour suprême.

La même procédure devra être observée pour les projets de textes revenus de la Cour suprême et dont l'inscription à l'ordre du jour du Conseil des Ministres s'avère nécessaire.

D'une manière générale, il vous est demandé d'adresser directement vos projets au Secrétariat général de la Présidence de la République.

C'est dans la mesure où vous ferez respecter les prescriptions de la présente circulaire par vos collaborateurs que l'action quotidienne du Gouvernement atteindra sa pleine efficacité.

DIFFUSION

- Tous ministères
- Tous services Présidence

Cour suprême

Doudou THIAM

---

132. L'instruction générale n° 112 du 09 décembre 1963 sur l'organisation du travail gouvernemental

N° 112

Dakar, le 09 décembre 1963

1 - L'installation du Président de la République et de l'Assemblée nationale élus le 1er décembre 1963, et l'entrée en fonctions de la nouvelle équipe ministérielle marquent la mise en place définitive des institutions prévues par la Constitution du 7 mars 1963 et la fin de la période transitoire.

Il m'a paru utile, en cette occasion, de vous rappeler les principes d'organisation du travail qui découlent des nouvelles institutions et les modalités pratiques qui ont été adoptées en conséquence.

A. Rappel des principes constitutionnels

2 - Il résulte de la Constitution que le Président de la République est le seul détenteur du pouvoir exécutif. Toutes les décisions relevant de l'exécutif, qu'elles aient un caractère réglementaire ou individuel, qu'elles portent sur une question d'intérêt national ou sur un point de pur détail, ne peuvent être prises que par lui, ou sur sa délégation expresse.

3 -En conséquence, la position du ministre est totalement différente de ce qu'elle était sous le régime parlementaire. Les ministres ne sont plus responsables devant l'Assemblée, mais devant le seul Président. Ils ne disposent d'aucun pouvoir propre, pas plus dans le domaine règlementaire que dans le domaine individuel, mais seulement des pouvoirs qui leur sont délégués par le Président. Ces délégations leur sont consenties par décret, soit qu'un décret réglementaire portant sur un objet quelconque charge le ministre

compétent de prendre par arrêtés les mesures individuelles qu'il prévoit, soit qu'un décret particulier de délégation de pouvoir ait pour objet unique d'habiliter un ministre à prendre certaines décisions. Par ailleurs, les décrets nommant le ministre et plaçant un certain nombre de services sous sa direction comportent implicitement mais nécessairement délégation au ministre intéressé du pouvoir hiérarchique sur ces services : pouvoir de donner des ordres aux agents, et de prendre des mesures de pure organisation interne dans le cadre des décrets existants.

Les délégations consenties aux ministres antérieurement subsistent tant qu'elles n'ont pas été révoquées. En cas de changement dans la répartition des attributions des ministères, la délégation suit le ministre sous la direction duquel se trouve dorénavant placé le service chargé des attributions correspondantes, quelle que soit la dénomination nouvelle de ce ministre.

Il faut enfin souligner :

a) qu'il serait inconstitutionnel de prévoir dans un projet de loi des dispositions attribuant directement compétence à un ministre pour prendre certaines décisions ;

b) que la subdélégation des pouvoirs des ministres est interdite, sauf si elle est prévue par un décret du Président. Un décret et une circulaire de ce jour réglementent en détail cette question ;

c) que le Président de la République dispose en permanence du pouvoir d'évoquer une affaire de la compétence de l'exécutif et de décider, en personne. Aucune objection tirée de la compétence déléguée d'un ministre ou d'une autorité administrative subordonnée ne pourra donc être opposée à sa décision.

4.- La disparition des pouvoirs propres des ministres concerne également la prérogative du contreseing et de la collégialité des ministres. Tous les textes qui prévoyaient le rapport ou le contreseing d'un ministre déterminé ou qui exigeaient l'avis du Conseil des ministres sont automatiquement caducs sur ces deux points.

Je continuerai, néanmoins, à réunir au moins une fois par semaine l'ensemble des ministres pour discuter avec eux des projets importants et des grands problèmes de la Nation ; mais cette réunion qui prendra dorénavant le nom de conseil de cabinet, n'est plus qu'une instance coutumière, dont la consultation est pour moi purement facultative et sans aucun effet sur la validité des actes présidentiels.

5 - Si les considérations qui précèdent font apparaitre une diminution des prérogatives constitutionnelles des ministres, leur rôle dans le fonctionnement concret du pouvoir exécutif n'en est pas moins considérable. Les ministres, chefs des départements administratifs, ont le double rôle de préparer les décisions du Président et de faire exécuter sa politique; ce sont mes collaborateurs et mes adjoints les plus importants et j'ai l'intention de les

associer, d'une manière constante et étroite, à la détermination et à la conduite de la politique de la Nation. Je me ferai, notamment, une règle de ne jamais examiner une affaire ni prendre une décision que sur le rapport du ministre compétent, sauf en ce qui concerne les services peu nombreux qui sont du ressort exclusif du secrétariat général de la Présidence de la République, ou en cas d'urgence tout à fait exceptionnelle.

B. Coordination du travail gouvernemental

6.- Le principal organe de coordination des travaux du Gouvernement est le secrétariat général de la Présidence de la République, dont l'organisation et le fonctionnement restent fixés, pour l'essentiel, par le décret n° 63-056 du 29 janvier 1963 (sous réserve de suppression, par un décret en cours de publication de l'organisme dit « secrétariat du Conseil des Ministres », dont les divers bureaux sont rattachés directement au secrétariat général). Le secrétariat général a pour rôle de centraliser tous les projets et décisions émanant des ministères afin d'en assurer la signature ou la publication; à cette occasion, il exerce, en mon nom, un contrôle tant sur la légalité des textes présentés que sur leur conformité à la politique générale que j'ai déterminée.

Cette coordination et ce contrôle exigent que le secrétariat général détienne un quadruple monopole :

a) monopole de la présentation à ma signature .

Je n'accepterai, en aucun cas, de signer un décret, un arrêté ou une décision quelconque qui ne me soit présenté par le Secrétaire général, qui en assurera, ensuite, l'enregistrement ; il est donc inutile de me présenter des textes en dehors de cette filière.

b) monopole de la saisine de l'Assemblée nationale, de la Cour suprême et du Conseil économique et social :

vous ne devez, en aucun cas, adresser directement à l'un de ces corps, un texte ou une communication quelconque.

c) monopole de la publication au *Journal officiel.*

Toutes les décisions ministérielles et les documents quelconques à publier au *Journal officiel* sont préalablement examinés au Secrétariat général. D'une manière générale, toutes les décisions doivent y être enregistrées même si elles ne sont pas publiées au *Journal officiel.*

Il assure la liaison entre les différents départements, provoque et recueille las avis des départements intéressés sur les textes qui lui sont soumis, convoque et préside, le cas échéant, les réunions interministérielles nécessaires à la mise au point des décisions, provoque éventuellement mon arbitrage.

Ce dernier « monopole » n'exclut pas des conversations directes entre les fonctionnaires intéressés, voire des réunions de travail au stade de l'élaboration du texte; mais dès lors que le texte proposé par le ministre principalement intéressé a été mis au point, il doit être adressé au Secrétariat général qui provoquera les réunions nécessaires.

7 - Organe de contrôle de l'exécution des décisions présidentielles, le Secrétariat général dispose à cet effet de tous les moyens d'information sur la marche des services publics et, notamment, du Contrôle financier et de l'Inspection générale d'Etat. C'est donc à lui qu'il vous appartiendra d'adresser tous les comptes rendus d'exécution des décisions présidentielles et de demander le concours des moyens d'investigations dont il dispose, notamment, des missions de l'Inspection générale.

8 - Pour assurer sa mission, le Secrétariat général dispose notamment des conseillers techniques de la Présidence de la République, spécialisés dans divers domaines. Il importe qu'une collaboration étroite et confiante s'établisse entre les ministères, leurs cabinets et leurs services, d'une part, et ces conseillers techniques, qui sont mes collaborateurs personnels que j'ai chargé de suivre pour moi les affaires, d'autre part, Le rôle du conseiller technique est de me faire rapport sur chaque affaire, en me donnant son avis personnel: il ne doit pas se substituer au ministère compétent dans l'élaboration des décisions, ni surtout, évoquer des affaires en « court-circuitant » ce ministère.

De leur côté, les ministères doivent faciliter la tâche du conseiller technique, en lui fournissant notamment toute la documentation et tous les éclaircissements voulus. Bien plus, il est du plus haut intérêt, chaque fois qu'une affaire importante se présente, d'y associer le conseiller technique intéressé dès le stade de l'élaboration des projets. Vous éviterez ainsi de voir vos projets vous être retournés pour explication ou modification; un temps précieux pourra être gagné.

9 - La coordination entre les ministères est également assurée par les réunions interministérielles. Il en existe quatre catégories :

a) Le Conseil de Cabinet (ancien « Conseil des Ministres ») est réuni par mes soins, en principe le mardi de chaque semaine, à 9 heures. Il comprend tous les ministres, ainsi que le Secrétaire général et un agent du secrétariat général chargé du secrétariat de la réunion. L'ordre du jour est préparé par le Secrétaire général et arrêté par moi ; il comporte, d'une part, l'examen des textes les plus important (en principe, tous les projets de loi, ainsi que des décrets réglementaires que je juge bon de discuter en Conseil) et, d'autre part, les communications du Président de la République et des ministres. Si vous désirez faire une communication au Conseil de cabinet, il vous appartient d'en faire parvenir le texte écrit au Secrétaire général, au plus tard le jeudi à 18 heures.

b) Les conseils interministériels permanents, dont le type est le conseil supérieur de la défense nationale. Ces conseils sont institués par un texte qui définit leur composition, leur compétence et leur secrétariat.

c) Les conseils interministériels, occasionnels, réunis sous ma présidence ou sous celle d'un ministre délégué par moi pour l'examen d'une question ou d'un texte particulier. Il m'appartient de les convoquer et de déterminer ceux des ministres appelés à y participer. La convocation précise également si vous devez venir seul ou si vous pouvez vous faire accompagner de collaborateurs.

d) Les réunions interministérielles, qui ont lieu hors de ma présence. Ces réunions sont convoquées par le Secrétaire général à la demande du ministre compétent. Les Ministres peuvent y assister personnellement, s'ils le désirent ; ils se feront, le plus souvent, représenter par leur directeur de cabinet ou un directeur de leur administration centrale. La présidence de la réunion appartient au ministre compétent s'il est présent, sinon au représentant de la Présidence de la République.

A ce dernier type appartient la réunion de coordination que le Secrétaire général préside tous les samedis et qui a pour objet de faire le point de l'état d'avancement des affaires en instances. J'insiste pour que tous les ministères soient régulièrement représentés à cette réunion très importante.

D'une manière générale, tout document destiné à être étudié ou commenté, lors d'une réunion interministérielles quelconque, doit être diffusé à tous ces participants, au moins 48 heures à l'avance.

C. Procédure législative et réglementaire

10 – L'article 56 de la Constitution énumère les matières qui relèvent du domaine de la loi, soit intégralement (« *la loi fixe les règles concernant* …… »), soit partiellement (« *la loi détermine les principes fondamentaux* …. »). Toutes les autres matières sont du domaine réglementaire (article 65). Toutefois, le Président peut, en raison de leur importance, soumettre à l'Assemblée des projets de lois relevant normalement du domaine règlementaire. Je n'ai d'ailleurs, l'intention d'user de cette faculté qu'à titre exceptionnel.

J'insiste sur la nécessité de respecter scrupuleusement les dispositions de l'article 56, et je vous invite à veiller tout particulièrement à ce que les projets de lois et de décrets préparés dans vos départements respectifs y soient conformes.

Cette discrimination n'est pas toujours aisée à faire ; elle a déjà donné lieu, tant au Sénégal qu'en France, où elle est née, à de nombreux débats, ainsi qu'à une jurisprudence administratives et constitutionnelle fournie. Toutefois, les fonctionnaires de vos services doivent commencer à connaître les interprétations et pratiques suivies en la matière par la Cour suprême ; en cas de doute, ils peuvent en référer au Secrétaire général (Bureau d'étude ou Conseiller juridique). En définitive, la Cour suprême tranchera lors de l'examen du texte.

11 - Les compétences de la Cour suprême sont fixées par l'article 6 de l'ordonnance n° 60-17 du 03 septembre 1960, modifiée par l'ordonnance n°63-07 du 26 juin 1963. Elle est consultée obligatoirement sur les projets de loi, ainsi que sur les projets de décret, pour lesquels une disposition législative l'a prévu (ce qui est d'ailleurs assez rare). Elle peut être consultée sur les autres projets de décret. En pratique, et comme par le passé, j'ai l'intention de la consulter sur tous les projets de décrets réglementaires, sauf en cas d'urgence exceptionnelle.

Je rappelle que la saisine de la Cour appartient au Secrétaire général, et à lui seul : elle intervient, en principe, après que l'accord des ministères intéressés soit obtenu et que le conseiller technique de la Présidence compétent ait visé le texte.

Il vous appartient de vous faire représenter aux débats, soit par le Commissaire du Gouvernement permanent, représentant votre département (les départements nouvellement créés me proposeront, dans les plus brefs délais, la nomination de ce fonctionnaire), soit, si vous le jugez utile, par un commissaire ad hoc (dans ce dernier cas, vous devez aviser le Secrétaire général suffisamment à temps pour me permettre de nommer ce commissaire).

Il est bien entendu que les avis de la Cour suprême sur les projets de décrets ou de lois sont purement consultatifs et ne lient pas le Gouvernement. Il vous appartiendra, dans le cas où vous jugeriez nécessaire de ne pas suivre le texte de la Cour qui vous aura été transmis par les soins du Secrétariat général, de me faire en ce sens des propositions motivées. Je vous invite, cependant, à ne pas abuser de cette faculté : les avis de la Cour sont, en effet, destinés à éclairer et aider le pouvoir exécutif dans son action ; le sens juridique et l'expérience administrative des membres de cette haute assemblée lui permettent de prévoir les difficultés qui peuvent naître de textes ambigus ou d'application difficile. Vous ne me proposerez de passer outre à ces avis que si vous avez de sérieuses raisons de le faire.

12 – Indépendamment des projets de texte, la Cour suprême peut également fournir des avis sur toutes questions d'ordre juridique que vous me proposerez de lui soumettre, ainsi que les difficultés qui sont susceptibles de s'élever en matière administrative. Ces demandes d'avis ne peuvent être adressées à la Cour que par l'intermédiaire du Secrétariat général de la Présidence de la République.

Enfin, la Cour suprême se prononce souverainement sur certains problèmes d'ordre constitutionnel : constitutionnalité des lois, caractère réglementaire des dispositions de forme législatives, recevabilité des propositions de loi et des amendements, etc. Elle ne peut être saisie que par le Président de la République et statue en forme juridictionnelle. C'est à cette procédure qu'il y a lieu de recourir lorsque vous vous proposez de modifier par décret un texte de forme législative intervenu en dehors des matières énumérées par l'article 56 de la Constitution.

13 –Le Conseil économique et social a été organisé par l'ordonnance n°63-08 du 4 juillet 1963 et sera installé en février 1964. Il est obligatoirement saisi pour avis des projets de lois de programme à caractère économique et social, et du plan ; il est normalement saisi sans que la loi en fasse une obligation, des projets de loi à caractère économique et social ; il peut être saisi par le Président de la République ou l'Assemblée de demandes d'avis ou d'études ; enfin, il peut se saisir lui-même de tout problème à incidence économique, sociale ou financière.

La saisine du Conseil économique appartient exclusivement au Secrétariat général de la Présidence de la République. Il y a intérêt à ce qu'elle intervienne avant celle de la Cour suprême, pour que les suggestions de fond du Conseil puissent être examinées du point de vue de la légalité et de la forme par la haute juridiction.

L'article 18 de l'ordonnance prévoit que les ministres ont accès et droit de parole devant le Conseil et ses commissions ; et il serait bon que vous usiez personnellement de ce droit dans les affaires les plus importantes. Dans la plupart des cas, cependant, vous serez représentés par des commissaires du Gouvernement, permanents ou occasionnels, dans les mêmes conditions que devant la Cour suprême. Vous voudrez bien m'adresser dans les meilleurs délais vos propositions pour la désignation des commissaires permanents.

J'attache beaucoup d'importance à un bon « démarrage » de cette institution nouvelle qui peut rendre de précieux services. Jusqu'à nouvel ordre, vous me proposerez systématiquement de saisir le Conseil pour tous les projets de textes à incidence économique ou sociale ; je vous demande également de participer ou de faire participer vos collaborateurs activement aux travaux du Conseil, et de tenir le plus grand compte de ses avis dans les propositions définitives que vous m'adressez.

14- En résumé, l'élaboration d'un projet de loi ou de décret passe par les étapes suivantes :

a) Elaboration :

Elle concerne le ministère qui prend l'initiative du texte et qui s'y livre comme il l'entend. Pour les textes importants ou difficile, il y associera officiellement les fonctionnaires des autres départements intéressés et le conseiller technique compétent de la Présidence de la République.

b) Le texte est ensuite transmis au Secrétariat général en 70 exemplaires (120 s'il doit être examiné par le Conseil économique). Il est accompagné d'un rapport de présentation qui doit permettre d'en apprécier l'opportunité et en éclairer l'économie générale.

c) Le Secrétariat général recueille les avis des départements intéressés, s'il y a lieu, et sous réserve, bien entendu, que j'approuve l'opportunité du texte.

d) En cas d'objections sérieuses d'un ministère, ou de modification demandées par un conseiller technique de la Présidence, le Secrétariat général retourne le texte au ministère d'origine auquel il appartiendra toujours par le même canal, de me saisir de sa réponse et d'une éventuelle demande d'arbitrage.

e) Au vu de la réponse du Ministre, le Secrétariat général convoque, si cela apparaît nécessaire, une réunion interministérielle, ou me demande de réunir un conseil interministériel.

f) Une fois le texte mis au point, (il est bien entendu que les stades c, d et e sont facultatifs et n'interviennent que s'il y a des difficultés), le Secrétariat général transmet le texte à la Cour suprême et, auparavant, s'il y a lieu, au Conseil économique ; il avise le ministère intéressé de cette transmission. Il appartient alors au Commissaire du Gouvernement représentant ce ministère, et au rapporteur de la Cour suprême ou du Conseil, de prendre contact et, si possible, de se mettre d'accord sur les aménagements à apporter. En cas de désaccord persistant, le commissaire du Gouvernement défendra devant l'Assemblée générale de la Cour ou du Conseil, le point de vue de son ministre et fera connaître, avec motif à l'appui, les points sur lesquels il estime devoir maintenir la position initiale.

g) L'avis du Conseil ou de la Cour sera transmis au Secrétariat général, qui le fera connaître au ministre intéressé. Celui-ci indiquera alors au Secrétariat général s'il accepte ou non les suggestions de l'assemblée consultée et, dans la négative, pour quelles raisons. En cas de difficultés, le Secrétariat général pourra convoquer à nouveau une réunion interministérielle.

h) Le texte définitif est adressé par le ministre, en 30 exemplaires, au Secrétariat général, qui le diffuse et en provoque l'inscription à l'ordre du jour d'un Conseil de cabinet, au cours duquel le projet est brièvement présenté par le ministre intéressé. Le Président prendra alors sa décision.

i) En cas d'accord du Président, le Secrétariat général se charge de recueillir sa signature, d'enregistrer le texte, et de le faire publier au *Journal officiel*.

15 – s'il s'agit d'un projet de loi, le texte et le rapport de présentation (qui prend le nom d'exposé des motifs) doivent être adressés au Secrétariat général (stade h du paragraphe précédent), en 150 exemplaires, au lieu de 30. Après adoption en Conseil de cabinet, il est déposé sur le Bureau de l'Assemblée par les soins du Secrétariat général qui présente auparavant à sa signature un décret de présentation ; ce décret désigne le ministre chargé de suivre l'affaire devant l'Assemblée.

La fixation de l'ordre du jour relève de la conférence des Présidents, où je suis représenté par un ministre ; je dispose, par ailleurs, en vertu de l'article 73 de la Constitution, du droit de demander l'inscription d'un projet par priorité à l'ordre du jour. Il vous appartient, si vous désirez que j'use de ce droit en faveur d'un projet, d'en saisir le Secrétariat général (Bureau de liaison).

Le ministre désigné doit suivre, en personne, les débats, tant en commission qu'en séance plénière. Il peut se faire assister de fonctionnaires qui prennent le titre de « Commissaires du Gouvernement » et dont les noms doivent être communiqués par moi au Président de l'Assemblée pour chaque affaire. Il est donc indispensable que vous communiquiez au Secrétariat général, au moins 3 jours avant le débat, les noms des collaborateurs dont vous désirez vous faire accompagner, afin que soient établis les documents permettant leurs accès à la salle des séances.

Au cours du débat, vous représentez le Président de la République : vous êtes donc compétent pour demander à l'Assemblée d'accepter ou de refuser les amendements et, en général pour prendre en mon nom, toutes positions conformes à la politique arrêtée par moi. En cas de doute sérieux ou de difficultés imprévues, vous m'en référerez.

---

133. La circulaire n° 102/PR.SG.CAB.L du 24 août 1965

REPUBLIQUE DU SENEGAL
Un Peuple-Un But-Une Foi
PRESIDENCE DE LA REPUBLIQUE
SECRETARIAT GENERAL

N° 102 /PR.SG.CAB-L

Dakar, le 24 août 1965

CIRCULAIRE
A MESSIEURS LES MINISTRES

Le bureau du courrier général de la Présidence de la République, avec un personnel réduit, a eu à faire face à un travail considérable que constitue, en dehors d'autres tâches, l'enregistrement et la diffusion des nombreux actes administratifs.

L'insuffisance de son effectif provoque, en dépit du temps supplémentaire consacré à ce travail une lenteur qui se manifeste surtout dans la diffusion des arrêtés, décisions et autres actes dont l'enregistrement unique est tenu par le Secrétariat général.

Il m'est apparu nécessaire, pour permettre aux départements ministériels de recevoir en temps opportun les dossiers et les ampliations des décisions dont ils sont destinataires, d'installer au Secrétariat général (bureau du courrier) un casier où chaque ministère pourra, à partir du lundi 30 août 1965 faire retirer son courrier, tous les jours entre 9 et 10 heures à l'emplacement qui lui est réservé.

J'ai l'honneur de vous demander, en conséquence, de bien vouloir me faire connaître, chacun pour son département, le nom de l'agent que vous voudrez bien désigner spécialement à cet effet.

LE SECRETAIRE GENERAL,

Abdou DIOUF

---

134. L'instruction générale n° 15 PR du 1er mars 1968 sur l'organisation du travail gouvernemental

1. L'installation du Président de la République et de l'Assemblée nationale élus le 1er décembre 1963, et l'entrée en fonctions de la nouvelle équipe ministérielle ont marqué la mise en place définitive des institutions prévues par la Constitution du 7 mars 1963 et la fin de la période transitoire.

Il m'avait paru utile, en cette occasion de vous rappeler les principes d'organisation du travail qui découlent des nouvelles institutions et les modalités pratiques qui ont été adoptées en conséquence. Ce fut l'objet de l'instruction générale n° 112 du 10 décembre 1963.

La présente instruction a pour objet de mettre à jour et de compléter l'instruction susmentionnée, à laquelle elle se substitue, compte tenu de l'expérience de quatre années de fonctionnement et de l'évolution des méthodes de coordination.

A. RAPPEL DES PRINCIPES CONSTITUTIONNELS

2. Il résulte de la Constitution que le Président de la République est le seul détenteur du pouvoir exécutif.

Toutes les décisions relevant de l'exécutif, qu'elles aient un caractère réglementaire ou individuel, ne peuvent être prises que par lui, ou sur délégation expresse.

3.En conséquence, la position du ministre est totalement différente de ce qu'elle était sous le régime parlementaire. Les ministres ne sont plus responsables devant l'Assemblée, mais devant le seul Président. Ils ne disposent d'aucun pouvoir propre, pas plus dans le domaine réglementaire que dans le domaine individuel, mais seulement des pouvoirs qui leur sont délégués par le Président.

Ces délégations leur sont consenties par décret, soit qu'un décret réglementaire portant sur un objet quelconque charge le ministre compétent de prendre par arrêté les mesures réglementaires d'exécution ou telle catégorie de mesures individuelles qu'il prévoit, soit qu'un décret particulier de délégation de pouvoir ait pour objet unique d'habiliter un ministre à prendre certaines décisions. Par ailleurs, le décret nommant le ministre et plaçant un certain nombre de services sous, son autorité comporte implicitement, mais nécessairement, délégation au ministre intéressé du pouvoir hiérarchique sur ces services : pouvoir de donner des ordres aux agents, et de prendre des mesures de pure organisation interne dans le cadre des décrets existants).

Les délégations consenties aux ministres antérieurement subsistent tant qu'elles n'ont pas été révoquées.

En cas de changement dans la répartition des attributions des ministères, la délégation suit le ministre sous la direction duquel se trouve dorénavant placé le service chargé des attributions correspondantes, quelle que soit la dénomination nouvelle de ce ministre.

Il faut enfin souligner :

a) qu'il serait inconstitutionnel de prévoir dans un projet de loi des dispositions attribuant directement compétence à un ministre pour prendre certaines décisions ;

b) que la subdélégation des pouvoirs des ministres est interdite, sauf si elle est prévue par un décret du Président. Une instruction de ce jour réglemente en détail cette question ;

c) que le Président de la République dispose en permanence du pouvoir d'évoquer une affaire de la compétence de l'exécutif et de décider en personne.

4. La disparition des pouvoirs propres des ministres concerne également la prérogative du contreseing et la collégialité des ministres. Tous les textes qui prévoyaient le rapport ou le contreseing d'un ministre déterminé ou qui exigeaient l'avis du Conseil des Ministres, sont automatiquement cadrés sur ces deux points.

Je continuerai, néanmoins, à réunir au moins une fois par semaine, l'ensemble des ministres pour discuter avec eux des projets importants et des grands problèmes de la Nation ; mais cette réunion, qui prend le nom de Conseil de Cabinet, n'est plus qu'une instance coutumière, dont la consultation est pour moi purement facultative et sans aucun effet sur la validité des actes présidentiels.

5. Si les considérations qui précèdent font apparaître une diminution des prérogatives constitutionnelles des ministres, leur rôle dans le fonctionnement concret du pouvoir exécutif n'en est pas moins considérable. Les ministres, chefs des départements administratifs, ont le double rôle de préparer les décisions du Président et de faire exécuter sa politique ; ce sont mes collaborateurs et mes adjoints les plus importants et j'ai l'intention de continuer à les associer, d'une manière constante et étroite, à la détermination et à la conduite de la politique de la Nation. Je me ferai notamment une règle de ne jamais examiner une affaire ni prendre une décision, que sur le rapport du ministre compètent, sauf en ce qui concerne les services peu nombreux qui sont du ressort exclusif du Secrétariat général de la Présidence de la République, ou en cas d'urgence tout à fait exceptionnelle.

B. COORDINATION DU TRAVAIL GOUVERNEMENTAL

6. Le principal organe de coordination des travaux du Gouvernement est le Secrétariat général de la Présidence de la République, dont l'organisation et le fonctionnement sont fixés par le décret n° 65-615 du 9 septembre 1965, complété par le décret n° 67-1065 du 21 septembre 1967, et par un décret en préparation. Le Secrétariat général a pour rôle de centraliser tous les projets et décisions émanant des ministères afin d'en assurer la signature ou la publication ; à cette occasion, il exerce en mon nom, un contrôle, tant sur la légalité des textes présentés que sur leur conformité à la politique générale que j'ai déterminée.

Cette coordination et ce contrôle exigent que le Secrétariat général détienne un quadruple monopole :

a) monopole de la présentation à ma signature : je n'accepterai en aucun cas, de signer un décret, un arrêté ou une décision quelconque qui ne me soit présentée par le Secrétaire général, qui en assurera, ensuite, l'enregistrement; il est donc inutile de me présenter des textes en dehors de cette filière;

b) monopole de la saisine de l'Assemblée nationale, de la Cour suprême et du Conseil économique et social : vous ne devez, en aucun cas, adresser directement à l'un de ces corps, un texte ou une communication quelconque;

c) monopole de l'enregistrement des décisions et de la publication au *Journal officiel*: toutes les décisions ministérielles et les documents quelconques à publier au *Journal officiel* sont préalablement examinés au Secrétariat général.

D'une manière générale, toutes les décisions doivent y être enregistrées, même si elles ne sont pas publiées au *Journal officiel*. Cette règle impérative s'applique :

- à tous les actes comportant un élément de décision, quelle que soit leur dénomination (arrêté, décision, etc.);

- à toutes les circulaires ou instructions présentant un certain caractère de généralité ou de permanence (cf. l'instruction n° 21 du 28 février 1967).

Il faut entendre par « acte comportant un élément de décision » les actes qui entrainent une modification de l'ordonnancement juridique, soit vis-à-vis des tiers, soit vis-à-vis des agents publics (exemples: octroi d'un avantage, rejet d'une requête, promotion, mutation, sanction) - par opposition aux mesures d'ordre intérieur» ne produisant aucun effet juridique et ne pouvant recevoir application qu'à l'intérieur du département ministériel concerné (exemples: affectation d'un agent au sein d'un département, instructions sur la conduite à tenir, fixation d'un horaire d'audiences ou de réunions) ou aux correspondances telles que: lettres d'attente, renseignements, avis, actes préparatoires d'une décision, etc. Il est rappelé une fois de plus que l'appellation de « note de service » doit être strictement réservée aux mesures d'ordre intérieur et n'être en aucun cas utilisée pour les actes comportant un élément de décision au sens ci-dessus indiqué, non plus que pour les circulaires présentant le caractère de généralité et de permanence visé par l'instruction n° 21 susmentionnée. Sous cette double réserve, les notes de service échappent à l'obligation de l'enregistrement au Secrétariat général ;

d) monopole de la coordination ministérielle : le Secrétariat général assure la liaison entre les différents départements, provoque et recueille les avis des départements intéressés sur les textes qui lui sont soumis, convoque et préside, le cas échéant, les réunions interministérielles nécessaires à la mise au point des décisions, provoque éventuellement mon arbitrage.

Ce dernier « monopole» n'exclut pas les conversations directes entre les fonctionnaires intéressés, voire des réunions de travail au stade de l'élaboration du texte mais dès lors que le texte proposé par le ministre principalement intéressé a été mis au point, il doit être adressé au Secrétariat général qui provoquera les réunions nécessaires.

7. Organe de contrôle de l'exécution des décisions présidentielles, le Secrétariat général dispose à cet effet de tous les moyens d'information sur la marche des services publics et, notamment, du Contrôle financier et de l'Inspection générale d'Etat. C'est donc à lui qu'il vous appartiendra d'adresser tous les comptes rendus d'exécution des décisions présidentielles et de demander le concours des moyens d'investigation dont il dispose, et, notamment, des missions de l'Inspection générale.

8. Pour assurer sa mission, le Secrétariat général dispose notamment des conseillers techniques de la Présidence de la République, spécialisés dans tous les domaines. Il importe qu'une collaboration étroite et confiante s'établisse entre les ministères, leurs cabinets et leurs services, d'une part, et ces conseillers techniques, qui sont mes collaborateurs personnels que j'ai chargés de suivre pour moi les affaires, d'autre part. Le rôle du conseiller technique est de me faire rapport sur chaque affaire, en me donnant son avis personnel : il ne doit pas se

substituer au ministère compétent dans l'élaboration des décisions, ni surtout évoquer des affaires en « court-circuitant » ce ministère. De leur côté, les ministères doivent faciliter la tâche du conseiller technique, en lui fournissant notamment toute la documentation et tous les éclaircissements voulus. Bien plus, il est du plus haut intérêt, chaque fois qu'une affaire importante se présente d'y associer le conseiller technique intéressé dès le stade de l'élaboration des projets. Vous éviterez ainsi de voir vos projets vous être retournés pour explication ou modification ; un temps précieux pourra être gagné.

9. La coordination entre les ministères est également assurée par les réunions interministérielles. Il en existe quatre catégories :

a) le Conseil de cabinet (ancien « Conseil des Ministres») est réuni par mes soins, en principe le mardi de chaque semaine, à 9 h 30. Il comprend tous les ministres ainsi que le Secrétaire général. L'ordre du jour est préparé par le Secrétaire général et arrêté par moi; il comporte, d'une part l'examen des textes les plus importants (en principe, tous les projets de loi, ainsi que les décrets réglementaires que je juge bon de discuter en Conseil) et, d'autre part, les communications du Président de la République et des ministres. Si vous désirez faire une communication au Conseil de Cabinet, il vous appartient d'en faire parvenir le texte écrit au Secrétaire général, au plus tard le jeudi à 18 heures.

b) Les Conseils interministériels permanents, dont le type est le Conseil supérieur de la Défense nationale. Ces conseils sont institués par un texte qui définit leur composition, leur compétence et leur secrétariat.

c) Les Conseils interministériels occasionnels, réunis sous ma présidence pour l'examen d'une question ou d'un texte particulier. Il m'appartient de les convoquer et de déterminer ceux des ministres appelés à y participer. La convocation précise également si vous devez venir seul ou si vous pouvez vous faire accompagner de collaborateurs. Les conseils interministériels doivent être systématiquement précédés, sauf décision contraire expresse de ma part, ou extrême urgence, d'une réunion interministérielle groupant les techniciens des départements intéressés et le cas échéant de la Présidence de la République pour préparer le travail du Conseil et mettre au point les documents (rapports, ou projets de lois ou de décrets) qui seront soumis au Conseil. Le calendrier des Conseils interministériels, diffusé chaque mois par le Secrétariat général, ou à défaut une note de service spéciale du Secrétaire général indiquera la date limite de dépôt de ces documents (en principe au moins cinq jours avant le Conseil) et l'autorité (ministère intéressé ou Secrétariat général) chargée de convoquer et de présider la réunion préparatoire, en temps utile pour que ces documents soient prêts à la date fixée. Pour les questions très importantes, très complexes, ou si la réunion préparatoire révèle des désaccords fondamentaux, le ministre principalement intéressé ou le Secrétaire général pourra éventuellement provoquer, entre cette réunion et le Conseil proprement dit, une rencontre à l'échelon des ministres concernés eux-mêmes.

Cette innovation permettra de mieux préparer les conseils interministériels, de les rendre plus efficaces, et de limiter le renvoi des questions à des groupes de travail à l'issue des conseils. Si cependant ce renvoi est décidé, la réunion du ou des groupes de travail constitués obéit aux règles fixées au paragraphe d ci-après

d) Les réunions interministérielles, qui ont lieu hors de ma présence. Ces réunions sont convoquées par le Secrétaire général sur mes instructions, de sa propre initiative ou à la demande du ministre compétent. Les ministres peuvent y assister personnellement, s'ils le désirent ; ils se feront, le plus souvent représenter par un membre de leur Cabinet ou un haut fonctionnaire de leur administration centrale. La présidence de la réunion appartient au ministre compétent s'il est présent, si non au représentant de la Présidence de la République. Cette dernière règle est également valable pour les groupes de travail constitués à la suite d'un conseil interministériel, sauf si j'en ai décidé autrement lors du Conseil.

Les ministres peuvent également convoquer de leur propre initiative des réunions de travail interministérielles : ils doivent dans ce cas en informer le Secrétaire général, qui pourra toujours s'y faire représenter. Ces réunions sont présidées par le ministre ou son représentant.

Parmi les réunions interministérielles, il faut signaler tout spécialement la réunion de coordination que le Secrétaire général préside tous les samedis et qui a pour objet de faire le point de l'état d'avancement des affaires en instance. J'insiste pour que tous les ministres soient régulièrement représentés à cette réunion très importante par leur directeur de Cabinet ou son suppléant.

J'insiste tout spécialement sur les points suivants, qui sont essentiels pour que les réunions se déroulent de manière fructueuse :

- la réunion doit être convoquée, au moins cinq jours, et si possible huit à dix jours à l'avance. Si une urgence tout à fait exceptionnelle obligeait à convoquer moins de cinq jours à l'avance, la convocation écrite doit être doublée d'un appel téléphonique à tous les ministères participants;
- chaque fois que cela est possible, la convocation doit être accompagnée des principaux documents à débattre (projets de textes, rapports, etc.). Toutefois, il n'est pas nécessaire de le faire s'il s'agit de mettre au point un texte déjà diffusé ;
- il appartient aux ministres convoqués et spécialement à leurs directeurs de cabinet, de désigner un représentant sans délai (et non au dernier moment, comme c'est trop souvent le cas) et de s'assurer que la personne désignée pourra effectivement se rendre libre. A défaut, un remplaçant devra être désigné ; mais il est inadmissible que certains départements convoqués fassent défaut. Le représentant sera en principe le fonctionnaire ou le conseiller technique spécialement chargé, pour le compte du département, de l'affaire à évoquer. Il devra être d'un niveau suffisant pour pouvoir valablement donner son accord au nom de son

ministre aux solutions dégagées, l'accord « sous réserve d'en référer au ministre » devant rester exceptionnel ;

- toute réunion interministérielle doit nécessairement aboutir à un document, qui pourra être soit une nouvelle version du projet de texte examiné (auquel cas', il y a intérêt à mentionner en haut et à droite du nouveau texte, la date de la réunion, ce qui permet par la suite de savoir immédiatement à quelle version du texte on a affaire), soit un procès-verbal ou compte rendu sommaire dégageant les principales décisions prises, soit un rapport au ministre compétent ou à moi-même faisant ressortir les points d'accord ou de désaccord et appelant mon arbitrage sur ces derniers. Ce texte sera établi et diffusé à tous les participants par les soins du département principalement intéressé ou du Secrétariat général il appartient au Président de la réunion de régler ce détail avant de lever la séance.

C. PROCÉDURE LÉGISLATIVE ET RÉGLEMENTAIRE

10. L'article 56 de la Constitution énumère les matières qui relèvent du domaine de la loi, soit intégralement (« la loi fixe les règles concernant ... ») soit partiellement (« la loi détermine les principes fondamentaux ... »). Toutes les autres matières sont du domaine réglementaire (article 65). Toutefois, le Président peut, en raison de leur importance, soumettre à l'Assemblée des projets de loi relevant normalement du domaine réglementaire. Je n'ai d'ailleurs l'intention d'user de cette faculté qu'à titre exceptionnel.

J'insiste particulièrement sur la nécessité de respecter les dispositions de l'article 56, et je vous invite à veiller tout particulièrement à ce que les projets de lois et de décrets préparés dans vos départements respectifs y soient conformes.

Cette discrimination n'est pas toujours aisée à faire; elle a déjà donné lieu, tant au Sénégal qu'en France, où elle est née, à de nombreux débats, ainsi qu'à une jurisprudence administrative et constitutionnelle fournie. Toutefois, les fonctionnaires de vos services doivent commencer à connaître les interprétations et pratiques suivies en la matière par la Cour suprême; en cas de doute, ils peuvent en référer au Secrétariat général (Conseiller juridique). En définitive, la Cour suprême tranchera lors de l'examen du texte.

11. Les compétences de la Cour suprême sont fixées par l'article 6 de l'ordonnance n° 60-17 du 3 septembre 1960, modifié par l'ordonnance n° 63-07 du 26 juin 1963. Son Assemblée générale consultative est consultée obligatoirement sur les projets de loi, ainsi que sur les projets de décret pour lesquels une disposition législative l'a prévu (ce qui est d'ailleurs assez rare). Elle peut être consultée sur les autres projets de décrets.

En pratique, et comme par le passé, j'ai l'intention de la consulter sur tous les projets de décrets règlementaires, sauf en cas d'urgence exceptionnelle.

Je rappelle que la saisine de la Cour appartient au Secrétariat général, et à lui seul; elle intervient, en principe, après que l'accord des ministères intéressés soit obtenu et que le Conseiller technique de la Présidence compétent ait visé le texte.

Le Gouvernement est représenté aux débats par le Commissaire général du Gouvernement, haut fonctionnaire du Secrétariat général et par le commissaire spécial, désigné pour chaque affaire par le ministre auteur du texte.

Le commissaire spécial du Gouvernement doit avoir pris contact avant la séance avec le rapporteur désigné par la Cour, ainsi qu'avec le commissaire général, à qui il aura rendu compte des objections et amendements présentés le rapporteur. Le Commissaire spécial a qualité pour accepter les amendements, ainsi que ceux qui seraient faits en séance, sous réserve de l'accord du commissaire général, qui doit notamment veiller à ce que les résultats de la coordination ou des arbitrages intervenus ne soient pas remis en cause, non plus que la ligne générale de la politique du Gouvernement définie par mes instructions. En séance, le commissaire général a qualité en cas de contestation, pour définir en dernier ressort la position du Gouvernement, accepter les amendements, et même retirer le texte. Il serait inadmissible qu'un commissaire du Gouvernement profitât du passage du texte à la Cour pour tenter de remettre en cause des concessions faites par son département lors de la discussion interministérielle. J'appelle par ailleurs votre attention sur le fait que si les « conseillers en service extraordinaire » qui font partie de l'Assemblée générale consultative de la Cour suprême sont choisis parmi les fonctionnaires des différents ministères, ils ne siègent pas pour représenter leur département d'origine et n'ont pas de consignes à recevoir de lui. Il serait contraire à l'esprit de cette institution de leur reprocher d'avoir pris, lors d'une séance de la Cour, une position différente de celle de l'administration à laquelle ils appartiennent : ils sont désignés comme individus, à raison de leur expérience administrative, juridique ou technique, et tout l'intérêt des avis de la cour vient de sa position indépendante.

Il est bien entendu que les avis de la Cour sur les projets de décrets ou de lois sont purement consultatifs et et ne lient pas le Gouvernement. Il vous appartiendra, dans le cas où vous jugeriez nécessaire de ne pas suivre le texte de la Cour qui vous aura été transmis par les soins du Secrétariat général, de me faire en ce sens des propositions motivées. Je vous invite, cependant, à ne pas abuser de cette faculté ; les avis de la Cour sont, en effet, destinés à éclaircir et à aider le pouvoir exécutif dans son action; le sens juridique et l'expérience administratives des membres de cette haute assemblée lui permettent de prévoir les difficultés qui peuvent naître de textes ambigus ou d'application difficile. Vous ne me proposerez de passer outre à ces avis que si vous avez de sérieuses raisons de le faire.

12. Indépendamment des projets de texte, la Cour suprême peut également fournir des avis sur toutes questions d'ordre juridique que vous me proposerez de

lui soumettre ainsi que sur les difficultés qui sont susceptibles de s'élever en matière administrative.

Ces demandes d'avis ne peuvent être adressées à la Cour que par l'intermédiaire du Secrétariat général de la Présidence de la République.

Enfin, la Cour suprême se prononce souverainement sur certains problèmes d'ordre constitutionnel : constitutionnalité des lois, caractère réglementaire des dispositions de forme législative, recevabilité des propositions de loi et des amendements, etc. Elle ne peut être saisie que par le Président de la République et statue en forme juridictionnelle. C'est à cette procédure qu'il y a lieu de recourir lorsque vous vous proposez de modifier par décret un texte de forme législative intervenu en dehors des matières énumérées par l'article 56 de la Constitution.

13. Le Conseil économique et social est organisé par l'ordonnance n° 63-08 du 4 juillet 1963, modifiée par les lois organiques n° 65-30 du 5 mars 1965 et n° 67-43 du 8 juillet 1967 (une troisième modification est en cours de discussion). Il est obligatoirement saisi pour avis des projets de lois de programme à caractère économique et social, et du plan ; il est normalement saisi, sans que la loi en fasse une obligation, des projets de lois et décret à caractère économique et social; il peut être saisi par le Président de la République ou l'Assemblée de demandes d'avis ou d'études; enfin, il peut se saisir lui-même de tout problème à incidence économique, sociale ou financière.

La saisine du Conseil économique appartient exclusivement au Secrétariat général de la Présidence de la République. Il y a intérêt à ce qu'elle intervienne avant celle de la Cour suprême, pour que les suggestions, de fond du Conseil puissent être examinées du point de vue de la légalité et de la forme par la haute juridiction.

L'article 18 de l'ordonnance prévoit que les ministres ont accès et droit de parole devant le Conseil et ses commissions; et il serait bon que vous usiez personnellement de ce droit dans les affaires les plus importantes. Dans la plupart des cas, cependant, vous serez représentés par le commissaire du Gouvernement permanent désigné au titre de votre département ou par un commissaire spécial du Gouvernement désigné dans les mêmes conditions que devant la Cour suprême.

J'attache beaucoup d'importance au bon fonctionnement de cette institution consultative. Vous me proposerez donc systématiquement sauf urgence de saisir le Conseil pour tous les projets de texte à incidence économique ou sociale; je vous demande également de me suggérer les sujets d'études ou d'enquête qui pourraient lui être confiés, et enfin de participer ou de faire participer vos collaborateurs activement aux travaux du Conseil, et de tenir le plus grand compte de ses avis dans les propositions définitives que vous m'adresserez.

14. En résumé, l'élaboration d'un projet de loi ou le décret passe par les étapes suivantes :

a) élaboration : elle concerne le ministère qui prend l'initiative du texte et qui s'y livre, comme il l'entend.

Pour les textes importants ou difficiles, il y associera officieusement les fonctionnaires des autres départements intéressés et le conseiller technique compétent de la Présidence de la République. Un groupe de travail peut être constitué à cet effet : l'expérience montre cependant qu'un groupe peut difficilement effectuer directement un travail de rédaction, et qu'il est préférable que le groupe travaille à partir d'un « avant-projet» même médiocre préparé par un individu.

b) Le texte est ensuite transmis au Secrétaire général (bureau de liaison) en 100 exemplaires (200 s'il doit être examiné par le Conseil économique). Il est accompagné d'un rapport de présentation qui doit permettre d'en apprécier l'opportunité et d'en éclairer l'économie générale.

c) Le Secrétariat général diffuse systématiquement le texte (sous réserve, bien entendu, que j'en approuve l'opportunité) à tous les ministres et conseillers techniques intéressés de la Présidence en leur impartissant un délai de réponse. Il est souhaitable qu'au moins les départements intéressés se manifestent dans les délais impartis même s'ils n'ont aucune objection;

d) en cas d'objections sérieuses d'un ministère, ou de modifications demandées par un conseiller technique de la Présidence le Secrétariat général communique ces observations au ministère d'origine auquel il appartient, toujours par le même canal de me saisir de sa réponse et d'une éventuelle demande d'arbitrage;

e) au vu de la réponse du ministre, et parfois même sans attendre cette réponse si la nécessité d'une telle réunion apparaît d'emblée le Secrétariat général peut convoquer une réunion interministérielle qui sera en général présidée par le conseiller technique intéressé de la Présidence. Si la réunion ne permet pas de dégager un accord sur tous les points, le Secrétaire général me saisira pour arbitrage.

Une fois le texte mis au point (soit que le ministère d'origine ait purement et simplement accepté les modifications demandées, soit qu'une réunion ait abouti à un nouveau texte, soit que j'aie rendu un arbitrage), et si ce texte est différent de celui initialement diffusé, il y a lieu d'en faire tenir 70 exemplaires au Bureau de liaison du Secrétariat général (170 si le Conseil économique doit être consulté). Il n'est d'ailleurs pas nécessaire de dactylographier et de reproduire à nouveau les pages non modifiées, surtout pour les textes longs. La charge d'établir le texte modifié et de le faire parvenir au Bureau de liaison appartient soit au ministère d'origine, soit au Secrétariat général, selon qu'il aura été convenu entre eux (cf. ci-dessus n° 10). Le Secrétariat général transmet alors le texte s'il y a lieu au Conseil économique; il avise le ministère intéressé de cette transmission;

g) si le Conseil économique et social a été consulté, le rapport et l'avis émis par lui sont diffusés par le Secrétariat général aux ministres intéressés, qui doivent indiquer s'ils acceptent ou non les suggestions faites par le Conseil; en cas d'avis divergents, une nouvelle réunion de coordination peut alors être convoquée. Le nouveau texte adopté en conséquence (accompagné d'un nouvel exposé des motifs ou rapport de présentation qui doit obligatoirement indiquer le sort réservé aux suggestions du Conseil est alors établi, dans les mêmes conditions qu'en f ci-dessus, et transmis au Bureau de liaison en 70 exemplaires;

h) le Bureau de liaison saisit la Cour suprême dès qu'il est en possession du texte mis au point ou si, à la suite de diffusion, aucune objection importante n'est intervenue dans le délai imparti (les phases d, e, f et g ci-dessus sont donc toujours facultatives). Il s'écoule normalement 8 à 12 jours entre la saisine de la Cour suprême et l'examen du texte par cette Assemblée (qui, sauf circonstances exceptionnelles, se réunit tous les vendredis matin). Ce délai peut être réduit à 3 ou 4 jours ou même moins si le Gouvernement demande un examen d'urgence, procédure dont il y a lieu de ne pas abuser.

La Cour suprême établit elle-même après sa séance le nouveau texte du projet et l'adresse en 50 exemplaires au Secrétariat général, accompagné d'une « note » présentant et justifiant sommairement les amendements apportés. Ces documents ne font pas l'objet d'une diffusion spéciale avant l'inscription de l'affaire à l'ordre du jour du Conseil de Cabinet; le ministre d'origine est censé, s'il ne donne pas d'indication contraire, accepter l'avis de la Cour qu'il connaît par le commissaire spécial du Gouvernement. Il peut arriver exceptionnellement, cependant, que le Secrétariat général consulte expressément le ministre, si un problème lui paraît se poser;

i) le Secrétaire général inscrit alors le texte à l'ordre du jour d'un Conseil de Cabinet (sauf urgence exceptionnelle et compte tenu des délais de reproduction et de diffusion, une affaire ne pourra être retenue, au mieux, que pour le second mardi suivant la séance de la Cour suprême). Le texte soumis au Conseil de Cabinet qui figure dans le dossier adressé à chaque ministre par le Secrétariat général, en principe le vendredi, est celui de la Cour suprême, sauf si le ministre intéressé a demandé, sur certains points, le retour au texte initial En ce cas, il doit adresser le nouveau texte en 50 exemplaires au Bureau de liaison) Au cours du Conseil, le projet est brièvement présenté par le ministre d'origine, et je prends une décision définitive après avoir provoqué les avis de tous les participants;

j) les modifications éventuelles adoptées en Conseil de Cabinet sont apportées au texte par le Secrétariat général (ou éventuellement, à la demande de celui-ci, par le ministère d'origine, si le texte est long ou très technique). S'il s'agit d'un décret, le Secrétaire général se charge de recueillir ma signature, de l'enregistrer et de le dater, et de le faire parvenir au *Journal officiel* pour publication.

S'il s'agit d'un projet de loi, le texte et le rapport de présentation (qui prend le nom d'exposé des motifs) doivent être établis en 200 exemplaires pour la transmission à l'Assemblée nationale. Ce travail est effectué soit par le Bureau de liaison soit, à la demande de ce dernier, par le ministère d'origine. Si le texte de la Cour suprême a été adopté sans modifications, il y a intérêt à utiliser pour ce tirage, les stencils établis par les services de la Cour.

15. Procédure législative. Le texte définitif du projet de loi est déposé sur le Bureau de l'Assemblée par les soins du Secrétariat général qui présente auparavant à ma signature un décret de présentation; ce décret désigne le ministre chargé de suivre l'affaire devant l'Assemblée.

La fixation de l'ordre du jour relève de la Conférence des Présidents, où je suis représenté par un ministre.

Je dispose par ailleurs, en vertu de l'article 73 de la Constitution du droit de demander l'inscription d'un projet par priorité à l'ordre du jour. Il vous appartient, si vous désirez que j'use de ce droit en faveur d'un projet, d'en saisir le Secrétariat général (Bureau de liaison).

Le ministre désigné doit suivre en personne les débats, tant en commission, qu'en séance plénière. Il peut se faire assister de fonctionnaires qui prennent le titre de « commissaires du Gouvernement ». Si ces commissaires ne doivent assister qu'aux débats des commissions, aucune formalité n'est requise; si vous entendez qu'ils vous assistent également aux séances plénières, ils doivent être nommés par une décret spécial pour chaque affaire. Il est donc indispensable que vous communiquiez au Secrétariat général, au moins 3 jours avant le débat, les noms des collaborateurs dont vous désirez vous faire accompagner, afin que ce décret soit établi et communiqué à l'Assemblée.

Au cours du débat, vous représentez le Président de la République; vous êtes donc compétent pour demander à l'Assemblée d'accepter ou de refuser les amendements et, en général, pour prendre en mon nom, toutes positions conformes à la politique arrêtée par moi. En cas de doute sérieux ou de difficultés imprévues, vous m'en référerez.

J'appelle votre attention sur la nécessité de disposer d'un collaborateur connaissant bien le règlement et les usages de l'Assemblée, afin de vous permettre d'utiliser efficacement les procédures que le règlement et la Constitution ouvrent au pouvoir exécutif, pour faire prévaloir ses vues. Vous n'hésiterez pas le cas échéant, à opposer aux amendements ou aux propositions de loi l'irrecevabilité édictée par les articles 71 (disposition ayant pour effet d'aggraver les dépenses ou de diminuer les recettes) et 72 (violation du domaine du pouvoir réglementaire) de la Constitution.

---

135. La circulaire n° 33/ PR/SG/JUR du 12 avril 1968 relative à la diffusion des observations faites sur les projets de loi ou de décret

LE MINISTRE SECRÉTAIRE GÉNÉRAL,
MM. les Ministres,
Les Conseillers techniques de la Présidence de la République,

L'instruction générale n° 15 P.R. du 1er mars 1968 stipule dans son alinéa d) que le Secrétariat général de la Présidence de la République communique au département qui a pris l'initiative d'un projet de loi ou de décret les observations présentées par les autres départements ministériels ou par les conseillers techniques de la Présidence de la République.

Cette communication se fait actuellement sous forme de photocopie, ce qui entraine des délais et des frais non négligeables. Etant donné qu'elles font toujours l'objet d'une dactylographie de la part du service d'origine, et que, conformément aux usages cette dactylographie est effectuée en 5 à 6 exemplaires, il est facile de remédier à cet inconvénient.

En conséquence, je vous serais obligé de m'envoyer à l'avenir en trois exemplaires (l'original et deux doubles) les observations que vous formulerez sur les projets de lois et les projets de décrets qui vous sont communiqués par le Secrétariat général.

Fait Dakar, le 12 avril 1968.
Daniel CABOU

---

136. L'instruction n° 11/PM/SGG/JU du 14 avril 1970 relatives aux relations du Gouvernement avec les Assemblées

REPUBLIQUE DU SENEGAL
Primature
Le Premier Ministre

N° 11 PM/SGG/JUR

LE PREMIER MINISTRE
A
MESSIEURS LES MINISTRES
LES SECRETAIRES D'ETAT

La présente instruction a pour objet de préciser les modalités des relations du Gouvernement avec les Assemblées, et plus particulièrement dans la mise en œuvre de la procédure législative. Ces modalités résultent de la combinaison de deux éléments: d'une part les principes généraux déjà énoncés au paragraphe 15 de l'instruction générale n°15/PR du 1er mars 1968 sur l'organisation du travail gouvernemental, et d'autre par l'existence au sein du Gouvernement d'un ministre particulièrement chargé des relations avec les Assemblées, en l'occurrence le Garde des Sceaux, Ministre de la Justice, chargé de cette mission par le décret n° 70-250 du 28 février 1970 portant nomination des ministres et secrétaires d'Etat.

1. RAPPEL DES PRINCIPES GENERAUX DE L'INSTRUCTION N° 15

Ces principes demeurent valables en dépit de la récente révision constitutionnelle. Cela signifie essentiellement que chaque ministre suit devant les Assemblées, c'est-à-dire devant l'Assemblée Nationale et éventuellement devant le Conseil économique et social l'étude des projets de loi qui émanent de son département, l'existence d'un membre du Gouvernement particulièrement chargé des relations avec les Assemblées n'implique en effet nullement que celui-ci doive avoir le monopole de la représentation du Gouvernement aux séances des Assemblées, et que les ministres soient désormais dispensés de venir défendre, devant elles, les textes dont ils sont responsables. Au contraire, il est évident que nul n'est mieux qualifié que le ministre auteur du texte en cause et techniquement compétent, pour apporter aux Assemblées les éclaircissements qu'elles peuvent souhaiter, et juger de la portée des amendements proposés pour décider de les accepter ou de les refuser.

Comme par le passé, la procédure restera donc la même que celle qui a été définie au paragraphe 15 de l'instruction n° 15/PR du 1er mars 1968 : le texte définitif de chaque projet de loi est déposé sur le Bureau de l'Assemblée nationale par les soins du Secrétariat général du Gouvernement (Service de liaison) accompagné d'un décret de présentation qui désignera le ministre chargé de suivre la discussion du texte en cause. Le ministre ainsi désigné devra suivre en personne les débats, tant en commission qu' en assemblée plénière.

Enfin, j'insiste sur l'importance, récemment soulignée par le Président de la République, que le Gouvernement attache aux débats du Conseil économique et social. Il est souhaitable, en conséquence, que les membres du Gouvernement assistent, en personne, à ces débats, tout au moins en séance plénière.

Ce ministre représente le Gouvernement : il est donc compétent pour demander à l'Assemblée d'adopter ou de refuser les amendements proposés (article 71 de la Constitution) et plus généralement pour adopter, au nom du Gouvernement, toute position conforme à la politique définie par le Président de la République et appliquée par le Gouvernement. C'est à lui qu'il appartient également d'utiliser, le cas échéant, les procédures qui permettent d'opposer l'irrecevabilité aux amendements ou propositions de loi, lorsque ceux-ci ont pour effet d'aggraver les dépenses ou de diminuer les recettes de l'Etat (article 71 alinéa 2 de la Constitution), ou d'empiéter sur le domaine réglementaire (article 72). Sur tous ces points, ainsi que sur la manière dont les membres du Gouvernement peuvent se faire assister aux séances de l'Assemblée nationale par les Commissaires du Gouvernement, je vous renvoie aux dispositions du paragraphe 15 de l'instruction n° 15/PR qui demeurent toujours valables.

D'une manière générale, effectivement en cas de maladie, d'absence ou d'empêchement du ministre concerné, c'est au Ministre chargé des relations avec les Assemblées qu'il appartiendra de remplacer le ministre défaillant et de représenter le Gouvernement aux séances de l'Assemblée nationale et du Conseil économique et social. Mais il ne devra en aucun cas être fait un usage abusif de cette possibilité qui ne saurait devenir une régie. Je demande au Ministre chargé des Relations avec les Assemblées de ne pas hésiter à me saisir directement des cas qui lui apparaîtraient litigieux.

2. LE ROLE DU MINISTRE CHARGE DES RELATIONS AVEC LES ASSEMBLEES

Ainsi que je viens de l'exposer, le Ministre chargé des Relations avec les Assemblées a donc vocation normale et générale à assurer le remplacement des membres du Gouvernement intéressés aux débats des Assemblées, en cas de défaillance de ces derniers mais, comme je l'ai indiqué, ce rôle n'est que secondaire et doit rester exceptionnel.

En revanche, le ministre a le rôle essentiel d'assurer, de façon régulière et étroite, des contacts confiants avec les Assemblées, et en particulier avec leurs Présidents afin que soit maintenue la collaboration constante entre les Assemblées d'une part, et le pouvoir exécutif d'autre part, et l'harmonie des rapports qu'ils doivent entretenir. A cet égard, le Ministre chargé des Relations avec les Assemblées est l'interlocuteur privilégié de celles-ci qui peuvent à tout moment s'adresser à lui, par l'intermédiaire de leur Président ou de leur bureau, pour lui faire part de leurs observations éventuelles sur les problèmes que posent les relations entre elles et le Gouvernement.

En ce qui concerne la procédure législative, le Ministre chargé des Relations avec les Assemblées a le monopole de la représentation du Gouvernement à la conférence des Présidents qui fixe l'ordre du jour de l'Assemblée nationale. C'est donc lui qui peut user du droit, prévu à l'article 73 de la Constitution, de demander, au nom du Président de la République, l'inscription par priorité, à l'ordre du jour de l'Assemblée nationale, d'un projet ou d'une proposition de loi, ou d'une déclaration de politique générale.

A cet effet, et dans le même esprit, il est l'interlocuteur unique de l'Assemblée en ce qui concerne l'organisation matérielle des débats de celle-ci. Il doit recevoir copie de toute correspondance adressée par le Service de liaison du Secrétariat général du Gouvernement à l'Assemblée nationale. Il doit contresigner les décrets de présentation des projets de loi ainsi que les décrets de convocation de l'Assemblée nationale en session extraordinaire. Il s'assurera, compte tenu du calendrier des débats arrêté par l'Assemblée, que les ministres chargés d'y assister pour suivre la discussion de telle ou telle affaire, seront effectivement disponibles et seront présents à la date prévue. En cas de modification dans le calendrier ou l'horaire des débats, c'est lui qui assurera la liaison entre l'Assemblée nationale et le ministre intéressé pour que l'accord se fasse sur une nouvelle date. Toutes ces régles sont évidemment valables également pour le Conseil économique et social.

Je demande expressément à tous les membres du Gouvernement de respecter avec bonne volonté les instructions qui précédent, et de saisir automatiquement le Ministre chargé des Relations avec les Assemblées, des problèmes qui viendraient à se poser dans les rapports qu'eux-mêmes entretiennent avec celles-ci. Il est de l'intérêt général que les Assemblées et le Gouvernement travaillent en étroite harmonie, et rien ne permettra mieux de parvenir à ce but que la centralisation entre les mains d'un même ministre des problèmes posés par ce travail en commun. Je voulais que votre attention fût appelée sur l'importance que j'attache au rôle ainsi dévolu au Ministre chargé des Relations avec les Assemblées et qui est l'une des conditions de l'efficacité du travail gouvernemental.

Dakar, le 14 avril 1970

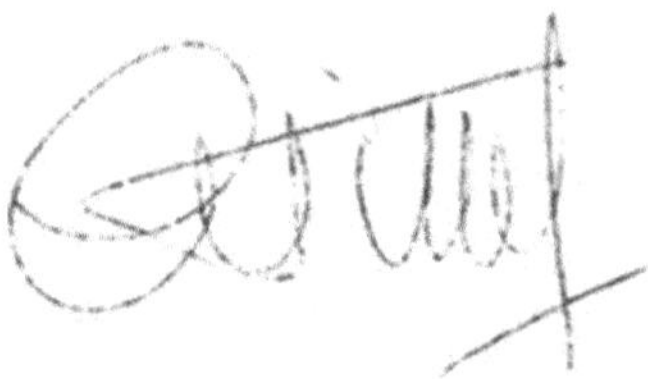

Abdou DIOUF

137. La circulaire du Secrétaire général du Gouvernement n° 14/ PM/SGG/SL du 24 mars 1971 relative au nombre d'exemplaires des avis sur les projets législatifs et réglementaires

REPUBLIQUE DU SENEGAL
PRIMATURE
Secrétariat général du Gouvernement

N° 14/PM.SGG.SL

Dakar, le 24 mars 1971

LE PREMIER MINISTRE
A
Messieurs les Ministres
Messieurs les Secrétaires d'Etat
Monsieur le Secrétaire général de la Présidence de la République

Objet : Nombre d'exemplaires des avis sur les projets législatifs et règlementaires .

Il m'a été donné de constater que de nombreux départements ministériels continuent à m'adresser les observations qu'ils formulent sur les projets législatifs et règlementaires en un seul exemplaire.

Je vous rappelle qu'une telle pratique est de nature, non seulement à occasionner des dépenses en photocopies qu'on aurait pu éviter, mais encore à retarder l'acheminement du courrier notamment en cas de panne des machines à photocopier.

C'est pourquoi je vous serais obligé de bien vouloir donner des instructions à tous les échelons de vos services pour qu'à l'avenir les observations que vous serez amenés à formuler sur les projets de textes me soient transmises en trois exemplaires au moins.

Babacar DLALLO

138. La circulaire n° 12 PM/SGG/SL du 25 janvier 1972 relative à la diffusion des arrêtés et décisions ministérielles

REPUBLIQUE DU SENEGAL
PRIMATURE
Secrétariat général du Gouvernement

N°12 /PM.SGG.SL

Dakar, le 25 janvier 1972

LE SECRETAIRE GENERAL DU GOUVERNEMENT
A
Messieurs les Ministres,
Messieurs les Secrétaires d'Etat

Objet : Diffusion des arrêtés et décisions ministérielles

Référence : Circulaire n° 102/PR.SG.CAB-L du 24 août 1965

Il a été porté à ma connaissance que certains départements ministériels ne se conforment pas aux prescriptions de la circulaire n° 102/PR.SG.CAB-L du 24 août 1965.

C'est pourquoi il m'est apparu nécessaire de vous en transmettre une copie, en attirant votre attention sur la nécessité d'en faire observer les prescriptions par vos agents, afin de vous permettre de recevoir en temps opportun les dossiers déposés pour enregistrement au Secrétariat général du Gouvernement.

Alioune DIAGNE

139. La circulaire n° 0027/PM/SGG/SL du 25 février 1972 relative au nombre d'exemplaires des projets législatifs ou réglementaires à faire parvenir à la Primature pour adoption

REPUBLIQUE DU SENEGAL
PRIMATURE
Secrétariat général du Gouvernement

N° 0027/PM.SGG.SL

Dakar, le 25 février 1972

LE SECRETAIRE GENERAL DU GOUVERNEMENT
A
Messieurs les Ministres
Messieurs les Secrétaires d'Etat
Monsieur le Secrétaire général de la Présidence de la République

Objet : Nombre d'exemplaires des projets législatifs ou règlementaires à faire parvenir à la Primature pour adoption

Il m'a été signalé que certains départements ministériels ne se conforment pas toujours aux instructions antérieures relatives au nombre d'exemplaires des projets de texte à me faire parvenir pour introduction dans le circuit.

C'est pourquoi il m'a paru utile de vous les rappeler dans la présente circulaire que je vous demanderais de diffuser dans tous vos services.

En ce qui concerne les projets de décret il faudra me faire parvenir en 120 exemplaires complets c'est-à-dire 120 exemplaires du projet et 120 exemplaires du rapport et 60 exemplaires supplémentaires du rapport de présentation seulement.

En ce qui concerne les projets de loi, il faudra procéder de la même manière que pour les projets de décret. Mais en plus, il faudra me faire parvenir le projet adopté en Conseil de Cabinet en 180 exemplaires pour la saisine de l'Assemblée nationale.

Alioune DIAGNE

140. La circulaire n° 00010 PM/SGG/SL du 17 février 1975 sur le circuit des textes législatifs et réglementaires

REPUBLIQUE DU SENEGAL
PRIMATURE
Secrétariat général du Gouvernement

N° 00010 PM/SGG/SL

Dakar, le 17 février 1975

LE PREMIER MINISTRE
A
Messieurs les Ministres
Messieurs les Secrétaires d'Etat,
Messieurs les Délégués généraux

Objet : Circuit des textes législatifs et règlementaires.

Il m'a été donné de constater que les instructions présidentielles relatives à la procédure d'adoption des textes, notamment, en ce qui concerne les délais, sont perdues de vue.

C'est ainsi que des textes soumis à l'avis des départements ministériels restent quelquefois plusieurs mois dans le circuit avant de parvenir au Conseil de Cabinet, ceci constitue un énorme goulot d'étranglement.

Aussi ai-je décidé de faire appliquer rigoureusement les instructions sus-citées que je vous rappelle ci-après.

Les ministères disposent d'un délai maximum de 15 jours pour formuler leurs observations sur les textes législatifs et règlementaires qui leur sont transmis pour avis. Passé ce délai les départements qui n'auront pas répondu sont considérés comme n'ayant pas d'objection à présenter. De même les ministères maîtres d'œuvre ont 15 jours au maximum pour répondre aux observations qui leur sont transmises par le Secrétariat général du Gouvernement. Passé ce délai sans réponse de leur part les propositions de modifications formulées par les autres ministères sont considérées comme acceptées par eux. Le dossier passera l'étape suivante de la procédure : la mise au point pour la transmission à la Cour suprême.

Je vous demande de veiller personnellement au respect scrupuleux de ces dispositions dont le rappel figure parmi les décisions issues des Conseils de Cabinet sur le goulot d'étranglement.

ABDOU DIOUF

141. La circulaire n° 10/PR du 5 avril 1989 relative à la procédure d'adoption des textes

REPUBLIQUE DU SENEGAL

Un Peuple- Un But-Une Foi

PRESIDENCE LA REPUBLIQUE

N° 10/PR

Dakar le 15 avril 1989

CIRCULAIRE

LE PRESIDENT DE LA REPUBLIQUE

A Mesdames et Messieurs les Ministres

Objet : Procédure d'adoption des textes

Je voudrais vous rappeler ci-après certaines règles de procédure concernant l'adoption des textes réglementaires que je souhaiterais voir respectées sans faiblesse.

1.- Tout texte règlementaire doit être introduit dans le circuit de la concertation interministérielle. En cas d'urgence, le nombre des destinataires du projet peut être réduit, mais dans les cas où le texte peut avoir une incidence financière, si minime soit-elle, il doit toujours être soumis au Ministère de l'Economie et des Finances. Ce dernier doit donc en permanence prendre ses dispositions pour être en mesure de formuler rapidement ses observations. Toujours en cas d'urgence, le délai de consultation peut être également réduit à quelques jours. Mais aucun texte réglementaire ne devrait être inscrit à l'ordre du jour du Conseil des Ministres sans avoir été l'objet d'un minimum de concertation interministérielle. Les ministères maîtres d'œuvre sont invités à organiser le travail de telle manière que, lorsque l'élaboration d'un texte est sujette à des contraintes de calendrier, quelle qu'en soit la nature (session de l'Assemblée nationale, engagement pris vis-à-vis de certains bailleurs de fonds, etc.), les projets soient prêts suffisamment à temps pour que la concertation interministérielle ait lieu.

2.- Tout texte réglementaire doit, à l'issue de la concertation interministérielle, être mis au point au Secrétariat général de la Présidence de la République, Cette procédure, qui vise à garantir la correction juridique des projets et leur cohérence avec l'activité administrative d' ensemble, doit être respectée dans tous les cas. Le Secrétaire du Conseil des Ministres ne doit donc envoyer à la Cour Suprême ou inscrire à l'ordre du jour du Conseil des Ministres que des textes revêtus du visa attestant de leur mise au point.

Il veillera également à ce que les dossiers adressés au Secrétariat général en vue de la mise au point du texte soient complets et comprennent en particulier les réponses aux observations de tous les ministères qui en ont formulés et les procès-verbaux des organismes consultatifs qui ont eu à connaître du projet (Conseil économique et social, Commission nationale des ressources humaines, Conseil consultatif national du travail et de la Sécurité sociale).

En outre lorsqu'une consultation, sans être obligatoire, a été effectuée auprès des milieux directement concernés par un projet par exemple tel ou tel organisme professionnel ou que ceux-ci ont spontanément adressé leurs observations au Gouvernement, il est indispensable que les documents qui en résultent soient joints au dossier, accompagnés de la réponse du maître d'œuvre. J'encourage au passage, les ministères à pratiquer dans toute la mesure du possible ces concertations en dehors de l'administration. Elles ne peuvent qu'enrichir le point de vue du Gouvernement lors de la mise au point du texte.

L'examen des projets de texte réglementaire par la Cour suprême (Assemblée générale consultative) sans être obligatoire, doit avoir lieu dans toute la mesure du possible. Il est donc souhaitable que les départements maîtres d'œuvre soumis aux contraintes citées ci-dessus en tiennent compte dans leurs calendriers prévisionnels et qu'ils soient préparés à fournir à l'Assemblée consultative toutes explications utiles sur les projets. Les commissaires du Gouvernement doivent être choisis en conséquence.

ABDOU DIOUF

142. La circulaire n° 16/ PM/CAB/JUR du 13 novembre 1991 relative aux relations du Gouvernement avec l'Assemblée nationale

REPUBLIQUE DU SENEGAL

Primature

Le Premier Ministre

N° 16 PM/CAB/JUR

Dakar, le 13 novembre 1991

CIRCULAIRE

A

Mesdames et Messieurs les Ministres,

La présente circulaire a pour objet de vous rappeler les termes de l'instruction n° 11/PM/SGG/JUR du 14 avril 1970, relatives aux relations du Gouvernement avec les Assemblées que je vous demande de lire avec attention.

En effet, la lecture du compte rendu des débats parlementaires a révélé que les députés ne disposaient pas toujours, en temps utile, d'informations complètes leur permettant de porter une appréciation objective sur les projets de loi soumis à leur examen.

Pour éviter, à l'avenir, tout malentendu de nature à altérer la bonne collaboration féconde qui doit exister entre le Gouvernement et l'Assemblée nationale dont tous les membres appartiennent à la majorité présidentielle élargie ce qui n'exclut, certes, pas les débats enrichissants au sein de l'institution parlementaire, je vous demande instamment de veiller à toujours donner aux députés une information précise, complète et sincère permettant à ces représentants de la Nation d'appréhender lucidement et objectivement les difficultés auxquelles répondent les projets de loi qui leur sont soumis.

J'insiste pour que les instructions contenues dans la présente circulaire dont vous voudrez bien m'accuser réception, soient rigoureusement observées.

Habib THIAM

143. La circulaire n° 00003 PM/SGG/SP09 février 1996 relative à la préparation de l'ordre du jour de la prochaine session parlementaire

REPUBLIQUE DU SENEGAL

Primature

N° 00003 PM/SGG/SP

Dakar, le 09 février 1996

LE PREMIER MINISTRE

CIRCULAIRE

Messieurs les Ministres d'Etat,

Mesdames et Messieurs les Ministres,

Madame et Messieurs les Ministres Délégués

Objet : Préparation de l'ordre du jour de la prochaine session parlementaire

Il a été constaté que la préparation des projets de lois se fait trop souvent sous la contrainte de l'urgence.

Dans certains cas, l'urgence peut être justifiée par des facteurs extérieurs. Mais il arrive parfois qu'elle résulte d'un manque d'anticipation du ministère maître d'œuvre.

Ainsi, un projet de loi qui n'était pas urgent quelques mois auparavant, le devient soudainement à l'approche de la session parlementaire.

La qualité des textes s'en ressent, car il est alors nécessaire de sauter les étapes normales de la procédure de préparation des textes : circuit interministériel, Conseil d'Etat, voire Conseil des Ministres.

Cette pratique n'est pas de bonne administration.

C'est pourquoi il convient de se préparer dès maintenant à la prochaine session parlementaire.

Je demande à chacun d'entre vous d 'établir une liste de projets de loi qu'il envisage de soumettre à l'Assemblée nationale et de communiquer celle-ci au Secrétaire général du Gouvernement dans un délai de quinze jours.

Cette liste devra classer les projets de loi par ordre de priorité et indiquer, pour chacun d'eux, l'état d'avancement de la procédure.

Il reste entendu que cette liste revêt un caractère indicatif. Elle pourra être adaptée si les circonstances le justifient

Cet effort de planification devrait nous conduire naturellement à mieux programmer, et donc à mieux respecter les échéances à venir.

Par ailleurs, sur la base des listes prévisionnelles, le Secrétaire général du Gouvernement établira un tableau récapitulatif qui permettra d'avoir une vision globale de l'ordre du jour de la prochaine session parlementaire et,le cas échéant, de définir des priorités.

Cette méthode de travail, si elle fait la preuve de son efficacité, pourra être reconduite à l'avenir puisqu'aussi bien, comme le dit une formule célèbre, «gouverner c'est prévoir ».

J'attache du prix à l'exécution diligente de mes instructions.

gente de mes instructio

Habib THIAM

---

144. La circulaire n° 004 du 21 mars 1997 relative à la procédure d'élaboration des textes au sein de chaque ministère

REPUBLIQUE DU SENEGAL
PRIMATURE

N° 004

Dakar, le 21 mars 1997

Objet : Procédure d'élaboration des textes au sein de chaque ministère

Il est apparu à l'expérience que la procédure d'élaboration des textes au sein des ministères pouvait être améliorée.

Il appartient en effet à chaque ministre, lorsqu'il initie un projet de loi ou un projet de décret, d'organiser trois types de concertation, préalablement à la transmission du projet au Secrétaire général du Gouvernement.

1).- En premier lieu, une concertation interne doit être mise en œuvre au sein même du ministère, tant entre les différentes directions qu'entre le Cabinet et les services.

Cela est particulièrement vrai pour les grands ministères dans lesquels il convient de recueillir l'avis de toutes les directions ou directions générales intéressées. La version définitive du texte doit refléter la position de l'ensemble du ministère, et non du seul service qui en est l'auteur.

D'ailleurs, cette procédure de coordination interne est également indispensable lorsqu'un ministère est consulté pour avis sur un texte émanant d'un autre département ministériel. On constate trop souvent qu'un ministre, qui n'avait formulé aucune objection lorsque le texte lui avait été transmis pour avis, présente finalement des observations en réunion interministérielle, voire en Conseil des Ministres.

De même, le représentant d'un ministère au sein d'une réunion organisée à la Primature ne doit pas défendre une position personnelle. Il doit être dûment mandaté pour défendre la position de son ministre qui constitue, par voie de conséquence, celle de l'ensemble du ministère.

La première concertation est donc interne au ministère.

2).- En second lieu une concertation horizontale doit être organisée en tant que de besoin avec les autres ministères intéressés.

Il n'est pas nécessaire à cet égard d'attendre que le Secrétariat général du Gouvernement engage la procédure de circulation interministérielle. Avant même de saisir la Primature chaque ministère peut et doit prendre l'attache des principaux ministères concernés afin de recueillir leur point de vue.

Pour donner un exemple, il convient de saisir le Ministre de l'Économie, des Finances et du Plan chaque fois qu'un texte a des incidences financières.

Une telle consultation peut revêtir plusieurs formes : contacts informels entre les services, transmission officielle du projet de texte par courrier du Ministre, ou encore organisation d'une réunion à l'initiative du ministère maître d'œuvre. J'appelle sur ce point votre attention sur la nécessité de prévoir des délais afin que les textes ne s'attardent pas trop dans les ministères consultés.

Cette deuxième concertation, entre les ministères, permettra, de régler un grand nombre de questions en amont et, ainsi, de ne traiter au stade de la Primature que les questions de principe.

En troisième et dernier lieu une concertation extérieure, avec les futurs utilisateurs du texte est indispensable. De nos jours, la plupart des projets de loi, de décret voire d'arrêté, ont des incidences sur les milieux socio-économiques.

Il est donc nécessaire de consulter les intéressés en saisissant leurs organisations syndicales ou leurs ordres professionnels.

Cette concertation relève de la responsabilité de chaque ministère, et doit être organisée avant la transmission du texte à la Primature.

Il est de la responsabilité de chacun d'entre vous de participer à la bonne gouvernance en veillant à la qualité dos textes qui émanent de vos départements ministériels respectifs.

Avant transmission au Secrétaire général du Gouvernement accompagné de la fiche technique annexée à la présente circulaire dûment remplie tout projet de texte devra avoir fait l'objet de trois concertations :

- une concertation interne au ministère ;
- une concertation horizontale avec les principaux ministères intéressés ;
- enfin, une concertation extérieure avec les milieux socio-économiques concernés.

L'inobservation de cette disposition entraine le rejet dudit projet et son retour au Ministère maître d'œuvre pour l'accomplissement des formalités susmentionnées.

J'attache une importance particulière a l'exécution correcte de cette circulaire.

République du Sénégal – Le Premier Ministre – PRIMATURE

HABIB THIAM

Note	la procédure d'élaboration du présent projet de loi ou de décret	
1.	Concertation interne au ministère	
Dates	Conclusions	Observations
2.	Concertation horizontale avec les autres ministères	
Dates	Conclusions	Observations
3.	Concertation extérieure avec les milieux socio-économiques	
Dates	Conclusions	Observations
4.	Consultation obligatoire du Ministère de l'Économie, des Finances et du Plan sur l'incidence financière du projet de loi ou de décret.	
Dates	Conclusions	Observations
5.	Transmission du projet de loi et de décret au Secrétaire général du Gouvernement	
Dates	Références de transmission	Titre du projet de loi ou de décret

145. La circulaire n° 001/PM SGG/SP du 03 mars 1999

REPUBLIQUE DU SENEGAL
Un Peuple-Un But-Une Foi
Primature
Secrétariat général du Gouvernement

N° 001 PM/SGG/SP

CIRCULAIRE
Messieurs les Ministres d'État ;
Mesdames et Messieurs les Ministres ;
Mesdames et Messieurs les Ministres Délégués

Le Conseil des Ministres a entendu, en sa séance du 16 février 1999, une importante communication de Monsieur le Président de la République axée sur les points ci-après :

- rappel de la philosophie qui a présidé à la création du Sénat ; indication des grandes phases de la nouvelle procédure législative ;
- invite à une vigilance redoublée relativement aux règles d'organisation du travail gouvernemental.

Par la présente circulaire, je voudrais vous rappeler et préciser ces différents points, en vous demandant de les faire partager à l'ensemble de vos collaborateurs pour une pleine conscience de l'importance de cette seconde Assemblée que notre pays vient de se doter.

1.- D'une façon générale, le Sénat doit être la chambre du pluralisme et de la diversité, mais il n'en reste pas moins, que sa création s'inscrit dans un souci d'équilibre des pouvoirs et dans le cadre d'une philosophie de poids et de contrepoids, chère à Montesquieu. Dans cet esprit, cette seconde chambre devra exprimer, à côté de l'Assemblée nationale, d'autres choix et d'autres préoccupations.

C'est ainsi que le Sénat s'inscrit dans le prolongement de la décentralisation. Après avoir donné aux régions, aux communes et aux communautés rurales de nouvelles attributions au niveau local, il était naturel de leur permettre de participer, au niveau national, à l'exercice du pouvoir législatif. Dans le même esprit, les sénateurs représentant les Sénégalais de l'extérieur pourront s'exprimer, au sein du Sénat, au nom de nos compatriotes vivant à l'étranger.

Sans être exhaustif il importe, enfin, de relever qu'un autre intérêt de la création du Sénat réside dans l'amélioration des textes législatifs. L'examen des lois par deux assemblées successives constituera une garantie supplémentaire de leur qualité, tant sur la forme, en ce qui concerne la rédaction, que sur le fond, pour l'approfondissement de la réflexion.

Pour toutes ces raisons, je voudrais vous inviter à faire preuve de la plus grande disponibilité vis à vis du Sénat, comme cela a toujours été le cas vis à vis de l'Assemblée nationale.

2.- S'agissant de la nouvelle procédure législative, il convient de rappeler qu'en vertu de l'article 60 de la Constitution, les projets ou propositions de lois doivent toujours être examinés en premier lieu par l'Assemblée nationale ; ils sont ensuite transmis au Sénat par le Président de la République après leur adoption par la première Assemblée.

Si le Sénat adopte un texte identique à celui de l'Assemblée nationale, la procédure s'arrête à ce stade : la loi peut être promulguée.

Si le Sénat apporte des modifications au texte, l'Assemblée nationale est alors saisie pour statuer définitivement ; en seconde et dernière lecture. En cas de désaccord, il n'y a donc pas de commission mixte paritaire : c'est l'Assemblée nationale qui a le dernier mot.

Cela dit, je vous demande de tenir le plus grand compte du vote des sénateurs et de favoriser, dans toute la mesure du possible, des solutions de consensus entre les deux chambres. A ce titre, il faut souligner que la discussion devant l'Assemblée nationale, en deuxième lecture, a lieu sur la base du texte adopté par le Sénat, et non pas sur celle du texte initialement présenté par le Gouvernement. Cette règle montre toute l'importance qui est accordée aux amendements adoptés par le Sénat.

Enfin, il faut rappeler qu'un délai de vingt jours est imparti au Sénat pour se prononcer, ce délai pouvant être réduit à sept jours en cas d'urgence. Si le Sénat n'a pu se prononcer dans ces délais, l'Assemblée nationale se prononce définitivement. Je souhaite que cette hypothèse soit exceptionnelle et, à cet effet, je demande à chacun d'entre vous et en particulier au Ministre délégué chargé des Relations avec les Assemblées, d'être particulièrement attentifs au respect de ces débats.

3.- D'une façon générale, dans le cadre de cette nouvelle procédure, je vous demande de faire preuve d'une vigilance renouvelée par le respect des règles d'organisation du travail gouvernemental et en particulier :

- de respecter la concertation ministérielle et le passage devant le Conseil d'État, avant la saisine du Conseil des Ministres ;
- de procéder à toutes les consultations nécessaires, et notamment, de saisir plus fréquemment le Conseil économique et social sur les grands projets de lois à caractère économique et social ;
- de toujours passer par l'intermédiaire du Secrétaire général du Gouvernement pour transmettre un texte aux assemblées : en aucun cas, les ministres ne peuvent saisir directement les assemblées, puisque cette

prérogative appartient constitutionnellement au seul Président de la République.

En contrepartie, je demande au Secrétaire général du Gouvernement de veiller à la rapidité des transmissions entre les deux assemblées et de prendre en charge la duplication des textes destinés au Parlement ;

Enfin, je vous invite fermement à programmer suffisamment à l'avance

Le passage des projets de lois devant les assemblées.

J'insiste sur ce dernier point. Eu égard aux concertations nécessaires, il faut compter un délai minimum de deux à trois mois entre le moment où vous transmettez un texte au Secrétaire général du Gouvernement et celui où il peut être présenté au Parlement.

A ce délai, il conviendra désormais d'ajouter celui de l'adoption du texte par les assemblées. Cette phase parlementaire, avec deux chambres, pourra prendre, selon les cas, un à deux mois.

C'est dire, pour prendre un exemple, que les textes que vous souhaiteriez voir adopter vers le mois de juillet doivent, en principe, être transmis au Secrétaire général du Gouvernement au mois de février. Ainsi, je vous demande de faire constamment le point avec vos services sur les textes en cours d'élaboration pour une transmission à bonne date au Secrétariat général du Gouvernement, des projets de lois destinés aux différentes sessions du Parlement.

De même, il deviendra impératif de déposer le projet de loi de finances sur le bureau de l'Assemblée nationale au plus tard le 15 octobre de chaque année, conformément à la Constitution. Le Ministre de l'Économie, des Finances et du Plan prendra, à cet effet, les dispositions nécessaires.

Au total, la création du Sénat va donc supposer, de la part de chacun d'entre vous, une plus grande attention aux différentes phases de la procédure d'adoption des projets de loi.

J'attache du prix à l'exécution diligente de la présente circulaire.

Mamadou Lamine LOUM

146. La circulaire n° 004/PM SGG/SP du 07 avril 1999 sur les procédures de transmission des textes entre les Assemblées et le Gouvernement et d'adoption des lois par le Parlement

REPUBLIQUE DU SENEGAL
Un Peuple-Un But-Une Foi
Primature
Secrétaire général du Gouvernement

N° 004/PM/SGG/SP

Dakar, le 07 avril 1999

CIRCULAIRE
A
Messieurs les Ministres d'État ;
Mesdames et Messieurs les Ministres ;
Madame et Messieurs les Ministres délégués

Objet : Procédures de transmission des textes entre les Assemblées et le Gouvernement et d'adoption des lois par le Parlement

La loi constitutionnelle n° 98-11 du 2 mars 1998 instaure le bicaméralisme au Sénégal avec un Parlement qui comprend deux Chambres : l'Assemblée nationale et le Sénat. Le Parlement détient le pouvoir de voter des lois.

Par conséquent, il convient de définir de nouvelles procédures de transmission des textes au deux Assemblées et d'adoption des lois.

1. INITIATIVE DES LOIS

L'initiative des lois appartient concurremment au Président de la République (projet de loi), aux Députés et aux Sénateurs (proposition de loi).

1.1.- Projet de loi : saisine du Président de l'Assemblée nationale par le Président de la République (lettre et décret de présentation) ;

12.- proposition de loi émanant des députés : proposition adressée au Président de l'Assemblée nationale par le député ; saisine du Président de la République pour avis par le Président de l'Assemblée nationale ;

1.3.- proposition de loi émanant des sénateurs : proposition adressée au Président du Sénat par le sénateur ; saisine du Président de la République pour avis par le Président du Sénat ; puis le Président du Sénat transmet la proposition, accompagnée de l'avis du Président de la République au Président de l'Assemblée nationale pour examen par celle-ci en première lecture.

2. ASSEMBLEE NATIONALE (première lecture)

2.1.- projet de loi : en cas d'adoption, transmission du texte par le Président de l'Assemblée nationale au Président de la République ; puis le Président transmet au Président du Sénat le texte voté par l'Assemblée nationale ;

2.2.- proposition de loi : en cas d'adoption, transmission par le Président de l'Assemblée nationale au Président du Sénat ; le Président de l'Assemblée nationale avise le Président de la République de cette transmission.

3. SENAT

3.1.- En cas d'adoption d'un texte identique à celui voté par l'Assemblée nationale

Le Président du Sénat transmet le texte au Président de la République aux

fins de promulgation. Il avise le Président de l'Assemblée nationale de cette transmission.

3.2.- En cas d'adoption d'un texte avec modifications

3.2.1.- Projet de loi : le Président du Sénat transmet au Président de la République le texte adopté par le Sénat ; puis le Président de la République transmet ce texte au Président de l'Assemblée nationale pour examen en seconde lecture ;

3.2.2. proposition de loi : Le Président du Sénat transmet au Président de l'Assemblée nationale le texte adopté par le Sénat ; il en avise le Président de la République.

3.3.- En cas de rejet de l'ensemble du texte

3.3.1.- Projet de loi : Le Président du Sénat en avise le Président de la République ; le Président de la République transmet au Président de l'Assemblée nationale le texte que celle-ci avait précédemment adopté.

3.3.2.- Proposition de loi : Le Président du Sénat en avise le Président de l'Assemblée nationale, pour examen en deuxième lecture, et le Président de la République, pour information.

3.4.- Si le Sénat ne s'est pas prononcé dans les délais constitutionnels.

3.4.1.- Projet de loi : le Président de la République transmet au Président de l'Assemblée nationale le texte que celle-ci avait précédemment adopté.

3.4.2.- Proposition de loi : l'Assemblée nationale est saisie de plein droit en vue d'une seconde lecture.

4. ASSEMBLEE NATIONALE (seconde lecture)

4.1.- La discussion a lieu :

4.1.2.- En cas d'adoption par le Sénat d'un texte modifié : sur le texte adopté par le Sénat ; la discussion des articles est limitée à ceux pour lesquels les deux assemblées n'ont pu parvenir à un texte identique ;

4.1.2.- En cas de rejet de l'ensemble du texte par le Sénat, ou si le Sénat ne s'est pas prononcé dans les délais constitutionnels ; l'Assemblée nationale délibère sur le texte qu'elle avait précédemment adopté.

4.2.- Après adoption en seconde lecture :

Le Président de l'Assemblée nationale transmet la loi au Président de la République aux fins de promulgation. Il avise le Président du Sénat de cette transmission.

Pour ce qui concerne le Gouvernement, les modalités de transmission des textes à l'Assemblée nationale et au Sénat doivent être scrupuleusement respectées.

J'attache une importance particulière à l'exécution diligente de la présente circulaire.

Mamadou Lamine LOUM

---

147. La circulaire n° 006/PM SGG du 16 mai 2000 sur la procédure d'élaboration, d'enregistrement et de publication des projets de loi et de décret

REPUBLIQUE DU SENEGAL
Un Peuple-Un But-Une Foi

N° 006 PM/SGG

Dakar, le 16 mai 2000

CIRCULAIRE
Le Premier Ministre
Mesdames et Messieurs les Ministres ;
Messieurs les Ministres Délégués

Objet : Procédure d'élaboration, d'enregistrement et de publication des projets de loi et de décret

Je voudrais vous rappeler par la présente circulaire, les différents points de ma communication en Conseil des Ministres du 20 avril 2000, sur la procédure d'élaboration des projets de loi et de décret.

1. Élaboration : le ministère qui prend l'initiative d'un texte de loi ou de décret prépare un projet avec les services compétents de son département. Il est impératif d'assurer une large concertation avec toutes les structures du ministère et avec les partenaires sociaux concernés.

2. Circuit d'adoption : le projet de loi ou de décret est ensuite transmis au Secrétariat général du Gouvernement par le ministère maître d'œuvre en

cinquante exemplaires. Les projets doivent être accompagnés d'un exposé des motifs (s'agissant de projets de loi) et d'un rapport de présentation (pour ce qui concerne les projets de décret). Les exposés de motifs et les rapports de présentation doivent permettre d'apprécier l'opportunité des projets en préparation et de dégager l'économie générale.

3. Le Secrétaire général du Gouvernement après avoir requis le visa du Premier Ministre, procède à la diffusion des projets de texte à tous les ministres et aux corps de contrôle, avec un délai de réponse de 15 jours. Il est souhaitable que les observations des ministères parviennent au Secrétariat général du Gouvernement dans les délais impartis, même en cas d'absence d'observation particulière.

Lesdites observations sont transmises suivant bordereau d'envoi par le Secrétariat général du Gouvernement au ministère maître d'œuvre.

Le ministère maître d'œuvre fait tenir au Secrétaire général du Gouvernement les réponses aux observations des ministères accompagnées d'une nouvelle version du projet de texte. Le dossier relatif au projet de texte diffusé est transmis, pour avis, au Conseiller juridique du Président de la République. En cas d'objection sérieuse d'un ministère ou de modifications proposées, le Secrétaire général du Gouvernement, en relation avec le Conseiller juridique du Président de la République convoque un comité technique chargé d'examiner les points de désaccord. En cas de difficulté majeure, le Secrétaire général du Gouvernement et le Conseiller juridique du Président de la République saisissent pour arbitrage, respectivement, le Premier Ministre et le Président de la République.

A cette étape, le Gouvernement peut décider de la saisine du Conseil économique et Social. Le Secrétaire général du Gouvernement est chargé de transmettre la lettre de saisine et les exemplaires des projets de texte au Conseil économique et social. Une copie de la lettre de transmission est adressée au Ministre chargé des Relations avec les Institutions et au ministre maître d'œuvre.

En cas de saisine du Conseil économique et social, les observations de cette institution sont transmises au ministère initiateur qui donne son avis. En cas de désaccord avec l'avis du Conseil économique et social, le Secrétaire général du Gouvernement convoque, si nécessaire, une réunion de concertation pour la mise au point définitive du projet de texte.

Une fois le projet de texte mis au point, le ministère maître d'œuvre transmet soixante-cinq exemplaires dudit projet au Secrétaire général du Gouvernement. Le Secrétaire général du Gouvernement saisit le Président du Conseil d'Etat en désignant le Commissaire du Gouvernement chargé de défendre le projet de texte au niveau de l'Assemblée générale consultative du Conseil d'Etat.

Le Conseil d'Etat examine le projet de texte et émet un avis favorable ou défavorable à son adoption. Il fait tenir au Secrétaire général du Gouvernement une note accompagnée du nouveau projet de texte.

Le ministère maître d'œuvre transmet la version définitive du projet de texte en tenant compte des observations du Conseil d'Etat au Secrétariat général du Gouvernement en cinquante exemplaires pour son inscription à l'examen du Conseil des Ministres. Le Conseil des Ministres adopte ou renvoie le projet de texte soumis à son ordre du jour.

S'il s'agit d'un projet de décret, le Secrétaire général du Gouvernement soumet ledit projet à la signature du Président de la République et au contreseing du Premier Ministre, après adoption en Conseil des Ministres.

S'il s'agit d'un projet de loi, après adoption par le Conseil des Ministres, l'Assemblée nationale est saisie pour examen et adoption du projet de loi. Deux cents exemplaires du projet accompagnés de la lettre de saisine signée par le Président de la République et le décret de présentation sont transmis au Président de l'Assemblée nationale par le Secrétaire général du Gouvernement. Une copie de la lettre de saisine accompagnée du décret de présentation est adressée au Ministre chargé des Relations avec les Institutions.

Après adoption du projet de loi par l'Assemblée nationale, le projet est transmis en cent exemplaires au Sénat par les soins du Secrétariat général du Gouvernement.

S'il s'agit d'une loi organique, le Conseil constitutionnel est obligatoirement saisi par lettre du Président de la République, pour examen de conformité.

Pour ce qui concerne, les lois ordinaires, après adoption par le Sénat, le Secrétariat général du Gouvernement assure la promulgation et la publication des lois au *Journal officiel.*

S'agissant des lois organiques, il est procédé à la promulgation après la décision du Conseil constitutionnel.

La procédure d'élaboration des projets de lois appelle les remarques suivantes :

Il est impératif de respecter un délai de deux mois entre la transmission d'un projet de texte au Secrétariat général du Gouvernement et son inscription à l'ordre du jour du Conseil des Ministres. Sauf urgence dûment justifiée, aucune dérogation ne sera accordée à cette règle.

En outrer s'agissant des projets de lois, il faut tenir compte des délais d'adoption par le Parlement. En principe, un projet de loi doit être adopté en Conseil des Ministres au moins deux mois avant la date de clôture d'une session du Parlement.

Certains projets de loi prévoient, dans leurs dispositions, des décrets d'application. Il est donc nécessaire de veiller à ce que les projets de décret d'application soient transmis au Secrétariat général du Gouvernement en même temps que les projets de loi.

Il y a lieu aussi de respecter la concertation avec tous les partenaires :

- entre les différents services du ministère initiateur du projet de texte;
- entre le ministère initiateur et les autres départements ministériels ;
- entre l'Administration et les partenaires sociaux.

Enfin, il est utile de saisir fréquemment le Conseil économique et social sur les grands projets de loi à caractère économique et social.

République du Sénégal
Le Premier Ministre
PRIMATURE

Moustapha NIASSE

---

148. La circulaire n° 008/PM/SGG/SGA du 12 juin 2001 relative à la procédure d'élaboration et d'enregistrement des projets de loi et de décret

REPUBLIQUE DU SENEGAL
Un Peuple-Un But-Une Foi
Primature

N° 0068 PM/SGG.SGA

Dakar, le 12 juin 2001

CIRCULAIRE
Relative à la procédure d'élaboration et d'enregistrement des projets de loi et de décret
Le Premier Ministre
A
Mesdames et Messieurs les Ministres ;
Messieurs les Ministres Délégués

La présente circulaire a pour objet de vous rappeler les différents points de ma communication en Conseil des Ministres du 31 mai 2001 relative à la procédure d'élaboration, d'enregistrement et de publication des projets de loi et de décret.

1. Élaboration : le ministère qui prend l'initiative d'un texte de loi ou de décret prépare un projet avec les services compétents de son département. Il est impératif d'assurer une large concertation avec toutes les structures du ministère et avec les partenaires sociaux concernés.

2. Circuit d'adoption : le projet de loi ou de décret est ensuite transmis au Secrétariat général du Gouvernement par le ministère maître d'œuvre en cinquante exemplaires. Lesdits projets doivent être accompagnés d'un exposé des motifs (s'agissant de projets de loi) et d'un rapport de présentation (pour ce qui concerne les projets de décret). Les exposés des motifs et les rapports de présentation doivent permettre d'apprécier l'opportunité des projets en préparation et d'en dégager l'économie générale.

Le Secrétaire général du Gouvernement après avoir requis le visa du Premier Ministre, procède à la diffusion des projets de texte à tous les ministres et aux différents corps de contrôle, avec un délai de réponse de 15 jours. Il est souhaitable que les observations des ministères parviennent au Secrétariat général du Gouvernement dans les délais impartis en cas d'absence d'observation particulière. Il convient d'accuser réception du texte et de préciser cet état de fait.

Le ministère maître d'œuvre fait tenir au Secrétaire général du Gouvernement le projet de texte éventuellement corrigé tenant compte des observations reçues. Le dossier relatif au projet de texte diffusé est transmis, pour avis, par le secrétaire général du Gouvernement, au Conseiller juridique du Président de la République. En cas d'objection sérieuse d'un ministère ou de modifications proposées, le Secrétaire général du Gouvernement peut convoquer un comité technique chargé d'examiner les points de désaccord et le cas échéant, il est demandé l'arbitrage du Premier Ministre et au besoin celui du Président de la République.

Une fois le projet de texte mis au point, le ministère maître d'œuvre le transmet en soixante-cinq exemplaires au Secrétaire général du Gouvernement. Ce dernier saisit le Président du Conseil d'Etat en désignant le Commissaire du Gouvernement chargé de défendre le projet de texte au niveau de l'Assemblée générale consultative du Conseil d'Etat.

Le Conseil d'Etat examine le projet de texte et émet un avis favorable ou défavorable à son adoption. Il fait tenir au Secrétaire général du Gouvernement une note accompagnée du nouveau projet de texte.

Le ministère maître d'œuvre transmet la version définitive du projet de texte au Secrétariat général du Gouvernement en cinquante exemplaires pour son inscription à l'examen du Conseil des Ministres. Le Conseil des Ministres adopte ou renvoie le projet de texte soumis à son ordre du jour.

S'il s'agit d'un projet de décret, le Secrétaire général du Gouvernement le soumet à la signature du Président de la République et au contreseing du Premier Ministre, après adoption en Conseil des Ministres.

S'il s'agit d'un projet de loi, après adoption par le Conseil des Ministres, l'Assemblée nationale est saisie pour examen et vote. Deux cents exemplaires du projet accompagnés de la lettre de saisine signée par le Président de la République et le décret de présentation sont transmis au Président de l'Assemblée nationale par le Secrétaire général du Gouvernement. Une copie de cette lettre de saisine accompagnée du décret de présentation est adressée au Ministre chargé des Relations avec les Assemblées.

S'il s'agit d'une loi organique, le conseil constitutionnel est obligatoirement saisi par lettre du Président de la République, pour examen de conformité.

La procédure d'élaboration des projets de lois appelle les remarques suivantes :

Il est impératif de respecter un délai de deux mois entre la transmission d'un projet de texte au Secrétariat général du Gouvernement et son inscription à l'ordre du jour du Conseil des Ministres. Sauf urgence dûment justifiée, aucune dérogation ne sera accordée à cette règle. En outre, s'agissant des projets de lois, il faut tenir compte des délais d'adoption par l'Assemblée nationale. En principe, un projet de loi doit être adopté en Conseil des Ministres au moins deux mois avant la date de clôture d'une session de l'Assemblée nationale.

Certains projets de loi prévoient, dans leurs dispositions, des décrets d'application. Il est donc souhaitable de veiller à ce que les projets de décret d'application soient transmis au secrétariat général du Gouvernement en même temps que les projets de lois.

Dakar, le

République du Sénégal – Primature – Premier Ministre

Madior BOYE

2. Les consultations obligatoires

Notes

149. Des consultations préalables. Il arrive que le rédacteur du texte soit amené à consulter divers organismes dits consultatifs. Les consultations préalables s'insèrent dans la procédure d'édiction des textes[87]. La procédure consultative est un aspect de la procédure administrative non contentieuse[88].

La consultation est obligatoire lorsque l'auteur d'un acte est tenu avant son édiction de solliciter l'avis d'une autre autorité ou d'un organe spécialement créé à cet effet. Cette obligation de consultation d'un organisme ne peut résulter que d'un texte (loi ou décret) qui doit être édicté par l'autorité compétente[89].

En règle générale, la consultation obligatoire donne lieu à l'émission d'un avis consultatif. L'avis est consultatif ou simple lorsque l'auteur du texte n'est pas tenu de le suivre. La plupart des consultations obligatoires prévues par les textes sont assorties d'avis consultatifs.

150. La diversité des consultations obligatoires. Au Sénégal, le législateur a prévu plusieurs cas dans lesquels les rédacteurs des textes sont tenus de consulter des organismes au cours de la procédure d'élaboration des textes. Les organismes consultés sont de nature très diverse.

Il s'agit notamment d'organismes mis en place ayant pour mission de réaliser des études sur les problèmes concernant des catégories professionnelles ou des organismes publics. On peut citer notamment le Conseil supérieur de la Fonction publique[90], le Comité consultatif du secteur parapublic[91], le Conseil consultatif national du travail et de la sécurité sociale[92], le Comité technique consultatif national pour l'étude des questions intéressant l'hygiène et la sécurité des travailleurs[93], la Commission

[87] J.C. GAUTRON et M. ROUGEVIN-BAVILLE, *Droit public du Sénégal*, Paris, éditions A. Pédone, 1977, p. 168.

[88] M. HEINIS, « La procédure consultative dans la jurisprudence administrative », *Gaz. pal.*, mars 1996, p. 25.

[89] J.C. GAUTRON et M. ROUGEVIN-BAVILLE, *op. cit.*, p. 165.

[90] V. le décret n° 84-1046 du 18 septembre 1984 fixant la composition, les attributions, l'organisation et le fonctionnement du Conseil supérieur de la Fonction publique

[91] V. le décret n° 94-862 du 22 août 1994 portant organisation du Comité consultatif du Secteur para public (JORS du 29 octobre 1994, p. 481)

[92] V. le décret n°61 152 MFPT-DTSS du 29 novembre 1961 fixant les conditions d'organisation et de fonctionnement du Conseil consultatif national du travail et de la sécurité sociale, de sa commission permanente et de ses deux sous-commissions

[93] V. le décret n° 69-137 du 12 février 1969 fixe les règles d'organisation et de fonctionnement du Comité technique consultatif national pour l'étude des questions intéressant l'hygiène et la sécurité des travailleurs

d'évaluation des agences d'exécution[94] et le Bureau Organisation et Méthodes (BOM)[95].

Déjà, la circulaire du 1er octobre 1960 énonce que la création, au sein du Secrétariat général, du Bureau Organisation et Méthodes, conduit à mettre fin aux interventions de sociétés et cabinets privés de gestion et d'organisation. En effet, le Bureau Organisation et Méthodes est, habilité à entreprendre toutes les études de réorganisation des administrations publiques et des établissements publics afin de permettre cet organisme de remplir parfaitement sa tâche.

La circulaire n°18/PM/MMT du 21 juillet 1993 relative à l'avis de la Délégation au Management public rappelait déjà que l'ancienne Délégation au Management Public (devenue Bureau Organisation et Méthodes) devait «être consultée par les départements ministériels sur tout projet de modification ou de création de structures administratives ».

A la suite de la « résurrection » du BOM, qui a lui-même remplacé la Délégation à la Réforme de l'Etat et à l'Assistance technique (DREAT), la règle de la consultation obligatoire du BOM a été énoncée par le décret n° 2016-300 du 29 février 2016 portant création et fixant les règles d'organisation et de fonctionnement du Bureau Organisation et Méthodes. En vertu de l'article 3, alinéa 2 de ce texte, le BOM « est saisi, pour avis, par les départements ministériels, dans l'élaboration des textes relatifs à la création, à l'organisation et à la modification de leurs structures ».

L'article 2 du décret n° 2017-314 du 15 février 2017 fixant les règles de création et d'organisation des structures de l'Administration centrale des ministères conforte cette règle. Ce texte dispose, en effet, que « la création ou la modification des structures administratives se fait dans le cadre des décrets relatifs à l'organisation des départements ministériels, après avis du Bureau Organisation et Méthodes (BOM) ».

Une circulaire présidentielle n° 0328 PR du 12 mai 2016 prévoit que toute initiative relative à la fourniture, l'importation, et l'utilisation des clefs de chiffrement, à la sécurité des systèmes d'information ainsi qu'à la cyber sécurité est soumise à la Commission nationale de Cryptologie.

151. Le régime des consultations obligatoires. La circulaire n° 00001 PM/SGG/SGA/PAT du 15 janvier 2018 a rappelé la portée qui s'attache à l'obligation de recueillir l'avis des organismes consultatifs prévus à cet effet par les lois et règlements.

D'après cette circulaire, en règle générale, la consultation obligatoire donne lieu à l'émission d'un avis facultatif, c'est-à-dire un avis qui ne lie pas le rédacteur du texte.

---

[94] V. le décret n° 2010-1811 en date du 31 décembre 2010, la Commission d'évaluation des agences d'exécution (CEAE)

[95] V. le décret n° 2016-300 du 29 février 2016 portant création et fixant les règles d'organisation et de fonctionnement du Bureau Organisation et Méthodes (JORS n° 6933 du samedi 07 mai 2016).

Par exemple, la consultation du Conseil supérieur de la Fonction publique sur toute question intéressant les fonctionnaires, notamment sur les projets de statuts particuliers des divers cadres de fonctionnaires est une consultation obligatoire avec avis consultatif (art. 18 de la loi n°61-33 du 15 juin 1961 relative au statut général des fonctionnaires, modifiée).

La consultation obligatoire peut être suivie d'un avis conforme. Il s'agit d'un avis émis par un organisme consultatif qui oblige l'autorité consultante à s'y conformer ou à renoncer à son projet normatif. Seule une disposition législative ou réglementaire, conçue en termes précis, peut établir l'exigence d'un avis conforme.

La consultation du Ministère chargé des Finances, lorsque le texte comporte des dispositions d'ordre législatif ou règlementaire entraînant des charges nouvelles ou des pertes de ressources, donne lieu à un avis conforme (art. 4 de la loi organique n° 2020-07 du 26 février 2020 relative aux lois de finances).

La circulaire n° 00001 PM/SGG/SGA/PAT du 15 janvier 2018 insiste sur la portée des consultations obligatoires. En effet, ces consultations ne constituent pas de simples contraintes procédurales sans aucune portée juridique. La Cour suprême du Sénégal a déjà jugé que l'obligation de solliciter un avis constitue une formalité substantielle dont l'omission entache la légalité du texte normatif, s'il s'agit d'un texte réglementaire[96].

152. L'encadrement de la création et du fonctionnement des organismes consultatifs. Certaines circulaires primatorales ont encadré les modalités de création et fonctionnement des organismes consultatifs. Déjà, par une circulaire n° 50 PM/BOM du 09 septembre 1980 relative à la multiplication des organismes de consultation dans l'Administration, le Premier Ministre, constatant la tendance à la création des organismes et structures consultatifs dans les départements ministériels, a demandé au Bureau Organisation et Méthodes (BOM) de faire « une étude de rationalisation des organismes de consultation de l'administration », pour revoir leur nombre et de réaménager leurs modalités de fonctionnement. Un rapport du BOM n° 04/81 publié en février 1981 a fixé les modalités de création et de fonctionnement des organismes consultatifs rappelées par la circulaire n° 62 PM/SGG/BV du 25 septembre 1982 relatives aux modalités de création et de fonctionnement d'un organisme consultatif.

---

[96] V. notamment, CS 23 juillet 1975, Souleymane SIDIBE et Amicale des administrateurs civils du Sénégal, *GDJAS*, tome I, 1984, obs. J. M. NZOUANKEU, p. 95 et s ; *Annales africaines* 1975, p. 184 et s. ; CS ch. adm. n° 06/2014 du 13 février 2014, Jonas BADJI c/ Etat du Sénégal, *inédit*.

153. La circulaire du 1er octobre 1960

REPUBLIQUE DU SENEGAL
PRESIDENCE DE LA REPUBLIQUE

Dakar, le 1er octobre 1960

CIRCULAIRE
Messieurs les Ministres
Messieurs les Gouverneurs
Messieurs les Directeurs d'établissements publics

La création, au sein du Secrétariat général, du Bureau Organisation et Méthodes conduit à mettre fin aux interventions de sociétés et cabinets privés de gestion et d'organisation.

Le Bureau Organisation et Méthodes est, en effet, habilité à entreprendre toutes les études de réorganisation des administrations publiques et des établissements publics afin de permettre à cet organisme de remplir parfaitement sa tâche ; j'ai adressé au Fonds spécial des Nations Unies une requête pour que nous puissions disposer pendant 3 ans de quatre experts des Nations Unies qui pourront, entreprendre de nombreuses études et assurer simultanément la formation de spécialistes Sénégalais.

Dans ces conditions, le recours à des bureaux privés d'organisation n'est plus nécessaire.

Dans certains cas exceptionnels, toutefois, il pourrait apparaître nécessaire de faire appel à des sociétés privées. Mais pour être éventuellement approuvé par le Ministre des Finances, tout recours à un bureau privé devrait préalablement et obligatoirement avoir fait l'objet d'un avis du Secrétariat général (Bureau Organisation et Méthodes) ; et l'intervention d'une société privée organisation serait rigoureusement contrôlée par le Bureau Organisation et Méthodes.

Le Président de la Commission des Contrats administratifs veillera tout particulièrement à l'application de cette décision.

Cette instruction s'applique à l'ensemble de l'administration publique centrale et territoriale, et tous les établissements publics.

Léopold Sédar SENGHOR

154. La circulaire n° 00140 PM/SP du 11 janvier 1972

REPUBLIQUE DU SENEGAL
PRIMATURE

N° 00140/PM/SP

Dakar, le 11 janvier 1972

Le PREMIER MINISTRE
A Messieurs les Ministres
Les Secrétaires d'État
Les Directeurs d'établissements publics

A la suite de différentes informations qui me sont récemment parvenues, il me paraît nécessaire de rappeler la nature du rôle et des fonctions ainsi que le caractère des interventions du Bureau Organisation et Méthodes.

1.- Le Bureau Organisation et Méthodes est un service rattaché au Secrétariat général de la Présidence de la République. Il relève donc, à travers le Secrétaire général de la Présidence, du Chef de l'Etat lui-même.

Cependant, le Bureau Organisation et Méthodes est à la disposition du Premier Ministre.

2.- Le Bureau Organisation et Méthodes n'a et n'a jamais eu qu'un rôle consultatif et fonctionnel. Ceci veut dire que s'il entreprend des études et formule des recommandations, il n'est investi d'aucun pouvoir de décision.

Le Bureau Organisation et Méthodes a d'ailleurs toujours scrupuleusement veillé à ne pas sortir de ce rôle consultatif.

Le Chef de l'État et moi-même lisons et avons toujours lu personnellement en détail et avec la plus grande attention chaque étude réalisée par le Bureau Organisation et Méthodes. Je m'en entretiens ensuite avec le ou les ministres et secrétaires d'États concernés.

Les décisions de réformes et réorganisation sont donc prises par les instances gouvernementales les plus élevées : le Chef de l'État, le Premier Ministre et le Gouvernement.

3.- Les interventions du Bureau Organisation et Méthodes ont un caractère exclusivement technique ne pouvant par conséquent, en aucun cas, inclure des considérations d'ordre politique, des questions d'intérêt ou de personne.

Le Bureau Organisation et Méthodes m'a saisi, à trois reprises, du cas d'études qui risquaient de comporter de tels facteurs, en me demandant que le soin d'effectuer ces études lui soit retiré, ce que j'ai effectivement décidé soit en annulant l'ordre d'exécuter l'étude soit en modifiant les termes de référence.

Il n'en reste pas moins que certaines propositions et recommandations apparaissent techniquement les meilleures ne le sont plus forcément dès lors qu'on introduit certains facteurs politiques.

C'est précisément le rôle du Gouvernement et en particulier, celui du Chef de l'Etat et du Premier Ministre de prendre des décisions en tenant compte de ces facteurs politiques.

Pour ce qui concerne les questions d'intérêt ou de personne, le Bureau Organisation et Méthodes a des instructions formelles de ne pas en tenir compte et n'en a d'ailleurs jamais tenu compte. C'est ainsi qu'il n'a jamais formulé de recommandation concernant la nomination, la démission ou la mutation d'un fonctionnaire ou agent de l'Etat ou d'un établissement public.

En revanche, le Bureau Organisation et Méthodes est chargé de déterminer, à l'intérieur d'études de structures, les volumes de travail réels des directions et services. Il a suivant, les cas, conclu aussi bien à une insuffisance qu'à une pléthore des effectifs.

Par conséquent, dans les termes de références d'une étude confiée au Bureau Organisation et Méthodes il ne peut être question de faire figurer des objectifs concernant la situation personnelle d'un agent ou employé de l'Etat ou d'un établissement public, ou encore de donner instruction de faire figurer le transfert d'un service et des crédits correspondants d'un département ministériel à un autre département ministériel. Plus précisément la définition d'une mission qu'elle soit verbale ou écrite ne saurait viser à influencer le jugement des agents du Bureau Organisation et Méthodes, dans le but de provoquer de leur part des conclusions ne correspondant à celles auxquelles aurait abouti une analyse objective.

Si cela se produisait, je serais obligé, ainsi que le Bureau Organisation et Méthodes me l'a déjà demandé, de modifier ces termes de références.

4.- Les documents d'études rédigés par le Bureau Organisation et Méthodes ont tous un caractère « CONFIDENTIEL ».

Leur diffusion est limitée, soigneusement contrôlée, et obéit à des règles précises fixées par le Secrétaire général de la Présidence de la République par décisions du 30 juillet 1969 et du 10 mars 1970.

Je vous demande donc de prêter la plus grande attention à la diffusion des exemplaires qui vous sont remis et, en tout état de cause, de ne jamais remettre tout ou partie d'un exemplaire à une tierce personne ou organisation extérieure à votre département ministériel ou à votre établissement public.

Les termes de l'instruction générale interministérielle n° 14/PR/SG du 25 septembre 1965 sont, en l'occurrence, applicables.

5.- Enfin, je voudrais vous rappeler que chaque intervention du BOM procède d'un plan de travail établi jusqu'au 31 mai 1974 qui a reçu mon approbation, après que chaque Ministre concerné ait donné son accord.

Toute mission du Bureau Organisation et Méthodes correspond donc à une décision du Chef de l'Etat ou de moi-même.

Je vous recommande donc de veiller, pour ce qui vous concerne, que toutes facilités continuent d'être accordées au Bureau Organisation et Méthodes pour l'organisation de sa mission, ainsi que cela a toujours été le cas jusqu'ici, à en croire le Bureau Organisation et Méthodes.

Mais je voudrais surtout vous demander de contrôler que les recommandations formulées par le Bureau Organisation et Méthodes ne fassent pas l'objet, durant la période de consultations préalables aux décisions du Chef de l'Etat ou de moi-même, de polémiques aussi discourtoises que contraires aux règles administratives. Je vous engage vivement à rappeler de manière expresse à vos collaborateurs qu'en aucun cas, les agents du Bureau Organisation et Méthodes ne sauraient être pris à partie pendant ou à la suite de l'accomplissement des missions que le Gouvernement leur confie. Une divergence d'opinions ou de vues, parfaitement compréhensible et acceptable, ne peut avoir quelque valeur d'argumentation que si elle reste conforme aux traditions d'objectivité et de courtoisie de notre administration publique.

6.- Un texte définissant avec précision les attributions et missions du Bureau Organisation et Méthodes est en cours d'élaboration, je vous le transmettrai, dans sa rédaction finale.

Le Président de la République et moi-même attachons une extrême importance au contenu de cette circulaire, et je vous prie de bien vouloir en porter les termes à la connaissance de vos Directeurs et Chefs de service.

Abdou DIOUF

155. La circulaire n° 50 PM/BOM du 09 septembre 1980 relative à la multiplication des organismes de consultation dans l'Administration

REPUBLIQUE DU SENEGAL

PRIMATURE

N° 50 PM/BOM

Dakar, le 09 septembre 1980

LE PREMIER MINISTRE
Madame et Messieurs les Ministres,
Madame et Messieurs les Secrétaires d'Etat,
Monsieur le Secrétaire général de la Présidence de la République,
Monsieur le Secrétaire général du Gouvernement

Objet : Multiplication des organismes de consultation dans l'Administration

La création de structures de consultation composées de représentants de divers services administratifs est devenue une pratique courante dans l'Administration sénégalaise.

Ces organismes (commissions, comités, conseils, etc.) se sont, depuis lors, multipliés au point que l'efficacité de l'action administrative s'en ressent.

Or, ces structures, non seulement, n'améliorent pas toujours la prisede décision, mais alourdissent les procédures administratives et occupent une part importante du temps de travail des hauts fonctionnaires au détriment d'autres tâches.

Ainsi, j'ai chargé le BOM de faire une étude sur la question en vue de :

- réduire le nombre de ces organismes, d'une part, et de leurs membres, d'autre part ;
- revoir les modalités de fonctionnement de ces organismes afin d 'en améliorer l'efficacité au travail.

Aussi, je vous demande de transmettre au BOM., dans les meilleurs délais et, au plus tard le 30 septembre 1980 :

- la liste complète dos organismes de consultation dont votre département assure la présidence, en précisant la date de création et les références des textes les instituant ;
- les procès-verbaux des trois dernières réunions de ces organismes.

Abdou DIOUF

---

156. La circulaire n° 62 PM/SGG/BV du 25 septembre 1982 relative aux modalités de création et de fonctionnement d'un organisme consultatif

REPUBLIQUE DU SENEGAL
PRIMATURE

N° 62 PM/SGG/BV

Dakar, le 25 novembre 1982

LE PREMIER MINISTRE
Madame et Messieurs les Ministres
Madame et Messieurs les Secrétaires d'État

Objet : Modalités de création et de fonctionnement d'un organisme de consultation

Le rapport du Bureau Organisation et Méthodes n° 4/81 intitulée « étude de rationalisation des organismes de consultation de l'Administration » approuvé par le Président de la République et largement diffusé, résume ainsi les problèmes posés par ces types d'organismes.

1 . Leur multiplicité dont la conséquence est l'augmentation de la charge de travail des hauts fonctionnaires au détriment de la gestion de leurs tâches traditionnelles ;

2. la définition imprécise de leur objet. D'où des pertes de temps énormes avant de trouver un accord sur l'objet, l'orientation du travail et d'aboutir à des conclusions ;

3. la programmation irrationnelle des travaux et la répartition inéquitable des tâches entre leurs membres ;

4. le relâchement rapide de la discipline. D'où de nombreux retards et absences ;

5. la composition non judicieuse du groupe de travail avec des présences inutiles ;

6. l'administration défectueuse du groupe de travail, avec un président pas toujours apte et un secrétariat déficient dans son fonctionnement ;

7. les lacunes dans la continuité du fait des longs délais de réaction de l'autorité de décision, une fois qu'elle a été saisie des conclusions du groupe de travail.

C'est pour résoudre ces problèmes que je vous demande de respecter, dorénavant scrupuleusement les règles suivantes relatives aux modalités de création et de fonctionnement d'un organisme de consultation.

NOUVELLES INSTRUCTIONS ISSUES DES RECOMMANDATIONS APPROUVEES DU RAPPORT N° 4/81/BOM DE FEVRIER 1981

1. Le recours à une action de groupe doit être écarté toutes les fois que la question à examiner nécessite la collecte, l'analyse et l'interprétation d'une masse d'informations. Dans ce cas, l'autorité de décision doit désigner un chef de projet qui fait les consultations nécessaires.

Après cela et seulement si c'est nécessaire, un groupe de travail peut être constitué pour examiner les conclusions du chef de projet. De plus, les ministères doivent s'assurer de pouvoir libérer leurs représentants durant toute la durée des travaux.

2. La création d'organismes de consultation à l'issue d'un conseil interministériel sera désormais exceptionnelle. Toutes les fois que la décision à prendre n'est pas évidente, l'une des solutions suivantes sera adoptée :

- renvoi de la question à un autre conseil interministériel ;
- tenue d'une réunion à l'échelon des ministres concernés eux-mêmes ;
- nomination d'un chef de projet lorsque la question est complexe et mérite un approfondissement.

3. La nature de l'acte de création de l'organisme de consultation doit obéir à la règle suivante :

- les actes réglementaires (décrets, arrêtés) pour les organismes de consultation à caractère permanent et participant à l'exercice d'une fonction permanente ;
- les lettres primatorales et ministérielles pour les organismes à caractère temporaire dits groupes de travail.

4. Afin d'assurer l'efficacité des travaux, il convient désormais de limiter le nombre de participants. La liste des participants comprendra deux parties :

- la première partie : les membres de droit, dont la présence doit être permanente ;
- la deuxième partie : les membres invités dont la présence est jugée utile occasionnellement.

Habib THIAM

---

157. La circulaire n°18/PM/MMT du 21 juillet 1993 relative à l'avis de la Délégation au Management public

REPUBLIQUE DU SENEGAL
PRIMATURE

N°18/PM/MMT
Dakar, le 21 juillet 1993

LE PREMIER MINISTRE
A Messieurs les Ministres d'Etat,
Mesdames, Messieurs les Ministres

Objet : Circuit des textes réglementaires portant organisation, création ou modification de structures administratives

De plus en plus, et sous des prétextes divers, des textes relatifs à l'organisation des administrations sont soumis à la signature du Président de la République ou signés par les ministres sans études suffisantes et sans recueillir les accords interministériels nécessaires. Il n'est que temps de revenir à des procédures plus rigoureuses d'examen des textes d'organisation, afin de renforcer les garanties de cohérences et de cohésion de l'action gouvernementale.

Je vous invite, dans ces conditions, lorsque vous serez amenés à réaménager les structures de vos départements respectifs, à faire appel à la Délégation au Management Public à laquelle j'ai donné instruction de se mettre à votre disposition et qui, conformément au décret n°92-658 du 15 avril 1992, « doit être consultée par les départements ministériels sur tout projet de modification ou de création de structures administratives ».

Outre l'objectif d'une meilleure coordination, les consultations ainsi requises ne peuvent au demeurant qu'engendrer des gains non négligeables en termes de délais d'approbation finale des actes réglementaires ciblés.

Aussi, et quelle que soit l'urgence des projets de texte, m'importe-t-il d'attirer l'attention sur les responsabilités qui incomberaient à tout département ministériel initiateurs quant à d'éventuels retards dans l'approbation, si la consultation requise n'a pas été respectée.

Au regard des considérations qui précèdent, j'ai donné instruction au Secrétaire général du Gouvernement de transmettre au Ministre chargé de la Modernisation, pour avis préalable de la Délégation au Management public, tout projet de décret ou d'arrêté relatif à l'organisation, la création ou la modification des structures des administrations.

Habib THIAM

---

158. La circulaire présidentielle n° 0328 PR du 12 mai 2016

REPUBLIQUE DU SENEGAL
Un Peuple-Un But-Une foi
Le Président de la République

N° 0328 PR
Dakar, 12 mai 2016

Monsieur le Premier Ministre,
Mesdames et Messieurs les Ministres,
Madame et Messieurs les Ministres Délégués,
Messieurs les Secrétaires d'Etat

Il m'a été donné de constater que différentes initiatives sont prises au sein de l'Administration dans le domaine de la sécurité des systèmes d'information et de la cybersécurité.

Or, c'est la Commission Nationale de Cryptologie (loi n° 2008-41 du 20 août 2008) que j'ai instituée, et qui est rattachée au Secrétariat général de la Présidence de la République, qui est le cadre le plus approprié pour traiter de ces questions liées à la sécurité de l'État.

En effet, le fonctionnement de l'État dépend de manière croissante des réseaux de communication. Cependant une attaque réussie contre ces réseaux, peut entraîner des conséquences graves dans les secteurs d'importance vitale (eau, énergie, finances, transports, télécommunications, etc.).

Pour faire face à ces menaces, il importe que l'État renforce de manière significative ses capacités nationales en matière de sécurité des systèmes d'information.

C'est dans ce cadre qu'un document intitulé « Politique de Sécurité des Systèmes d'information de l'État du Sénégal (PSSI-ES) » a été élaboré et sera soumis, pour validation, à la Commission nationale de Cryptologie.

Je demande donc, que toute action ou initiative relative à la Cryptologie, particulièrement la fourniture, l'importation et l'utilisation des clefs de chiffrement, ainsi qu'à la Sécurité des systèmes d'information et à la cybersécurité, soit soumise à la Commission nationale de Cryptologie dont la présidence est assurée par le Ministre, Secrétaire général de la Présidence de la République.

J'attache du prix au respect scrupuleux des prescriptions de la présente circulaire.

Le Président de la République
Macky SALL

159. La circulaire n° 00001 PM/SGG/SGA/PAT du 15 janvier 2018 relative au respect de l'obligation de recueillir l'avis des organismes consultatifs

REPUBLIQUE DU SENEGAL
Un Peuple-Un But-Une foi
PRIMATURE

000001 PM/SGG/SGA /PAT

Dakar, le 15 janvier 2018

CIRCULAIRE
Le Premier Ministre
A
Mesdames et messieurs les Ministres,
Mesdames et messieurs les Ministres délégués

Objet : Respect de l'obligation de recueillir l'avis des organismes consultatifs

A l'occasion du contrôle de l'activité normative du Gouvernement, il m'a été donné de constater que certains ministères initiateurs de projets de texte ne se conforment pas toujours à leur obligation de recueillir l'avis des organismes consultatifs prévus à cet effet. D'autres départements ministériels consultent très tardivement lesdits organismes au cours du processus normatif. Cette situation préoccupante, qui a pour effet de vicier la procédure d'élaboration des textes, impacte négativement la gouvernance normative.

La présente circulaire a pour objet de rappeler la nécessité du respect de l'obligation de recueillir l'avis des organismes consultatifs prévus à cet effet par les lois et règlements.

Une consultation est obligatoire lorsque le rédacteur du texte normatif est tenu, après sa conception, de solliciter l'avis d'une entité ou d'un organe spécialement créé à cet effet. Cette obligation de consultation préalable doit tirer son fondement d'un texte normatif (loi ou décret). Une circulaire non réglementaire ne saurait, dès lors, prévoir une consultation obligatoire.

Plusieurs textes ont institué des organismes consultatifs. Il s'agit notamment du Ministère chargé des Finances, du Conseil supérieur de la Fonction publique, du Comité consultatif du Secteur parapublic, du Conseil consultatif national du Travail et de la Sécurité sociale, du Comité national des Hydrocarbures, de la

Commission d'Evaluation des agences d'exécution et du Bureau Organisation et Méthodes.

La consultation, qui est une forme d'aide à la décision, doit intervenir dès que le ministère maître d'œuvre aura stabilisé la rédaction du texte et bien avant son introduction dans le circuit d'adoption. Il n'est pas recommandé de recueillir l'avis de l'organe consultatif après la transmission du texte au Secrétariat général du Gouvernement.

Les consultations obligatoires font d'ailleurs l'objet d'un visa avant celui de l'avis de la Cour suprême et celui du rapporteur du texte.

En règle générale, la consultation obligatoire donne lieu à l'émission d'un avis facultatif, c'est-à-dire un avis qui ne lie pas le rédacteur du texte.

Par exemple, la consultation du Conseil supérieur de la Fonction publique sur toute question intéressant les fonctionnaires, notamment sur les projets de statuts particuliers des divers cadres de fonctionnaires est une consultation obligatoire avec avis consultatif (art. 18 de la loi n°61-33 du 15 juin 1961 relative au statut général des fonctionnaires modifiée).

Mais la consultation obligatoire peut être suivie d'un avis conforme. Il s'agit d'un avis émis par un organisme consultatif qui oblige l'autorité consultante à s'y conformer ou à renoncer à son projet normatif. Seule une disposition législative ou réglementaire, conçue en termes précis, peut établir l'exigence d'un avis conforme.

Ainsi, la consultation du Ministère chargé des Finances, lorsque le texte comporte des dispositions d'ordre législatif ou règlementaire entraînant des charges nouvelles ou des pertes de ressources, donne lieu à un avis conforme (art. 4 de la loi n° 2011-15 du 08 juillet 2011 portant loi organique relative aux lois de finances).

En tout état de cause, les consultations préalables ne constituent pas de simples contraintes procédurales sans aucune portée juridique. En effet, la Cour suprême du Sénégal a déjà jugé que l'obligation de solliciter un avis constitue une formalité substantielle dont l'omission entache la légalité du texte normatif, s'il s'agit d'un texte réglementaire (V. notamment, CS 23 juillet 1975, Souleymane SIDIBE et Amicale des administrateurs civils du Sénégal, GDJAS, tome I, 1984, obs. J. M. NZOUANKEU, p. 95 et s ; *Annales africaines* 1975, p. 184 et s. ; CS ch. adm. n° 06/2014 du 13 février 2014, Jonas BADJI c/ Etat du Sénégal, *inédit*).

En conséquence, je vous recommande de recueillir l'avis des organismes consultatifs avant l'introduction du projet de texte dans le circuit d'adoption. Le Secrétariat général du Gouvernement veillera à ne programmer que les textes qui auront au préalable été soumis à l'avis des organismes consultatifs compétents.

J'attache du prix à la bonne application de la présente circulaire dont vous m'accuserez réception.

Le Premier Ministre

Mahammed Boun Abdallah DIONNE

Ampliation :
Son Excellence Monsieur le Président de la République (ATCR)

Jurisprudence

- *Les consultations obligatoires*

160. Conformément à l'article 18 de la loi n° 61-33 du 15 juin 1961 relative au statut général des fonctionnaires l'avis du Conseil supérieur de la Fonction publique est une formalité préalable et obligatoire avant l'adoption de toute disposition ayant trait au statut particulier d'un cadre de fonctionnaires. Le décret n° 73-353 du 14 avril 1973 abrogeant et remplaçant des dispositions du décret du 08 novembre 1967 autorisant le recrutement sur titre à l'École nationale d'Administration (ENA) d'agents ayant effectué les stages de formation du Centre d'études du Service des enquêtes économiques, n'a pas été soumis à l'avis dudit conseil. Les dispositions de ce décret sont illégales comme ayant été adoptées à la suite d'une procédure irrégulière (**CS 23 juillet 1975, Souleymane SIDIBE et Amicale des administrateurs civils du Sénégal, *GDJAS*, tome I, 2 e édition, 1984, obs. J. M. NZOUANKEU, p. 95 et s ; *Annales africaines* 1975, p. 184 et s.**).

161. L'arrêté n°0082 du 19 avril 2013 du Gouverneur Adjoint de la Région de Dakar, portant fermeture définitive d'un bar restaurant, qui est intervenu sans que l'avis de la Commission consultative n'ait été recueilli, est entaché de nullité. En effet, en vertu de l'article 10 du décret du 1er avril 1997, la fermeture définitive d'un débit de boissons ne peut intervenir qu'à la suite dudit avis (**CS ch. adm. n° 06/2014 du 13 février 2014, Jonas BADJI c/ Etat du Sénégal, *inédit***).

162. L'arrêté n°000012/CR/KL du 05 février 2007 de la présidente du Conseil régional de Kaolack portant retrait de l'autorisation d'amodiation de chasse, qui ne mentionne pas la sollicitation de l'avis préalable du Conseil rural, est entachée de nullité. En effet, en vertu de l'article 49 du décret n°96-1134 du 27 décembre 1996 portant application de la loi n° 96-07 du 22 mars 1996 portant transfert de compétence aux régions, communes et communautés rurales, le Conseil rural a compétence pour donner son avis préalable sur toute décision d'amodiation des droits de chasse dans une zone située sur son territoire (**CS ch. adm. n° 31/2009 du 31 août 2009, Serigne Babacar SECK c/ Conseil régional de Kaolack, *inédit***).

163. Viole l'article 169 du Code des Collectivités locales, l'arrêté municipal déclarant un conseiller démissionnaire, alors qu'il n'est pas établi qu'il a manqué à trois sessions successives du Conseil municipal auxquelles il a été régulièrement convoqué et que ledit Conseil a donné son avis (**CS ch. adm. n° 14/2009 du 05 mai 2009, Aliou DIA c/ El Hadji Moussa NDOYE et Etat du Sénégal, *inédit***).

- *L'avis conforme du Ministère chargé des Finances*

164. La notion d'avis conforme. Les avis conformes sont des avis émis par un organisme consultatif et qui obligent l'autorité consultante à se conformer à l'avis ou à renoncer à son projet de texte[97]. Seule une disposition législative ou réglementaire, conçue en termes précis, peut établir l'exigence d'un avis conforme.

165. L'avis conforme du Ministère chargé des Finances. S'agissant des projets de texte ou de convention ayant des incidences financières, la loi organique n° 2020-07 du 26 février 2020 relative aux lois de finances a prévu un avis conforme du Ministère chargé des Finances. Selon l'article 4 alinéa 3 de ce texte, « lorsque des dispositions d'ordre législatif ou règlementaire doivent entraîner des charges nouvelles, ou des pertes de ressources, aucun projet de loi ne peut être voté, aucun acte règlementaire ou conventionnel ne peut être signé tant que ces charges ou pertes de ressources n'ont pas été prévues, évaluées et soumises à l'avis conforme du Ministre chargé des Finances».

166. Le régime de l'avis conforme. En tout état de cause, l'obligation de recueillir un avis conforme ou le défaut de celui-ci conduit à un partage de la compétence de l'autorité chargée d'édicter le projet de texte avec l'autorité consultée. Le non-respect de cette formalité entache l'acte d'illégalité pour incompétence, s'il s'agit d'un acte administratif[98].

167. Les directives primatorales. Devant le constat du non-respect par certains ministères de l'obligation de recueillir l'avis conforme du Ministère chargé des Finances s'agissant des projets de texte ou de convention ayant des incidences financières, la circulaire n° 0004 PM du 20 juin 2002 et la circulaire n° 005 PM/SGG/SGA/PAT du 15 mars 2017 ont rappelé cette obligation. Ces circulaires recommandent de veiller au respect des formalités prescrites par la loi organique relative aux lois de finances bien avant la transmission du projet au Secrétariat général du Gouvernement.

La circulaire n° 99 /PR/SG/EC205 octobre 1964 relative à l'application de l'article 10 de la loi organique relative aux lois de finances a particulièrement insisté sur la nécessité de l'évaluation financière des charges résultant du texte à incidences financières.

---

[97] C. ROBLIN, « Les avis conformes », in, *Sur la forme et la procédure de l'acte administratif*, études coord. par G. Dupuis, Paris, Economica , 1979, p. 80.

[98] En ce sens, O. KHOUMA, « Le contrôle de la légalité externe des actes administratifs unilatéraux par le juge sénégalais. Un exemple de transposition de la jurisprudence administrative française » : http://afrilex.u-bordeaux4.fr, p. 35.

168. La circulaire n° 99 /PR/SG/EC2 du 05 octobre 1964 relative à l'application de l'article 10 de la loi organique relative aux lois de finances

REPUBLIQUE DU SENEGAL
Un Peuple-Un But-Une Foi
PRESIDENCE DE LA REPUBLIQUE

N°99 /PR/SG/EC2

Dakar, le 05 octobre 1964

CIRCULAIRE
LE PRESIDENT DE LA REPUBLIQUE
A
MM. LES MINISTRES

Objet : Application de l'article 10 de la loi organique relative aux lois de finances

De nombreux projets de lois ou de décret soumis au Secrétariat général de la Présidence de la République pour transmission à la Cour suprême ou au Conseil de Cabinet comportent, directement ou indirectement, immédiatement ou à terme, la création de nouvelles charges financières pour l'Etat ou l'aggravation de charges existantes.

Ces projets tombent de ce fait sous le coup de l'article 10 de l'ordonnance n° 63-01 du 15 mai 1963 portant loi organique relative aux lois de finances, aux termes duquel : « Lorsque des dispositions d'ordre législatif ou réglementaire doivent entraîner des charges nouvelles, aucun projet de loi ne peut être définitivement voté, aucun décret ne peut être signé tant que ces charges n'ont pas été prévues, évaluées et autorisées par une loi de finances ou en exécution d'une loi de finances, dans les conditions prévues par la présente loi organique ».

Il apparaît que cette disposition n'est guère respectée. De nombreux textes ayant une incidence certaine sur les dépenses sont présentés au Conseil de Cabinet sans que les crédits correspondants aient été inscrits à la loi de finances, sans même que le service d'origine ait essayé de chiffrer cette incidence financière.

Une telle pratique est directement contraire à la loi organique comme au souci élémentaire d'une bonne gestion des finances publiques.

Vous voudrez bien, en conséquence, veiller à l'avenir :

1) à inclure dans vos propositions budgétaires annuelles les crédits nécessaires à l'application des réformes législatives ou réglementaires en voie d'élaboration dans vos départements, ou que vous prévoyez de mettre sur pied pendant l'année financière ;

2) à faire figurer dans le rapport de présentation de tous les projets de loi ou de décret susceptibles d'incidences financières les indications suivantes :

a) évaluation des charges supplémentaires entrainées par le projet, tant pour la première période budgétaire d'application qu'en année pleine ;

b) indication du chapitre et de l'article de la loi de finances où sont inscrite les crédits nécessaires.

Le dossier devra obligatoirement comprendre une lettre du Ministre des Finances comportant son avis sur les deux points mentionnés ci-dessus.

Tout dossier non conforme aux indications qui précèdent sera rejeté par le Secrétariat général.

Léopold Sédar SENGHOR

---

169. La circulaire n° 0004 PM du 20 juin 2002 relative à l'avis préalable obligatoire du Ministère de l'Économie et des Finances pour tout acte engageant les finances de l'État du Sénégal

N° 0004 PM

20 juillet 2002

LETTRE CIRCULAIRE
A
Mesdames et Messieurs les Ministres
Madame et Monsieur les Ministres délégués

Objet : Avis préalable obligatoire du Ministère de l'Économie et des Finances pour tout acte engageant les finances de l'État du Sénégal

Dans le cadre de missions de vérifications effectuées par l'Inspection générale d'État (IGE) et la Commission de Vérification des Comptes et de Contrôle des Entreprises publiques (CVCCEP), il a été constaté la signature de protocoles par des directions techniques de départements ministériels avec des sociétés de droit privé à des conditions inadaptées.

Pour éviter la répétition de tels errements à l'avenir, je vous demande d'instruire les services et structures placés sous votre autorité ou tutelle, de ne prendre aucun acte engageant les finances de l'État, sans avoir au préalable requis l'avis du Ministère chargé de l'Économie et des Finances.

Je vous invite à accuser réception de la présente circulaire, d'en informer largement vos services et de veiller à son exécution diligente.

Mame Madior BOYE

Ampliation : Son Excellence Monsieur le Président de la République (à titre d'information)

170. La circulaire n° 005 PM/SGG/SGA/PAT du 15 mars 2017 relative aux formalités à respecter avant l'adoption des projets de texte ou de convention ayant des incidences financières

REPUBLIQUE DU SENEGAL
Primature
Le Premier Ministre

N° 005 PM/SGG/SGGA/PAT

Dakar, le 15 mars 2017

CIRCULAIRE
A
Mesdames et Messieurs les Ministres,
Messieurs les Ministres délégués

Objet : Formalités à respecter avant l'adoption des projets de texte ou de convention ayant des incidences financières

Références : Loi n° 2011-15 du 08 juillet 2011 portant loi organique relative aux lois de finances, modifiée par la loi organique n° 2016-34 du 23 décembre 2016

La circulaire primatorale n° 0004 PM du 20 juin 2002 relative à l'avis préalable obligatoire du Ministère de l'Economie et des Finances pour tout acte engageant les finances de l'Etat du Sénégal.

Il m'a été donné de constater que certains ministères introduisent dans le circuit d'adoption des textes, des projets de loi, de décret ou de convention à incidence financière, sans au préalable respecter les formalités obligatoires prévues par la loi. Cette situation, qui retarde le processus de validation de ces actes, entrave l'efficacité de l'action gouvernementale.

La présente circulaire a pour objet de rappeler les formalités à accomplir avant l'adoption des projets de texte ou de convention entraînant des charges nouvelles ou des pertes de ressources pour l'Etat.

Aux termes de l'article 4, alinéa 3 de la loi n° 2011-15 du 08 juillet 2011 portant loi organique relative aux lois de finances, modifiée par la loi organique n° 2016-34 du 23 décembre 2016 : « Lorsque des dispositions d'ordre législatif ou règlementaire doivent entraîner des charges nouvelles, ou des pertes de ressources, aucun projet de loi ne peut être voté, aucun acte règlementaire ou conventionnel ne peut être signé tant que ces charges ou pertes de ressources n'ont pas été prévues, évaluées et soumises à l'avis conforme du Ministre chargé des Finances ».

Il résulte de ce texte qu'avant même de transmettre le projet de texte ou de convention au Secrétariat général du Gouvernement, le ministère maître d'œuvre doit procéder à l'évaluation précise des charges nouvelles ou des pertes de ressources générées par le projet normatif.

En outre, il doit recueillir l'avis conforme du Ministre chargé des Finances. En d'autres termes, le ministère initiateur du projet est tenu de consulter les services du Ministère chargé des Finances et doit aussi se conformer à l'avis donné ou renoncer à son projet de texte.

Cette dernière exigence n'est pas seulement une simple formalité sans portée juridique. En effet, l'obligation de recueillir un avis conforme conduit à un partage de la compétence de l'autorité chargée d'édicter le projet de texte avec l'autorité consultée. Ainsi, le non-respect de cette formalité est susceptible d'entraîner l'annulation de l'acte normatif pour incompétence, s'il s'agit d'un acte administratif.

Je vous recommande de veiller au respect des formalités prescrites par la loi n° 2011-15 du 08 juillet 2011 portant loi organique relative aux lois de finances, modifiée par la loi organique n° 2016-34 du 23 décembre 2016, rappelées par la circulaire primatorale citée en référence, bien avant la transmission du projet au Secrétariat général du Gouvernement.

En conséquence, tout projet de texte normatif ou conventionnel introduit dans le circuit d'adoption en méconnaissance desdites formalités ne sera pas instruit par les services du Secrétariat général du Gouvernement.

J'attache du prix à l'exécution diligente des prescriptions de la présente circulaire dont vous m'accuserez réception.

Le Premier Ministre

RÉPUBLIQUE DU SÉNÉGAL
Le Premier Ministre
PRIMATURE

Mahammed Boun Abdallah DIONNE

Ampliation :

Son Excellence Monsieur le Président de la République (ATCR)

3. L'inscription du texte à l'agenda législatif et réglementaire

Notes

171. Un outil de planification et de suivi. L'agenda législatif et réglementaire de l'année en cours a été institué par la circulaire n°0030 CAB/PM/SGG/DSL du 18 décembre 2014 sur la mise en place de l'Agenda législatif et réglementaire du Gouvernement pour l'année 2015. Il s'agit d'un instrument de planification, de suivi et d'évaluation de l'activité normative du Gouvernement tenu par le Secrétariat général du Gouvernement.

A cet effet, le département ministériel initiateur du projet normatif remplit un formulaire mentionnant les textes programmés et le faire parvenir à la Primature.

Cet outil a pour objectif de permettre au Secrétariat général du Gouvernement d'avoir une plus grande maîtrise sur la production normative. Le calendrier législatif fait d'ailleurs l'objet d'une évaluation trimestrielle au cours d'une réunion présidée par le Secrétaire général du Gouvernement.

La formalité de l'inscription du projet à l'agenda législatif et réglementaire présente un grand intérêt. En effet, un projet normatif non inscrit à cet agenda n'est pas instruit par les services du Secrétariat général du Gouvernement.

Texte

172. La circulaire primatorale n°0030 CAB/PM/SGG/DSL du 18 décembre 2014 sur la mise en place de l'Agenda législatif et réglementaire du Gouvernement pour l'année 2015

REPUBLIQUE DU SENEGAL
Un Peuple - Un But - Une Foi

N° 0030 CAB/PM/SGG/DSL

Dakar, le 18 décembre 2014

LE PREMIER MINISTRE
CIRCULAIRE
A
Mesdames, Messieurs, les Ministres

Objet: Mise en place de l'Agenda législatif et réglementaire du Gouvernement pour l'année 2015

Dans le souci de rationaliser davantage la programmation de l'adoption des projets de loi et de décret en Conseil des Ministres, j'ai décidé, conformément aux orientations de Monsieur le Président de la République, de mettre en place un Agenda législatif et réglementaire du Gouvernement pour l'année 2015.

Ce dispositif, instrument de planification, aura l'avantage de faciliter le suivi et l'évaluation de l'action du Gouvernement dans ce domaine.

En vue de matérialiser cette option, je vous demande de remplir le formulaire attaché à la présente lettre et le faire parvenir au Secrétariat Général du Gouvernement, avant la fin du mois de janvier 2015.

Je vous rappelle que ce dispositif fera l'objet d'une évaluation trimestrielle. En conséquence, je vous invite à créer au sein de vos départements une Cellule juridique rattachée au Secrétariat général du ministère ou au cabinet, selon le cas.

Cette cellule aura, entre autres, missions :

- suivre l'état de mise en œuvre de votre agenda législatif et réglementaire ;
- participer aux réunions d'évaluation trimestrielle de l'Agenda du Gouvernement ;

- veiller à la qualité des projets de loi et de décret avant leur transmission au Secrétariat général du Gouvernement.

Le Coordonnateur de ladite cellule, de préférence un juriste, sera votre point focal au sein du Comité technique de la Primature. Il assiste aux réunions de cette instance, chaque fois que les points inscrits à l'ordre du jour intéressent votre département.

En outre, l'élaboration de votre agenda est un prétexte vous permettant de procéder à une large revue documentaire des textes législatifs et réglementaires relevant de vos domaines de compétences en vue de les adapter au contexte actuel, le cas échéant.

J'attache du prix à l'exécution correcte de la présente lettre circulaire.

Le Premier Ministre

Mahammed Boun Abdallah DIONNE

---

4. Le rôle central du Secrétariat général du Gouvernement

Notes

173. La réforme portant suppression du Poste de Premier Ministre. La loi constitutionnelle n° 2019-10 du 14 mai 2019 portant révision de la Constitution[99] a procédé à la suppression du poste de Premier Ministre de l'ordonnancement constitutionnel.

Cette réforme majeure de la gouvernance de l'exécutif a trouvé une justification confortable dans la recherche de la simplicité, de la souplesse et de la performance publique. On peut lire dans l'exposé des motifs de la loi constitutionnelle qu'avec « le passage du septennat au quinquennat, le Président de la République dispose désormais d'un temps court pour mettre en œuvre les politiques publiques. Au regard de ce changement de paradigme dans la temporalité de la gouvernance des affaires publiques, il y a l'impératif de permettre au Président de la République, ayant souscrit des engagements dans le Peuple, de répondre aux demandes du pays en imprimant plus de célérité, d'efficacité et d'efficience à l'action gouvernementale ».

Face au besoin d'imprimer plus de célérité d'efficacité et d'efficience à l'action publique, il a été préconisé un Gouvernement d'action, de transformation publique, méthodique, efficace et performant au service du développement économique et social. Dans le cadre de cette nouvelle approche, le Chef de l'État s'est engagé à inscrire toutes les actions de l'État en mode *fast track* qui fait allusion à une méthode d'exécution diligente des politiques publiques. Les pouvoirs publics ont voulu recentrer les missions de l'État et reconsidérer le niveau intermédiaire de transmission et d'animation gouvernemental que constitue la fonction primatorale pour permettre au Chef de l'État d'être en contact direct avec les niveaux administratifs chargés de l'application, de l'exécution et de la mise en œuvre de la politique de la Nation.

La réforme constitutionnelle n'a pas eu pour effet de supprimer la fonction d'instruction et de coordination de la politique gouvernementale autrefois assurée par le Premier Ministre. En réalité, la restauration du monocéphalisme de l'exécutif a permis de poser les jalons d'un rapprochement du niveau d'impulsion et de direction de l'action publique (Président de la République) du relai d'exécution et de mise en œuvre de la politique gouvernementale (Gouvernement). La Présidence de la République devient en même temps le lieu de direction, d'instruction et de coordination des politiques publiques. C'est pourquoi, le nouvel article 54 de la Constitution énonce que le

[99] JORS n° 7181 du lundi 20 mai 2019, p. 917.

Gouvernement conduit et coordonne la politique de la Nation « sous la direction du Président de la République ». En reconsidérant la fonction primatorale d'animation gouvernementale, la réforme constitutionnelle place ainsi le Président de la République au contact direct avec les niveaux d'application de la politique de la Nation.

Dans l'exécution de sa mission, le Président de la République a pour bras opérationnel, le Secrétariat général de la Présidence de la République[100]. Véritable cheville ouvrière de la Présidence de la République, le Secrétaire général de la Présidence, désormais élevé au rang de Ministre d'État, assiste en relation avec le cabinet présidentiel, le Chef de l'État dans ses tâches de détermination, de conduite et de coordination de l'action gouvernementale.

Quoi qu'il en soit, contrairement à la réforme constitutionnelle introduite par la loi n° 83-555 du 1er mai 1983 portant révision de la Constitution 1983[101], qui avait emporté avec elle l'institution gouvernementale, celle du 14 mai 2019 portant suppression du poste « premier ministériel » n'a pas entraîné la disparition du Gouvernement comme institution de la République[102]. Le Premier Ministre disparaît mais la fonction gouvernementale demeure. Le Gouvernement est cité parmi les institutions de la République puisque l'article 6 qui fonde son ancrage constitutionnel a survécu à la réforme. Le titre IV, « Du Gouvernement » est maintenu dans le texte constitutionnel. D'un point de vue organique, le Gouvernement comprend les ministres et les secrétaires d'État[103] et ses membres sont responsables devant le Président de la République.

174. Le nouveau statut administratif du Secrétariat général du Gouvernement. Depuis l'adoption de la loi constitutionnelle n° 91-25 du 05 avril 1991 qui a restauré l'institution gouvernementale et le poste de Premier Ministre, la coordination de l'activité normative du Gouvernement est assurée par le Secrétariat général du Gouvernement (SGG) sous l'autorité du Premier Ministre et non plus par le Secrétariat général de la Présidence[104].

---

[100] S. COHEN, « Le Secrétariat général de la Présidence de la République », in F. de BAECQUE et J.-L. QUERMONNE (dir.), *Administration et politique sous la Cinquième République*, Presses de la FNSP, 1982, p. 104 ; « Les hommes de l'Élysée », *Pouvoirs* 1982, n° 20, p. 27 ; F. FOUCAUD, « Le Secrétaire général de l'Élysée : éclairage sur la présidentialisation du régime », *RDP*, n°4, p. 1027 ; A. FAYE, *Le Secrétariat général du Gouvernement et les questions constitutionnelles,* Mémoire 2, Université Panthéon-Assas Paris II, Année universitaire 2009-2010.

[101] JORS n° 4946 du dimanche 1er mai 1983, p 368.

[102] J-É. GICQUEL, « Gouvernement », *Jurisclass. adm.*, fasc. 101, 30 Septembre 2017, n° 01.

[103] V. art. 53 de la Constitution.

[104] V. ancien art. 5 du décret n° 2014-1175 du 17 septembre 2014 relatif à l'organisation et au fonctionnement de la Primature que le Secrétaire général du Gouvernement assiste directement le Premier Ministre dans sa mission de direction et de coordination de l'action gouvernementale.

La réforme constitutionnelle de 2019 supprimant le poste de Premier Ministre n'a pas remis en cause cette attribution principale du SGG. Mais, elle exigeait une relecture du statut administratif du Secrétariat général du Gouvernement.

L'une des innovations apportées par la réforme constitutionnelle à la marche de l'Administration centrale de l'État réside dans le changement de statut administratif du Secrétariat général du Gouvernement. En effet, l'organe chargé de la coordination du travail interministériel est devenu, non pas un démembrement de la Présidence de la République, mais un service administratif « autonome » placé sous l'autorité du Chef de l'État[105]. Aux termes de l'article 1er du décret n° 2019-901 du 13 mai 2019 fixant les attributions du Ministre, Secrétaire général du Gouvernement[106], sous l'autorité du Président de la République, le Secrétaire général du Gouvernement, ayant désormais le statut de ministre[107], veille à la coordination de l'activité normative du Gouvernement et participe à l'organisation et au bon fonctionnement de l'action gouvernementale.

Le SGG dispose désormais d'une autonomie financière pour avoir un budget propre géré par la Direction de l'Administration générale et de l'Équipement (DAGE) devenue un service propre du SGG[108]. La DAGE assure la préparation et l'exécution du budget du Secrétariat général du Gouvernement.

Les changements institutionnels au sein de l'Administration centrale n'ont pas épargné le décret portant répartition des services de l'État. L'intitulé de ce texte de base est devenu « décret portant répartition des services de l'État et du contrôle des établissements publics, des sociétés nationales et des sociétés à participation publique entre la Présidence de la République, le Secrétariat général du Gouvernement ». Ainsi, le mot « Primature » est désormais remplacée par le groupe de mots « Secrétariat général du Gouvernement ».

Dans un tel paysage institutionnel, il est difficile de résister à la tentation d'assimiler le Secrétariat général du Gouvernement à une « Primature bis » ou à une « Primature virtuelle ». Mais rien n'est moins sûr.

---

105 Sur une approche critique, V. M. A. SOW, « Le statut actuel du Secrétariat général du Gouvernement : une incongruité typiquement sénégalaise » : https://www.lequotidien.sn/le-statut-actuel-du-secretariat-general-du-gouvernement-une-curiosite-ou-incongruite-typiquement-senegalaise/

106

107 V. en ce sens, le décret n° 2019-761 du 06 avril 2019 portant nomination d'un Ministre, Secrétaire général du Gouvernement. Pour rappel, le SGG avait seulement le rang et avantages de Ministre.

108 Le service propre est un service essentiel à un autre organe dont on ne pourrait concevoir le rattachement à un autre département ministériel. V. en ce sens, J.C. GAUTRON et M. ROUGEVIN-BAVILLE, *Droit public du Sénégal*, Paris, éditions A. Pédone, 1977, p. 155.

En réalité, à la faveur de la réforme constitutionnelle de 2019, le Secrétariat général du Gouvernement s'est mué en un outil administratif et technique pour assister le Président de la République dans sa mission d'impulsion, de direction et coordination de l'action des départements ministériels en tant que structures de base de l'Administration centrale d'Etat[109]. Le Secrétaire général du Gouvernement est un assistant administratif du Président de la République, aux côtés du Ministre d'Etat, Secrétaire général de la Présidence de la République. C'est certainement la raison pour laquelle, de façon assez inhabituelle, le Président de la République, a signé un décret spécifique fixant les attributions du Ministre, Secrétaire général du Gouvernement[110].

175. La mission générale de coordination de l'activité normative du Gouvernement. Le Secrétariat général du Gouvernement est le pivot de la coordination de l'activité normative du Gouvernement. En vertu de l'article 1er du décret n° 2019-901 du 13 mai 2019 fixant les attributions du Ministre, Secrétaire général du Gouvernement, sous l'autorité du Président de la République, le Ministre, Secrétaire général du Gouvernement veille à la coordination de l'activité normative du Gouvernement. C'est en fait le « cœur de métier » du Secrétariat général du Gouvernement[111].

Au titre de l'activité normative, il est chargé de veiller à la qualité des textes législatifs et réglementaires et à la régularité de la production normative. Il propose toutes mesures tendant à améliorer la gouvernance normative.

Commissaire général du Gouvernement auprès de l'Assemblée générale consultative de la Cour suprême, le SGG est chargé de saisir ladite instance pour l'examen des projets de loi et décret.

Le SGG, « haut lieu de l'interministérialité », coordonne le travail législatif et réglementaire des départements ministériels. A cet effet, il procède à la diffusion des projets de loi et décret, recueille les observations des départements ministériels et autres organismes publics intéressés sur les

---

[109] « Pouvoir exécutif. L'architecture réaménagé », *Le Soleil* du lundi 8 juillet 2019, p. 2 ; Y. C. N. MBAYE, « L'architecture du pouvoir exécutif réformé. Resserrement, simplicité organique et souplesse », *Le Soleil* du lundi 08 juillet 2019, p. 2.

[110] V. le décret n° 2019-901 du 13 mars 2019 fixant les attributions du Ministre, Secrétaire général du Gouvernement.

[111] M. DIOP, *L'administration d'Etat au Sénégal*, Dakar, édition Clairafrique, 2011, p. 56. Selon l'auteur, le Secrétariat général du Gouvernement est « la cheville centrale du dispositif gouvernemental » ; A. BOCKEL, « Les administrations centrales », in *Encyclopédie juridique de l'Afrique*, Tome premier, Abidjan-Dakar-Lomé, NEA, p. 165 ; R. PY, *Le Secrétaire général du Gouvernement*, Paris, Doc. fr. 1985 ; J-C. SAVIGNAC, « Les racines du Secrétariat général du Gouvernement », *Rev. adm.*, 1985, p. 272 , J. GUISELIN, *Le Secrétariat général du Gouvernement*, Thèse, Paris 2, 2015 ; A. FAYE, *Le Secrétariat général du Gouvernement et les questions constitutionnelles, Mémoire 2, Université Panthéon-Assas Paris II*, Année universitaire 2009-2010.

projets de loi, d'ordonnance et de décret et provoque, s'il y a lieu, toutes réunions et tous arbitrages nécessaires[112].

176. L'organisation des réunions de validation des textes. Au titre de la coordination de l'activité normative du Gouvernement, le SGG assure la bonne organisation des réunions de validation des textes normatifs. Il s'agit des réunions du Comité interne et du Comité technique de validation des textes législatifs et réglementaires[113].

Le Comité interne de préparation et de suivi des textes, institué par l'arrêté primatoral n°1524 du 04 février 2015, est une entité chargée de préparer le travail du Comité technique et d'assurer le suivi de ses recommandations. Il a pour mission de se prononcer sur toutes les questions de forme et de procédure posées au cours du processus normatif.

A la suite de la réunion du Comité interne, se tient la réunion du Comité technique de validation des textes législatifs et réglementaires.

Ce comité, créé par l'arrêté primatoral n°1525 du 04 février 2015, a pour mission de se prononcer sur toutes les questions de fond posées au cours de la procédure d'adoption des textes. A cet effet, il est chargé, entre autres, de veiller à la conformité du projet de texte à la Constitution, notamment au respect du partage des compétences entre la loi et le règlement, conformément aux articles 67 et 76 de la Constitution.

Compte tenu de l'importance de l'examen du projet de texte par le Comité technique de validation des textes législatifs et réglementaires, la circulaire n° 02937 PM/CAB/CS/GOUV. SD du 24 octobre 2013 sur le respect de la procédure d'adoption des textes législatifs et réglementaires a rendu obligatoire le passage au Comité technique, sauf exception autorisée par le Président de la République.

Selon cette circulaire, la soumission du projet normatif au Comité technique permet « de prendre en compte, les observations des ministères concernés, en amont et d'éviter, ainsi, leur formulation et leur traitement en réunion de Conseil des Ministres ».

177. L'inscription à l'ordre du jour du Conseil des Ministres. Le Conseil des Ministres est l'instance d'adoption gouvernementale des textes

[112] J. FOURNIER, *Le travail gouvernemental*, Presses de la Fondation nationale des sciences politiques, 1987 ; M. PRELOT, « Premier Ministre », in *Rép.dr.publ. et adm.*, Dalloz, 1960.

[113] A. L. COULIBALY, « Gouvernance normative. Nouvelle dynamique, nouvelle approche ! », in *Le Soleil* du mercredi 21 septembre 2015, p. 12.

législatifs et réglementaires[114]. Il s'agit de la plus importante instance de coordination de l'action interministérielle[115].

La Constitution du 22 janvier 2001 a procédé à la codification de cette instance dont la consultation demeure purement facultative. Selon l'article 42, alinéa 4 de la Constitution, le Conseil des Ministres est présidé par le Président de la République[116]. Siègent à la réunion du Conseil des Ministres tous les membres du Gouvernement qui comprend les ministres et les secrétaires d'État[117].

Mais dans la pratique, les ministres d'État auprès du Président de la République siègent également à la réunion du Conseil des Ministres[118]. Ainsi, l'instruction présidentielle n° 0254 PR/SG/MSGPR/SP du 30 avril 2014 sur le Conseil des Ministres a rappelé les exigences dues à la solennité du Conseil des ministres.

L'adoption des projets de texte législatif et réglementaire par le Conseil des Ministres n'est pas une formalité prévue par la Constitution. Il s'agit d'une pratique institutionnelle bien établie évoquée par l'instruction générale n° 15 PM du 1er mars 1970 sur l'organisation du travail gouvernemental. En effet, le projet de texte émanant du Gouvernement, il est logique que son adoption soit le fait d'une instance regroupant tous les membres du Gouvernement et présidée par le Président de la République (Conseil des Ministres).

L'inscription d'un projet à l'ordre du jour du Conseil des Ministres est décidée par le Président de la République, sur proposition du Secrétaire général du Gouvernement[119]. Le SGG est chargé d'organiser le Conseil des Ministres. A ce titre, il prépare l'ordre du jour soumis à l'appréciation du Président de la République, assure le secrétariat et en dresse procès-verbal[120].

La procédure d'adoption du texte en Conseil des Ministres est fixée par l'instruction présidentielle n° 0332/PR/SP du 18 juin 2015 relative au déroulement du Conseil des Ministres. Ainsi, les textes législatifs et réglementaires font en principe l'objet d'une délibération en Conseil des Ministres. Pour les besoins de l'adoption du texte par le Conseil des Ministres,

---

114 Avant la réforme ayant réintroduit le poste de Premier Ministre au Sénégal, le Conseil des Ministres était appelé « Conseil de Cabinet » ; V. Instruction générale n°15 PM du 1er mars 1970 sur l'organisation du travail gouvernemental.

115 A. BOCKEL, *Droit administratif*, Dakar-Abidjan, NEA, LGDJ, 1978, p. 269 ; V. aussi, la circulaire n° 00009 PM/SGG/SP du 22 septembre 2017 relative au Conseil des Ministres.

116 D. TURPIN, « « La présidence du Conseil des Ministres », *RDP,* 1987, p. 873.

117 V. art. 53 de la Constitution.

118 C. GOUAUD, « Le Conseil des Ministres sous la Ve République », *RDP*, 1988, p. 422 ; J.-M. SAUVE, « Le Conseil des Ministres », in *Mélanges Jean Gicquel*, Paris, Montchrestien, 2008, p. 500 ; J-Y. PLOUVIN, « Le Conseil des Ministres, institution seconde », *Rev.adm.*, 1980, p. 485.

119 V. la circulaire n° 112 du 09 décembre 1963 sur l'organisation du travail gouvernemental.

120 V. art. 4, al. 1er du décret n° 2019-901 du 13 mars 2019 fixant les attributions du Ministre, Secrétaire général du Gouvernement.

le département ministériel, maître d'œuvre, doit faire parvenir au Secrétariat général du Gouvernement soixante (60) exemplaires du projet.

Les projets de texte retenus dans l'ordre du jour sont présentés par le ministre initiateur qui en fait l'économie devant le collège des ministres. En principe, la lecture de l'exposé des motifs ou du rapport de présentation suffit ; sauf si le texte est complexe, et auquel cas il peut être permis au présentateur de l'étayer par de brefs commentaires.

Par ailleurs, cette présentation est suivie d'un débat lors duquel ne doivent intervenir que les ministres dont les recommandations ou autres griefs sur le texte en examen, déjà portés par leurs représentants en comité technique, n'ont pas été pris en compte dans la rédaction finale du texte.

Il y a ainsi lieu de préciser que l'adoption d'un texte vaut signature en Conseil, ou transmission vers l'Assemblée nationale pour suites requises.

Dans le cas contraire, le ministre émetteur est invité à réviser son texte dont l'adoption, à une prochaine séance, est subordonnée à l'intégration des amendements déclarés recevables.

178. Les monopoles du Secrétariat général du Gouvernement. Par ailleurs, en vertu de l'instruction générale n° 15 PR du 1er mars 1968 sur l'organisation du travail gouvernemental, le Secrétariat général du Gouvernement a, dans le cadre de la procédure d'adoption des textes, le monopole de la saisine de l'Assemblée nationale, de la Cour suprême et du Conseil économique et social ; il faut aussi y ajouter le Haut Conseil des Collectivités territoriales. Selon l'article 2 du décret n° 2019-901 du 13 mai 2019 fixant les attributions du Ministre, Secrétaire général du Gouvernement, Commissaire général du Gouvernement auprès de l'Assemblée générale consultative de la Cour suprême, le SGG est chargé de saisir ladite instance pour l'examen des projets de loi et décret.

Il est également seul habilité à présenter les projets d'ordonnance, de décret et d'arrêté à la signature du Président de la République et du Premier Ministre.

Le Secrétariat général du Gouvernement a enfin le monopole de l'enregistrement des décisions et du contrôle de la publication des textes au *Journal officiel*. Le décret n° 2019-901 du 13 mai 2019 fixant les attributions du Ministre, Secrétaire général du Gouvernement énonce à cet égard que le SGG assure l'enregistrement unique, la publication et la notification après contrôle, des lois, ordonnances, décrets, arrêtés et décisions. Il veille également à l'information juridique du public selon les moyens appropriés.

Textes

179. Décret n° 2019-901 du 13 mai 2019 fixant les attributions du Ministre, Secrétaire général du Gouvernement

REPUBLIQUE DU SENEGAL

Un Peuple-Un But-Une Foi

LE PRESIDENT DE LA REPUBLIQUE,

VU la Constitution ;

VU le décret n° 2019-761 du 06 avril 2019 portant nomination d'un Ministre, Secrétaire général du Gouvernement ;

VU le décret n° 2019-904 du 14 mai 2019 fixant la composition du Gouvernement ;

VU le décret n° 2019-910 du 15 mai 2019 portant répartition des services de l'Etat et du contrôle des établissements publics, des sociétés nationales et des sociétés à participation publique entre la Présidence de la République, le Secrétariat général du Gouvernement et les ministères,

DECRETE :

Article premier. - Sous l'autorité du Président de la République, le Ministre, Secrétaire général du Gouvernement veille à la coordination de l'activité normative du Gouvernement et participe à l'organisation et au bon fonctionnement de l'action gouvernementale.

Article 2.- Au titre de l'activité normative, il est chargé de veiller à la qualité des textes législatifs et réglementaires et à la régularité de la production normative.

Il propose toutes mesures tendant à améliorer la gouvernance normative.

Il dresse l'Agenda législatif et réglementaire du Gouvernement et le soumet à la validation du Président de la République.

Il coordonne le travail législatif et réglementaire des départements ministériels.

A cet effet, il procède à la diffusion des projets de loi et décret, recueille les observations des départements ministériels et autres organismes publics intéressés sur les projets de loi, d'ordonnance et de décret et provoque, s'il y a lieu, toutes réunions et tous arbitrages nécessaires.

Commissaire général du Gouvernement auprès de l'Assemblée générale consultative de la Cour suprême, il est chargé de saisir ladite instance pour l'examen des projets de loi et décret.

Il prépare la saisine de l'Assemblée nationale pour l'examen des projets de loi. Après adoption d'une loi, le Secrétaire général du Gouvernement veille à l'élaboration des décrets d'application y relatifs.

Il assure l'enregistrement unique, la publication et la notification après contrôle, des lois, ordonnances, décrets, arrêtés et décisions.

Il veille à l'information juridique du public selon les moyens appropriés.

Il dresse un rapport annuel sur l'activité normative du Gouvernement qui est soumis au Président de la République.

Article 3.- Le Secrétariat général du Gouvernement est le Conseiller juridique du Gouvernement.

Article 4.- Au titre de l'organisation du travail gouvernemental, il est chargé d'organiser le Conseil des Ministres, en prépare l'ordre du jour soumis à l'appréciation du Président de la République. Il en assure le secrétariat et en dresse procès-verbal.

Greffier de la République, il détient le relevé des décisions et directives présidentielles et en assure le suivi, en rapport avec le Secrétaire général de la présidence de la République.

Il aide à la mise en œuvre des politiques publiques et préside la réunion de coordination des Secrétaires généraux des ministères.

Il dresse, tous les mois, un rapport sur la mise en œuvre des directives issues du Conseil des Ministres, qui est soumis au Président de la République.

Article 5.- Il contribue à l'élaboration des décisions du Président de la République.

Il prépare les réunions interministérielles, en rapport avec le Secrétaire général de la Présidence de la République.

Article 6.- En cas de changement de Gouvernement, il veille à la continuité de l'action gouvernementale et à l'installation des cabinets ministériels.

Il prépare le projet de décret portant répartition des services de l'Etat ainsi que les projets de décret relatifs aux attributions des ministres.

Article 7.- Il délivre les ordres de missions des ministres et des agents de l'Etat pour leur déplacement à l'étranger conformément à la règlementation en vigueur.

Article 8.- Dans le cadre des réformes de l'Etat, il est chargé, en rapport avec les différents départements ministériels, du suivi de la réforme relative à la transformation de l'action publique.

Il peut être chargé du pilotage de certaines réformes.

Il transmet annuellement au Président de la République un rapport sur la transformation publique.

Article 9.- Il est le garant de la conservation des archives nationales.

Article 10.- Le Ministre, Secrétaire général du Gouvernement est chargé de l'exécution du présent décret qui sera publié au *Journal officiel*.

---

180. L'arrêté n° 00893 du 23 janvier 2015 portant organisation et fonctionnement de la Direction des Services législatifs de la Primature

REPUBLIQUE DU SENEGAL

Un Peuple-Un But-Une Foi

PRIMATURE

SECRETARIAT GENERAL DU GOUVERNEMENT

LE PREMIER MINISTRE,

VU la Constitution;

VU le décret n° 2014-845 du 06 juillet 2014 portant nomination du Premier Ministre;

VU le décret n° 2014-850 du 06 juillet 2014 portant nomination du Secrétaire général du Gouvernement;

VU le décret n° 2014-853 du 09 juillet 2014 portant répartition des services de l'Etat et du contrôle des établissements publics, des sociétés nationales et des sociétés à participation publique entre la Présidence de la République, la Primature et les ministères;

VU le décret n° 2014- 1175 du 17 septembre 2014 relatif à l'organisation et au fonctionnement de la Primature ;

VU l'arrêté n° 16968 du 14 novembre 2014 portant organisation et fonctionnement de la Direction des Services législatifs de la Primature;

SUR le rapport du Directeur des Services législatifs,

ARRETE :

Article premier.- La Direction des Services législatifs (DSL) a pour missions principales d'assister le Secrétaire général du Gouvernement dans la coordination de l'action gouvernementale en assurant la liaison entre les départements ministériels et entre le Gouvernement et les autres Institutions de la République.

Elle est dirigée par un fonctionnaire de la Hiérarchie A.

Article 2.-La Direction des Services législatifs comprend un secrétariat particulier et les Divisions suivantes:

- la Division de la Législation;
- la Division de la Coordination et du Suivi;
- la Division des Etudes, de la publication officielle et d'Appui-conseil;
- la Division des Visas, des Archives et de la Documentation.

Article 3.-Le Secrétariat particulier est composé d'un (une) assistant (e) qui appuie le Directeur dans l'exercice de ses fonctions. L'assistant (e) est nommé *(e)* par note de service du Directeur.

Article 4.- La Division de la Législation est chargée notamment de la réception des projets de textes, de leur diffusion pour recueillir les avis et observations, jusqu'à l'enregistrement.

Elle comprend deux (02) Bureaux: le Bureau de liaison et le Bureau des enregistrements.

Article 5.-Le Bureau de liaison assiste la division de la législation dans:

- la réception des projets de textes (lois et décrets) ;
- l'ouverture des dossiers;
- la diffusion au niveau des ministères et des organismes intéressés des projets de textes;
- le recueil des avis et observations des ministères et leurs transmissions au ministère maître d'œuvre d'un projet de texte;
- la préparation des lettres de saisine de la Cour Suprême et du Conseil constitutionnel;
- la proposition des textes à programmer en Conseil des Ministres;
- la rédaction des lettres de saisine et de décret de présentation à l'Assemblée nationale (transmission des projets de loi, déclaration de politique générale, etc.).

Article 6.-Le Bureau des enregistrements assiste la Division de la législation dans :

- le conditionnement des projets de loi et de décret soumis à la signature du Président de la République et au contreseing du Premier Ministre ;
- le suivi des textes adoptés en Conseil des Ministres ;
- l'accomplissement des formalités matérielles de promulgation des lois ;
- l'enregistrement et la numérotation des lois promulguées et décrets signés par le Président de la République et le Premier Ministre.

Article 7.- La Division de la Coordination et du Suivi comprend trois (03) bureaux : le Bureau d'organisation du Comité interne et du Comité technique, le Bureau administratif et financier et le Bureau du courrier interne.

Article 8.- Le Bureau de Coordination a pour missions:

- de proposer l'agenda des réunions du Comité interne de préparation et de suivi des textes législatifs et réglementaires et du Comité technique de validation des textes législatifs et réglementaires et d'en assurer le secrétariat ;
- de suivre les recommandations issues de ces rencontres ;
- d'élaborer les rapports d'activités trimestriel et annuel de la Direction.

Article 9.- Le Bureau administratif et financier est chargé de la gestion des ressources humaines, de la logistique et du suivi de l'exécution du budget alloué à la Direction en rapport avec la Direction de l'Administration générale et de l'Equipement.

Article 10.-Le Bureau du courrier interne a pour mission la réception et la gestion du courrier arrivé et départ.

Article 11.- La Division des Etudes, d'Appui conseil et de la publication officielle a pour missions de mener des études sur le système législatif et réglementaire, d'assister les départements dans le déroulement de leur procédure d'adoption des textes et d'assurer le processus de publication officielle desdits textes.

Elle comprend deux (02) Bureaux : le Bureau des Etudes et de la publication officielle et le Bureau d'Appui conseil.

Article 12.-Le Bureau des Etudes et de la publication officielle a pour missions :

- de mener des études sur le système législatif et réglementaire ;
- de favoriser le renforcement des capacités des ministères en légistique et dans le processus normatif;
- la transmission des textes à publier par bordereau à la Direction de l'Imprimerie nationale ;
- la correction des morasses ;
- le conditionnement et la publication des récépissés de réception des numéros du *Journal officiel*.

Article 13.-Le Bureau d'Appui conseil a pour missions:

- d'assister les départements dans leurs procédures;
- de mettre en place, en relation avec le bureau des Etudes, un mécanisme de suivi et évaluation de la performance des départements ministériels sur la mise en œuvre de leur agenda législatif et réglementaire;

- de jouer le rôle d'interface entre la direction et les ministères.

Article 14.-La Division des visas, des archives et de la documentation est chargée notamment de la réception et du traitement des arrêtés, des décisions et contrats d'engagement et de l'archivage des documents.

Elle comprend deux (02) Bureaux: le Bureau des visas et le Bureau des Archives et de la documentation.

Article 15.- Le bureau des Visas a pour missions:

- de contrôler les règles de forme et de fond des arrêtés primatoral, ministériel et interministériel, des décisions et contrats d'engagement;
- de numéroter les arrêtés primatoral, ministériel et interministériel, les décisions et les contrats d'engagement.

Article 16.-Le Bureau des archives et de la documentation a pour missions:

- la gestion des archives et de la mise à jour de la documentation;
- la numérisation des documents et la création d'une base de données des textes législatifs et réglementaires.

Article 17.-Les chefs de division sont nommés par arrêté du Premier Ministre sur proposition du Directeur des Services législatifs.

Les chefs de Bureau sont nommés par le Directeur des Services législatifs, sur proposition du chef de Division.

Article 18.-Sont abrogées toutes dispositions contraires au présent arrêté notamment l'arrêté n° 16968 du 14 novembre 2014 portant organisation et fonctionnement de la Direction des Services Législatifs de la Primature.

Article 19.-Le présent arrêté prend effet à compter de sa date de signature et sera publié et communiqué partout où besoin sera.

Mahammed Boun Abdallah OlONNE

181. L'arrêté primatoral n°1524 du 04 février 2015 portant création, organisation et fonctionnement du Comité interne de préparation et de suivi des textes législatifs et réglementaires

REPUBLIQUE DU SENEGAL

Primature

Le Premier Ministre

Arrêté portant création, organisation et fonctionnement du Comité interne de Préparation et de Suivi des Textes Législatifs et réglementaires (CIPSTLR)

NOTE DE PRESENTATION

L'activité normative est l'épine dorsale de l'action du Gouvernement. En effet, les chantiers des départements ministériels s'adossent sur des projets de lois ou de décrets censés traduire juridiquement les options majeures des pouvoirs publics.

C'est pourquoi, le décret n° 2014-1175 du 17 septembre 2014 relatif à l'organisation et au fonctionnement de la Primature a procédé à une refonte générale du cadre institutionnel des services de la Primature, pour adapter leur organisation et leur fonctionnement aux nouvelles missions qui lui sont assignées. Ce texte a érigé le Service de Liaison en une direction, appelée Direction des Services législatifs.

L'article 5 de l'arrêté n° 00893 du 23 janvier 2015 portant organisation et fonctionnement de la Direction des Services législatifs de la Primature a placé ladite Direction au cœur du processus d'élaboration des textes législatifs et réglementaires.

Dans un contexte marqué par le renouveau de la réforme de l'administration publique articulée autour de la Gestion Axée sur les Résultats (GAR), il a été institué, par arrêté primatorial, un Comité Technique de Validation des Textes Législatifs et Réglementaires (CTVTLR). Le Comité technique constitue l'instance décisionnelle du processus normatif, chargée de statuer sur toutes les questions de fond posées au cours de la procédure d'élaboration des projets de lois ou de décrets et de provoquer les arbitrages nécessaires, en cas de divergences sur le fond des projets de textes à examiner.

Cependant, compte tenu de l'importance de la mission du Comité Technique dans le travail de préparation des normes législatives et réglementaires, et faisant suite aux instructions du Président de la République contenues dans les courriers n° 0679 PR/SG/MSG/SP/mak du 14 octobre 2013 et n° 0693 PR/MSG du 08 octobre 2014, il a paru nécessaire de mettre en place au sein de la Primature, un Comité Interne de Préparation et de Suivi des Textes Législatifs et Réglementaires (CIPSTLR).

Ce Comité est chargé de préparer le travail du Comité technique de Validation des Textes législatifs et Réglementaires et d'assurer le suivi de ses recommandations. Le CIPSTLR a essentiellement des compétences sur les questions de forme et de procédure relatives à l'élaboration des projets de textes à examiner. La décision de création d'un CIPSTLR au sein de la Primature constitue une grande innovation du processus normatif, qui devrait contribuer à alléger le travail du Comité Technique de Validation des Textes Législatifs et Réglementaires et à faciliter l'adoption gouvernementale des projets de textes.

Présidé par le Secrétaire général Adjoint du Gouvernement, le CIPSTLR comprend le Directeur des Services législatifs, les conseillers techniques ou spéciaux en charge des affaires juridiques, le ou les conseillers techniques ou spéciaux à la Primature ayant des compétences spécifiques sur le projet de texte à examiner, le ou les représentants du ministère maître d'œuvre, les chefs des Divisions de la Législation, des Etudes, de la Publication officielle et d'Appui Conseil et de la Coordination et du Suivi à la Direction des Services législatifs et de toute personne ayant des compétences particulières sur le projet à examiner.

L'architecture organisationnelle aménagée au CIPSTLR a pour objectif de garantir une gestion plus rationnelle du processus normatif ainsi que la qualité et l'intelligibilité des normes qui en sont issues, lesquelles constituent des critères majeurs de la bonne gouvernance politique et économique.

Telle est l'économie du projet d'arrêté.

Arrêté n° 1524 portant création, organisation et fonctionnement du Comité interne de Préparation et de Suivi des Textes législatifs et Réglementaires (CIPSTLR)

LE PREMIER MINISTRE,

VU la Constitution, notamment en ses articles 43 et 76;

VU le décret n° 75-1027 du 10 octobre 1975 relatif à l'emploi des majuscules dans les textes administratifs, modifié ;

VU le décret n° 2014-845 du 06 juillet 2014 portant nomination du Premier Ministre;

VU le décret n° 2014-850 du 06 juillet 2014 portant nomination du Secrétaire général du Gouvernement ;

VU le décret n° 2014-853 du 09 juillet 2014 portant répartition des services de l'Etat et du contrôle des établissements publics, des sociétés nationales et des sociétés à participation publique entre la Présidence de la République, la Primature et les ministères ;

VU le décret n° 2014-1175 du 17 septembre 2014 relatif à l'organisation et au fonctionnement de la Primature ;

VU l'arrêté n° 2015-00893 du 23 janvier 2015 portant organisation et fonctionnement de la Direction des Services législatifs de la Primature ;

SUR le rapport du Directeur des Services législatifs,

ARRETE :

Article premier.- Création du CIPSTLR

Il est créé, au sein de la Primature, un Comité interne de Préparation et de Suivi des Textes législatifs et Réglementaires (CIPSTLR).

Le CIPSTLR est une instance chargée de préparer le travail du Comité Technique de Validation des Textes Législatifs et Réglementaires et d'assurer le suivi de ses recommandations.

Article 2.-Missions du CIPSTLR

Le CIPSTLR a pour mission de statuer sur toutes les questions de forme et de procédure posées au cours du processus d'édiction des projets de textes législatifs et réglementaires.

A cet effet, il est chargé notamment de:

- veiller au respect des règles relatives à la syntaxe, au vocabulaire, aux sigles et signes, à l'emploi des majuscules, des abréviations et à la ponctuation dans les projets de textes, et ce, conformément au décret n° 75-1027 du 10 octobre 1975 relatif à l'emploi des majuscules dans les textes administratifs, modifié et à la circulaire présidentielle n° 1596 PR/SG/JUR du 17 juillet 1980 relative à l'emploi des majuscules et des virgules ;
- veiller au respect des règles de procédure, notamment au respect des avis, des consultations et études d'impact préalables à l'adoption du projet de texte;
- s'assurer de la bonne présentation formelle du projet de texte (caractères, soulignage, police, etc.)
- vérifier la chronologie, l'ordre, l'actualisation, la pertinence et le respect des techniques de rédaction des visas ;
- veiller à la clarté et à la cohérence de l'intitulé, du plan et des subdivisions du projet de texte ;
- vérifier la cohérence et la pertinence de l'exposé des motifs du projet de loi ou du rapport de présentation du projet de décret ;
- garantir la précision des renvois et la clarté du style de rédaction du projet de texte et de ses annexes;
- s'assurer du suivi des recommandations formulées par le Comité Technique de Validation des Textes Législatifs et Réglementaires ;

- veiller à la prise en compte de l'avis de l'Assemblée générale de la Cour suprême par le ministère maître d'œuvre, au cas où le Gouvernement accepte de les intégrer ;
- veiller à la cohérence d'ensemble et à l'intelligibilité juridique du projet de texte, avant sa programmation à la réunion du Conseil des Ministres, lorsque le Gouvernement décide de recourir à la procédure d'urgence.

Article 3.-Composition du CIPSTLR

Le CIPSTLR comprend :

- le Secrétaire général Adjoint du Gouvernement ;
- le Directeur des Services législatifs de la Primature;
- les Conseillers techniques ou spéciaux à la Primature en charge des affaires juridiques ;
- le ou les Conseillers techniques ou spéciaux à la Primature ayant des compétences spécifiques sur le projet de texte à examiner ;
- un ou des représentants du ministère maître d'œuvre du projet de texte ;
- le Chef de la Division de la législation à la Direction des Services législatifs ;
- le Chef de la Division des Etudes de la Publication officielle et d'Appui Conseil à la Direction des Services législatifs ;
- le Chef de la Division de la coordination et du Suivi à la Direction des Services législatifs.

Le CIPSTLR peut faire appel à toute personne ayant des compétences particulières sur le projet de texte à examiner.

Article 4.-Présidence et secrétariat du CIPSTLR

Le CIPSTLR est présidé par le Secrétaire général Adjoint du Gouvernement.

Le secrétariat du CIPSTLR est assuré par le Directeur des Services législatifs de la Primature.

Article 5.- Préparation de la réunion du CIPSTLR

Le CIPSTLR se réunit sur convocation de son président.

La Direction des Services législatifs prépare la convocation et les réunions du CIPSTLR, en rapport avec le Secrétaire général Adjoint du Gouvernement.

Article 6.- Représentation aux réunions du CIPSTLR

Les départements ministériels et autres organismes publics intéressés désignent leurs représentants aux réunions du CIPSTLR et en informent, à temps, le Secrétariat général du Gouvernement par tous moyens de communication. Ils précisent, à cet effet, les noms, prénoms et contacts téléphoniques et électroniques de leurs représentants.

En cas de changement intervenu dans la personne du représentant, le ministère ou autre organisme public intéressé informe immédiatement le Secrétariat général du Gouvernement sur l'identité du nouveau représentant et sur ses contacts.

Article 7.- Mission des représentants des ministères et autres organismes publics

Les représentants des départements ministériels et autres organismes publics intéressés aux réunions du CIPSTLR sont chargés:

- d'élaborer les projets de textes initiés par leurs départements ou organismes, en rapport avec le Secrétariat général du Gouvernement ;
- de transmettre les projets de texte au Secrétariat général du Gouvernement ;
- de recueillir, par l'intermédiaire du Secrétariat général du Gouvernement, les avis et observations des ministères et autres organismes publics intéressés ;
- de préparer les avis et observations de leurs ministères et autres organismes publics intéressés;
- d'assister aux réunions du CIPSTLR;
- de prendre en compte les recommandations du CIPSTLR et de transmettre, dans des délais raisonnables, la version consolidée du projet de texte au Secrétariat général du Gouvernement, pour les besoins de la préparation de la réunion du Comité Technique de Validation des Textes Législatifs et Réglementaires.

Article 8.- Objet de la réunion du CIPSTLR

Les discussions et débats de la réunion du CIPSTLR ne portent que sur les questions de forme et de procédure relatives aux projets de textes à examiner.

Sans préjudice des dispositions de l'alinéa précédent, le CIPSTLR peut se prononcer sur des questions de fond relatives au projet de texte à examiner lorsque :

- il exerce ses attributions de suivi des recommandations du Comité Technique de Validation des Textes Législatifs et Réglementaires ;
- il est saisi pour examiner un projet de texte soumis à la procédure d'urgence, auquel cas il exerce toutes les attributions dévolues au Comité Technique de Validation des Textes Législatifs et Réglementaires.

Article 9.- Des réunions du CIPSTLR

Pour chaque projet de texte, le CIPSTLR tient au moins deux réunions :

- une réunion de pré-validation tenue, avant la réunion du Comité technique, ayant pour objet de procéder à la correction formelle du projet de texte ;

- une réunion de suivi, tenue après celle du Comité technique et avant la programmation du projet de texte à la réunion du Conseil des Ministres, ayant pour objet d'assurer le suivi des recommandations du Comité Technique de Validation des Textes Législatifs et Réglementaires.

Exceptionnellement, le CIPSTLR peur organiser des réunions ayant pour objet de :

- veiller à la prise en compte de l'avis de l'Assemblée générale de la Cour suprême par le ministère maître d'œuvre, au cas où le Gouvernement accepte de les intégrer ;
- s'assurer de la cohérence d'ensemble et de l'intelligibilité juridique du projet de texte, avant sa programmation à la réunion du Conseil des Ministres, lorsque le Gouvernement décide de recourir à la procédure d'urgence.

Article 10.- Suspension ou report de la réunion du CIPSTLR

Le CIPSTLR peut procéder à la suspension ou au renvoi de la réunion, lorsque l'adoption du projet de texte est subordonnée, notamment à des corrections nécessaires, à des vérifications préalables, à la provocation d'une réunion, à une consultation obligatoire ou pour toute autre cause jugée légitime.

Article 11.- Recommandations du CIPSTLR

Avant de formuler des recommandations ou de provoquer des arbitrages nécessaires, le CIPSTLR recueille l'avis du ministère maître d'œuvre ainsi que les observations complémentaires de ses membres, et éventuellement l'avis de la personne ayant des compétences particulières visée à l'article 3 du présent arrêté.

Les avis et recommandations du CIPSTLR lient le ministère ou l'organisme public maître d'œuvre.

Article 12.- Préservation des options du Gouvernement

Toutes les questions de forme et de procédure relatives au projet de texte à examiner peuvent être discutées au cours des réunions du CIPSTLR.

Cependant, sans préjudice des attributions du CIPSTLR prévues par l'article 2 du présent arrêté, aucune recommandation tendant à la remise en cause d'une option politique, économique, sociale ou autres arrêtée par le Gouvernement, ne peut être formulée par ledit Comité.

Article 13.- Procès-verbal des réunions du CIPSTLR

Le Directeur des Services législatifs dresse procès verbal des réunions du CIPSTLR.

Le procès-verbal de la réunion est transmis au Comité Technique de Validation des Textes Législatifs et Réglementaires, en même temps que le projet de texte à examiner à la réunion dudit Comité.

Article 14.- Exécution

Le Secrétaire général du Gouvernement, les ministres et autres organismes publics intéressés sont chargés, chacun en ce qui le concerne, de l'exécution du présent arrêté qui prend effet à compter de sa date de signature.

Mahammed Boun Abdallah DIONNE

---

182. L'arrêté primatoral n°1525 du 04 février 2015 portant création, organisation et fonctionnement du Comité technique de validation des textes législatifs et réglementaires

REPUBLIQUE DU SENEGAL

Primature

Le Premier Ministre

NOTE DE PRESENTATION

L'activité normative est l'épine dorsale de l'action du Gouvernement. En effet, les chantiers des départements ministériels s'adossent sur des projets de lois ou de décrets censés traduire juridiquement les options majeures des pouvoirs publics.

C'est pourquoi, le décret n° 2014-1175 du 17 septembre 2014 relatif à l'organisation et au fonctionnement de la Primature a procédé à une refonte générale du cadre institutionnel des services de la Primature, pour adapter leur organisation et leur fonctionnement aux nouvelles missions qui lui sont assignées. En effet, à la suite du décret n° 2012-437 du 10 avril 2012 portant répartition des services de l'Etat et du contrôle des établissements publics, des sociétés nationales et des sociétés à participation publique entre la Présidence de la République, la Primatures et les ministères, le décret n° 2014-1175 du 17 septembre 2014 a érigé le Service de Liaison en une direction, appelée Direction des Services législatifs.

L'article 5 de l'arrêté n° 2015-00893 du 23 janvier 2015portant organisation et fonctionnement de la Direction des Services législatifs de la Primature a placé ladite Direction au cœur du processus d'élaboration des textes législatifs et réglementaires.

En effet, elle est chargée notamment de la réception des projets de textes, du recueil des observations des ministères et autres organismes publics intéressés, de la convocation et de l'organisation des réunions de comités techniques et de la proposition des textes à programmer en Conseil des Ministres.

Cependant, l'organisation et le fonctionnement des Comités techniques évoqués par ce texte, n'ont jamais fait l'objet d'un encadrement juridique, malgré la centralité de leur rôle dans le travail de préparation des projets de textes législatifs et réglementaires.

Dans un contexte marqué par le renouveau de la réforme de l'administration publique articulée autour de la Gestion Axée sur les Résultats (GAR), il a paru, dès lors, nécessaire, de combler ce vide juridique, en instituant un Comité Technique de Validation des Textes Législatifs et Réglementaires (CTVTLR), par arrêté primatorial, qui en fixe les règles d'organisation et de fonctionnement.

Le Comité technique constitue l'instance décisionnelle du processus normatif, chargée de statuer sur toutes les questions de fond posées au cours de la procédure d'élaboration des projets de lois ou de décrets et de provoquer les arbitrages nécessaires, en cas de divergences sur le fond des projets de textes à examiner. Présidé par le Secrétaire général du Gouvernement, ce comité comprend les Secrétaires généraux Adjoints du Gouvernement, le Directeur des Services Législatifs de la Primature, les Conseillers techniques ou spéciaux à la Primature en charge des affaires juridiques, le ou les Conseillers techniques ou spéciaux à la Primature ayant des compétences spécifiques sur le projet de texte à examiner, les représentants du ministère maître d'œuvre, les représentants des départements ministériels et autres organismes publics impliqués dans l'élaboration du projet de texte à examiner et de toute personne ayant des compétences particulières sur ledit projet.

L'architecture organisationnelle aménagée au CTVTLR a pour objectif de garantir une gestion plus rationnelle du processus normatif ainsi que la qualité et l'intelligibilité des normes qui en sont issues, lesquelles constituent des critères majeurs de la bonne gouvernance politique et économique.

Telle est l'économie du projet d'arrêté.

Arrêté n° 1525 portant création, organisation et fonctionnement du Comité technique de Validation des Textes Législatifs et Réglementaires (CTVTLR)

LE PREMIER MINISTRE,

VU la Constitution, notamment en ses articles 43 et 76 ;

VU le décret n° 2014-845 du 06 juillet 2014 portant nomination du Premier Ministre ;

VU le décret n° 2014-850 du 06 juillet 2014 portant nomination Secrétaire général du Gouvernement ;

VU le décret n° 2014-853 du 09 juillet 2014 portant répartition des services de l'Etat et du contrôle des établissements publics, des sociétés nationales et des sociétés à participation publique entre la Présidence de la République, la Primature et les ministères ;

VU le décret n° 2014-1175 du 17 septembre 2014 relatif à l'organisation et au fonctionnement de la Primature ;

VU l'arrêté n° 2015-00893 du 23 janvier 2015 portant organisation et fonctionnement de la Direction des Services législatifs de la Primature ;

SUR le rapport du Directeur des Services Législatifs,

ARRETE :

Article premier.- Création du CTVTLR

Il est créé, au sein du Secrétariat général du Gouvernement, un Comité technique de Validation des Textes Législatifs et Réglementaires (CTVTLR).

Le CTVTLR est l'instance décisionnelle du processus d'élaboration des textes législatifs et réglementaires.

Article 2.-Missions du CTVTLR

Le CTVTLR a pour mission de statuer sur toutes les questions de fond posées au cours du processus d'édiction des normes législatives et réglementaires.

A cet effet, il est chargé notamment de :

- veiller à la conformité du projet de loi et de décret à la Constitution, notamment au respect du partage des compétences entre la loi et le règlement, conformément aux articles 67 et 76 de la Constitution ainsi qu'à la primauté des principes fondamentaux de la Constitution ;
- garantir la conformité du projet de texte avec les traités et accords internationaux régulièrement ratifiés par le Sénégal ;

- veiller à la correcte transposition des directives des organisations communautaires auxquelles le Sénégal est membre ;
- vérifier la légalité du projet de texte, notamment sa légalité interne et externe ;
- s'assurer de l'opportunité du projet de texte, en appréciant, notamment les incidences financière, fiscale, sociale, douanière, environnementale que son adoption risque d'engendrer ;
- veiller à la cohérence interne et à la bonne articulation entre le projet de texte à examiner et le dispositif juridique en vigueur, compte tenu notamment d'une législation ou d'une réglementation voisine ou concurrente ;
- provoquer les réunions interministérielles et les arbitrages nécessaires, en cas de divergences sur des questions de fond relatives au projet de loi ou de décret à examiner ;
- formuler toutes recommandations utiles au ministère maître d'œuvre sur le fond du projet de texte à examiner.

Article 3.- Composition du CTVTLR

Le CTVTLR comprend :

- le Secrétaire général du Gouvernement ;
- les Secrétaires généraux Adjoints du Gouvernement ;
- le Directeur des Services législatifs de la Primature ;
- les Conseillers techniques ou spéciaux à la Primature en charge des affaires juridiques ;
- le ou les Conseillers techniques ou spéciaux à la Primature ayant des compétences spécifiques sur le projet de texte à examiner ;
- un ou des représentants du ministère maître d'œuvre du projet de texte ;
- les représentants des ministères et autres organismes publics impliqués dans l'élaboration du projet de texte.

Le CTVTLR peut faire appel à toute personne ayant des compétences particulières sur le projet de texte à examiner.

Article 4.-Présidence et secrétariat du CTVTLR

Le CTVTLR est présidé par le Secrétaire général du Gouvernement.

Le secrétariat du CTVTLR est assuré par le Directeur des Services législatifs de la Primature.

Article 5.- Préparation de la réunion du CTVTLR

Le CTVTLR se réunit sur convocation de son président et à la suite de la réunion du Comité Interne de Préparation et de Suivi des Textes Législatifs et Réglementaires (CIPSTLR) dont les règles d'organisation et de fonctionnement sont prévues par arrêté du Premier Ministre.

La Direction des Services législatifs prépare la convocation et les réunions du CTVTLR, en rapport avec le Secrétaire général Adjoint du Gouvernement.

Article 6.- Représentation aux réunions du CTVTLR

Les départements ministériels et autres organismes publics intéressés désignent leurs représentants aux réunions du CTVTLR et en informent, à temps, le Secrétariat général du Gouvernement par tous moyens de communication. Ils précisent, à cet effet, les noms, prénoms et contacts téléphoniques et électroniques de leurs représentants.

En cas de changement intervenu dans la personne du représentant, le ministère ou autre organisme public informe immédiatement le Secrétariat général du Gouvernement sur l'identité du nouveau représentant et sur ses contacts.

Article 7.- Mission des représentants des ministères et autres organismes publics

Les représentants des départements ministériels et autres organismes publics intéressés aux réunions du CTVTLR sont chargés:

- d'élaborer les projets de texte initiés par leurs départements ou organismes, en rapport avec le Secrétariat général du Gouvernement ;
- de transmettre les projets de texte au Secrétariat général du Gouvernement ;
- de recueillir, par l'intermédiaire du Secrétariat général du Gouvernement, les avis et observations des autres ministères et autres organismes publics intéressés ;
- de préparer les avis et observations de leurs ministères et autres organismes publics intéressés;
- d'assister aux réunions du CTVTLR;
- de prendre en compte les recommandations du CTVTLR et de transmettre, dans des délais raisonnables, la version consolidée du projet de texte au Secrétariat général du Gouvernement;
- d'intégrer les avis de l'Assemblée générale consultative de la Cour suprême, lorsque le Gouvernement décide de les prendre en compte.

Article 8.- Objet de la réunion du CTVTLR

Les discussions et débats de la réunion du CTVTLR ne portent que sur les questions de fond des projets de textes à examiner, notamment sur celles formulées par les ministères et les autres organismes publics, non intégrées dans la dernière version du projet de loi ou de décret déposée par le ministère maître d'œuvre.

Ce n'est qu'après l'épuisement des questions visées à l'alinéa précédent que le CTVTLR pourra, éventuellement, évoquer d'autres questions de fond intéressant le projet de texte à examiner.

Article 9.- Suspension ou report de la réunion du CTVTLR

Le CTVTLR peut procéder à la suspension ou au renvoi de la réunion, lorsque l'adoption du projet de texte est subordonnée, notamment à des vérifications préalables, à la provocation d'une réunion, à une consultation obligatoire ou pour toute autre cause jugée légitime.

Article 10.- Recommandations du CTVTLR

Avant de formuler des recommandations ou de provoquer des arbitrages nécessaires, le CTVTLR recueille l'avis du ministère maître d'œuvre ainsi que les observations complémentaires des départements ministériels, des autres organismes publics intéressés et éventuellement l'avis de la personne ayant des compétences particulières visée à l'article 3 du présent arrêté.

Lorsque le texte pose des problèmes de fond de nature à avoir des implications majeures sur le fonctionnement des Institutions de la République ou des incidences financière, sociale, fiscale, douanière, environnementale ou autres importantes, le CTVTLR peut recommander à la Direction des Services législatifs de saisir l'Assemblée générale consultative de la Cour suprême, pour avis.

Les avis et recommandations du CTVTLR lient le ministère maître d'œuvre.

Article 11.- Préservation des options du Gouvernement

Toutes les questions de fond relatives au projet de texte à examiner peuvent être discutées au cours des réunions du CTVTLR.

Cependant, sans préjudice des attributions du CTVTLR prévues par l'article 3 du présent arrêté, aucune recommandation tendant à la remise en cause d'une option politique, économique, sociale ou autres, arrêtée par le Gouvernement, ne peut être formulée par ledit Comité.

Article 12.- Procès-verbal des réunions du CTVTLR

Le Directeur des services législatifs dresse procès-verbal des réunions du CTVTLR.

Le procès-verbal de la réunion est transmis au Conseil des Ministres, en même temps que les projets de textes programmés à la réunion du Conseil des Ministres.

Article 13.- Exécution

Le Secrétaire général du Gouvernement, les ministres et autres organismes publics intéressés sont chargés, chacun en ce qui le concerne, de l'exécution du présent arrêté qui prend effet à compter de sa date de signature.

Mahammed Boun Abdallah DIONNE

---

183. Le Conseil des Ministres

184. Instruction présidentielle n° 0254 PR/SG/MSGPR/SP du 30 avril 2014 sur le Conseil des Ministres

Dakar, le 30 avril 2014

Mesdames, Messieurs les Ministres ;

La présente instruction présidentielle a pour objet de rappeler les exigences dues à la solennité du Conseil des Ministres.

Je rappelle que le Conseil des Ministres est l'instance suprême de décision sur le devenir de la nation Sénégalaise et, réputée comme telle, requiert de la part de ceux-là qui ont l'honneur d'y siéger une haute idée du culte dû à la République.

Ainsi, bien que l'heure du conseil soit fixée à 10 heures précises je vous invite à être tous présents dans la salle, au plus tard à 09 heures 30.

Sur ce point précis, je souligne que l'accès au parvis menant à la salle du conseil doit s'opérer ministre par ministre, donc successivement.

Autrement dit, le compagnonnage à deux ou plusieurs Ministres est peu approprié parce que propice à certains impairs et autres incommodités qui tranchent avec la sérénité exigible pour les lieux,

Le Peloton de sécurité du Hall menant au Parvis, ainsi que les Huissiers de faction y veilleront et s'attacheront à réguler le rythme d'accès Ministre par Ministre.

Dans tous les cas, vos moments d'arrivée respectifs dans ce hall seront consignés.

Une fois sur les allées menant à la salle du Conseil, gardez-vous de toute expression verbale ou gestuelle, ni à l'endroit de la garde républicaine, ni à celui des éléments de sécurité ; tous au « garde à vous » pendant votre passage.

Je souligne néanmoins, qu'est une exhortation, le salut au drapeau, dès votre entrée dans la salle du Conseil avant de regagner votre siège, sans vous attarder sur les salutations aux autres membres du collège déjà présents en salle.

Vous garderez le silence et resterez à votre siège jusqu'à ce que démarre la séance de visionnage par l'équipe de Radio télédiffusion à partir de 09 heures 30.

Vous devez ainsi noter, sur ce registre, que le collège des Ministres doit être au complet avant cet instant.

Une fois ces prises de vue opérées, et les techniciens retranchés, les membres du collège qui le désirent, peuvent librement accéder au buffet.

Il y a lieu de rappeler que ce moment de brève détente ne saurait dépasser 15 minutes, et à partir de 09 heures 45, tout le collège doit être sur siège, dans l'attente du Chef de l'Etat et du Premier Ministre.

Le Ministre, Directeur de Cabinet du Président de la République, le Ministre Secrétaire général de la Présidence de la République, le Secrétaire général du Gouvernement, doivent être présents dans la salle au plus tard à 09 heures et veilleront sur les prescriptions ci-dessus évoquées. Ils devront également s'assurer de tous les prérequis opérationnels exigés par la séance du Conseil.

A l'arrivée du Chef de l'Etat, les membres du collège se tiennent debout, dos à la table du Conseil et conservent cette position, donc sans se retourner, après le salut au Président de la République, jusqu'à ce qu'il vous demande de reprendre la position usuelle.

Durant la séance du Conseil, vous devez vous garder de prendre la parole sans y avoir été autorisé par le Chef de l'Etat, encore moins d'apostropher ou d'interpeller un membre du collège ou de l'interrompre.

Vous devez particulièrement vous abstenir d'entretenir ou animer palabres et discussions pendant que prennent parole des membres du collège ; et je vous recommande d'être particulièrement attentifs aux débats en cours, en cultivant bien entendu, retenue, réserve et sérénité.

Ainsi, lorsque vous désirez prendre la parole, demandez là, par une main levée, et ne la prenez qu'après que le Chef de l'Etat vous y autorise.

Une fois que vous l'avez, soyez précis et concis dans votre propos.

Je fais néanmoins noter qu'aucun membre du collège ne doit requérir la parole pendant les interventions du Chef de l'Etat ou du Premier Ministre, l'approche indiquée consistant à n'y procéder qu'à la clôture de leur propos ou pendant que s'exprime un autre membre du collège,

Sur un autre aspect, je considère comme peu conforme à l'esprit du Conseil, le procédé des échanges ou transferts entre ministres, de petites missives ; puisque leur contenu, s'il porte sur l'objet du Conseil, doit être librement exprimé lors d'une prise de parole

Vous pouvez dès lors, les considérer comme proscrits en Conseil des Ministres.

S'agissant de la clôture de la séance, gardez à l'esprit que vous ne devrez vous lever qu'à la suite du Chef de l'Etat, en silence et en restant face à la table du Conseil.

Cette position, doit être conservée jusqu'à ce que le Président de la République se retire accompagné seulement du Premier Ministre.

Vous éviterez, pendant ces instants de départ, d'interpeller le Chef de l'Etat ou le Premier Ministre.

L'Huissier préposé signalera le moment approprié pour que les membres du Conseil, eux aussi, se retirent, de façon ordonnée et silencieuse.

Ce sont là les recommandations exigibles que méritent bien la sacralité et la solennité de cet instant républicain.

République du Sénégal – Présidence de la République – Le Président de la République

Macky SALL

185. Instruction présidentielle n° 0332/PR/SP du 18 juin 2015 relative au déroulement du Conseil des Ministres

Messieurs les Ministres d'État ;
Mesdames, Messieurs les Ministres,
Messieurs les Secrétaires d'État,

Le Conseil des Ministres se tient le mercredi à 10 heures.

Instance de coordination gouvernementale mais également de délibération sur les destinées de la nation, le conseil requiert méthode et organisation afin que son objet soit efficacement rempli.

La présente instruction a pour objet d'en arrêter le format, d'en déterminer les séquences et d'y indiquer les recommandations.

I. La phase préparatoire

Le Secrétaire général du Gouvernement assure le secrétariat du conseil et, à ce titre, en prépare l'ordre du jour.

L'ordre du jour, prévalidé par le Premier Ministre, est validé et arrêté à l'occasion de la séance de pré-conseil que je préside chaque lundi, en présence du chef du Gouvernement, du Ministre Directeur de Cabinet du Président de la République, du Ministre Secrétaire général de la Présidence et du Secrétaire général du Gouvernement.

Ainsi, lorsque vous envisagez de faire une communication en conseil, vous devrez en faire part au Secrétaire général du Gouvernement, au plus tard le vendredi précédent le jour du Conseil.

Sur ce point, je signale que vos communications sont limitées à deux (02) pages, du moment qu'elles ne doivent insister que sur l'essentiel.

Dès lors, je souligne que ne seront adoptées dans l'ordre du jour que les communications devant susciter mon arbitrage ou mes orientations.

En conséquence, celles réputées être des comptes rendus d'activités ne sauraient être admises à l'ordre du jour. Le Secrétaire général du Gouvernement s'attachera à vous indiquer les suites appropriées.

Elles peuvent néanmoins revêtir cette forme à ma seule demande.

S'agissant des projets de textes législatifs ou réglementaires, vous devez vous assurer, avant de les proposer en inscription à l'ordre du jour, qu'ils ont obéi aux formalités préalables prescrites notamment l'examen en comité technique à la Primature, et en assemblée générale consultative de la cour suprême.

Sous ce rapport, retenez qu'à défaut de cette exigence, le Secrétaire général du Gouvernement veillera à ne point me les soumettre en pré-conseil de validation de l'ordre du jour.

De plus, une fois l'ordre du jour adopté, le Secrétaire général du Gouvernement s'évertuera à vous envoyer, et au plus tard le mardi, la documentation objet du Conseil.

Sous ce registre, je vous recommande vivement de bien étudier les documents, objets du Conseil, et de leur prêter une attention soutenue.

Il est, à cet égard, particulièrement important que vous mobilisiez vos cabinets respectifs afin de bien préparer les séances du Conseil.

Du reste, je vous exhorte vivement, avant chaque séance, à faire le point sur l'état d'exécution des directives vous concernant.

Je dois, toutefois, faire noter que même si l'ordre du jour porte sur des objets qui ne sont pas ceux de vos départements respectifs, vous devez vous préparer à être interpellés sur des points qui sont de votre ressort, ou à rendre compte de vos activités les plus immédiates.

II. La séance du Conseil

A. La revue des directives

Elle a pour objet de faire le point sur l'état de mise en œuvre des directives présidentielles et instructions primatorales déclinées en conseil, ou qui vous ont déjà été adressées par correspondances administratives.

A ce titre, il me faut souligner que, s'il s'agit d'une directive d'exécution immédiate, c'est-à-dire ne nécessitant pas un processus, informez le conseil de son accomplissement ou non.

En revanche, s'il s'agit d'une directive dont l'exécution est subordonnée à un processus, faites part brièvement au conseil des diligences déjà engagées et de celles qui restent à dérouler.

B. La séquence des communications

1. Communication du Président de la République

Instant le plus solennel de la séance du conseil, j'y précise mes orientations et y décline mes directives adressées au Gouvernement.

Il me faut sur cet aspect, préciser, que même si cette communication ne fait pas l'objet, en principe, de débat, je peux juger opportun, sur un point précis concernant un secteur quelconque, d'interpeller un membre du Gouvernement qui, naturellement, devra faire preuve de concision et de précision.

2. Communication du Premier Ministre

Elle s'appréhende comme un compte rendu d'activités hebdomadaires corrélé à une analyse sur l'efficacité du collège des Ministres.

Retenez que j'y interviens pour l'apprécier et, subséquemment, peux y interpeller des membres du collège ; si ce n'est le Premier Ministre qui requiert, sur cet aspect, la prise de parole d'un membre de cette instance.

Je signale que, pendant ma communication et celle du Premier Ministre, aucun déplacement n'est autorisé dans la salle, sauf en cas de nécessité absolue.

3. La revue du Plan Sénégal Emergent

C'est l'occasion offerte au Ministre en charge du Plan Sénégal Emergent de partager avec le collège, le niveau d'exécution des projets et réformes phares.

En effet, j'y livre mes appréciations, l'évalue et interpelle les ministres dont les projets sont évoqués.

C'est pourquoi, j'invite les ministres en charge des secteurs prioritaires du Plan Sénégal Emergent à veiller au bon suivi des diligences leur incombant, afin qu'interpellés en séance, leurs réponses et éclairages soient précis et brefs. Il devient dès lors exigible, pour les ministres concernés, de toujours se munir, en conseil, d'un rapport d'étape sur l'exécution des projets en jeu.

4. Les communications ministérielles

Il s'agit, pour les ministres dont les projets de communication sont retenus dans l'ordre du jour, d'exposés les enjeux de leurs secteurs respectifs.

Mieux encore, ils n'évoqueront ainsi dans leurs communications que des problématiques interministérielles, c'est-à-dire celles nécessitant des actions concertées avec un ou plusieurs départements, ou qui requièrent mon arbitrage ou celui du Premier Ministre.

Seuls ne pourront intervenir à la suite d'une communication ministérielle, si je le juge utile, que les Ministres dont l'implication, dans le secteur évoqué, est évidente.

5. Point sur la situation internationale par le Ministre des Affaires étrangères et des Sénégalais de l'Extérieur

Au-delà du résumé de l'actualité internationale, il a vocation à souligner les enjeux y consécutifs pour notre pays, tant du point de vue politique, économique et social, mais également à faire noter les diligences, et positions appropriées pour notre pays.

En dehors de mes éléments d'appréciation et de ceux du chef du gouvernement, cette communication du Ministre des Affaires étrangères et des Sénégalais de l'Extérieur n'est pas suivie de débat, sauf si l'impact de cette actualité sur un secteur donné est si décisif que la prise de parole du Ministre concerné, devient absolument nécessaire dans le processus décisionnel.

6. Point de conjoncture Economique

Il offre l'occasion, au Ministre de l'Economie, des Finances et du Plan et au Ministre du Budget, d'informer le collège des Ministres sur la situation de notre Economie et de nos Comptes publics.

Ne peuvent alors intervenir sur ce point, que les ministres dont les dossiers sont en cours d'instruction dans les services du Ministère de l'Economie des Finances et du Plan, ou ceux dont le traitement, déjà opéré par ces services, doit appeler un jugement immédiat de leur part.

Dans tous les cas, ne sauraient être invités à intervenir sur ces questions financières, que les ministres qui sollicitent mon arbitrage, parce que confrontés à des difficultés réelles qui ressortent de l'activité des services du Ministère de l'Economie et des Finances.

C. La séquence des interpellations

Elle m'offre l'occasion d'attirer l'attention des membres du Conseil concernés, sur les enjeux et les urgences du moment attachés à leurs secteurs d'activités respectifs.

Autrement dit, c'est un moment privilégié pour les ministres interpellés de me rendre compte et d'informer le Premier Ministre sur des dossiers en cours, c'est-à-dire d'actualité.

Je souligne que cette phase du Conseil des Ministres n'ouvre droit à aucun débat, du moment qu'il s'agit d'une phase d'évaluation et d'orientation de laquelle résultent des directives présidentielles et instructions primatorales.

D. Séquence des délibérations

1. L'examen des textes législatifs et règlementaires

Les projets de texte retenus dans l'ordre du jour sont présentés par le Ministre initiateur qui en fait l'économie devant le collège des ministres. En principe, la lecture de d'exposé des motifs, ou du rapport de présentation suffit ; sauf si le texte est complexe, et auquel cas il peut être permis au présentateur de l'étayer par de brefs commentaires.

Par ailleurs, cette présentation est suivie d'un débat lors duquel ne doivent intervenir que les ministres dont les recommandations ou autres griefs sur le texte en examen, déjà portés par leurs représentants en comité technique, n'ont pas été pris en compte dans la rédaction finale du texte.

Il y a ainsi lieu de préciser que l'adoption d'un texte vaut signature en Conseil, ou transmission vers l'assemblée nationale pour suites requises.

Dans le cas contraire, le ministre émetteur est invité à réviser son texte dont l'adoption, à une prochaine séance, est subordonnée à l'intégration des amendements déclarés recevables.

2. Mesures individuelles

Cette séquence n'ouvre droit à aucun débat sauf s'il s'agit d'attirer mon attention sur les prescriptions règlementaires exigibles quant à la nomination aux emplois publics.

E. Relevé des directives en conseil

Phase ultime du Conseil, elle permet au Secrétaire général du Gouvernement de rappeler les directives et recommandations du Président de la République, de même que les instructions primatorales, qu'elles ressortent soit de leurs communications respectives, soit de leurs commentaires ou arbitrages à la faveur du Conseil des Ministres en cours.

Bien que le récapitulatif doive faire l'objet d'un courrier émis par le Chef du Gouvernement, je vous invite, en séance, à prendre note.

Je dois d'ailleurs, à ce titre, souligner, qu'une des premières diligences post-conseil à dérouler, demeure la convocation de votre cabinet restreint pour une prise en charge immédiate.

Tels sont les principes exigibles pour cet instant républicain, et auxquels je vous recommande vivement de vous attacher.

Macky SALL

5. L'intervention des institutions consultatives

Notes

186. Des institutions consultatives. Les institutions consultatives qui interviennent au cours du processus d'adoption des textes normatifs sont pour l'essentiel celles prévues par la Constitution. Elles peuvent être saisies par le Gouvernement ou par l'Assemblée nationale d'un projet normatif pour avis. Il s'agit de l'Assemblée générale consultative de la Cour suprême, du Haut Conseil des Collectivités territoriales et du Conseil économique, social et environnemental dont l'organisation et le fonctionnement sont fixées par des lois organiques.

a. L'Assemblée générale consultative de la Cour suprême

187. La composition. Selon l'article 16 de la loi organique n° 2017-09 du 17 janvier 2017 abrogeant et remplaçant la loi organique n° 2008-35 du 08 août 2008 sur la Cour suprême, la Cour suprême, réunie en assemblée générale, a une compétence consultative au cours de la procédure d'adoption des textes législatifs et réglementaires[121].

La Cour suprême, solennellement installée le 14 novembre 1960, a tenu le 18 novembre 1960, la première réunion de l'Assemblée générale consultative[122].

L'Assemblée générale consultative comprend la totalité des membres de la Cour suprême. Elle est présidée par le Premier Président de la Cour suprême ou, en cas d'empêchement et, dans l'ordre, par le Procureur général, un Président de chambre ou le Premier Avocat général[123].

---

[121] J. C. GAUTRON et M. ROUGEVIN-BAVILLE, *Droit public du Sénégal*, Paris, éditions A. Pédone, 1977, p. 165 et s. ; M. AURILLAC, « La Cour suprême du Sénégal », *Rev. jur. et pol.* 1969, p. 65 ; P. M. NDIAYE, *La renaissance de la Cour suprême,* Dakar, novembre 2008, p. 53 ; O. CAMARA , « La Cour suprême du Sénégal », in *Les Cours suprêmes en Afrique*, Tome I, Paris, Economica, , 1989, p. 307 ; M. AURILLAC, « La Cour suprême du Sénégal », *RJPIC*, 1969, p. 65 ; M. DIARRA, « Rôle constitutionnel de la Cour suprême du Sénégal », *RJPIC*, 1969, p. 1004 ; D. SY, « Le contrôle de l'exécutif par le Conseil d'Etat », in *L'Etat de droit et le contrôle de l'exécutif au Sénégal,* Dakar, p. 101.

[122] En ce sens, V. la circulaire du Secrétaire général du Gouvernement n° 94 du 24 novembre 1960.

[123] V. art. 16 de la loi organique n° 2017-09 du 17 janvier 2017 abrogeant et remplaçant la loi organique n° 2008-35 du 08 août 2008 sur la Cour suprême.

Sont, en outre, appelés à siéger à l'Assemblée générale consultative, avec le titre de conseillers en service extraordinaire[124], des personnalités qualifiées dans les différents domaines de l'activité nationale, désignées par décret sur proposition du Premier Président de la Cour, pour une période d'un an qui peut être renouvelée[125].

La circulaire du Secrétaire général du Gouvernement n° 94 du 24 novembre 1960 énonce que ne pourront être nommés Commissaires du Gouvernement des fonctionnaires faisant déjà partie de la Cour à titre de Conseillers en service extraordinaire.

188. Les compétences. Les compétences consultatives de l'Assemblée générale consultative de la Cour suprême dans le cadre de l'examen des textes sont bien délimitées.

La Cour suprême donne un avis motivé sur la légalité des dispositions sur lesquelles elle est consultée, mais aussi, s'il y a lieu, sur la pertinence des moyens juridiques retenus pour atteindre les objectifs poursuivis, en tenant compte des contraintes inhérentes à l'action administrative.

Mais l'Assemblée générale consultative n'est pas habilitée à porter d'appréciation sur les fins poursuivies par le Gouvernement.

189. La nature de la consultation. La consultation de la Cour suprême, par le Gouvernement ou le Président de l'Assemblée nationale, n'est pas en principe obligatoire ; il s'agit d'une consultation facultative. Dans la pratique normative, les projets de code et les projets de texte présentant un intérêt national sont soumis par le Gouvernement à l'avis de l'Assemblée générale consultative de la Cour suprême, après leur examen par le Comité interne de préparation et de suivi des textes législatifs et réglementaires et par le Comité technique de validation des textes législatifs et réglementaires, sauf en cas d'urgence signalée.

Dans certains cas, la consultation de l'Assemblée générale consultative de la Cour suprême est obligatoire. En effet, certains textes doivent obligatoirement être soumis à l'avis de l'Assemblée générale consultative de la Cour suprême. Il en est ainsi du décret de reconnaissance d'utilité publique d'une association[126] ou d'une fondation[127]. Il en est de même du décret de dissolution d'un conseil départemental lorsque son fonctionnement se révèle durablement impossible[128].

[124] Il s'agit notamment de professeurs de lettres, d'un Conseiller juridique à la Primature, du Vérificateur général, etc.

[125] Le nombre de conseillers en service extraordinaire ne peut excéder vingt (20)

[126] V. art. 4 du décret n° 76-199 du 17 février 1976 fixant les conditions d'octroi et de retrait de la reconnaissance d'utilité publique aux associations (JORS du 13 mars 1976, p. 379).

[127] V. art. 3 de la loi n° 95-11 du 07 avril 1995 instituant la fondation d'utilité publique au Sénégal (JORS du 10 juin 1995, p. 253).

[128] V. art. 52 du Code général des Collectivités territoriales.

190. La nature de l'avis. Les avis de la Cour suprême sur les projets de texte qui lui sont soumis sont des avis consultatifs ; ils ne lient ni le Gouvernement, ni l'Assemblée nationale[129].

En vertu de la circulaire du Président du Conseil n° 93 du 24 novembre 1960, « les avis de la Cour n'ont pas de force obligatoire, sauf dans les cas très particuliers où la loi en aurait disposé autrement ».

L'instruction générale n° 15 PR du 1er mars 1968 sur l'organisation du travail prescrit, lorsque le Gouvernement ne suit pas l'avis de la Cour, de faire de propositions motivées au Président de la République.

Cette instruction générale recommande fortement au Gouvernement de ne pas abuser de cette faculté. En effet, les avis de l'Assemblée générale consultative de la Cour suprême ne sont pas destinés à censurer l'action du Gouvernement[130] ; ils visent à éclairer le pouvoir exécutif dans son action. En outre, l'expérience des membres de l'Assemblée générale consultative permet d'entrevoir les difficultés qui peuvent naître de textes ambigus ou de formulations équivoques[131].

Mais, il arrive des cas où l'avis donné par l'Assemblée générale de la Cour suprême lie le Gouvernement. Ainsi, en matière de classement d'archives privées, l'article 51 du décret n° 2006-596 du 10 juillet 2006, portant organisation et fonctionnement de la Direction des Archives du Sénégal prévoit que le classement d'office d'archives privées est prononcé par décret pris sur avis conforme du Conseil d'État (Assemblée générale consultative de la Cour suprême).

191. Les modalités d'organisation et de fonctionnement. La loi organique n° 2017-09 du 17 janvier 2017 abrogeant et remplaçant la loi organique n° 2008-35 du 08 août 2008 sur la Cour suprême et le décret n° 2009-367 du 20 avril 2009 portant application de la loi organique n° 2008-35 du 08 août 2008 sur la Cour suprême ont décrit avec précision les modalités d'organisation et de fonctionnement de l'Assemblée générale consultative de la Cour suprême.

En outre, plusieurs circulaires se sont attachées à apporter des précisions importantes relatives au rôle et au profil des commissaires du Gouvernement auprès de cette assemblée. Il s'agit notamment de la circulaire n° 28/PR/SG/BL du 08 avril 1968 commandant l'indication des noms des commissaires du Gouvernement dans les lettres de transmission au Secrétariat

---

[129] Sur cette question, H. HOEPPFNER, « Les avis du Conseil d'État », *RFDA* 2009, p. 895 ; L. A. BOUVIER « Les avis du Conseil d'Etat sur les projets de lois : légitimité es avis du Conseil d'Etat sur les projets de lois : légitimité d'une fonction juridique à portée politique », *PA*, 05 mars 2015, n° 46, p. 6.

[130] V. la circulaire du Président du Conseil n° 93/ SG du 24 novembre 1960.

[131] V. la circulaire du Secrétaire général du Gouvernement n° 93 du 24 novembre 1960 ; l'instruction générale n° 15 PR du 1er mars 1968 sur l'organisation du travail gouvernemental.

général des projets de loi ou de décret, de la circulaire présidentielle n° 70 CAB/L du 07 juillet 1964, de la circulaire n° 54 PM/SGG/SP du 03 mai 1972 relative à la désignation des commissaires du Gouvernement à la Cour suprême, de la circulaire n° 72/PM/SGG/ADJ.1 du 27 août 1979 relative à la désignation des commissaires du Gouvernement à l'Assemblée générale consultative de la Cour suprême, de la circulaire n° 00012 PM/SGG/SL du 07 décembre 2004 et de la circulaire n° 004 PM/SGG/SGGA/PAT du 21 février 2017 relative aux Commissaires du Gouvernement auprès l'Assemblée générale consultative de la Cour suprême.

A cet égard, la circulaire présidentielle n° 70 CAB/L du 07 juillet 1964 énonce que « les Commissaires du Gouvernement, dans l'accomplissement de leur mission n'ont qu'une position à soutenir : celle du Gouvernement dans son ensemble », avec l'accord du Commissaire général.

Textes

192. Extraits de la loi organique n° 2017-09 du 17 janvier 2017 abrogeant et remplaçant la loi organique n° 2008-35 du 08 août 2008 sur la Cour suprême (JORS n° 6986 du 18 janvier 2017, p. 47)

Article 4. - La Cour suprême, réunie en assemblée générale, a une compétence consultative.

Article 5. - Elle peut être consultée par le Président de la République, le Président de l'Assemblée nationale et le Gouvernement dans les conditions fixées aux articles 16 à 19 de la présente loi organique.

Article 6. - Les formations de la Cour suprême sont :

- les chambres réunies ;
- les chambres ;
- l'Assemblée générale consultative.

Les arrêts de la Cour suprême sont rendus soit par les chambres réunies, soit par les chambres.

Le Premier Président de la Cour suprême assure la bonne marche de la juridiction, compte tenu des nécessités du service.

Article 16. - L'Assemblée générale consultative comprend les magistrats visés à l'article 22 de la présente loi organique. Elle est présidée par le premier président, ou en cas d'empêchement et, dans l'ordre, par le procureur général, un président de chambre ou le premier avocat général.

Sont, en outre, appelées à siéger à l'Assemblée générale consultative, avec le titre de conseiller en service extraordinaire, des personnalités qualifiées dans les différents domaines de l'activité nationale, désignées par décret sur proposition du premier président de la Cour, pour une période d'un an qui peut être renouvelée. Le nombre de conseillers en service extraordinaire ne peut excéder vingt.

Les conseillers en service extraordinaire peuvent recevoir, pour les services qu'ils accomplissent effectivement à la Cour suprême, une indemnité dont le montant est fixé par arrêté du premier président.

Article 17. - Le Premier Ministre désigne, auprès de l'Assemblée générale consultative, en qualité de commissaire général du Gouvernement, le Secrétaire général du Gouvernement qui est chargé de représenter le pouvoir exécutif et de fournir à l'assemblée toutes informations utiles. Ce dernier est assisté, pour chaque projet à examiner, d'un commissaire spécial représentant le ministère concerné.

Les commissaires du Gouvernement participent aux débats sur l'affaire pour laquelle ils ont été désignés mais n'ont pas voix délibérative.

Article 18. - La Cour suprême, réunie en Assemblée générale consultative, donne au Gouvernement un avis motivé sur les projets de loi et projets de décret soumis à son examen.

Sans pouvoir porter d'appréciation sur les fins poursuivies par le Gouvernement, la Cour suprême donne un avis motivé sur la légalité des dispositions sur lesquelles elle est consultée, mais aussi, s'il y a lieu, sur la pertinence des moyens juridiques retenus pour atteindre les objectifs poursuivis, en tenant compte des contraintes inhérentes à l'action administrative.

La Cour suprême, réunie en Assemblée générale consultative, donne également son avis au Président de la République ou au Premier Ministre dans tous les cas où sa consultation est prévue par des dispositions législatives ou réglementaires et chaque fois qu'elle est consultée sur les difficultés apparues en matière administrative.

Saisie par le Président de l'Assemblée nationale, après examen de la commission compétente, la Cour suprême, réunie en Assemblée générale consultative, donne son avis sur les propositions de loi qui lui sont soumises.

Article 19. - Le Premier Président peut décider qu'une affaire, au lieu d'être examinée par l'Assemblée générale consultative, sera renvoyée à une commission spéciale de l'assemblée présidée par l'un des magistrats de la Cour.

L'avis de la commission tient lieu de délibération de l'assemblée générale.

Article 22. - La Cour suprême se compose :

- du Premier président ;
- des Présidents de chambre ;
- du Directeur du service de documentation et d'études ayant rang de Président de chambre ;
- de Conseillers ;
- de Conseillers délégués ou référendaires ;
- du Procureur général ;
- du Premier avocat général ;
- des Avocats généraux ;
- des Avocats généraux délégués.

Article 22-4. - Des professeurs titulaires et professeurs assimilés et des maîtres de conférence titulaires des universités peuvent être mis en position de détachement à la Cour suprême.

Le Premier Président peut inviter les professeurs titulaires et professeurs assimilés et les maîtres de conférence titulaires des universités en position de détachement à la Cour suprême ainsi que les auditeurs à assister à l'Assemblée générale consultative.

---

193. Extraits du décret n° 2009-367 du 20 avril 2009 portant application de la loi organique n° 2008-35 du 08 août 2008 sur la Cour suprême (JORS n° 6474 du samedi 13 juin 2009).

Article 7.- La Cour suprême, réunie en Assemblée générale, a une compétence consultative.

Article 8.- L'Assemblée générale consultative tient, en principe, deux séances par mois à jour fixe et, s'il y a lieu, des séances supplémentaires.

La présence à l'Assemblée générale consultative est obligatoire.

Les membres doivent faire parvenir leurs observations écrites au plus tard quarante-huit heures avant la séance.

Article 9.- L'Assemblée générale consultative peut constituer des commissions spéciales devant lesquelles le premier président peut renvoyer certaines affaires en raison de leur nature.

Devant les commissions, il est procédé comme devant l'assemblée générale, conformément à l'article suivant.

L'avis de la commission tient lieu de délibération de l'Assemblée générale consultative.

En cours de séance, l'Assemblée générale peut désigner une commission ad hoc, chargée d'étudier un problème particulier et de faire rapport devant elle.

Article 10.- Après enregistrement des projets de lois, de décrets ou des demandes d'avis, le premier président ou en cas d'empêchement, le procureur général ou le plus ancien des présidents de chambre, désigne un rapporteur, soit parmi les magistrats du siège ou du parquet, soit parmi les conseillers en service extraordinaire. Le rapporteur prend contact sans délai avec le commissaire du Gouvernement.

Le rapporteur se fait expliquer par le commissaire du Gouvernement et, éventuellement, par les fonctionnaires compétents, la portée exacte du projet.
Article 11.-En relation avec le service de documentation et d'étude de la Cour suprême, le rapporteur ;

s'il s'agit d'une loi, constitue un dossier comprenant les dispositions constitutionnelles applicables, les dispositions législatives qui seront complétées ou modifiées et, éventuellement, tous documents, notes ou rapports de nature à éclairer le texte ;

s'il s'agit d'un décret, joint au dossier la disposition constitutionnelle ou législative applicable et le texte règlementaire qui sera complété ou modifié, ainsi que tous documents de nature à éclairer le projet.

Article 12.-Le rapporteur prépare son rapport qui comprend une partie générale, replaçant le projet dans son contexte constitutionnel, législatif et règlementaire et qui en expose la portée. Une seconde partie analytique fait le commentaire et, éventuellement, la critique du projet. Cette critique doit être faite d'un point de vue juridique et administratif ; elle doit porter sur la constitutionnalité et la légalité du texte, sur sa cohérence interne, sur ses difficultés techniques d'application, compte tenu notamment d'une législation ou d'une règlementation voisine ou concurrente.

Article 13.- Compte tenu de la critique qu'il a présentée, le rapporteur propose les modifications de rédaction qu'il estime nécessaires.

Le rapport, sans être entièrement rédigé, doit se présenter sous forme d'un plan détaillé, avec citation intégrale des textes et rédaction des nouvelles propositions.

Article 14.- Dès que le rapport est établi, l'affaire est inscrite à la plus prochaine assemblée générale. Le Secrétaire général du Gouvernement et les commissaires du Gouvernement en sont avisés.

Le rapporteur présente son rapport. Le ou les commissaires du Gouvernement prennent part aux débats. Ceux-ci comprennent une discussion générale et une discussion par article.

Le vote porte d'abord sur les amendements dans l'ordre de présentation, puis sur l'ensemble de l'article amendé ou non.

Article 15.- A l'issue de l'assemblée générale, le rapporteur rédige immédiatement le texte définitivement adopté ainsi qu'une note d'observation indiquant toutes les modifications apportées au projet et expliquant les principales d'entre elles. Le projet modifié et la note portant la signature du président de séance, du rapporteur et du greffier en chef sont transmis, selon le cas, au Secrétaire général du Gouvernement, du Sénat ou de l'Assemblée nationale.

Article 16.-Pour la demande d'avis, il est procédé comme pour l'examen des textes législatifs ou règlementaires. En relation avec le service de documentation et d'études de la Cour suprême, le rapporteur doit procéder à la recherche de tous les documents susceptibles d'éclairer l'avis de l'assemblée générale et rédiger un projet d'avis motivé. Cet avis est voté par l'Assemblée générale consultative, ou la commission en tenant lieu, puis transmis au Président de la République.

Article 17.- Les fonctions du Ministère public près la Cour suprême sont personnellement confiées au procureur général.

Article 30.- Le service de documentation et d'études fait rapport mensuellement au premier président des activités de l'Assemblée générale consultative en présentant un état complet des dossiers enregistrés, retirés, traités et en instance.

---

194 La circulaire n° 93/ SG du 24 novembre 1960

REPUBLIQUE DU SENEGAL

Un Peuple-Un-But - Une Foi

PRESIDENCE DU CONSEIL

N° 93/SG

LE PRESIDENT DU CONSEIL

A

MESSIEURS LES MINISTRES

Monsieur le Président de la République a présidé, le 14 novembre 1960 à l'installation de la Cour suprême. Cette haute assemblée va donc pouvoir jouer immédiatement le rôle consultatif qui lui est dévolu par la loi organique du 3 septembre I960. En conséquence, tous les projets de lois et de décrets réglementaires devront désormais être examinés par la Cour suprême.

Ces projets, après étude par votre ministère, adoption par le Ministre examen éventuel à l'échelon interministériel, seront transmis au Secrétariat général du Gouvernement. Celui-ci les adressera aussitôt à la Cour suprême dont le Premier Président désignera un rapporteur au sein de la haute assemblée, en vue de l'étude du texte avant sa discussion devant l'Assemblée générale consultative de la Cour.

Le rapporteur prendra contact avec vos services et notamment avec le Commissaire du Gouvernement que vous aurez désigné soit à titre permanent, soit plus spécialement lorsqu'une affaire requerra l'intervention d'un spécialiste. Le commissaire du Gouvernement devra collaborer étroitement avec le rapporteur en vue, notamment, de mettre en lumière l'économie générale du texte et sa place dans l'ensemble de la législation. Si le rapporteur et le Commissaire du Gouvernement n'ont pu se mettre d'accord sur des modifications du texte, il appartiendra au Commissaire du Gouvernement de défendre devant l'Assemblée générale le point de vue de votre ministère et de faire connaitre, avec motif à l'appui les points sur lesquels vous estimez devoir maintenir la rédaction initiale.

La Cour suprême peut également fournir des avis sur toutes questions d'ordre juridique que vous voudrez bien me proposer de soumettre ainsi que sur les difficultés qui sont susceptibles de s'élever en matière administrative. Les demandes d'avis devront être adressées à la Cour suprême par l'intermédiaire du Secrétariat général du Gouvernement. Aucune demande d'avis ne pourra être examinée par la Cour si elle lui est adressée directement par un Ministre.

Les commissaires du Gouvernement interviendront dans les mêmes conditions qu'en matière législative et réglementaire en vue d'éclairer la Cour sur la portée de la demande d'avis.

Le rôle de la Cour suprême en matière consultative doit être bien compris. Les avis de la Cour ne sont pas destinés à censurer l'action du Gouvernement mais à aider le Gouvernement dans son action. Il est en effet éminemment souhaitable que le sens juridique et l'expérience administrative des membres de la Cour permettent à cette haute assemblée de pressentir les difficultés qui naîtront de textes parfois ambigus et d'application difficile. Vous voudrez donc considérer la Cour comme un auxiliaire précieux de votre action.

Il reste bien entendu que les avis de la Cour n'ont pas de force obligatoire, sauf dans des cas très particuliers où la loi en aurait disposé autrement.

La Cour ne décharge pas le Conseil des Ministres de ses responsabilités. Elle lui facilite la tâche en lui permettant de se dégager du détail des textes pour se consacrer aux grandes décisions politiques.

Dakar, le 24 novembre 1960

195. La circulaire n° 94 du 24 novembre 1960

REPUBLIQUE DU SENEGAL
Secrétariat général du Gouvernement

N° 94

LE PRESIDENT DU CONSEIL
A MESSIEURS LES MINISTRES

La Cour suprême solennellement installée le lundi 14 novembre a tenu le vendredi suivant sa première Assemblée générale consultative.

De ce jour elle a commencé à remplir auprès du Gouvernement, le rôle consultatif qu'elle tient de la Constitution et de l'ordonnance n°60-17 du 3 septembre 1960.

Ceci implique un changement immédiat de nos habitudes de travail et antra1nera une prochaine révision du règlement des travaux du Conseil.

Dès maintenant, afin d'éviter tout retard dans le processus d'élaboration des textes et pour permettre à la cour de disposer du temps et des commodités nécessaires à l'exercice de sa haute mission, je vous invite à observer strictement les règles suivantes qui modifient certains points du règlement antérieur.

1°/ Vos projets de lois ou de décrets réglementaires seront déposés au Secrétariat général du Gouvernement au plus tard vingt et un jours avant la date du Conseil au cours duquel ils doivent être examinés.

2°/ Ces projets seront déposés en 70 exemplaires au lieu de 30 précédemment s'il s'agit de projets de décret et en 220 exemplaires au lieu de 180 précédemment s'il s'agit de projets de loi. Dans les deux cas, les 40 exemplaires supplémentaires sont destinés à la Cour suprême.

3°/ Pour me permettre de nommer les Commissaires du Gouvernement chargés de représenter le Gouvernement auprès de la Cour, vous voudrez bien me proposer dans les plus brefs délais un fonctionnaire de votre département. La nomination de ces commissaires du Gouvernement permanents ne fait pas obstacle à la désignation d'un commissaire ad hoc chaque fois que vous le jugerez utile, en raison notamment de la spécialité présentée par un projet de texte. Il vous suffira de m'aviser suffisamment à temps pour me permettre de prendre l'arrêté de nomination dudit commissaire.

En attendant la nomination des Commissaires du Gouvernement et pour permettre à la Cour de continuer à remplir le rôle consultatif qui lui est dévolu, je vous invite à désigner pour chacun de vos projets un fonctionnaire chargé de vous représenter lorsque la Cour en fera l'examen. Votre décision portant désignation de ce fonctionnaire sera jointe aux exemplaires du projet envoyés par vos soins au Secrétariat général du Gouvernement.

Il va de soi que ne pourront pas être nommés Commissaires du Gouvernement des fonctionnaires de votre département faisant déjà partie de la Cour à titre de Conseillers en service extraordinaire.

4°/ Il reste bien entendu que ne pourront pas être inscrits à l'ordre du jour du Conseil des Ministres les projets pour lesquelles ces règles n'auraient pas été respectées.

Le, 24 novembre 1960

---

196. La circulaire n°70/CAB/L du 07 juillet 1964

PRESIDENCE DE LA REPUBLIQUE
SECRETARIAT GENERAL

N° 70/ CAB/L

Dakar, 07 juillet 1964

LE SECRETAIRE GENERAL
A
MESSIEURS LES MINISTRES

A l'occasion d'examen de textes par l'Assemblée générale consultative de la Cour suprême, il arrive que des Commissaires du Gouvernement tentent de faire valoir des points de vue personnels ou soutiennent des positions préalablement adoptées par les départements ministériels, au titre desquels ils ont été désignés.

Il s'en suit parfois que des divergences de vue regrettables se manifestent entre eux et le Commissaire général du Gouvernement qui par ailleurs n'est presque jamais informé des observations formulées sur les projets par les rapporteurs désignés par la Cour suprême.

Ceci aboutit, dans la plupart des cas, à retarder l'examen de certains textes au sujet desquels il aurait fallu qu'un accord se réalisant sur les observations ou propositions de modification faites par la Cour.

Cet état de fait est fâcheux. Il est d'autant plus regrettable qu'il offre l'impression d'une mauvaise coordination du travail gouvernemental en plus du surcroit de travail, de la perte de temps qui en résultent et du retard qu'il apporte au déroulement des procédures précédant la mise en application des textes. .

Il apparait donc opportun de rappeler, ce qui n'aurait jamais dû être perdu de vue, que les Commissaires du Gouvernement, dans l'accomplissement de leur mission n'ont qu'une position à soutenir: celui du Gouvernement considérée dans son ensemble. C'est cette position qui prévaut et ils doivent s'attacher, autant que possible à la faire valoir avec l'accord du Commissaire général.

Celui-ci, sur le plan général, étant mieux informé des intentions du Gouvernement peut faciliter leur tâche.

Il s'avère dès lors nécessaire qu'ils prennent contact, avant les réunions de l'Assemblée générale consultative de préférence le jeudi à 10 heures, avec le Commissaire général du Gouvernement en l'occurrence M. Souleymane SIDIBE, Conseiller Technique à la Présidence de la République, 9e étage du building administratif en vue de lui communiquer les observations formulées sur les projets par les rapporteurs et étudier ensuite avec lui les conditions dans lesquels ces projets doivent être présentés et soutenus à la Cour suprême.

Cette prise de contact préliminaire étant de nature à éviter les frictions inutiles, je vous serais vivement reconnaissant des instructions que vous voudrez bien donner aux Commissaires du Gouvernement désignés au titre de vos départements respectifs afin qu'ils se concertent régulièrement avec le Commissaire général sur les projets qu'ils sont appelés à défendre.

Pour vous permettre de suivre davantage cette question, je vous ferai parvenir désormais copie des lettres de transmission des projets à la Cour suprême avec indication du Commissaire du Gouvernement désigné.

PRÉSIDENCE DE LA RÉPUBLIQUE

Abdou DIOUF

Ampliation:

- Commissaire général du Gouvernement,
- SG/CAB/L

197. La circulaire n° 95 PR/SG/CAB/L du 22 septembre 1964

REPUBLIQUE DU SENEGAL
PRESIDENCE DE LA REPUBLIQUE
SECRETARIAT GENERAL

N° 95 PR/SG/CAB/L

22 septembre 1964

CIRCULAIRE
A MESSIEURS LES MINISTRES

Pour l'amélioration des conditions de présentation des textes à la Cour suprême, il m'était apparu nécessaire de rappeler certains principes de la coordination du travail gouvernemental et j'insistais, à cette occasion sur l'opportunité d'une collaboration étroite entre les Commissaires du Gouvernement et le Commissaire général, ceci, pour les raisons que j'ai indiqué dans la circulaire n° 70 du 07 juillet 1964.

Cette circulaire, dont l'importance aurait dû retenir l'attention, semble avoir été perdue de vue puisque, tout récemment encore un fonctionnaire, appelé à assurer les fonctions de Commissaire de Gouvernement, n'a été avisé par le département au titre duquel il a été désigné qu'à la veille de la réunion de l'Assemblée générale consultative de la Cour suprême.

Il ne fait pas de doute qu'une telle négligence, si elle devait se répéter, paralyserait l'effort entrepris pour corriger les défauts de notre système de coordination et compromettrait, par voie de conséquence, le progrès acquis depuis quelques temps dans ce domaine.

Il serait bien regrettable d'en arriver là et je pense que chacun de vous aura à cœur de faire le maximum pour éviter tout ce qui peut gâcher le travail gouvernemental.

Le préalable que pose l'efficacité de l'action administrative étant le respect strict des règles qui doivent présider à l'organisation de ce travail; je vous invite, une fois de plus, à faire observer les instructions qui ont été données sur ce plan.

La tâche du Secrétariat général s'en trouvera facilitée et l'application convenable de ces instructions évitera les rappels successifs qui, s'ils sont quelquefois nécessaires, constituent, dans bien des cas, une perte du temps qui aurait pu être consacré à d'autres tâches./.

LE SECRETAIRE GENERAL,
Abdou DIOUF

---

198. La circulaire n° 28/PR/SG/BL du 08 avril 1968 commandant l'indication des noms des commissaires du Gouvernement dans les lettres de transmission au Secrétariat général des projets de loi ou de décret

LE MINISTRE SECRÉTAIRE GÉNÉRAL,
MM. LES MINISTRES,

Je vous rappelle que, dans les lettres par lesquelles vous transmettez au bureau de liaison du Secrétariat général de la Présidence de la République les projets de loi ou de décret élaborés par vos services, vous devez mentionner le nom du Commissaire du Gouvernement que vous avez désigné et qui sera chargé de défendre ce projet devant la Cour suprême.

Fait à Dakar, le 08 avril 1968.
Daniel CABOU

---

199. La circulaire n° 54 PM/SGG/SL du 03 mai 1972 relative à la désignation des commissaires du Gouvernement à la Cour suprême

REPUBLIQUE DU SENEGAL

PRIMATURE

SECRETARIAT GENERAL DU GOUVERNEMENT

N° 54 PM/SGG/SL

Dakar, le 03 mai 1972

LE SECRETAIRE GENERAL DU GOUVERNEMENT

A

Messieurs les Ministres, les Secrétaires d'État,
le Secrétaire général de la Présidence de la République,
le Délégué général au Tourisme

Objet : Désignation des Commissaires du Gouvernement à la Cour suprême

Il a été porté à ma connaissance que les rapporteurs désignés par le Premier Président de la Cour suprême éprouvent, quelquefois, des difficultés à joindre les Commissaires du Gouvernement, chargés de défendre les projets de textes soumis à l'avis de l'Assemblée générale consultative de la Cour suprême.

Or il est indispensable que les Conseillers désignés comme rapporteurs puissent joindre rapidement les Commissaires du Gouvernement pour toutes informations utiles, surtout lorsque avis de la Cour est sollicité selon la procédure d'urgence.

C'est pourquoi, désormais, je vous serais obligé de bien vouloir :

- me désigner le Commissaire du Gouvernement dans la lettre ou le bordereau de transmission du projet à introduire dans le circuit ;
- me préciser l'adresse et le numéro de téléphone de l'intéressé.

Alioune DIAGNE

200. Note de greffe n° 05/72 du 05 mai 1972 relative au visa de l'avis de la Cour suprême

REPUBLIQUE DU SENEGAL

COUR SUPREME

N ° 05/72

NOTE DE GREFFE

Objet : Visa-Avis Cour suprême

L'Assemblée générale consultative de la Cour suprême, s'est penchée sur le problème du visa relatif à l'avis de la Cour suprême.

L'Assemblée a estimé que le visa relatif à l'avis de la Cour suprême et devant figurer dans les projets de textes doit désormais indiquer la date à laquelle cet avis a été donné.

Dans le cas où le texte a été examiné par la Cour à plusieurs séances, la dernière date seule sera indiquée.

Assemblée générale consultative séance du 05 mai 1972.

Affaire n° 84/A/72.

LE PRESIDENT LE RAPPORTEUR LE GREFFIER EN CHEF

Suivent les signataires pour expédition certifiée conforme

Le Greffier en Chef de la Cour suprême

Doudou Salmone FALL

201. La circulaire n° 72/PM/SGG/ADJ.1 du 27 août 1979 relative à la désignation des commissaires du Gouvernement à l'Assemblée générale consultative de la Cour suprême

REPUBLIQUE DU SENEGAL
PRIMATURE
Secrétariat général du Gouvernement

N°72 PM/SGG/ADJ.1

Dakar, le 27 août 1979

LE PREMIER MINISTRE
A Madame et Messieurs les Ministres
Madame et Messieurs les Secrétaires d'Etat

Objet : Désignation des commissaires du Gouvernement à l'Assemblée générale consultative de la Cour suprême

Il arrive quelquefois que de jeunes hauts fonctionnaires, n'ayant pas encore acquis suffisamment de connaissances pratiques et d'expérience dans l'exercice de leur métier, soient désignés pour assurer les fonctions de commissaires du Gouvernement à l'Assemblée générale consultative de la Cour suprême.

Des difficultés sont constatées chaque fois que le cas se produit.

Il est nécessaire donc que les fonctionnaires que vous êtes appelés à désigner pour défendre les projets du Gouvernement à la Cour suprême aient, de par leur compétence et leur expérience, la possibilité de donner des réponses valables aux questions du Président et des Conseillers de cette assemblée au moment de l'examen de ces projets et de faire adopter ceux-ci, autant que possible, tels qu'ils ont été présentés à l'Assemblée générale.

Je ne m'oppose pas, toutefois à la désignation de ces jeunes fonctionnaires en début de carrière comme suivants des commissaires du Gouvernement pour leur permettre, en assistant séances de l'assemblée générale consultative de la Cour, de compléter leur formation juridique pratique ou d'acquérir dans ce domaine des connaissances nouvelles dont ils peuvent avoir besoin dans l'accomplissement de leurs tâches.

Il faut également signaler les nombreuses absences de commissaires du Gouvernement qui, pour diverses raisons, ne se présentent pas à la Cour le jour où ils y ont convoqués.

Ces absences ont déjà retardé et peuvent encore, si elles continuent à se produire faire reporter l'examen de certains textes importants et urgents.

Là aussi vous veillerez à ce que les commissaires du Gouvernement que vous désignez soient disponibles pour pouvoir répondre aux convocations du commissaire général et, ensuite, se trouver à la Cour le jour de l'examen des projets qu'ils sont chargés de défendre.

Le Gouvernement, parce qu'il attache un grand intérêt aux avis que lui donne la Cour sur ses projets, accorde une importance non moins grande aux réunions au cours desquelles l'Assemblée générale consultative prépare ces avis.

Il est nécessaire, pour cette raison et pour d'autres, d'éviter les comportements qui pourraient être mal interprétés et être considérés comme une indifférence de la part de certains de nos hauts fonctionnaires à l'égard du rôle que joue cette haute Assemblée.

Abdou DIOUF

---

202. Note de greffe n° 02/79 du 26 octobre1979

REPUBLIQUE DU SENEGAL
COUR SUPREME

N ° 02/79

NOTE DE GREFFE

Objet : Genres de décisions prises par l'Assemblée générale consultative, après examen des projets de textes.

L'Assemblée générale consultative de la Cour suprême après avoir rappelé les trois de décisions qu'elle prend habituellement, à savoir :

- avis favorable avec ou sans observations, modifications, rectifications ;
- avis défavorable avec motivations ;
- renvoi pour nouvelle étude ou pour complément.

Estime pouvoir en outre, faire au Gouvernement des observations, lui proposer des modifications ou apporter des rectifications aux projets, sans exprimer avis favorable ou défavorable.

Assemblée générale consultative du vendredi 26 octobre1979.
Affaire n° 110/A/79.

LE PRESIDENT LE RAPPORTEUR LE GREFFIER EN CHEF

Suivent les signataires pour expédition certifiée conforme
Le Greffier en Chef de la Cour suprême
Doudou Salmone FALL

---

203. La circulaire n° 005/PM/SGG/SGA du 20 avril 1998.

REPUBLIQUE DU SENEGAL
PRIMATURE

N° 005/PM/SGG/SGA

CIRCULAIRE
A
Messieurs les Ministres d'État
Madame, Messieurs les Ministres,
Messieurs les Ministres Délégués

Mon attention a été appelée sur les difficultés rencontrées par le Conseil d'État du SENEGAL dans ses relations avec l'Administration

1. L'ASSEMBLEE GENERALE CONSULTATIVE

Les textes soumis à l'étude de l'Assemblée générale consultative du Conseil d'État posent fréquemment des problèmes de rédaction. Les travaux de ladite Assemblée se trouvent retardés par l'examen des questions de forme, au détriment des questions de fond.

C'est pourquoi, vous devrez vous assurer de la qualité rédactionnelle des textes à caractère législatif ou réglementaire avant leur envoi au Secrétaire général du Gouvernement.

Par ailleurs, à l'issue de circulation interministérielle, aucun texte ne doit être transmis au Conseil d'État sans avoir recueilli au préalable le visa du Conseiller juridique du Président de la République.

Enfin, le Conseil d'État est souvent saisi de conventions internationales qui soulèvent des problèmes de constitutionalité alors qu'elles sont déjà signées.

Si la procédure du Comité des mandats permet de résoudre ces questions pour ce qui concerne l'UEMOA, elle est difficilement applicable aux Conventions internationales.

Par conséquent, je vous demande de faire prendre toutes les dispositions utiles, afin que les délégations chargées de négocier lesdites conventions comprennent, en tant que de besoin, un juriste.

2. LA PREMIERE SECTION

L'instruction des affaires contentieuses soumises à la première Section du Conseil d'État paraît souvent retardée par l'absence de réponse de l'Administration dans les délais prévus.

Le Ministre de l'Économie, des Finances et du Plan, en relation avec ses collègues concernés, étudiera les moyens de renforcer les services de l'Agent Judiciaire de l'État.

3.LA DEUXIEME SECTION

Le Ministre de l'Économie, des Finances et du Plan veillera à la transmission au Conseil d'État, dans les délais acceptables, des comptes administratifs et des lois de règlement.

4. LA MISE EN OEUVRE DE LA DECENTRALISATION

Le Président du Conseil d'État a appelé l'attention du Chef de l'État sur le nombre élevé de demandes d'explication émanant des élus locaux et des représentants de l'État dans les régions relativement à la mise en œuvre de la décentralisation.

Le Ministre de l'Intérieur, en liaison avec le Conseil d'Etat, organisera un séminaire d'information à l'intention des élus locaux et des représentants de l'Etat.

J'attache du prix à l'exécution diligente de la présente circulaire.

République du Sénégal – Le Premier Ministre – PRIMATURE

Habib THIAM

204. La circulaire n° 00012 PM/SGG/SL du 07 décembre 2004

REPUBLIQUE DU SENEGAL
PRIMATURE
Secrétariat général du Gouvernement

N° 00012 PM/SGG/SL

Dakar, le 07 décembre 2004

Madame et Messieurs les Ministres d'État,
Mesdames, Messieurs les Ministres,
Messieurs les Ministres Délégués,
Monsieur le Secrétaire général de la Présidence de la République

La circulaire n° 008/PM/SGG/SGA en date du 12 juin 2001 relative à la procédure d'élaboration, d'instruction et d'enregistrement des projets de loi et de décret prévoit la saisine éventuelle du Conseil d'État, par le Secrétaire général du Gouvernement, avec désignation du Commissaire du Gouvernement chargé de défendre le projet de texte au niveau de l'Assemblée générale consultative du Conseil d'État.

Cela constitue une étape importante dans la procédure, le Conseil d'État étant saisi pour examiner le projet de texte et émettre un avis favorable ou défavorable à son adoption.

Aujourd'hui, avec la multiplication des saisines du Conseil d'État, des manquements sont fréquemment constatés dans l'attitude des représentants des départements ministériels lors des sessions de l'Assemblée générale consultative du Conseil d'État.

Les plus notoires, soulignés par le Conseil tiennent :

- à l'indisponibilité des Commissaires du Gouvernement (Directeurs de Cabinet ou Secrétaires généraux) empêchant les rapporteurs désignés par le Conseil d'État d'instruire les projets de texte dans les conditions appropriées ;
- à l'absence répétée et injustifiée de certains Directeurs de Cabinet ou Secrétaires généraux ainsi que des Directeurs de services qui doivent les accompagner.

Pour mettre un terme à cette situation préjudiciable aux bons rapports entre les deux institutions, vous voudrez bien informer vos Directeurs de Cabinet et les Secrétaires généraux de vos départements des mesures ci-après.

1- .Désormais, le Commissaire du Gouvernement qui aura été désigné devra obligatoirement se mettre à la disposition du rapporteur du Conseil d'État pour lui fournir toute la documentation et les informations utiles à la rédaction de son rapport.

2.- La veille de chaque session de l'Assemblée générale consultative du Conseil d'État consacrée à l'examen d'un projet de texte, je présiderai à 18 heures dans mon bureau, une réunion de travail avec les Commissaires du Gouvernement pour la préparation des dossiers.

3.- Les Commissaires du Gouvernement désignés prendront part personnellement aux séances du Conseil d'État accompagnés du ou des Directeurs généraux et Directeurs ainsi que des Conseillers techniques et autres collaborateurs impliqués dans le suivi du dossier.

L'application rigoureuse de ces mesures permettra une plus grande diligence dans l'instruction des textes législatifs et réglementaires.

Vous voudrez bien inviter vos services à un strict respect de la présente.

Ibrahima WADE

Ampliation : Monsieur le Premier Ministre (à titre de compte rendu)

205. La circulaire n° 004 PM/SGG/SGGA/PAT du 21 février 2017 relative aux Commissaires du Gouvernement auprès l'Assemblée générale consultative de la Cour suprême

REPUBLIQUE DU SENEGAL

Primature

Le Premier Ministre

N° 004 PM/SGG/SGGA/PAT

Dakar, le 21 février 2017

CIRCULAIRE

A

Mesdames et Messieurs les Ministres,

Messieurs les Ministres délégués

Objet : Les commissaires du Gouvernement auprès de l'Assemblée générale consultative de la Cour suprême

Référence : Loi organique n° 2017-09 du 17 janvier 2017 abrogeant et remplaçant la loi organique n° 2008-35 du 08 août 2008 sur la Cour suprême

La loi organique, citée en référence, a apporté des précisions importantes à la représentation du Gouvernement à l'Assemblée générale consultative de la Cour suprême.

La présente circulaire a pour objet d'expliciter les dispositions de la loi organique précitée relatives aux commissaires du Gouvernement auprès de l'Assemblée générale consultative de la Cour suprême.

Aux termes de l'article 17 de la loi organique du 17 janvier 2017 sur la Cour suprême : « Le Premier Ministre désigne, auprès de l'assemblée générale consultative, en qualité de commissaire général du Gouvernement, le Secrétaire général du Gouvernement qui est chargé de représenter le pouvoir exécutif et de fournir à l'assemblée toutes informations utiles. Ce dernier est assisté, pour chaque projet à examiner, d'un commissaire spécial représentant le ministère concerné ».

Conformément à une pratique bien établie de l'Assemblée générale consultative, le Secrétaire général du Gouvernement est chargé de représenter le pouvoir exécutif et de fournir à l'assemblée toutes indications utiles.

Selon l'instruction générale n° 15 PR du 1er mars 1968 sur l'organisation du travail gouvernemental, le commissaire du Gouvernement doit veiller à ce que les résultats des arbitrages intervenus ainsi que la ligne générale de la politique du Gouvernement ne soient pas remis en cause au cours des débats.

En tant que commissaire général du Gouvernement, le Secrétaire général du Gouvernement, est seul habilité, en dernier ressort, à définir la position du Gouvernement, à accepter les amendements proposés et même à retirer, au besoin, le texte soumis à l'Assemblée générale consultative.

Le commissaire général du Gouvernement est assisté, pour chaque projet à examiner, d'un commissaire spécial représentant le ministère maître d'œuvre du projet normatif. Il s'agit du secrétaire général ou du directeur de cabinet du département ayant initié le projet de texte, accompagné, au besoin, par un directeur ou un conseiller technique.

Pendant l'instruction du projet de texte par l'Assemblée générale consultative, le commissaire spécial du Gouvernement prend contact, dans les meilleurs délais, avec le rapporteur désigné par l'Assemblée générale consultative de la Cour suprême et lui précise la portée exacte dudit projet.

Au cours des débats, le commissaire spécial apporte au commissaire général tous éclairages utiles à la compréhension des finalités du texte et à la défense des options arrêtées par le Gouvernement.

Le commissaire spécial du Gouvernement veillera à se mettre à la disposition du rapporteur pour lui fournir toutes informations utiles à l'instruction du projet de texte et à la rédaction du rapport.

J'attire également l'attention sur la nécessité pour les commissaires spéciaux du Gouvernement de prendre part personnellement aux réunions de l'Assemblée générale consultative, accompagnés de leurs collaborateurs impliqués dans le suivi du projet de texte, en évitant les retards et absences répétés et injustifiés.

J'attache du prix à l'exécution diligente des prescriptions de la présente circulaire dont vous m'accuserez réception.

Le Premier Ministre

République du Sénégal — Le Premier Ministre — Primature

Mahammed Boun Abdallah DIONNE

b. Le Haut Conseil des Collectivités territoriales

206. Les missions. La loi constitutionnelle n° 2016-10 du 05 avril 2016 a institué le Haut Conseil des Collectivités territoriales (HCCT), qui est une institution de la République. D'après l'article 1er de la loi organique n° 2016-24 du 14 juillet 2016 relative à l'organisation et au fonctionnement du Haut Conseil des Collectivités territoriales[132], le HCCT est une « assemblée consultative qui a pour mission d'étudier et de donner un avis motivé sur les politiques de décentralisation, d'aménagement et de développement du territoire ». Ses membres portent le titre de Haut Conseiller.

Le Président de la République ou le Gouvernement peut saisir le Haut Conseil des collectivités territoriales pour avis sur les questions relatives aux politiques de décentralisation, d'aménagement et de développement du territoire.

Selon l'article 2 de la loi organique n° 2016-24 du 14 juillet 2016 relative à l'organisation et au fonctionnement du Haut Conseil des Collectivités territoriales, « le Haut Conseil peut être saisi, pour avis, par le Président de la République des projets de loi, des projets d'ordonnance et de décret entrant dans le domaine de sa compétence ». Dans les cas où le Président de la République en déclare l'urgence, il donne son avis dans un délai de huit (08) jours.

A la lecture de la loi organique du 14 juillet 2016, la consultation du HCCT est une consultation facultative, le pouvoir exécutif n'étant pas obligé de le saisir pour avis. En outre, l'avis donné par le HCCT est un avis consultatif. Le Gouvernement n'est pas, en effet, tenu de s'y conformer.

---

[132] JORS n° 6946 du vendredi 15 juillet 2016.

Texte

207. La loi organique n° 2016-24 du 14 juillet 2016 relative à l'organisation et au fonctionnement du Haut Conseil des Collectivités territoriales (JORS n° 6946 du 15 juillet 2016, p. 931)

EXPOSE DES MOTIFS

La réforme de l'Acte III de la décentralisation participe de la volonté politique de promotion de la gouvernance locale et de territorialisation des politiques publiques qui doivent être portées par des entités territoriales fortes, viables et porteuses de développement durable.

A cet effet, la réforme a, au cours de sa première phase, défini un nouveau système de gouvernance des territoires. C'est ainsi qu'il a été procédé à la communalisation intégrale, qui fait de toutes les collectivités territoriales de proximité des communes, et à l'érection des départements en collectivités territoriales.

Pour compléter ce dispositif au niveau national, la loi constitutionnelle n° 2016-10 du 5 avril 2016 a institué le Haut Conseil des Collectivités territoriales qui est une institution de la République.

Cette nouvelle institution vient renforcer le niveau de collaboration entre l'État et les acteurs territoriaux dans la conduite et le suivi de l'évolution des politiques de décentralisation, d'aménagement et de développement du territoire.

La mise en place du Haut Conseil des Collectivités territoriales, assemblée consultative, traduit l'impératif de compléter notre architecture de gouvernance territoriale par une institution, siège de la démocratie participative.

Cette institution, dont la mission est de donner un avis motivé sur les politiques de décentralisation, de développement et d'aménagement du territoire, est composée, d'une part, de membres élus au suffrage indirect et, d'autre part, de membres, bien au fait des réalités des territoires choisis par le Président de la République.

Le Haut Conseil a pour vocation de contribuer à la modernisation de l'action publique territoriale, à l'aménagement équilibré du territoire, à la mobilisation des territoires pour la croissance et l'emploi ainsi qu'au développement des solidarités territoriales et de la démocratie locale.

Le Haut Conseil des Collectivités territoriales comprend cent cinquante (150) membres qui portent le titre de haut conseiller désignés pour un mandat de cinq ans. Quatre-vingt (80) membres sont élus au suffrage indirect selon les modalités définies par le Code électoral ; soixante-dix (70) membres sont nommés par le Président de la République.

Le présent projet de loi organique, qui a pour objet l'organisation et le fonctionnement du Haut Conseil des Collectivités territoriales, est articulé ainsi qu'il suit :

- titre premier : Mission et attributions ;
- titre II : Composition et organisation ;
- titre III : Fonctionnement.

Tel est l'objet du présent projet de loi organique.

L'Assemblée nationale a adopté, à la majorité absolue des membres la composant en sa séance du mardi 28 juin 2016,

Le Conseil constitutionnel, saisi par le Président de la République, a déclaré conforme à la Constitution en sa séance du 08 juillet 2016.

Le Président de la République promulgue la loi dont la teneur suit :

TITRE I. - MISSION ET ATTRIBUTIONS

Article premier. - Le Haut Conseil des Collectivités territoriales est une assemblée consultative qui a pour mission d'étudier et de donner un avis motivé sur les politiques de décentralisation, d'aménagement et de développement du territoire.

A ce titre, il :

- participe au suivi de l'élaboration et de la mise en œuvre des politiques de décentralisation, de développement et d'aménagement du territoire ;
- concourt au renforcement du dialogue entre l'État et les acteurs territoriaux ;
- promeut le développement des bonnes pratiques dans la gestion des collectivités territoriales ;
- étudie les moyens à mettre en œuvre pour le développement des territoires et le bon fonctionnement des collectivités territoriales ;
- reçoit et examine les rapports sur le contrôle de légalité, sur le fonctionnement des collectivités territoriales et l'état de la coopération décentralisée ;
- élabore un rapport annuel destiné au Président de la République ;
- participe à l'évaluation des politiques de décentralisation, de développement et d'aménagement du territoire.

Le Haut Conseil des collectivités territoriales peut, de sa propre initiative, faire des propositions ou recommandations au Président de la République ou au Gouvernement pour toute question concernant les politiques de décentralisation, d'aménagement et de développement du territoire.

Le Président de la République ou le Gouvernement peut saisir le Haut Conseil des collectivités territoriales pour avis sur les questions relatives aux domaines indiqués ci-dessus.

Article 2. - Le Haut Conseil peut être saisi, pour avis, par le Président de la République des projets de lois, des projets d'ordonnances et de décrets entrant dans le domaine de sa compétence.

Dans les cas où le Président de la République en déclare l'urgence, il donne son avis dans un délai de huit (08) jours.

TITRE II. - COMPOSITION ET ORGANISATION

Article 3. - Le Haut Conseil des collectivités territoriales comprend cent cinquante (150) membres, investis pour un mandat de cinq ans. Quatre-vingt (80) membres sont élus au suffrage indirect selon les modalités définies par le Code électoral ; soixante-dix (70) membres sont nommés par le Président de la République.

Ses membres portent le titre de haut conseiller.

Article 4. - Les instances et structures du Haut Conseil des collectivités territoriales sont :

- l'Assemblée plénière ;
- le Bureau ;
- les Commissions.

Le Haut Conseil des collectivités territoriales est dirigé par un Bureau dont les membres sont, à l'exception de son Président, élus par l'Assemblée pour un mandat d'un an renouvelable.

Le Bureau comprend :

- un (1) Président ;
- six (6) Vice-présidents ;
- quatre (4) Secrétaires.

Article 5. - Le Président du Haut Conseil des collectivités territoriales est nommé par décret. Il est mis fin à ses fonctions dans les mêmes formes.

Il représente l'institution.

Article 6. - Le Haut Conseil des collectivités territoriales comprend des commissions chargées de l'étude des questions intéressant les domaines qui lui sont confiés.

Un décret fixe la liste, les compétences et la composition des commissions.

Les commissions sont composées de membres du Haut Conseil des collectivités territoriales.

Ceux-ci sont répartis entre les commissions de travail selon leurs préférences et/ou leurs compétences.

A l'exception du Président, chaque membre est tenu de s'inscrire dans, au moins, une commission.

Les bureaux des commissions sont renouvelés chaque année en même temps que le Bureau du Haut Conseil des collectivités territoriales.

Article 7. - Le Haut Conseil des collectivités territoriales dispose d'un Secrétaire général, nommé par décret. Il assiste aux séances et en tient procès-verbal.

Il assure, sous le contrôle du bureau et l'autorité du Président, l'administration du Haut Conseil des collectivités territoriales.

Article 8. - Le mandat de haut conseiller ouvre droit à des remboursements de frais et à des indemnités de session fixées par décret.

TITRE III. - FONCTIONNEMENT

Article 9. - La première session du Haut Conseil des collectivités territoriales est convoquée par décret.

Au cours de sa première session, le Haut Conseil des collectivités territoriales adopte son règlement intérieur qui doit être approuvé par décret.

Ce règlement intérieur précise notamment les modalités d'élection du Bureau et l'organisation des travaux de l'institution.

Article 10. - Le Haut Conseil des collectivités territoriales tient quatre sessions ordinaires par an. Il peut être convoqué en session extraordinaire par décret.

La durée de chaque session ne peut excéder deux mois pour les sessions ordinaires et un mois pour les sessions extraordinaires.

Article 11. - Les séances du Haut Conseil des collectivités territoriales sont publiques, sauf décision contraire de l'Assemblée.

Les avis et rapports du Haut Conseil des collectivités territoriales sont transmis au Président de la République.

Article 12. - Les membres du Gouvernement et leurs collaborateurs ont accès au Haut Conseil des collectivités territoriales et à ses Commissions.

Ils sont entendus lorsqu'ils le demandent.

Article 13. - Le droit de vote est personnel, tant au sein de l'Assemblée qu'au sein des Commissions.

Article 14. - Le Haut Conseil des collectivités territoriales jouit de l'autonomie financière et dispose d'un comptable public. Il est soumis aux règles de la comptabilité publique.

Les crédits nécessaires à son fonctionnement sont inscrits dans la loi de finances.

Le Président du Haut Conseil des collectivités territoriales est l'ordonnateur du budget.

Article 15. - Les services du Haut Conseil des collectivités territoriales sont placés sous l'autorité du Président, agissant par délégation du bureau.

Les décisions relatives à l'administration du personnel sont prises, au nom du bureau et sur proposition du Secrétaire général, par le Président du Haut Conseil des collectivités territoriales.

Article 16. - Le Gouvernement met à la disposition du Haut Conseil des collectivités territoriales les locaux et équipements nécessaires à son installation.

Article 17. - Le Haut Conseil des collectivités territoriales adresse chaque année un rapport au Président de la République.

Article 18. - Les conditions d'application de la présente loi organique sont précisées par décret.

Article 19. - Sont abrogées toutes dispositions contraires à la présente loi organique.

La présente loi organique sera exécutée comme loi de l'État.

Fait à Dakar, le 14 juillet 2016

---

c. Le Conseil économique, social et environnemental

208. Les attributions. Le Conseil économique, social et environnemental (CESE) est une assemblée consultative instituée par l'article 81-1 de la Constitution.

D'après la circulaire présidentielle n° 131 PR/SG du 02 décembre 1964 relative aux relations entre le Conseil Économique et Social et les départements ministériels, le CES est « l'élément consultatif indispensable qui permet au pouvoir exécutif d'obtenir les avis et suggestions des secteurs les plus représentatifs de la Nation, avant de fixer définitivement sa politique économique et sociale »[133].

La loi organique n° 2012-28 du 28 décembre 2012 relative à l'organisation et au fonctionnement du Conseil économique, social et environnemental fixe les attributions du CESE dans le cadre de la procédure d'adoption des textes.

Il peut être consulté par le Président de la République, l'Assemblée nationale ou le Gouvernement de tout problème à caractère économique, social et environnemental. Tout plan ou projet de loi de programmation à caractère économique, social ou environnemental lui est soumis pour avis[134].

Ainsi, s'agissant du plan et des projets de loi de programmation à caractère économique, social ou environnemental, la consultation du CES est obligatoire, même si l'avis donné par le conseil ne lie pas le Gouvernement.

L'article 2 de la loi organique n° 2012-28 du 28 décembre 2012 précise qu'il peut être saisi pour avis, par le Président de la République, des projets de loi de programmation définissant les orientations pluriannuelles des finances publiques, des projets de loi, d'ordonnance ou de décret ainsi que des propositions de loi entrant dans son domaine de compétence.

Il donne son avis dans un délai d'un mois si le Président de la République ou le Premier Ministre en déclare l'urgence.

Le CES est obligatoirement saisi par le Président de la République des projets de loi de programme et de plan à caractère économique, social et environnemental ; il peut même au préalable être associé à l'élaboration de ces textes.

La circulaire n° 131 PR/SG du 2 décembre 1964 sur les relations entre le Conseil économique et social et les départements ministériels a, par souci d'efficacité, fixé le cadre de coopération entre le CES et les ministères. En outre, la circulaire n° 008/SG/SL du 28 janvier 1966 relative à la désignation de Commissaires du Gouvernement suppléants auprès du Conseil économique

[133] V. J. DERMAGNE, *Qu'est-ce que le Conseil économique et social ?*, édition, Paris, Archipel, 2006 ; L. TOUFEAU, « Le CESE après la LO du 28 juin 2010 ; une assemblée constitutionnelle mal identifiée », *RDP*, 2011, p. 637.

[134] V. art. 87-1 de la Constitution.

et social a recommandé aux ministères de désigner, et de faire connaître, dans les meilleurs délais possibles, les noms, grades et fonctions des fonctionnaires qu'ils ont nommés Commissaires suppléants.

Quant à la circulaire n° 46/SE/PR/CAB du 5 juin 1969 relative au rôle des commissaires du Gouvernement permanents auprès du Conseil économique et social, elle a mis l'accent sur la mission que les commissaires du Gouvernement permanent doivent remplir auprès du Conseil économique et social et sur leurs obligations.

Ils ont pour l'essentiel deux missions.

D'une part, les commissaires du Gouvernement permanents auprès du CES doivent indiquer aux membres du Conseil les motifs et les préoccupations du Gouvernement qui ont conduit celui-ci à concevoir les textes soumis à leur avis.

D'autre part, ils ont l'obligation de fournir au CES tous les renseignements nécessaires à sa bonne information, lorsque ces renseignements lui permettent d'être mieux à même de remplir.

Ainsi les commissaires du Gouvernement permanents constituent « la charnière indispensable qui permet de rendre plus étroites et plus efficaces les relations entre le Conseil et les différents départements ministériels ».

Aussi, par une circulaire n° 112 PR/SG/JUR du 28 octobre 1964 relative à la désignation de commissaires du Gouvernement permanents auprès du Conseil économique et social, le Président de la République invitait-il, conformément au paragraphe 13 de l'instruction générale n° 112 du 9 décembre 1963 sur l'organisation du Travail gouvernemental, à transmettre « dans les meilleurs délais » leurs propositions pour la désignation des Commissaires du Gouvernement permanents auprès du Conseil économique et social.

Textes

209. La loi organique n° 2012-28 du 28 décembre 2012 relative à l'organisation et au fonctionnement du Conseil économique, social et environnemental

L'Assemblée nationale a adopté, en sa séance du mercredi 19 décembre 2012, et à la majorité absolue des membres la composant.

Le Président de la République promulgue la loi organique dont la teneur suit :

TITRE PREMIER.- MISSIONS ET ATTRIBUTIONS

Article premier.- Le Conseil économique, social et environnemental est auprès des pouvoirs publics une assemblée consultative.

Représentant les principaux secteurs du pays, le Conseil favorise leur collaboration et assure leur participation à la politique économique, sociale et environnementale de la nation.

Il examine les évolutions en matière économique, sociale ou environnementale et suggère les adaptations qui paraissent nécessaires.

Il promeut une politique de dialogue et de coopération avec les assemblées consultatives créées auprès des collectivités locales et auprès de ses homologues étrangers.

Article 2. - Le Conseil économique, social et environnemental est obligatoirement saisi pour avis, par le Président de la République, des projets de loi de programmes et de plan à caractère économique, social ou environnemental. Il peut être, au préalable, associé à leur élaboration.

Il peut être saisi, pour avis, par le Président de la République, des projets de loi de programmation définissant les orientations pluriannuelles des finances publiques, des projets de loi, d'ordonnance ou de décret ainsi que des propositions de loi entrant dans le domaine de sa compétence.

Il donne son avis dans un délai d'un mois, si le Président de la République en déclare l'urgence.

Le Conseil économique, social et environnemental peut également être consulté par le Président de la République, l'Assemblée nationale ou le Gouvernement sur tout problème à caractère économique, social ou environnemental.

Il peut être saisi de demandes d'études par le Président de la République, par le Président de l'Assemblée nationale ou par le Premier Ministre.

Dans les cas prévus aux deux premiers alinéas, le Conseil économique, social et environnemental donne son avis dans le délai d'un mois si le Premier Ministre déclare l'urgence.

Article 3.- Le Conseil économique, social et environnemental peut, de sa propre initiative, attirer l'attention du Gouvernement et de l'Assemblée nationale sur les réformes qui lui paraissent nécessaires.

Il contribue à l'évaluation des politiques publiques à caractère économique, social ou environnemental.

Article 4.- Chaque année, le Gouvernement fait connaitre la suite donnée aux avis du Conseil économique, social et environnemental.

Le Conseil économique, social et environnemental peut être saisi par voie de pétition de toute question à caractère économique, social ou environnemental.

La pétition est rédigée en français ou dans une des langues codifiées du pays.

Elle est présentée dans les mêmes termes par au moins 5000 personnes majeures, de nationalité sénégalaise ou résidant régulièrement au Sénégal. Elle indique le nom, le prénom et l'adresse de chaque pétitionnaire et est signée par lui.

La pétition est adressée par un mandataire unique au Président du Conseil économique, social et environnemental. Le bureau statue sur sa recevabilité au regard des conditions fixées au présent article et informe le mandataire de sa décision. Dans un délai d'un an à compter de cette décision, le conseil se prononce par un avis en assemblée plénière sur les questions soulevées par les pétitions recevables et sur les suites qu'il propose d'y donner.

L'avis est adressé au Gouvernement, au Président de l'assemblée nationale et au mandataire de la pétition. Il est publié au *Journal officiel*.

Article 5.- Le Conseil économique, social et environnemental peut désigner l'un de des membres pour exposer devant l'Assemblée nationale l'avis du Conseil sur les projets ou propositions qui lui ont été soumis.

Article 6.- Les études sont faites soit par l'assemblée, les commissions temporaires et les délégations. Les commissions temporaires et les délégations sont saisies par le bureau du Conseil de sa propre initiative ou, si le Conseil est consulté par le Gouvernement, à la demande du Premier Ministre ou, si le Conseil est consulté par l'Assemblée nationale, à celle du président de cette institution.

Seul le Conseil en assemblée est compétent pour donner un avis.

Toutefois, à la demande du Gouvernement ou de l'Assemblée nationale, le bureau du Conseil économique, social et environnemental peut recourir à une procédure simplifiée.

La section compétente émet alors un projet d'avis dans un délai de trois semaines. Ce projet devient l'avis du Conseil économique, social et environnemental au terme d'un délai de trois jours suivant sa publication, sauf si le président du Conseil économique, social et environnemental ou au moins dix de ses membres demandent, dans ce délai, qu'il soit examiné par l'assemblée plénière.

Les études sont transmises par le bureau du Conseil au Premier Ministre, au président de l'Assemblée nationale.

TITRE II.- COMPOSITION ET ORGANISATION

Article 7.- Le Conseil économique, social et environnemental comprend quatre-vingt membres représentant tous les secteurs d'activité économique, sociale et environnementale.

Ils sont ainsi désignés :

1° au titre de la vie économique et du dialogue social ;

2° au titre de la cohésion sociale et territoriale et de la vie associative ;

3° au titre de la protection de la nature et de l'environnement.

Les membres représentant les divers secteurs d'activités sont désignés, pour chaque catégorie, par les organisations les plus représentatives.

Le Conseil économique, social et environnemental comprend également des personnes qualifiées choisies en raison de leur compétence en matière économique scientifique, sociale, culturelle et environnementale.

Un décret fixe les conditions de désignation des membres du Conseil économique, social et environnemental et précise leur répartition.

Article 8.- La qualité de membre du Conseil économique, social et environnemental est incompatible avec le mandat de député, de président de conseil régional et de membre du gouvernement.

Article 9.- Les membres du Conseil économique, social et environnemental sont désignés pour cinq ans.

Ils ne peuvent accomplir plus de deux mandats consécutifs.

Si en cours de mandat, un membre du conseil vient à perdre la qualité au titre de laquelle il a été désigné, il est déclaré démissionnaire d'office et remplacé.

Les membres du Conseil dont le siège devient vacant pour quelque cause que ce soit sont remplacés pour la durée du mandat restant à courir. Si cette durée est inférieure à trois ans, il n'est pas tenu compte de ce remplacement pour l'application du deuxième alinéa.

Article 10.- Les contestations auxquelles peut donner lieu la désignation des membres du Conseil économique, social et environnemental sont jugées par la Cour suprême.

Article 11.- Il est interdit, sous peine de révocation, à tout membre du conseil économique, social et environnemental d'exciper ou d'user de cette qualité dans les entreprises financières, industrielles ou commerciales ou dans l'exercice de professions libérales ou autres et, d'une façon générale, d'user de ce titre pour d'autres motifs que pour l'exercice de son mandat.

Sans qu'il s'agisse d'une protection ou d'une autorisation préalable, et à l'exception des cas de flagrant délit, information est faite au bureau du Conseil économique par le Ministre chargé de la Justice avant que des poursuites pénales soient engagées contre un membre du conseil économique, social et environnemental.

Article 12.- Il est créé au sein du conseil économique, social et environnemental des commissions pour l'étude des principaux problèmes de caractère économique, social ou environnemental.

Article 13.- Des personnalités associées, qu'elles soient de nationalité sénégalaise ou pas, désignées par le Président de la République à raison de leur qualité, de leur compétence ou de leur expérience peuvent être appelées à y apporter leur expertise pour une mission et une durée déterminées.

Un décret précise les conditions de leur désignation ainsi que les indemnités qui peuvent leur être allouées.

Des fonctionnaires qualifiés pourront être entendus, soit à la demande de la section, soit à l'initiative du Gouvernement.

Article 14.- Des délégations permanentes et des commissions temporaires peuvent être créées au sein du Conseil pour l'étude de problèmes particuliers ou de questions dépassant le champ de compétence d'une commission.

Article 15.- Le Conseil économique, social et environnemental est présidé par une personnalité nommée par décret. Le Président représente le Conseil économique, social et environnemental dans toutes les activités publiques.

Il est mis fin à ses fonctions par décret.

Le Président est assisté d'un bureau élu par l'assemblée du Conseil économique, social et environnemental, comprenant six vice-présidents et de six secrétaires.

Les membres du bureau autres que le Président sont élus pour un an. Ils sont rééligibles.

Article 16.- Le Secrétaire général du Conseil économique, social et environnemental est nommé par décret, sur proposition du Président du Conseil économique, social et environnemental. Il participe aux délibérations du bureau. Il en tient procès-verbal.

Il assure, sous le contrôle du bureau et l'autorité du Président, l'administration du Conseil économique, social et environnemental et organise les travaux de ses formations.

TITRE III.- FONCTIONNEMENT

Article 17.- Le Conseil économique, social et environnemental tient deux sessions ordinaires par an.

Il peut être convoqué en session extraordinaire par décret. Sur proposition du bureau, le Conseil économique, social et environnemental arrête son règlement intérieur qui doit être approuvé par décret.

Article 18.- Le Conseil économique, social et environnemental se réunit selon les modalités définies par son règlement intérieur. Il peut tenir des séances spéciales à la demande du Gouvernement ou du Président de l'Assemblée nationale.

Article 19.- Les membres du Conseil sont convoqués dans chacun des cas prévus à l'article précédent par le Président du Conseil économique, social et environnemental.

Article 20.- Les séances de l'assemblée sont publiques sauf décision contraire de celle-ci ; les séances des sections ne sont pas publiques.

Les procès-verbaux de ces séances sont transmis dans un délai de cinq jours au Président de la République, si le Conseil a été saisi à son initiative, ou au Président de l'Assemblée nationale si le conseil a été saisi à l'initiative de cette institution.

Article 21.- Les membres du Gouvernement et les commissaires désignés par eux ainsi que les membres de l'Assemblée nationale ont accès à l'assemblée du Conseil et aux sections pour les affaires qui les concernent respectivement. Ils sont entendus lorsqu'ils le demandent.

Article 22.- Le droit de vote est personnel tant au sein de l'assemblée qu'au sein des sections.

Il ne peut être délégué.

Article 23.- Les avis et rapports du Conseil en assemblée sont adressés par le bureau au Président de la République et au Premier Ministre dans le délai fixé, le cas échéant, par le Gouvernement qui en assure la publication au *Journal officiel*. Ils sont également adressés au Président de l'Assemblée nationale.

Article 24.- Les membres du Conseil économique, social et environnemental reçoivent des indemnités de session fixées par décret.

Ils peuvent prétendre au remboursement de frais exposés à l'occasion de leur mission.

Article 25.- Le Conseil économique, social et environnemental jouit d'une autonomie financière et dispose d'un comptable public.

Le président du Conseil économique, social et environnemental en est l'ordonnateur.

Les crédits nécessaires au fonctionnement du Conseil économique, social et environnemental sont inscrits au budget de l'État.

Les comptes sont soumis au contrôle de la Cour des comptes.

Article 26.- Les services administratifs du Conseil économique, social et environnemental sont placés sous l'autorité du Président, agissant par délégation du bureau.

Les décisions relatives à l'administration du personnel sont prises au nom du bureau et sur proposition du Secrétaire général par le Président du Conseil économique, social et environnemental.

Article 27.- Le Conseil économique, social et environnemental adresse chaque année un rapport au Président de la République.

Article 28.- Les conditions d'application de la présente loi organique seront déterminées par décret.

Article 29.- Sont abrogées toutes dispositions contraires à la présente loi organique.

La présente loi organique sera exécutée comme loi de l'État.

Fait à Dakar, le 28 décembre 2012

---

210. La circulaire n° 112 PR/SG/JUR du 28 octobre 1964 relative à la désignation de commissaires du Gouvernement permanents auprès du Conseil économique et social

REPUBLIQUE DU SENEGAL
Un Peuple-Un But-Une Foi
Présidence de la République

N° 112 PR/SG/JUR

Dakar, le 28 octobre 1964

CIRCULAIRE
LE PRESIDENT DE LA RE PUBLIQUE
MM. LES MINISTRES

Objet : Désignation de commissaires du Gouvernement permanents auprès du Conseil économique et social

J'ai l'honneur de vous rappeler le paragraphe 13 de l'instruction générale sur l'organisation du travail gouvernemental (circulaire n° 112 du 9 décembre

1963) vous invitant à m'adresser « dans les meilleurs délais vos propositions pour la désignation des Commissaires du Gouvernement permanents auprès du Conseil économique et social.

Aucune proposition ne m'a été transmise jusqu'à présent. La prochaine réunion du Conseil économique et social, convoquée pour le 09 novembre, rend nécessaire la présence, dans chaque département ministériel d'un haut fonctionnaire plus particulièrement chargé des liaisons avec cette Assemblée. Je vous invite, en conséquence à communiquer vos propositions le 5 novembre 1964 au plus tard.

Bien entendu, la désignation par décret du Commissaire permanent par ministère ne fait pas obstacle ce que vous me demandiez la désignation de commissaires « ad hoc » pour chaque affaire, et encore moins à ce que vous participiez vous-même aux débats les plus importants, ce que je vous recommande vivement.

Léopold Sédar SENGHOR

---

211. La circulaire n° 131 PR/SG du 2 décembre 1964

REPUBLIQUE DU SENEGAL

PRESIDENCE DE LA REPUBLIQUE

Secrétariat général

N° 131 PR/SG

Dakar, 02 décembre 1964

CIRCULAIRE

À M. LES MINISTRES

Objet : Relations entre le Conseil économique et social et les départements ministériels

La création récente du Conseil économique et social pose le problème des relations devant nécessairement exister entre cette assemblée et les différents départements ministériels. C'est en effet des solutions qui pourront être apportées à ce délicat problème que dépendra en grande partie le succès attendu d'une telle création.

Il importe de rappeler, tout d'abord que l'institution du Conseil économique et social, par l'article 88 de la Constitution n'a pas pour objet de créer une assemblée dont les travaux puissent être redoutés du Gouvernement. Au contraire, le Conseil constitue l'élément consultatif indispensable qui permet au pouvoir exécutif d'obtenir les avis et suggestions des secteurs les plus représentatifs de la Nation, avant de fixer définitivement sa politique économique et sociale.

Il convient de préciser un certain nombre de points tendant à favoriser cette coopération :

1.- Rôle des Commissaires du Gouvernement

a) La présence des Commissaires du Gouvernement tant aux assemblées plénières du Conseil qu'aux séances de ses commissions est indispensable, car elle permet aux départements ministériels de préciser aux Membres du Conseil économique et Social l'économie des textes sur lesquels est sollicité leur avis. Cette présence permet également aux Conseillers de demander et d'obtenir tous les renseignements nécessaires à une bonne information. En un mot, la présence des Commissaires du Gouvernement aux diverses réunions du Conseil permet qu'un dialogue fructueux s'établisse entre l'Administration et les représentants des principales activités économiques et sociales du pays.

b) Vous trouverez en annexe à la présente circulaire une ampliation du décret en date de ce jour concernant les Commissaires permanents du Gouvernement auprès du Conseil économique et social.

Il convient de rappeler cependant que le Gouvernement attend du Conseil économique et social des avis et suggestions en toute indépendance. Le rôle des Commissaires du Gouvernement doit donc se limiter à expliquer et à informer. En aucun cas, il ne leur est demandé de convaincre. On notera en effet que les avis et suggestions doivent s'appliquer à un texte et que, de ce fait, la valeur et le savoir-faire de celui qui le soutient doit intervenir le moins possible dans le sens des conclusions. C'est à cette condition que le Gouvernement obtiendra ce qu'il souhaite du Conseil.

2.- Relations entre les départements ministériels et le Conseil

Les avis et suggestions du Conseil économique et social ne sont susceptibles de revêtir une certaine valeur que dans la mesure où cette assemblée pourra être pleinement informée. Il importe donc de préciser qu'aucun renseignement ne devra être refusé au Conseil lorsqu'il permet l'exécution de sa mission et entre dans ses attributions telles que définies par le titre premier de l'ordonnance n°63-C du 4 juillet 1963, portant loi organique fixant la composition, l'organisation et les règles de fonctionnement du Conseil économique et social.

Afin de permettre une bonne application des prescriptions susvisées, il conviendra à l'avenir d'utiliser la procédure suivante :

a) Les demandes émanant du Conseil économique et social, et tendant à obtenir des renseignements, des éclaircissements, la communication d'un texte, ainsi que l'audition d'un fonctionnaire, devront être obligatoirement présentée soit par le Président du Conseil économique et social, soit par le Secrétaire général de cette Assemblée.

b) Les demandes en cause devront être adressées soit aux chefs des départements ministériels, soit aux Commissaires du Gouvernement permanents régulièrement désignés.

c) En aucun cas, par conséquent, de c demandes ne pourront être présentées par des Membres du Conseil économique et social ou adressées à des fonctionnaires n'exerçant pas les fonctions visées ci-dessus.

d) Il convient d'insister par ailleurs, sur le fait que les demandes régulièrement présentées doivent être satisfaites dans le plus bref délai, ceci en raison de la courte durée des sessions du Conseil.

Il y a lieu de rappeler, enfin, que les assemblées législative et consultatives, ainsi que le pouvoir exécutif, ont pour but d'œuvrer dans le sens de l'intérêt supérieur de la Nation. C'est donc, en définitive, un climat de confiance et de collaboration qui doit caractériser l'ensemble de leurs relations. C'est à cette condition que pourra être réalisée l'œuvre constructive attendue du Pays.

Léopold Sédar SENGHOR

212. La circulaire n° 008/SG/SL du 28 janvier 1966 relative à la désignation de Commissaires du Gouvernement suppléants auprès du Conseil économique et social

REPUBLIQUE DU SENEGAL
Secrétariat général de la Présidence de la République

N° 008/SG/SL

LE SECRETAIRE GENERAL
A
MESSIEURS LES MINISTRES

Objet : Désignation de Commissaires du Gouvernement suppléants auprès du Conseil économique et social

Certains Commissaires permanents du Gouvernement auprès du Conseil économique et social s'abstiennent souvent d'assister aux travaux de ce conseil, ceci, probablement, par ce que leurs activités professionnelles normales les empêchent quelquefois d'être disponibles pour d'autres tâches.

Il convient cependant, que les départements ministériels soient régulièrement représentés aux diverses commissions de ce Conseil au moment des travaux de celle-ci.

Pour que la régularité de cette représentation soit bien assurée, il est apparu nécessaire de nommer des suppléants.

J'ai l'honneur de vous demander, en conséquence, de bien vouloir désigner, au titre de vos départements respectifs, et de faire connaître, dans les meilleurs délais possibles, les noms, grades et fonctions des fonctionnaires que vous désirez faire nommer Commissaires suppléants.

Dakar, le 28 janvier 1966

PRESIDENCE DE LA REPUBLIQUE

Abdou DIOUF

213. La circulaire n° 46/SE/PR/CAB du 05 juin 1969 relative au rôle des commissaires du Gouvernement permanents auprès du Conseil économique et social

REPUBLIQUE DU SENEGAL
Un Peuple- But-Une Foi
SECRETARIAT D'ETAT A LA PRESIDENCE
DE LA REPUBLIQUE, CHARGE DE LA
COOPERATION ET DES RELATIONS AVEC
LES ASSEMBLEES

N° 46/SE/PR/CAB

Dakar, 5 juin 1969

CIRCULAIRE
A MESSIEURS LES MINISTRES

Objet : Rôle des commissaires du Gouvernement permanents auprès du Conseil économique et social

Le Conseil économique et social, selon l'article 88 de la Constitution, assiste le Président de la République et l'Assemblée nationale. Il permet à ces derniers de recevoir les avis et suggestions des secteurs les plus représentatifs de la nation et joue à cet égard un rôle déterminant dans le bon fonctionnement de nos institutions.

Dans cet esprit- qui doit être de coopération loyale et confiante et non de méfiance et de réticence - je désire une fois de plus appeler tout particulièrement votre une attention sur le rôle que les commissaires du Gouvernement permanent doivent assumer envers le Conseil économique et social et sur les obligations qui sont les leurs et qu'ils se doivent de remplir scrupuleusement.

Ce rôle est double. Il consiste :

- d'une part à préciser aux membres du Conseil les motifs et les préoccupations du Gouvernement qui ont conduit celui-ci à établir les textes soumis à leur avis ;
- d'autre part à fournir au Conseil économique et social tous les renseignements nécessaires à sa bonne information qu'il peut être conduit à demander lorsque ces renseignements lui permettent d'être mieux à même de remplir sa mission dans le cadre de ses attributions.

Ainsi les commissaires du Gouvernement permanents constituent-ils la charnière indispensable qui permet de rendre plus étroites et plus efficaces les relations entre le Conseil et les différents départements ministériels.

Ce rôle d' explication et d'information des commissaires du Gouvernement permanents exige strictement leur présence constante et assidue aux séances plénières. C'est là la condition même d'un dialogue fructueux entre le Gouvernement et les représentants des principales activités économiques et sociales du pays.

J'insiste donc auprès de vous de façon pressante pour que toutes dispositions soient prises afin de permettre aux agents de votre département qui exercent des fonctions de commissaire du Gouvernement permanent d'être présents régulièrement aux assemblées plénières du Conseil économique et social chaque fois que l'ordre du jour de celui-ci comporte des questions qui relèvent de leur compétence et pour lesquelles leur avis peut être sollicité.

Je vous rappelle que les relations entre le Conseil économique et social et les départements ministériels ont fait l'objet de ma circulaire n° 131/ PR/ SG/ du 2 décembre 1964 dont je tiens à vous rappeler tout spécialement le passage suivant :

« Le Gouvernement attend du Conseil économique et social des avis et suggestions en toute indépendance, Le rôle des commissaires du Gouvernement doit donc se limiter à expliquer et à informer. En aucun cas, il ne leur est demandé de convaincre. On notera en effet que les avis et suggestions doivent s'appliquer à un texte et que, de ce fait, la valeur et le savoir-faire de celui qui le soutient doit intervenir le moins possible dans le sens des conclusions. C'est à cette condition que le Gouvernement obtiendra ce qu'il souhaite du Conseil ».

Je vous rappelle également que la liste des actuels commissaires du Gouvernement permanents a été fixée par le décret n°68-1144 du 4 novembre 1968 (*Journal officiel* n° 3998 du 23 novembre 1968, page 1415).

Léopold Sédar SENGHOR

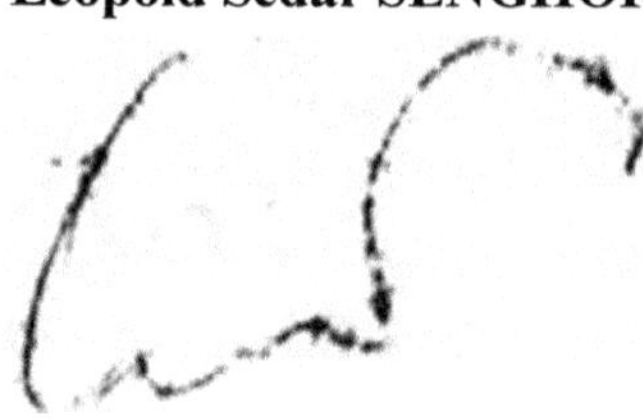

214. La circulaire n° 018 PM/SGG/SL 19 mars 1974 relative à la désignation de Commissaires permanents du Gouvernement auprès du Conseil économique et social

REPUBLIQUE DU SENEGAL
PRIMATURE
SECRETARIAT GENERAL DU GOUVERNEMENT

N° 018 PM/SGG/SL
URGENT

DAKAR, le 19 mars 1974

A
Messieurs les Ministres
Messieurs les Secrétaires d'État
Monsieur le Secrétaire général de la Présidence de la République
Messieurs les Délégués généraux

Objet : Désignation de Commissaires permanents du Gouvernement auprès du Conseil économique et social

Par décret n° 71-825 du 21 juillet 1971 (JO n° 41 du 14 août 1971, p. 752), ont été nommés Commissaires permanents du Gouvernement auprès du Conseil économique et social (titulaires et suppléants) des hauts fonctionnaires désignés par leurs départements respectifs, en raison des fonctions qu'ils y occupaient alors.

Mais à la suite des nombreux changements intervenus depuis lors, certains commissaires, pour diverses raisons n'occupent plus ces fonctions.

C'est pourquoi, je vous serais obligé de bien vouloir me faire parvenir, dans les plus brefs délais possibles, les nom et prénom et les fonctions des deux hauts fonctionnaires (titulaire et suppléant) que vous proposez comme commissaires permanents du Gouvernement auprès du Conseil économique et sociale.

Abdou DIOUF

II. LES RÈGLES SPÉCIFIQUES RELATIVES A L'ADOPTION DE CERTAINS TEXTES

Notes

215. Des règles spécifiques. A côté des règles générales applicables à l'adoption de tous les textes législatifs et réglementaires, il y a des règles spéciales qui ont vocation à s'appliquer à des textes spécifiques. A cet égard, plusieurs circulaires décrivent avec précision la procédure de négociation des traités internationaux (**1**) et celle relative à l'adoption des arrêtés (**2**).

1. La forme, la négociation et la ratification des traités internationaux

216. La forme des traités et accords internationaux. Le traité s'entend d'un « accord international conclu par écrit entre États et régi par le droit international, qu'il soit consigné dans un instrument unique ou dans deux ou plusieurs instruments connexes, et quelle que soit sa dénomination particulière »[135]. Il y a, en effet, une pluralité de dénominations des traités appelés « conventions », « protocoles », « accords », « pactes », « chartes », etc.

Ainsi, un traité suppose un concours de volontés entre des sujets du droit international (États et organisations internationales) ayant pour objet de créer entre les parties des engagements juridiques ayant une force obligatoire ; le traité est soumis au droit international[136].

A la suite de l'accession du Sénégal à la souveraineté internationale, la circulaire n° 057 PC/SG du 12 août 1961 relative à la conclusion des traités et des accords internationaux a fixé, sous l'empire de la Constitution de 1960, le régime applicable aux traités internationaux. Cette circulaire distingue entre les traités en forme solennelle et les traités en forme simplifiée.

Le traité en forme solennelle obéit à un formalisme impliquant la négociation, la signature et la ratification ; elle est conclue selon la procédure dite longue.

Quant aux traités en forme simplifiée, ils ne sont pas soumis à la ratification ; ils entrent en vigueur dès leur signature[137]. La signature remplit ici une double fonction ; elle est à la fois un procédé d'authentification du texte et un mode par

---

[135] V. l'art. 2 de la Convention de Vienne sur le droit des traités du 23 mai 1969.

[136] M. VIRALLY, « La notion d'accord », *Mélanges R. BINDSCHEDLER*, 1980, p. 159 et s. ; J. A. BARBERIS, « Le concept de traité international et ses limites », *AFDI*, 1984, p. 239-270.

[137] C. CHAYET, « Les accords en forme simplifiée », *AFDI*, 1957, p. 1-13. ; P.F. SMETS, *La conclusion des accords en forme simplifiée : étude de droit international et de droit constitutionnel belge et comparé*, Bruxelles, Bruyant, 1969, p. 105-131.

lequel l'État exprime son consentement ; on dit que le traité est conclu selon une procédure courte.

Mais en dehors de la procédure de conclusion, il n'existe aucune différence de nature entre l'accord en forme simplifiée et l'accord en forme solennelle ; ils ont la même valeur obligatoire pour les États parties[138].

217. La procédure de négociation des traités. Au Sénégal, plusieurs circulaires sont encadré la procédure de négociation et de ratification des traités internationaux.

Ainsi, la circulaire n° 97 PR/SG/JUR 29 décembre 1969 relative à la procédure de préparation des négociations internationales a mis l'accent sur les différentes étapes de la procédure de négociation des traités internationaux.

Selon cette circulaire, la préparation des négociations internationales, de quelque nature qu'elles soient, qu'il s'agisse de négociations d'ordre commercial, culturel ou technique, devra comporter obligatoirement les trois phases.

D'abord, le ministère, chef de file, procède à une étude définissant l'objet de la future négociation, rappelant l'historique des problèmes posés et exposant les options.

Ensuite, le ministre, chef de file, crée un groupe de travail qui impliquera les divers ministères intéressés par la négociation envisagée.

Enfin, à partir du rapport final du groupe de travail, le ministre, chef de file, rédige une communication qu'il expose en Conseil de Cabinet (Conseil des Ministres).

Le cadre de la négociation des accords internationaux est fixé notamment par la circulaire n°122 PR/SG/JUR du 11 novembre 1964 sur les rôles respectifs du Ministère des Affaires étrangères et des ministères techniques dans les négociations internationales, la circulaire n° 2200 du 16 mai 2003 relative à la négociation et à la signature des accords et conventions de toutes natures auxquels notre pays est partie et par la circulaire n° 0001 PM/CAB/DIPL du 08 janvier 2004 relative à la négociation et à la conclusion d'accords internationaux engageant le Sénégal et aux relations avec les missions diplomatiques.

La circulaire n°122 PR/SG/JUR du 11 novembre 1964 précitée a posé le principe selon lequel « le Ministère des Affaires étrangères est exclusivement compétent pour traiter de l'aspect politique des problèmes ». Cette règle signifie qu'il a la direction exclusive des négociations purement politiques et qu'il doit être associé aux négociations susceptibles d'avoir un aspect politique, c'est-à-dire pratiquement à toutes les négociations.

Selon cette circulaire, à l'exception des conventions à caractère monétaire ou financier, pour lesquelles le Ministère chargé de l'Économie et des Finances est

---

[138] P. DAILLIER et A. PELLET, *op. cit.*, p. 145.

compétent, le Ministère chargé des Affaires étrangères « est responsable, en relation avec les autres départements de la coordination, de la négociation et de la signature des accords et conventions de toutes natures auxquels notre pays est partie ». A cet effet, les grandes commissions mixtes constituent le cadre institutionnel d'élaboration, d'exécution et d'évaluation de la coopération politique, économique, sociale, culturelle et scientifique avec la plupart des partenaires bilatéraux.

S'agissant plus spécifiquement des accords ou conventions comportant des clauses à incidence fiscale ou douanière, la circulaire n° 00001/PM/SGG/SP du 07 janvier 2011 relative à la signature des accords ou conventions avec des clauses à incidence fiscale ou douanière, a rappelé les règles relatives à leur élaboration et à leur signature[139].

D'après cette circulaire, le département ministériel compétent pour négocier et signer la convention transmet d'abord le projet de texte élaboré par ses services au Ministère chargé des Finances pour avis conforme. La lettre de transmission doit motiver le choix des exonérations à accorder à l'autre partie.

En vertu de l'article 716 du Code général des Impôts, toute convention ou accord prévoyant des exonérations fiscales doit être signé, contresigné ou préalablement visé par le Ministère chargé des Finances. Il est notifié dans les trente (30) jours de sa signature au service des impôts compétent.

Ce texte précise que tout contrat passé par les administrations publiques prévoyant l'exemption, l'exonération, la suspension ou la réduction des impôts, des droits des taxes, des redevances, d'intérêts, de pénalités ou d'amendes prévus par le Code général des Impôts ou par toute loi fiscale, est nul et de nul effet, lorsqu'elle n'est pas conforme à la loi ou à une convention internationale régulièrement ratifiée et publiée[140].

Cependant, la circulaire n° 00001/PM/SGG/SP du 07 janvier 2011 n'a pas vocation à s'appliquer lorsque des avantages fiscaux et douaniers accordés procèdent de dispositions légales ou réglementaires spécifiques. Il en est ainsi des conventions minières, pour lesquelles les dispositions du Code miner s'appliquent.

218. La procédure de ratification des traités. La ratification, s'entend de l'acte international par lequel un État établit sur le plan international son consentement à être lié par un traité[141]. Il s'agit de l'acte par lequel l'autorité étatique détenant la compétence constitutionnelle de conclure les traités consent

---

[139] V. la circulaire n° 21 PM du 30 août 1993 rappelle le monopole du Ministère des Finances en ce qui concerne les accords ou conventions contenant des dispositions prévoyant l'octroi d'avantages fiscaux et douaniers et en particulier d'exonérations des droits et taxes.

[140] V. art. 716, alinéa 1er du Code général des Impôts.

[141] V. art. 2 de la Convention de Vienne sur le droit des traités.

à ce que le traité devienne définitif et obligatoire et s'engage solennellement au nom de l'État à l'exécuter[142].

La circulaire présidentielle n° 0010 PR du 16 mars 1984 relative à la procédure de ratification des accords a décrit minutieusement la procédure de ratification des accords internationaux. Ainsi, la ratification des conventions passe par les étapes suivantes : leur examen par l'Assemblée générale consultative de la Cour suprême, l'adoption de la loi autorisant la ratification par le Conseil des Ministres, l'autorisation parlementaire de ratification ou d'approbation donnée par l'Assemblée nationale, le dépôt ou l'échange des instruments de ratification et la publication de l'accord au *Journal officiel.*

Lorsque le Ministère des Affaires étrangères a participé aux négociations d'un accord, il veille à prendre les dispositions nécessaires en vue de l'introduction de l'accord dans le circuit de ratification. Pour certains accords à caractère technique (par exemple, un accord en matière d'adoption internationale), un autre ministère (Ministère de la Justice, par exemple) peut être sollicité pour la rédaction de l'exposé des motifs de la loi autorisant la ratification.

Lorsque l'accord est négocié et signé par d'autres ministères, ceux-ci enverront cet instrument au Ministère des Affaires étrangères.

Dans tous les cas, le Ministère des Affaires étrangères, en liaison avec le Secrétariat général du Gouvernement, assure le suivi de la mise en œuvre de la procédure de ratification des accords.

En vertu de l'article 95 de la Constitution, le Président de la République négocie les engagements internationaux. Il les ratifie ou les approuve éventuellement sur autorisation de l'Assemblée nationale. Ainsi, la ratification ou l'approbation de certains traités est subordonnée à une autorisation législative. Aux termes de l'article 96 de la Constitution : « Les traités de paix, les traités de commerce, les traités ou accords relatifs à l'organisation internationale, ceux qui engagent les finances de l'État, ceux qui modifient les dispositions de nature législative, ceux qui sont relatifs à l'état des personnes, ceux qui comportent cession, échange ou adjonction de territoire ne peuvent être ratifiés ou approuvés qu'en vertu d'une loi ».

Ces traités ne prennent effet qu'après avoir été ratifiés ou approuvés[143]. L'opération d'autorisation consiste à une permission accordée par le Parlement au Président de la République aux fins d'approuver ou de ratifier le traité.

---

[142] P. DAILLIER et A. PELLET, *Droit international public*, Paris, LGDJ, 7e édition 2002, p. 138 ; F. DEHOUSSE, « La ratification des traités », *S.* 1935, p. 222 ; Ch. ROUSSEAU, « La ratification des traités en France depuis 1946 », in *Evolution du droit public, Etudes en l'honneur d'Achille MESTRE*, Paris 1956, p. 473-493.

[143] Ch. ROUSSEAU, « La ratification des traités en France depuis 1946 », in *Evolution du droit public*, Etudes offertes à Achille Mestre Paris, Sirey, 1956, p. 473-493; P FREYMOND, *La*

L'acte du Parlement consiste, non pas à ratifier ni même à participer à la ratification de l'accord international, mais simplement à autoriser la ratification ou l'approbation.

D'ailleurs, le Parlement ne peut qu'approuver ou désapprouver, dans son ensemble et sans y apporter d'amendement, le texte du traité dont on lui demande l'autorisation de ratification. En autres termes, il ne prend pas part à la confection de ce traité, sur le plan international. Le refus d'autorisation peut simplement inciter le Gouvernement à le négocier de nouveau, pour revenir solliciter l'autorisation parlementaire en faveur d'un traité modifié de telle sorte qu'il recueille l'approbation parlementaire[144].

219. L'entrée en vigueur des traités. Le Gouvernement avait déjà constaté une pratique consistant à prévoir dans les traités des clauses indiquant qu'ils entrent vigueur dès leur signature. La circulaire n° 02297 du 16 mai 1972 relative à l'entrée en vigueur des traités conventions internationales a énoncé que cette pratique est une violation de la Constitution puisque ces traités entrent en vigueur sans qu'ait été recueillie au préalable l'autorisation de l'Assemblée nationale nécessaire à leur ratification ou à leur approbation.

Cette circulaire a recommandé que tous les traités ou conventions internationales conclus par le Sénégal disposent qu'ils n'entreront en vigueur qu'après leur ratification intervenue selon les pratiques constitutionnelles de chacune des parties contractantes.

Mais, moins d'un mois après, la circulaire n° 02791 PM/ JUR 07 juin 1972 sur l'entrée en vigueur des traités et conventions internationales a reprécisé les termes de la circulaire n° 02297 du 16 mai 1972. D'après, la circulaire n° 02791 PM/ JUR 7 juin 1972 seuls sont concernés par la règle de l'entrée en vigueur après la ratification, les traités et accords internationaux dont la ratification et l'approbation nécessitent l'intervention d'une autorisation législative (accords en forme solennelle). Il s'agit des catégories de traités énumérées à l'article 95 de la Constitution de 2001 (ancien 77 de la Constitution du 07 mars 1963) ; c'est-à-dire les traités de paix, les traités de commerce, les traitée ou accords relatifs à l'organisation internationale, les traités ou accords qui engagent les finances de l'État, les traités ou accords qui modifient des dispositions de nature législative, les traités ou accords qui sont relatifs à l'état des personnes et les traités ou accords qui comportent cession, échange ou adjonction de territoire.

Par contre, les traités ou accords internationaux, qui ne relèvent pas des catégories précitées et ne nécessitent pas l'intervention d'une loi pour être ratifiés ou autorisés (accords en forme simplifiée), pourront stipuler qu'ils entrent en vigueur provisoirement dès leur signature.

---

ratification des traités et le problème des rapports entre le droit international et le droit interne, Paris-Lausanne 1947.

[144] J. DEHAUSSY, « Sources du droit international-Les traités (Conclusion et conditions de validité formelle) », *Jurisclass. dr. intern.*, 1993, fasc. 11, n° 33.

Textes

220. La circulaire n° 057 PC/SG du 12 août 1961 relative à la conclusion des traités et des accords internationaux

REPUBLIQUE DU SENEGAL
SECRETARIAT DU GOUVERNEMENT

N° 057/SG

Dakar, le 12 août 1961

LE PRESIDENT DU CONSEIL
A
MESSIEURS LES MINISTRES

Objet : Conclusion des traités et accords internationaux

L'entrée en vigueur de la République du Sénégal dans la vie internationale implique la passation avec les États étrangers de nombreux engagements internationaux. Le régime juridique de ces engagements fait l'objet des articles 24 (5° alinéa) et 56 de la Constitution dont j'ai l'honneur de faire ci-dessous un commentaire valant instructions :

I.- DE LA FORME DES ENGAGEMENTS INTERNATIONAUX

L'article 24 (alinéa 5) et l'article 56 parlent de traités et d'accords. Il résulte de ces deux articles que la Constitution a entendu consacrer l'existence de deux formes d'engagements internationaux, le traité (soumis à une procédure solennelle) et l'accord (soumis à une procédure simplifiée).

La soumission d'un engagement international à une forme plutôt qu'à une autre est fonction de l'importance de la matière traitée. A titre indicatif, on admettra par exemple que feront l'objet de traités de commerce les engagements internationaux qui définissent les rapports généraux en matière de commerce entre les deux pays contractants tandis que feront l'objet d'accords commerciaux les engagements qui, se basant sur les traités préexistants, fixent les modalités de la coopération commerciale entre les deux États.

1.- Le traité

a.- Il est négocié par le Président de la République (article 24, alinéa 5). En fait le Président de la République pourra déléguer des plénipotentiaires (délégués munis de pleins pouvoirs du Chef de l'État) qui négocieront à sa place.

b.-Il est ratifié par le Président de la République. Cette ratification – qui rend le traité exécutoire – consiste en l'échange des instruments de ratification avec l'organe compétent de l'État contractant.

2.- L'ACCORD

a.- Il est négocié par le Gouvernement. Les négociateurs ne sont pas comme dans le traité, des plénipotentiaires du Président de la République, mais de simples délégués du Gouvernement. Le Président de la République doit cependant être tenu au courant des négociations dès qu'elles sont engagées et au fur à mesure de leur avancement.

b.- Il est approuvé par le Gouvernement, à la différence du traité qui lui est ratifié. Cette approbation qui rend l'accord exécutoire se fera en Conseil des Ministres.

II.- DE L'AUTORISATION LEGISLATIVE AVANT LA RATIFICATION OU L'APPROBATION

En vertu de l'article 56 de la Constitution, certains traités ou accords ne peuvent être ratifiés ou approuvés qu'en vertu d'une autorisation législative.

En conséquence tout traité ou accord entrant dans le champ d'application de l'article 56, une fois signé, doit avant sa ratification par le Président de la République ou son approbation par le Gouvernement, être soumis à un vote positif de l'Assemblée Nationale

Étant donné qu'un engagement international ne peut prendre effet qu'après avoir été ratifié ou approuvé, et compte tenu de l'urgence que peuvent présenter certains traités ou accords surtout en matière commerciale, le Gouvernement a suggéré à l'Assemblée Nationale de permettre à sa Commission des Délégations de donner, dans l'intervalle des sessions, l'autorisation au Président de la République de ratifier les traités de commerce.

1.- Traités ne pouvant etre ratifiés qu'a la suite d'une autorisation legislative

- 1°/ les traités de paix ;
- 2°/ les traités de commerce ;
- 3°/ les traités relatifs à l'organisation internationale ;
- 4°/ les traités qui engagent les finances de l'État. Cette notion d'engagement des finances de l'État doit être entendue respectivement. Il s'agit de tout traité qui emporte création de recette nouvelle ou augmentation de dépense ;
- 5°/ les traités qui modifient des dispositions de nature législative ;

- 6°/ les traités relatifs à l'état des personnes ;
- 7°/ les traités qui comportent cession, échange ou adjonction de Territoire.

2.- Accords ne pouvant etre approuvés qu'en vertu d'une autorisation legislative

- 1°/ les accords relatifs à l'organisation internationale ;
- 2°/ les accords qui engagent les finances de l'État ;
- 3°/ les accords qui modifient les dispositions de nature législative ;
- 4°/ les accords relatifs à l'état des personnes.

Tous les autres traités et accords peuvent en conséquence être ratifiés ou approuvés sans l'intervention du législateur.

---

221. La circulaire n°122 PR/SG/JUR du 11 novembre 1964 relative aux rôles respectifs du Ministère des Affaires étrangères et des ministères techniques dans les négociations internationales.

REPUBLIQUE DU SENEGAL
PRESIDENCE DE LA REPUBLIQUE

N°122 PR/SG/JUR

Dakar, le 11 novembre 1964

Objet : Rôles respectifs du Ministère des Affaires étrangères et des ministères techniques dans les négociations internationales.

Si les négociations internationales relèvent en principe du seul département des Affaires étrangères, il arrive en fait, fréquemment de nos jours, qu'elles portent sur des problèmes dont l'aspect technique est au moins aussi marqué que l'aspect politique, quand même il ne l'emporte pas. Dans ces hypothèses, les ministères techniques intéressés sont nécessairement associés à ces négociations, ce qui ne manque pas de poser un problème de délimitation des compétences.

Il y a lieu de poser tout d'abord un principe que le Ministère des Affaires Étrangères est exclusivement compétent pour traiter de l'aspect politique des problèmes. En pratique, cette règle signifie qu'il a la direction exclusive des négociations purement politiques et qu'il doit être associé aux négociations susceptibles d'avoir un aspect politique, c'est-à-dire pratiquement à toutes les négociations, aucun problème n'étant totalement dépourvu d'implications politiques. Si les négociations se déroulent à Dakar, un fonctionnaire du Ministère des Affaires Étrangères devra y participer; si elles se déroulent à l'étranger, un représentant de l'Ambassade du Sénégal.

La question de la désignation du chef de la délégation me sera soumise dans chaque cas particulier par le ministre principalement intéressé.

En second lieu, le Ministère des Affaires étrangères a le monopole des contacts avec les Gouvernements étrangers. C'est donc lui qui doit servir d'intermédiaire entre l'autorité étrangère et le ministère sénégalais compétent pour ce qui concerne le principe même, la date et le lieu des négociations. Une fois les premiers contacts pris, cependant, et pour les négociations ayant un aspect technique très prononcé, on peut admettre que le ministère technique entre en relations directes avec l'autorité étrangère sous réserve de tenir le Ministère des Affaires Étrangères parfaitement et rapidement informé. De même, si les correspondances des ambassades du Sénégal doivent être adressées au Ministère des Affaires étrangères, rien ne s'oppose à ce qu'un double soit adressé directement par l'Ambassade au ministère sénégalais compétent lorsqu'il s'agit d'une question technique dont ce ministère s'occupe.

En troisième lieu, il va de soi que la préparation des négociations à caractère technique prononcé appartient au ministre compétent. C'est ce ministre qui doit faire rassembler la documentation nécessaire, et provoquer les réunions, conseils interministériels ou arbitrages qui s'imposeraient en vue d'arrêter les instructions à donner à notre délégation. J'insiste sur la nécessité de tenir ces réunions en temps utile : plusieurs exemples récents nous ont montré combien il était fâcheux pour le Sénégal de voir sa délégation aborder une négociation sans avoir pris le temps d'étudier sérieusement le problème posé. Bien entendu, un représentant du Ministre des Affaires étrangères sera convié à chacune de ces réunions.

Léopold Sédar SENGHOR

222. La circulaire n° 97 PR/SG/JUR 29 décembre 1969 relative à la procédure de préparation des négociations internationales

REPUBLIQUE DU SENEGAL

Un Peuple- Un But-Une Foi

PRESIDENCE DE LA REPUBLIQUE

Secrétariat général

N° 97 PR/SG/JUR

Dakar, le 29 décembre 1969

CIRCULAIRE

Le Président de la République

M. M. Les Ministres & Secrétaires d'État

Objet : Procédure de préparation des négociations internationales.

Une expérience récente a révélé un manque certain de coordination entre les départements ministériels intéressés pour la préparation des négociations internationales dans lesquelles le Sénégal se trouve engagé.

Pour pallier ces insuffisances, qui avaient déjà été révélées dans ma précédente circulaire n°73/ PR du 21 août 1968, j'ai décidé que la préparation des négociations internationales s'effectuerait désormais obligatoirement selon la procédure bien précise qui se trouvera exposée ci-dessous. Je demande donc à l'avenir de respecter strictement et scrupuleusement ces instructions.

La préparation des négociations internationales, de quelque nature qu'elles soient, qu'il s'agisse de négociations d'ordre commercial, culturel, technique ou autre, devra emporter obligatoirement les trois phases suivantes avant qu'elles ne soient engagées.

- Étude du ministère chef de file ;
- constitution d'un groupe de travail ;
- communication en Conseil de Cabinet.

1.- Étude du ministère chef de file

Toute négociation internationale à laquelle participe le Sénégal doit partir d'une étude du ministère chef de file définissant l'objet de la future négociation, rappelant l'historique des problèmes posés , exposant les options qui vont se présenter et esquissant une définition de la position que pourra adopter notre pays au regard des positions envisagées qu'adopteront ses partenaires.

2.- Constitution d'un groupe de travail

Une fois l'étude mentionnée ci-dessus terminée, le ministre chef de file décidera la création d'un groupe de travail auquel il demandera de participer aux divers ministère qu'il jugera intéressés par la négociation envisagée. Simultanément, il fera diffuser par les soins du Secrétariat général l'étude qu'il aura réalisée comme s'il s'agissait d'un projet de loi ou de décret. De cette manière, l'ensemble des départements ministériels se trouvera au courant de la future négociation et chacun pourra demander à participer aux réunions du groupe de travail au cas où il n'aurait pas été prévu parmi ses participants alors qu'il s'estime personnellement concerné par le problème traité. La participation au groupe de travail de tout Ministère non prévu à l' origine et qui en fera la demande .sera de droit. D'une manière générale, le Ministère des Finances fera automatiquement partie de ces groupes de travail quel que soit le sujet traité en raison des répercussions financières, directes ou indirectes, qu'est susceptible d'entraîner tout accord international.

Le groupe de travail doit être convoqué suffisamment longtemps à l'avance pour bénéficier du temps nécessaire pour mener à bien ses travaux et lui permettre de les terminer en temps utile compte tenu des nécessités exposées au paragraphe ci-dessous.

3.- Communication en Conseil de Cabinet

À partir du rapport final du groupe de travail, le ministre chef de file rédigera une communication qu' il exposera en Conseil de Cabinet. Le rapport final du groupe de travail sera joint en annexe à la communication. Celle-ci devra intervenir au moins une semaine avant la date fixée pour le début des négociations si celles-ci doivent avoir lieu à Dakar ou avant la date de départ de la délégation sénégalaise si elles doivent se dérouler à l'étranger. De toute manière, il est nécessaire d'observer un délai suffisant pour qu'éventuellement le groupe de travail puisse tenir une réunion complémentaire si le Chef de l'État en Conseil de Cabinet lui demande d'approfondir ses études sur tel ou tel point.

Les directives arrêtées en Conseil de Cabinet par le Chef de l'État devront être clairement notifiées à l'ensemble des membres de la délégation sénégalaise afin qu'il n'y ait aucune équivoque dans leur esprit sur les positions qu'ils seront appelés à défendre.

À cet égard, je saisis cette occasion pour vous rappeler les directives exposées dans ma précédente circulaire n° 73/ PR du 21 août 1968 selon lesquelles « Il est indispensable, encore une fois, de mettre un terme à la tendance qui consiste à désigner au sein de la délégation des fonctionnaires insuffisamment préparés à la mission à accomplir comme on a pu le constater en maintes occasions. II importe donc qu'au sein de chaque ministère, notamment à compétence économique, soient désormais spécialisés certains agents nationaux dans les questions de relations économiques internationales.

Votre choix se portera de préférence sur les fonctionnaires parlant la langue anglaise,

Cette manière de procéder, outre qu'elle assurera une représentation sénégalaise de qualité, aura l'avantage de disposer de fonctionnaires qui, même pris au pourvu, connaitront d'une part les sujets à discuter pour les avoir suivis auparavant, et, d'autre part, les options des pays participants pour avoir côtoyé plus d'une fois leurs représentants.

En tout état de cause, cette spécialisation devient l'une des conditions du bon aboutissement des missions économiques que le Gouvernement est appelé de plus en plus à confier à des délégations

J'ajoute que les membres de la délégation sénégalaise pour la négociation concernée devront obligatoirement faire partie du groupe de travail intéressé de manière à être complètement informés des problèmes qu' ils auront à traiter.

Le but que tous doivent rechercher et qui, je le pense, peut être atteint en observant la procédure que je viens de préciser est que les négociations internationales auxquelles participe le Sénégal soient préparées à l'avance de façon approfondie et les positions que devra défendre notre pays clairement définies, ce qui suppose une coordination complète et harmonieuse des différents ministères intéressés.

PRESIDENCE DE LA REPUBLIQUE
République du Sénégal

Léopold Sédar SENGHOR

223. La circulaire n° 02297 du 16 mai 1972 relative à l'entrée en vigueur des traités conventions internationales

REPUBLIQUE DU SENEGAL
Un Peuple-Un But-Une Foi
LÉ PREMIER MINISTRE

N° 02297

Dakar, le 16 mai 1972

Objet : Entrée en vigueur des traités conventions internationales

L'article 77, alinéa 2 de la Constitution dispose que « les traités qui sont énumérés à l'alinéa 1er ne prennent effet qu'après avoir été ratifiés ou approuvés ».

Cependant, de nombreux traités ou engagements internationaux contractés par le Sénégal disposent qu'ils entrent provisoirement en vigueur dès leur signature. Il s'agit là en droit strict d'une violation de la Constitution puisque ces traités entrent en vigueur sans qu'ait été recueillie au préalable l'autorisation de l'Assemblée nationale nécessaire à leur ratification ou à leur approbation.

Jusqu'à présent, la Cour suprême avait imaginé, pour résoudre le problème ainsi posé de faire régulariser rétroactivement cette irrégularité par l'Assemblée nationale en insérant la formule « Signé le……….. et entré en vigueur provisoirement à cette date » dans les projets de loi autorisant la ratification des traités dont s'agit.

Cependant, l'accord portant création d'une grande commission mixte de coopération sénégalo-mauritanienne dispose en son article 8 qu'il entrera en vigueur à compter de sa signature sans même spécifier que cette entrée en vigueur serait provisoire.

En second lieu, à propos de la ratification de divers traités, l'Assemblée nationale a fait connaître son mécontentement en ce qu'ils aient pu entrer en vigueur avant qu'elle ait à en connaître et a vivement désapprouvé cette pratique.

Il faut reconnaître que celle-ci est sans conteste possible contraire à la Constitution.

Avec l'accord exprès du Président de la République, je vous donne donc pour instructions que désormais tous les traités ou conventions internationales conclus par le Sénégal disposent qu'ils n'entreront en vigueur qu'après leur ratification intervenue selon les pratiques constitutionnelles de chacune des parties contractantes.

Je vous demande de communiquer ces instructions à tous les diplomates de votre département appelés à représenter celui-ci dans des négociations internationales et je communique pour information cette lettre à l'ensemble des membres du Gouvernement aux mêmes fins. Au cas où les négociateurs étrangers insisteraient auprès des représentants du Sénégal pour que le traité qui fait l'objet de la négociation entre en vigueur immédiatement, il conviendrait que nos représentants s'opposent fermement à cette demande en exposant à leurs interlocuteurs qu'elle est formellement exclue par nos dispositions constitutionnelles.

J'entends que les instructions qui précèdent soient strictement observées à l'avenir.

Abdou DIOUF

À Monsieur Amadou Karim GAYE
Ministre des Affaires Étrangères -DAKAR-
Copie à Messieurs les Ministres, Secrétaires d'État

---

224. La circulaire n° 27/ PM du 12 avril 1977

REPUBLIQUE DU SENEGAL
Un Peuple - Un But - Une Foi
PRIMATURE

N° 00027 /PM

Dakar, le 12 avril 1977

CIRCULAIRE
A MM.
- les Ministre d'État,
- les Ministres
- Les Secrétaires d'État,
- les Secrétaires généraux de la
Président de la République et du Gouvernement
- les Délégués généraux

Il m'a été signalé que certains traités, accords ou conventions internationaux paraphés ou signés par le Sénégal sont encore détenus au niveau de vos services.

Vous n'ignorez pas que la garde et le suivi des engagements internationaux de notre pays relèvent de la compétence du Ministère des Affaires étrangères.

Il convient, dès lors, d'inviter les hauts fonctionnaires et agents placés sous vos ordres à remettre lesdits documents au département des Affaires étrangères qui doit, désormais être saisi de toute signature de conventions et accords internationaux par vos services.

Il reste entendu que ces documents seront à votre disposition pour une consultation éventuelle.

Je compte sur vous pour une application rigoureuse de cette circulaire dont vous m'accuserez réception.

Abdou DIOUF

225. La circulaire présidentielle n° 0010 PR du 16 mars 1984 relative à la procédure de ratification des accords

REPUBLIQUE DU SENEGAL
Un Peuple-Un But-Une foi
Le Président de la République

N° 0010/ PR

LA CIRCULAIRE
A
- Messieurs les Ministres d'État,
- Mesdames et Messieurs les Ministres,
- Madame et Messieurs les Secrétaires d'État

Objet : Procédure de ratification des accords

La ratification des accords obéit, au Sénégal, à une procédure dont les étapes sont les suivantes : examen des accords par l'Assemblée générale consultative de la Cour suprême, le Conseil des Ministres et l'Assemblée nationale chargée d'autoriser le Président de la République à ratifier ou approuver ces instruments juridiques, promulgation de la loi relative à cette autorisation, ratification ou approbation par le Chef de l'État, dépôt ou échange des instruments de ratification, et publication, lorsque l'accord est entré en vigueur conformément à ses dispositions.

Dans le respect strict du cadre juridique ainsi rappelé, il est apparu nécessaire d'apporter plus de célérité dans la mise en œuvre de la procédure de ratification des accords. Il appartient au Ministère des Affaires étrangères de prendre toutes les mesures appropriées dans ce sens, avec la collaboration soutenue des autres départements ministériels. Ces mesures sont :

1. lorsque le Ministère des Affaires étrangères a participé aux négociations d'un accord, au Sénégal ou à l'étranger, celui-ci est disponible dès après sa signature. Dans ces conditions, le Ministère des Affaires étrangères veillera à prendre toutes les dispositions nécessaires internes, dans les délais les plus raisonnables, en vue d'introduire l'accord dans le circuit de ratification. Et si un autre département ministériel est sollicité pour la rédaction des exposés des motifs - c'est le cas de certains accords à caractère technique - ce concours doit être obtenu rapidement ;

2. si l'accord est négocié et signé par d'autres ministères, ceux-ci enverront, rapidement, cet instrument au Ministère des Affaires étrangères ;

3. si l'accord est déjà signé et que le Sénégal doit y adhérer, le Ministère des Affaires étrangères veillera à ce qu'il lui parvienne, dans des délais raisonnables ;

4. le Ministère des Affaires étrangères, en liaison avec le Secrétaire du Conseil des Ministres, assurera le suivi de la mise en œuvre de la procédure de ratification des accords, de manière à lui garantir toute la célérité requise.

J'attache beaucoup d'importance à l'application rigoureuse de cette circulaire.

Dakar, le 16 mars 1984

Abdou DIOUF

---

226. La circulaire n° 21/PM du 30 août 1993

REPUBLIQUE DU SENEGAL
PRIMATURE
Le premier Ministre

N°21/PM

Dakar, le 30 août 1993

CIRCULAIRE
MESSIEURS LES MINISTRES D'ETAT
MEDAMES ET MESSIEURS LES MINISTRES

Il m'a été signalé que des conventions, accords, protocoles, marchés, etc. contenant des dispositions prévoyant l'octroi d'avantages fiscaux et douaniers, et en particulier d'exonérations des droits et taxes, sont souvent négociés et conclus au nom du Gouvernement avec des organisations gouvernementales ou non gouvernementales, sans que le Ministère de l'Économie, des Finances et du Plan n'y ait été associé.

Le Gouvernement se trouve ainsi engagé, alors que le département précité n'est pas pour des raisons d'opportunité, en mesure d'assurer une entière application de ces dispositions, la seule issue pour lui étant en définitive d'opposer à leurs bénéficiaires la non-validité desdits engagements.

Afin de prévenir ce genre de situation, gênante â tous égards, je voudrais appeler l'attention de l'ensemble des ministres et Ambassadeurs sur la nécessité de s'assurer avant la signature de tels actes, que l'accord du Ministère de l'Économie, des Finances et du Plan a été préalablement recueilli.

J'attache du prix à l'exécution des instructions qui précèdent.

Habib THIAM

---

227. La circulaire n° 2200/PM du 16 mai 2003 relative au rappel des règles de compétence en ce qui concerne la négociation et la conclusion des accords internationaux engageant le Sénégal

REPUBLIQUE DU SENEGAL
PRIMATURE

N° 02200 PM/SGG.DIPLO

Dakar, le 18 mai 2001

A Messieurs les Ministres d'État,
A Mesdames et Messieurs, les Ministres,
A Mesdames et Messieurs les Ministres délégués,
A Monsieur le Secrétaire général de la Présidence de la République,
- A Monsieur le Secrétaire général du Gouvernement,
A Mesdames et Messieurs les Conseillers spéciaux de la Présidence de la République et de la Primature

Objet : Rappel des règles de compétence en ce qui concerne la négociation et la conclusion des accords internationaux engageant le Sénégal

Il a été noté quelques dysfonctionnements, pour ce qui est de la coordination de notre politique extérieure, particulièrement dans le domaine de la négociation et de la conclusion d'accords internationaux.

Ces dysfonctionnements proviennent de l'inobservation des principes et des dispositions qui ont été arrêtés en la matière.

Il convient de rappeler que le Ministère chargé des Affaires étrangères a une compétence générale dans ce domaine.

Pour le compte de l'État, ledit ministère coordonne, négocie, prend ou fait prendre les dispositions formelles et substantielles pour la conclusion des accords internationaux auxquels le Sénégal est Partie (établissement des pleins pouvoirs, communication des amendements du Sénégal aux autres Parties, signature, mise en œuvre de la procédure interne aboutissant à la ratification, en rapport avec le Conseil d'État, l'Assemblée nationale et le Secrétariat général du Gouvernement, etc.).

Il reste entendu qu'au cours de la négociation et, dans certains cas, au moment de la signature, le Ministère chargé des Affaires étrangères associe pleinement les ministères techniques intéressés.

À ce titre, il est investi dans les fonctions de Conservateur des copies des accords bilatéraux signés par le Sénégal et des Conventions multilatérales dont notre pays est dépositaire.

Nonobstant, le Ministère chargé de l'Économie et des Finances reste compétent pour la négociation et la conclusion des Conventions à caractère financier ou monétaire.

J'attache du prix au strict respect des termes de la présente circulaire

Le Premier Ministre

IDRISSA SECK

Ampliation : PR (ATCR)

228. La circulaire n° 0001/PM/CAB DIPLO du 08 janvier 2004 relative à la négociation et à la conclusion d'accords internationaux engageant le Sénégal et aux relations avec les missions diplomatiques accréditées à Dakar

CIRCULAIRE
A
Madame et Messieurs les Ministres d'État, Mesdames et Messieurs les Ministres, Madame et Messieurs les Ministres délégués, Monsieur le Secrétaire général de la Présidence de la République, Monsieur le Secrétaire général du Gouvernement,

Objet : Négociation et conclusion d'accords internationaux engageant le Sénégal. - Relations avec les missions diplomatiques accréditées à Dakar

Par lettre circulaire n° 2200 du 16 mai 2003, je vous rappelais les règles qui régissent le cadre de négociation et de conclusion des accords internationaux engageant le Sénégal.

Il y avait été indiqué qu'à l'exception des conventions à caractère monétaire ou financier, pour lesquelles le Ministère de l'Économie et des Finances est compétent, le Ministère des Affaires étrangères est responsable, en relation avec les autres départements, de la coordination, de la négociation et de la signature des accords et conventions de toute nature auxquels notre pays est partie.

Pour des raisons évidentes de coordination, ces règles sont également applicables, s'agissant des relations que les différentes structures gouvernementales doivent entretenir avec les missions diplomatiques accréditées à Dakar.

Les grandes Commissions mixtes sont le cadre naturel d'élaboration, d'exécution et d'évaluation de la coopération politique, économique, sociale, culturelle et scientifique avec la plupart de nos partenaires bilatéraux.

Sauf exception, elles sont co-présidées, pour la partie sénégalaise, par le Ministère des Affaires étrangères et comprennent, en outre, les départements concernés par certains volets de la coopération avec le pays considéré.

En dépit de tous les rappels, de nombreux départements et leurs démembrements continuent de présenter directement des requêtes aux Missions diplomatiques accréditées à Dakar.

Ces initiatives sont particulièrement embarrassantes puisqu'elles donnent l'impression d'une absence de rationalité dans l'action gouvernementale.

Pis, elles sont souvent vouées à l'échec dès lors qu'elles ne sont pas inscrites dans le cadre sus-décrit.

J'en appelle à la célérité dans l'application de ces orientations qui sont garantes d'un travail gouvernemental performant parce que placé sous le sceau, d'une part, de la spécialisation des tâches et de la complémentarité des actions et d'autre part, de la prévisibilité dans nos relations avec nos partenaires.

J'attache du prix au strict respect de la présente circulaire.

IDRISSA SECK

Autres destinataires :

- Monsieur le Président de la République (à titre de compte rendu)

---

229. La circulaire n° 00001/PM/SGG/SP du 07 janvier 2011 relative à la signature des accords ou conventions avec des clauses à incidence fiscale ou douanière

LE PREMIER MINISTRE

Mesdames et Messieurs les Ministres d'État, Mesdames et Messieurs les Ministres, Mesdames et Messieurs les Ministres Délégués.

Objet : Signature des accords ou conventions avec des clauses à incidence fiscale ou douanière.

L'étude sur les dépenses fiscales réalisée en 2009 par les services du Ministère de l'Économie et des Finances, a révélé l'existence d'une multitude d'accords ou de conventions signés entre l'État du Sénégal et divers organismes dotés ou non d'un statut diplomatique. Ces accords ou conventions, qui ont pour but de définir le cadre d'intervention des structures signataires ainsi que la nature des relations que celles-ci entretiennent avec l'État du Sénégal, n'en comportent pas moins des avantages douaniers et fiscaux dont le sens et la portée peuvent varier d'une convention à une autre.

Cette disparité est essentiellement due à la multiplicité des acteurs qui interviennent dans la négociation et la signature des accords ou conventions, suivant les domaines de compétence ciblés, sans le Ministère chargé des Finances ne soit impliqué en amont ou en aval de la procédure.

Une telle démarche gêne la cohérence de la politique de l'État en matière d'octroi d'avantages douaniers et fiscaux. Par ailleurs, elle cause, a postériori, des difficultés de mise en œuvre des avantages accordés et engendre un manque à gagner de recettes fiscales pour le Trésor public, dans un contexte où il est question de rationaliser les dépenses fiscales de l'État en vue de mobiliser plus de ressources budgétaires pour financer le développement.

L'objet de présente circulaire est de rappeler les règles qui gouvernent l'élaboration et la signature des accords ou conventions comportant des clauses à incidence fiscale ou douanière.

1. Champ d'application

La présente circulaire s'applique à tout accord, protocole d'accord, convention, contrat ou tout autre document en tenant lieu, comportant des clauses à incidence fiscale ou douanière, souscrit par l'État du Sénégal ou un de ses démembrements ; que l'avantage accordé soit une exonération ou une simple facilitation dans les modalités d'assiette, de liquidation ou de perception.

Cette circulation ne s'applique pas aux cas où les avantages fiscaux et douaniers accordés procèdent de dispositions légales ou règlementaires spécifiques. C'est notamment le cas des conventions minières, pour lesquelles les dispositions du Code minier demeurent applicables.

2. Dispositions pratiques

Le département ministériel compétent pour négocier et signer la convention ou l'accord visé au point 1 de la présente circulaire, doit prendre les dispositions pratiques suivantes :

2.1. Exigence d'un avis conforme du Ministre chargé des Finances

Le département ministériel compétent transmet au Ministre chargé des Finances, pour avis conforme, le projet de texte élaboré par ses services lorsqu'il comporte des clauses à incidence fiscale ou douanière.

La lettre de transmission doit motiver le choix des exonérations à accorder à l'autre partie de la convention. Elle doit par ailleurs être accompagnée de l'ensemble des éléments qui permettent d'apprécier le bien-fondé de la requête qui a été présentée. Il s'agit notamment, de l'évaluation de l'impact positif que les exonérations demandées peuvent avoir sur les plans économiques et social.

Les avantages fiscaux et douaniers à accorder sont étudiés au cas par cas. Toutefois, pour des structures telles que les organisations non gouvernementales (ONG) et les autres organismes assimilés intervenant au Sénégal, les avantages proposés ne devront en aucun cas excéder ce qui est prévu au « modèle de clauses sur les exonérations douanières et fiscales » annexé à la présente circulaire.

Le Ministre chargé des Finances répond dans un délai de quarante-cinq (45) jours à la requête qui est présentée. Il donne son avis sur tout ou partie du projet de texte. Cependant, son avis ne lie pas le département ministériel compétent lorsqu'il porte sur des aspects du projet de texte qui n'ont aucune incidence directe ou indirecte sur les plans financier, fiscal ou douanier.

Le projet de texte définitif, élaboré en dernier ressort par le ministère compétent, mentionne impérativement l'avis conforme délivré par le Ministre chargé des Finances.

2.2. Contreseing du Ministre chargé des Finances

Tous les types d'accord visés au point 1 de la présente circulaire font obligatoirement l'objet d'un contreseing par le Ministre chargé des Finances.

3. Conséquences du non-respect des dispositions de la présente circulaire

En application des dispositions de l'article 1044 du Code général des Impôts, tous les types d'accord visés au point 1 de la présente circulaire, qui n'auront pas été contresignés par le Ministre chargé des Finances, seront de nul effet en ce qui concerne les avantages fiscaux ou douaniers qu'il accordent. Ceux-ci ne seront pas opposables aux administrations fiscale et douanière.

4. Dispositions transitoires

La présente circulaire prend effet pour compter de sa date de signature. Toutefois, les accords qui sont en cours d'application produisent leurs effets jusqu'au terme de la durée convenue entre les parties dans lesdits accords.

Le renouvellement des accords préexistants, y compris ceux comportant une clause de reconduction tacite, doit se faire dans le strict respect des dispositions de la présente circulaire.

J'attache du prix à une application stricte de la présente circulaire.

ANNEXE

MODELE TYPE DE CLAUSES SUR LES EXONERATIONS DOUANIERES ET FISCALES

1. Avantages fiscaux

a- L'autre partie (citer l'ONG ou tout autre organisme assimilé), ses biens, fonds, avoirs et revenus sont exonérés de tous impôts directs et indirects à l'exception des droits et taxes indirects qui sont normalement incorporés dans le prix des biens ou des services ou qui doivent être acquittés en même temps que celui-ci, à l'instar de la taxe spécifique sur les produits pétroliers, des autres droits d'accise et de la taxe de promotion touristique.

b-L'autre partie (citer l'ONG ou tout autre organisme assimilé) est exonérée de :

- tous impôts directs, à l'exception de la taxe d'enlèvement des ordures ménagères et des autres taxes ou redevances pour service rendu. Cependant, si elle se livre à une exploitation ou à *des* opérations à caractère lucratif, qui résultent notamment d'une activité commerciale, industrielle, artisanale ou agricole, *elle* deviendrait passible de l'Impôt sur le revenu dans les conditions de droit commun ;

- la taxe sur la valeur ajoutée (TVA), sur les achats de biens et services nécessaires à son fonctionnement et à la réalisation de ses programmes d'investissements agréés, suivant la procédure du visa en exonération de TVA des factures définitives délivrées par ses fournisseurs ;

- des droits d'enregistrement et taxes assimilées normalement à sa charge ;

c- Le bénéfice des avantages fiscaux visés ci-dessus ne dispense pas l'autre partie (citer l'ONG ou tout autre organisme assimilé) de l'obligation :

- de se faire immatriculer au répertoire national des entreprises et associations afin d'obtenir un numéro d'identification nationale des entreprises et associations (NINEA) ; celui-ci devra être mentionné sur tous ses documents y compris ses correspondances ;

- de déclarer et de reverser les impôts et taxes retenus à la source sur les salaires versés aux ressortissants sénégalais et au personnel expatrié résident permanent, ainsi que sur les sommes versées aux tiers non-salariés en rémunération des prestations de services rendus, sous réserve de l'application des conventions de non double imposition.

2. Avantages douaniers

a-L'autre partie (citer l'ONG ou tout autre organisme assimilé) est exonérée des droits et taxes de douane sur ses importations de biens nécessaires à son fonctionnement, et de matériaux et équipements nécessaires à la réalisation de ses programmes d'investissement agréés, à l'exception des lubrifiants, carburants et pièces détachées. Toutefois, l'autre partie (citer l'ONG ou tout autre organisme assimilé) devra s'acquitter des prélèvements communautaires (PCC et PCS) et de la redevance statistique.

b- Les biens exonérés ne peuvent faire l'objet d'aucune cession à titre onéreux ou gratuit, sauf autorisation préalable de l'Administration des Douanes. Les marchandises prohibées et utilisées par l'autre partie (citer l'ONG, la fondation ou toute autre structure) dans le cadre de la réalisation de ses activités, ne peuvent être importées que sur autorisation exceptionnelle de l'État du Sénégal.

c- Le personnel non sénégalais peut importer en franchise de droits et taxes ses effets et objets en cours d'usage constituant son mobilier, celui de son conjoint et des membres de sa famille dans un délai n'excédant pas six (06) mois à compter de la date de première installation.

d- Le Gouvernement du Sénégal accorde à l'autre partie (citer l'ONG ou tout autre organisme assimilé), l'admission temporaire des véhicules utilitaires importés pour la réalisation de ses activités conformément à un programme d'investissement agréé. Le personnel expatrié est également autorisé à acquérir en admission temporaire un véhicule par personne et par ménage.

La cession à titre onéreux ou gratuit desdits véhicules se fera avec l'autorisation préalable de l'Administration des Douanes et acquittement des droits et taxes exigibles au moment de l'établissement de la déclaration en détail de mise à la consommation et conformément aux dispositions du décret n°2001-72 du 26 janvier 2001 relatif à l'importation des véhicules, cycles et cyclomoteurs usagés.

Souleymane Ndéné NDIAYE

2. L'adoption des arrêtés

Notes

230. Une procédure spéciale d'adoption. Les arrêtés en général ne sont pas soumis à la procédure ordinaire marquée par l'examen du texte par le Comité interne de préparation et de suivi des textes législatifs et réglementaires et le Comité technique de validation des textes législatifs et réglementaires ainsi que son adoption par le Conseil des Ministres.

331. Le « circuit court ». S'agissant des projets d'arrêté et de décision à caractère individuel et à caractère réglementaire, ils sont, après leur élaboration, transmis au Secrétariat général du Gouvernement pour contrôle et enregistrement. Il s'agit de ce que l'on appelle dans la pratique le « circuit court».

332. Le « circuit long ». En ce qui concerne les projets d'arrêté et de décision à incidence financière, notamment des projets d'arrêté et décision de versement ou de virement de crédits, des projets d'arrêté de gestion de carrière du Ministère chargé de la Fonction publique (projets d'arrêté de nomination, de titularisation, décision accordant un congé administratif à un agent non fonctionnaire, projets d'arrêté portant avancement de grade, admission à la retraite, radiation d'agent, etc.) des formalités supplémentaires sont exigées. Il s'agit de ce que l'on appelle le « circuit long ». En effet, avant l'accomplissement des formalités d'enregistrement et au besoin de publication, ces actes doivent faire l'objet de visas de la part de services financiers de l'État. L'exigence des visas des arrêtés par les services financiers résulte de textes spécifiques. Il s'agit notamment du décret n° 78-085 du 1er février 1978 portant organisation du Contrôle financier, du décret n° 2003-101 du 13 mars 2003 portant Règlement général sur la Comptabilité publique et du décret n° 2014-1171 du 16 septembre 2014 portant organisation du Ministère de l'Économie des Finances, et du Plan, modifié par le décret n° 2017-480 du 03 avril 2017.

Les services financiers concernés sont notamment la Direction du Contrôle budgétaire, la Direction du Solde, la Cellule de Contrôle des Effectifs et de la Masse salariale (CCEMS) et le Contrôle financier (CF).

La circulaire n° 67 PR/SG du 21 mai 1965 relative au visa des actes de dépenses énonce d'ailleurs que tout acte de dépenses n'ayant pas reçu les visas préalables des services compétents du Ministère des Finances et du Contrôle financier « sera considéré comme sans effet par les services chargés de l'ordonnancement et du paiement »

Les visas des services financiers ne constituent pas des visas de référence mais sont appelés visas de contrôle. Ces derniers visas ont pour objet de s'assurer du contrôle de la part des services financiers de l'État dans le cadre du circuit des visas. Dans la pratique, les visas de contrôle porté sous le timbre ou dans la marge du texte au moyen de la technique dite du « poinçonnage » ; il consiste poinçonner, c'est-à-dire à perforer le texte en marge, avec les marques des organes de contrôle pour indiquer qu'ils ont respecté le circuit des visas. Par exemple, un arrêté visé par le Contrôle financier comporte les mentions suivantes : « VISE CF » en marge de l'acte.

333. L'amélioration du circuit des visas. La circulaire n° 20/PM/SGG/CM/BV du 02 avril 1975 sur l'amélioration du circuit des dossiers soumis aux visas a confié à la Primature le contrôle de la circulation des dossiers et a réaménagé le processus des visas à compter du 10 avril 1975.

Les pouvoirs publics ont très vite constaté que des arrêtés soumis aux divers visas préalables mettaient un temps anormalement long avant d'aboutir à leur stade final. Cette situation qui engendrait des pertes de dossiers, perturbait le fonctionnement des services administratifs et compromettait l'efficacité de l'action administrative.

C'est pourquoi la circulaire n° 44/PM/MFPT/DFP du 10 novembre 1970 sur les visas des projets d'acte administratif a prescrit que le visa requis doit, à chaque stade, intervenir dans un délai maximum de cinq (5) jours pour tous les actes réglementaires ou particuliers, que ces derniers soient individuels ou collectifs.

En cas de refus de visa, les motifs du rejet doivent être portés à la connaissance de l'auteur du projet dans les mêmes délais.

La circulaire n° 20/PM/SGG/CM/BV du 02 avril 1975 sur l'amélioration du circuit des dossiers soumis aux visas a indiqué le processus des visas des arrêtés et autres dossiers et a proposé un modèle de fiche de circulation[145].

En outre, la circulaire n° 05/PM/SGG du 23 janvier 1971 a fixé à trois (3) semaines le délai raisonnable au terme duquel les visas réglementaires habituels doivent être donnés ou refusés par les services compétents aux actes administratifs dont ils sont saisis[146].

Ainsi, après avoir recueilli tous les visas des services figurant sur la fiche de circulation, les projets d'arrêtés sont envoyés au Secrétariat général du Gouvernement pour vérification et numérotation.

---

[145] Les prescriptions de cette circulaire ont été rappelées par celle n° 0015.PM/SGG/BV du 09 février 1976, portant application de la circulaire n° 20/PM/SGG/CM/BV du 02 avril 1975.

[146] La circulaire n° 25/PM/SGG/ADJ du 03 juin 1971 sur les visas administratifs a rappelé aux ministères le caractère impératif du délai prévu par la circulaire n° 5/PM/SGG du 23 janvier 1971.

Par ailleurs, la circulaire n° 1424/PM/SGG/SL/BV du 23 mars 1971 sur les visas des actes administratifs a énoncé que les projets de texte pour lesquels le visa du Secrétariat général du Gouvernement a été refusée, doivent être retournés après correction, au bureau des visas avec la fiche de rejet portant la mention « *satisfait* » ou les observations du ministère intéressé.

334. Le début de dématérialisation du circuit des visas. L'Agence de l'Informatique de l'État (ADIE) a récemment mis en place, en rapport avec le Secrétariat général du Gouvernement, une plateforme de gestion des actes du personnel de l'État, dénommée « Girafe » (Gestion intégrée des Ressources, Administrations et Fonctionnaires de l'État du Sénégal) (https://girafe.sec.gouv.sn), qui a été lancée le 23 mai 2017[147]. La conception de cette solution informatique rentre dans le cadre du projet dénommé « Fichier unifié des données du personnel de l'État » qui est une base de données consolidées sur le personnel de l'État. La plateforme « Girafe » est le principal résultat de la première phase après l'audit biométrique. Le processus de transmission et de contrôle des visas de certains actes de la fonction publique a été dématérialisé ; il s'agit des actes d'avancement de grade et d'échelon, de nomination, de titularisation, d'admission à la retraite et de validation.

La plate-forme « Girafe» constitue un premier pas important vers la dématérialisation des procédures liées aux agents de l'État et à la consolidation du système de gestion des ressources humaines du Ministère en charge de la Fonction publique.

[147] « Dématérialisation : lancement officiel de la plateforme du Fichier Unifié des Données du Personnel de l'État » : http://www.osiris.sn/Dematerialisation-Lancement.html (consulté le 5 août 2017)

335. L'ordonnance n° 59-043 du 31 mars 1959 créant un Contrôle financier au Sénégal (JORS du 30 avril 1959, p. 395)

LE PRESIDENT DU CONSEIL,

VU la Constitution du 4 octobre 1958 ;

VU la délibération n° 53-098 du 25 novembre 1958 de l'Assemblée territoriale du Sénégal optant pour le statut de membre de la communauté, rendue exécutoire par arrêté n° 9.996 du 25 novembre 1958 ;

VU la loi n° 59-003 du 24 janvier 1959 portant Constitution de la République du Sénégal ;

VU la loi n° 59-006 du 26 janvier 1959 autorisant le Gouvernement à prendre par ordonnance, jusqu'à l'entrée en fonction de la future Assemblée législative, des mesures qui sont normalement du domaine de la loi ;

VU le décret n° 58-001 du 2 décembre 1958 relatif aux pouvoirs du Président du Conseil de Gouvernement ;

Le Conseil des Ministres entendu en sa séance du 31 mars 1959,

ORDONNE :

Article premier.- Il est institué un service du Contrôle des finances du Sénégal qui prend le titre de Contrôle financier de la République du Sénégal, des budgets annexes, des budgets des établissements publics, et éventuellement des autres collectivités.

Ce service exerce le contrôle de l'exécution des budgets dans les conditions qui seront fixées par un décret en Conseil des Ministres.

Article 2.- Le Contrôle financier pourra, le cas échéant, être chargé par un texte fédéral du contrôle des opérations financières de la Fédération du Mali sur le territoire de la République du Sénégal.

Des accords bilatéraux fixeront les conditions dans lesquelles le Contrôle financier pourra, éventuellement, exercer le contrôle des opérations financières de la communauté et de la République française, effectuées dans le territoire de la République du Sénégal.

Article 3.- La présente ordonnance sera enregistrée et publiée au *Journal officiel* de la République du Sénégal et exécutée comme loi de l'État.

Dakar, le 31 mars 1959

---

336. Le décret n° 78-085 du 1er février 1978 portant organisation du Contrôle financier

RAPPORT DE PRESENTATION

Le décret n°67-150 du 10 février 1967 pris en application de l'ordonnance n°59-049 du 31 mars 1959 portant création d'un Contrôle financier rattaché au Secrétariat général de la Présidence de la République, fixait les modalités d'action du contrôleur financier, conformément aux dispositions du titre VIII du décret n°66-458 du 17 juin 1966 portant règlement sur la comptabilité publique de l'État et du décret n°62-305 du 31 juillet 1962 relatif au Contrôle financier des personnes morales placées sous le contrôle ou la tutelle de l'État.

Depuis lors si le règlement sur la comptabilité publique de l'État demeure inchangé. Il a été procédé à la réforme de la loi n°77-89 du 10 aout 1977 relatives aux établissements publics, aux sociétés d'économie mixte et aux personnes morales de droit privé bénéficiant du concours financier de la puissance publique.

Le projet de décret soumis à votre approbation répond à une double préoccupation :

- actualiser le décret de 1967 en instituant le droit de regard du Premier Ministre sur les notes, rapports, comptes rendus et travaux établis par le Contrôle financier ;
- préciser l'action du contrôleur financier dans le contrôle des établissements publics, des sociétés nationales, des sociétés d'économie mixte ainsi que des personnes morales de droit privé bénéficiant du concours financier de la puissance publique et placées sous le contrôle de l'État.

Dans cet esprit en se fondant sur les principes du règlement sur la comptabilité publique de l'État et de la loi n°77-89 du 10 aout 1977, les attributions du contrôleur financier qui sont de deux ordres ont été précisées davantage :

a.- le contrôle des opérations financières de l'État, des établissements publics, des communes, des communautés rurales, des sociétés nationales et des sociétés d'économie mixte ;

b.- l'information financière du Président de la République et du Premier Ministre sur la gestion des finances publiques et des organismes placés sous le contrôle de l'État.

Telle est l'objet du présent décret.

LE PRESIDENT DE LA REPUBLIQUE,

VU la constitution, notamment en ses articles 37 et 65 ;

VU l'ordonnance n°59-043 du 31 mars 1959 créant un Contrôle financier au Sénégal ;

VU la loi n° 75-64 du 28 juin 1975 portant loi organique relative aux lois de finances ;

VU la loi n° 77-89 du 10 aout 1977 relative aux établissements publics, aux sociétés nationales, aux sociétés d'économie mixte et aux personnes morales de droit prive bénéficiant du concours financier de la puissance publique ;

VU le décret n° 62-305 du 31 juillet 1962 relatif au Contrôle financier des personnes morales placées sous le contrôle ou la tutelle de l'État, modifié par le décret n°63-476 du 13 juin 1963.

VU le décret n°64-400 du 4 juin 1964 portant règlement de l'engagement, du contrôle, de la certification du service fait, de la liquidation du paiement et de la comptabilité des dépenses de l'État à l'exception des dépenses classées dans les chapitres de personnel ;

VU le décret n°65-599 du 6 septembre 1965 relatif à la mise en paiement des dépenses de l'État par procédés mécanographiques et à la nature des pièces justificatives de ces dépenses ;

VU le décret n°66-458 du 17 juin 1966 portant règlement sur la comptabilité publique de l'État, modifié ;

VU le décret n°67-150 du 10 février 1967 portant organisation du Contrôle financier ;

VU le décret n° 67-697 du 16 juin 1967 portant règlementation des marches administratifs, modifié ;

VU le décret n°70-231 du 26 février 1970 portant organisation de la Présidence de la République, modifié par les décrets n° 71-829 du 26 juillet 1971 et 74-241 du 11 mars 1974 ;

La Cour suprême entendue en sa séance du 9 décembre 1977,

DECRETE :

Article premier. - Le service du Contrôle financier, rattaché au Secrétariat général de la Présidence de la République, est dirigé par un fonctionnaire de la hiérarchie A, nommé par décret, qui prend le titre de Contrôleur financier.

Article 2.- Outre le secrétariat du Contrôleur financier et le bureau de la documentation, le Contrôle financier comprend trois divisions :

- la Division des opérations financières de l'État ;
- la Division de la gestion du secteur parapublic ;
- la Division des communes et des communautés rurales.

Article 3.- Conformément à l'article 235 du décret n° 66-458 du 17 juin 1966, le Contrôleur financier assure au nom du Président de la République et dans les conditions fixées par les textes en vigueur, le contrôle permanent de l'exécution des opérations financières de l'État et des établissements publics nationaux et suit la gestion des collectivités locales, de leurs établissements publics et généralement, de tous organismes ayant bénéficié de l'aide financière de l'Etat.

Article 4.-Tout projet de loi, d'acte règlementaire, d'instruction, de contrat, de convention de nature à avoir des répercussions sur les finances de l'Etat doit être communiqué sans délai, pour avis, au Contrôleur financier.

Le Contrôleur financier peut, pour des motifs se rapportant à l'application des dispositions d'ordre financier des lois et règlements ou à la régularité de l'exécution du budget, émettre un avis défavorable qui doit être motivé et donné dans un délai de 8 jours à compter de la date à laquelle le projet lui a été communiqué.

Il ne peut être passé outre à l'avis défavorable du contrôleur financier que sur décision du Président de la République ou du Premier Ministre.

Article 5.- Les projets de contrats administratifs, en particulier les marchés de l'Etat, des établissements publics et des collectivités territoriales sont soumis à l'avis du contrôleur financier en commission nationale des contrats de l'administration

Article 6.- Les projets de lois de finances et leurs annexes sont communiqués par le Ministre chargé des Finances au Contrôleur financier.

Article 7.-Le Contrôleur financier est informé des lieux, dates et ordres du jour des réunions des commissions administratives traitant des questions financières et économiques.

Le Contrôleur financier est obligatoirement appelé à faire partie des commissions de dépouillement et d'adjudication ou d'appels d'offres de marchés.

Le Contrôleur financier est membre de droit de la commission nationale des contrats de l'administration.

Il peut se faire représenter dans ces diverses commissions.

Article 8.-Le Contrôleur financier peut requérir de tous les services civils ou militaires la communication de tous documents financiers ou comptables ou de toute étude économique nécessaires à l'accomplissement de sa mission.

Article 9- Le Contrôleur financier suit en permanence l'exécution des opérations budgétaires et de trésorerie de l'État.

A cet effet, lui sont communiqués périodiquement les situations des administrateurs de crédits, de l'ordonnance et du comptable, visées aux articles 176, 185, 190, 191, 193, 195 et 211 du décret n°66-458 du 17 juin 1966.

Article 10.- Le Contrôleur financier suit l'exécution du Plan par le visa préalable des fiches d'engagement en autorisation de programme, à l'aide des situations comptables prévues à l'article 245 de décret n°66-458 du 17 juin 1966.

Article 11.- Le Contrôleur financier suit l'exécution des financements sur aides extérieures par le visa des actes portant ouverture des crédits.

Il assure le contrôle de la comptabilisation de l'exécution des aides extérieures au moyen des situations comptables.

Les conventions de financement lui sont communiquées par le Ministre chargé des Finances.

Article 12.-Le Contrôleur financier rend compte de ses observations au Président de la République, au Premier Ministre, au Ministre chargé des Finances et aux ministres intéressés.

Il en tient informés, s'il y'a lieu, la Cour suprême et le trésorier général.

Il établit au moins une fois par an un rapport d'ensemble sur la situation financière de l'État et l'adresse au Président de la République, au Premier Ministre, au Ministre chargé des Finances et à la cour suprême.

Article 13. - Le Contrôleur financier peut être chargé par le Président de la République ou par le Premier Ministre de toute mission de contrôle ou d'étude particulière.

Article 14.- Dans le cadre de sa mission générale de contrôle, le contrôleur financier suit la gestion financière des communes et des communautés rurales.

A ce titre il reçoit du ministre chargé du ministre chargé de tutelle :

- copie des budgets et des comptes administratifs ;
- communication de tous documents et études nécessaires à l'accomplissement de sa mission.

Il est habilité à demander, soit au trésorier général, soit aux autorités administratives de ces collectivités ou à leur comptable, les situations et les documents de comptabilité qui lui seraient nécessaires.

Article 15.- Conforment aux articles 16 et 21 de la loi n°77-89 du 10 aout 1977, le Contrôleur financier assiste ou se fait représenter avec voix consultative aux séances des organes délibérants des établissements publics, des sociétés nationales et des sociétés d'économie mixte soumises au contrôle de l'État. Il est tenu de rendre compte au Président de la République et au Premier Ministre et au Premier Ministre de la situation financière de ces établissements ou sociétés.

A cet effet, les rapports du contrôleur des opérations financières de l'Inspection générale d'État et de la commission de vérification des comptes et de contrôle des établissements publics lui sont communiques ainsi que les situations comptables périodiques du Centre de Établissements publics.

Article 16.- Conformément à l'article 17 de la n°77-89 du 10 aout 1977, le Contrôleur financier est chargé par décret du suivi des activités et du contrôle de la gestion financière des établissements publics à caractères industriel ou commercial dont les opérations de recettes et de dépenses ne sont pas suivies par l'agence comptable des établissements publics.

Article 17.- Le Contrôleur financier assure le contrôle permanent de la gestion des sociétés nationales et des sociétés d'économie mixte dans les conditions prévues par les articles 20, 21, et 22 de la loi n°77-89 du 10 aout 1977.

Article 18.- Le Contrôleur financier ou son représentant a tout pouvoir d'investigation sur place et sur pièce. Il peut requérir des organismes visés par la loi précitée la communication de tous documents financiers ou comptables, de toutes études économiques ou financières nécessaires à l'accomplissement de sa mission.

Article 19.- Sont abrogées toutes dispositions contraires au présent décret, notamment le décret n°62-305 du 31 juillet 1962 et le décret n°67-150 du 10 février 1967.

Article 20.- Le présent décret sera publié au *Journal officiel*.

Fait à Dakar, le 1er février 1978.

---

337. La circulaire n° 84 du 17 octobre 1960 relative au visa du Contrôle financier

REPUBLIQUE DU SENEGAL
Présidence du Conseil

N° 84

Dakar, 17 octobre 1960

A MESSIEURS LES MINISTRES

Objet : Visa préalable du Contrôle financier

J'ai pu constater que certains d'entre vous signaient des arrêtés ou des décisions ayant une incidence budgétaire avant d'avoir obtenu le visa du Contrôle financier.

Certes, ces textes n'en sont pas moins présentés au Contrôle financier, par vos soins ou par ceux de la Présidence, avant d'être diffusés et publiés.

Mais ce n'est là qu'un palliatif car le visa donné ou refus après la signature ne joue plus le rôle d'avertissement et de mise en garde qui est le sien et qui vous permet d'apprécier pleinement les responsabilités que vous prenez en signant.

Je vous prie donc d'exiger de vos services qu'ils demandent le visa du Contrôle financier avant de présenter les actes à votre signature.

Si le visa est donné, vous saurez que le mesure ne soulève aucune objection financière. Si le visa est refusé, vous pourrez étudier les observations provoquées par le texte, et arrêter votre décision en toute connaissance de cause, et en toute responsabilité.

Certains d'entre vous verront dans ces prescriptions une source de retards. Je partage avec vous le souci de simplifier les formalités administratives. Mais dans le cas particulier du visa financier il ne s'agit pas d'une formalité inutile, et j'ai d'autre part demandé à la Direction du Contrôle Financier de ne pas garder un dossier plus de 24 heures.

Si un dossier appelait de sa part une étude plus prolongée la Direction du Contrôle Financier en préviendrait immédiatement le ministre intéressé, qui pourrait alors aviser, éventuellement, saisir mon Cabinet.

J'insiste sur la nécessité de veiller au strict respect de ces prescriptions. Vous voudrez bien obtenir de vos services qu'ils présentent au visa préalable du Contrôle financier tous les actes soumis votre signature quitte à me rendre personnellement compte, dans chaque cas particulier, des retards anormaux que cette procédure vous semblerait entrainer.

---

338. La circulaire n° 43 du 22 avril 1965 relative aux décisions de personnel

REPUBLIQUE DU SENEGAL
PRESIDENCE DE LA REPUBLIQUE

N° 43

Dakar, le 22 avril 1965

LE PRESIDENT DE LA REFUBLIQUE
MESSIEURS LES MINISTRES

Objet : Décisions de personnel

Le Centre Comptable André PEYTAVIN a déjà pris en solde le personnel du Ministère des Forces Armées. Au cours des mois prochains, les autres ministères seront pris en charge afin d'arriver au paiement par le Centre Comptable de la solde de tout personnel payé sur le Budget de l'État

Il est indispensable, pour éviter des erreurs dans le mandatement des soldes, que toutes les décisions de personnel, qu'elles aient ou non une répercussion financière, soient envoyées en ampliation au Centre Comptable André PEYTAVIN.

Je vous demanderais de veiller personnellement à ce que toutes les décisions ayant une répercussion sur la situation d'un agent soient, sans exception, envoyées après approbation au Centre Comptable et au Contrôle financier,

Par ailleurs, je vous rappelle l'obligation de faire viser ces décisions, avant signature, au Ministère des Finances et au Contrôle financier. Celui-ci a d'ailleurs installé son service de visa dans les locaux du Centre Comptable (3e étage), ce qui permettra un circuit très rapide des décisions avant signature.

J'ajoute que j'ai donné des instructions pour que toute décision n'ayant pas suivi le circuit normal de visas soit considérée par les services mécanographiques du Centre comptable comme sans effet sur la situation de l'agent.

Léopold Sédar SENGHOR

---

339. La circulaire n° 67 PR/SG du 21 mai 1965 relative au visa des actes de dépenses

REPUBLIQUE DU SENEGAL
PRESIDENCE DE LA REPUBLIQUE
SECRETARIAT GENERAL

N° 67 PR/SG

Dakar, le 21 mai 1965

LE PRESIDENT DE LA REPUBLIQUE
MESSIEURS LES MINISTRES

Objet: Visa des actes de dépenses

La circulaire n° 99 du 5 octobre 1964, rappelée, en ce qui concerne les questions de personnel par la circulaire n° 43 du 22 avril 1965, avait attiré votre attention sur l'obligation de présenter au visa préalable des services du Ministère des Finances et du Contrôle financier tout projet d'acte de nature à exercer des répercussions sur les finances de l'État.

Il est, en effet, indispensable que les services financiers puissent être consultés avant décision pour permettre l'application de la politique de rigueur et d'austérité que la situation financière actuelle nous impose.

Les prescriptions formelles des décrets financiers des 31 mai 1962 et 30 décembre 1962 toujours en vigueur sont d'ailleurs impératives et l'intervention du décret n° 64-400 du 4 juin 1964, qu'il a modifié les circuits en ce qui concerne les dépenses de matériel, n'a pas supprimé l'obligation de soumettre les actes de dépenses (arrêtés, décisions, circulaires, etc.) au visa préalable des services financiers.

Désormais, tout acte de dépenses n'ayant pas reçu les visas préalables des services compétents du Ministère des Finances et du Contrôle financier sera considéré comme sans effet par les services chargés de l'ordonnancement et du paiement

Vous voudrez bien également rappeler que ces fautes de gestion peuvent entraîner contre les agents responsables des poursuites devant la Cour de Discipline Budgétaire, instituée par la loi n° 63-250 du 5 février 1963.

Léopold Sédar SENGHOR

---

340. La circulaire n° 44/PM/MFPT/DFP du 10 novembre 1970 sur les visas des projets d'actes administratifs

REPUBLIQUE DU SENEGAL

Primature

Secrétariat général du Gouvernement

N° 44 /PM/ MFPT/DFP

Dakar, le 10 novembre 1970

LE PREMIER MINISTRE

A

MM. les Ministres ;

les Secrétaires d'État ;

Objet : Visa des projets d'actes administratifs

L'examen des fiches de circulation de certains projets d'actes administratifs m'a permis de constater les retards excessifs que subissent ces projets dans le circuit des visas.

Ainsi certains dossiers restent en souffrance, quelque fois plus d'un mois dans un même département ministériel.

Cette situation déplorable, qui engendre très souvent des pertes de dossiers, perturbe gravement le fonctionnement des services d'administration et de gestion du personnel, et compromet par là même l'efficacité de l'action administrative.

Vous comprenez bien qu'une telle pratique incompatible avec les exigences de notre politique de développement ne peut plus être tolérée.

C'est pourquoi j'ai décidé, à ce sujet, que les mesures suivantes seront appliquées à l'avenir :

- le visa requis doit, à chaque stade, intervenir dans un délai maximum de cinq jours pour tous actes réglementaires ou particuliers, que ces derniers soient individuels ou collectifs ;
- en cas de refus de visa, les motifs du rejet doivent être portés à la connaissance de l'auteur du projet dans les mêmes délais ;
- des dispositions ultérieures fixeront les modalités de contrôle de certains actes administratifs qu’il y aura lieu de soustraire au circuit des visas ;
- il en sera ainsi notamment de certains actes que seront appelés à prendre les directeurs de services nationaux dans le cadre des compétences qui leur seront délégués par décret.

J'attacherai du prix à l'application de ces prescriptions que je vous demande de faire observer de la manière la plus stricte et la plus rigoureuse

Le Premier Ministre

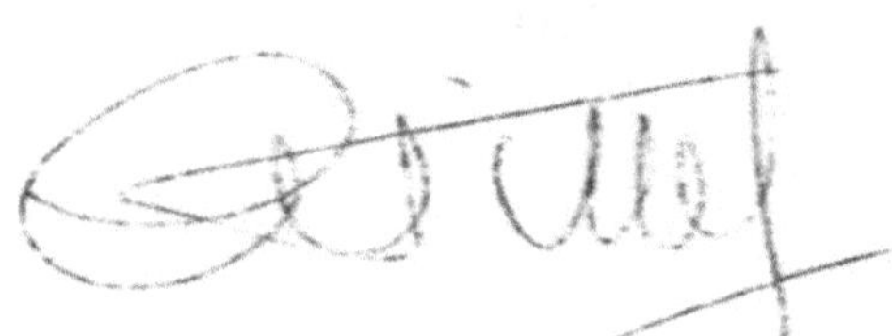

Abdou DIOUF

341. La circulaire n° 1251 PM/SGG/SL.BV du 11 mars 1971 relative au visa des arrêtés et des décisions

REPUBLIQUE DU SENEGAL

Primature

Secrétariat général du Gouvernement

N° 1251 /PM/ SGG/SL/BV

Dakar, le 11 mars I971

LE SECRETAIRE GENERAL DU GOUVERNEMENT

A

Messieurs les Ministres ;

les Secrétaires d'État ;

le Secrétaire général de la Présidence de la République

Objet : Visa des arrêtés et décisions

Il est rappelé qu'il est indispensable lorsqu'un texte prévoit une formalité à accomplir ou une obligation quelconque, de toujours préciser à quelle personne ou autorité en incombe l'exécution.

Notamment dans le cas des décisions de congé, l'obligation de notifier au Bureau du Personnel du Ministère des Finances et du Centre Comptable André PEYTAVIN les dates de départ et reprécise de service doit être assortie de la désignation précise de l'autorité responsable de cette notification.

Le Secrétaire général du Gouvernement

Babacar DIALLO

342. La circulaire n° 1424/PM/SGG/SL/BV du 23 mars 1971 sur les visas des actes administratifs

REPUBLIQUE DU SENEGAL

PREMIER MINISTRE

Secrétariat général du Gouvernement

N° 1424 PM/SGG/SL/BV

Dakar le 23 mars 1971

Messiers les Ministres

Messieurs les Secrétaires d'État

Monsieur le Secrétaire général de la Présidence de la République

Objet : Visa des actes administratifs ministériels

Il est rappelé que les projets de texte pour lesquels le visa du Secrétaire général du Gouvernement a été refusé doivent être retournés après correction au Bureau des visas avec la fiche de rejet portant la mention « satisfait » ou les observations du ministère intéressé.

En aucun cas la fiche de rejet ne être ôtée du dossier.

Babacar DIALLO

343. La circulaire n° 25/PM/SGG/ADJ du 03 juin 1971 relative au visa des actes administratifs

REPUBLIQUE DU SENEGAL
Primature
Secrétariat général du Gouvernement

N° 25 PM/SGG/ADJ

Dakar, le 03 juin 1971

LE PREMIER MINISTRE
A
Messieurs les Ministres ;
Messieurs les Secrétaires d'État ;
Monsieur le Secrétaire général de la Présidence de la République

Objet : Visas des actes administratifs

La circulaire n° 05 PM/SGG du 23 janvier 1971 a fixé à trois semaines le délai raisonnable au terme duquel les visas règlementaires habituels doivent être donnés ou refusés par les services compétents aux actes administratifs dont ils sont saisis.

Ces dispositions me paraissant déjà perdues de vue, je vous demande de les rappeler aux services concernés, en insistant sur le caractère impératif du délai ainsi consenti.

Vous voudrez bien, par ailleurs, porter à la connaissance du Secrétariat général du Gouvernement les manquements éventuels aux règles fixées et les difficultés administratives qui en résulteraient pour l'application de vos décisions.

Abdou DIOUF

344. La circulaire n° 68 PM/SGG/ADJI du 07 juin 1972 relative au visa des actes administratifs

REPUBLIQUE DU SENEGAL
SECRETAIRE GENERAL DU GOUVERNEMENT

N° 68 PM/SGG/ADJI

CIRCULAIRE
LE PREMIER MINISTRE
Messieurs les Ministres
Messieurs les Secrétaires d'État
Monsieur le Délégué général au Tourisme

Objet : Visa des actes administratifs

Ma circulaire n° 44 PM/MFPT du 10 novembre 1970 plusieurs fois rappelée, fixe à 5 jours le délai au terme duquel les visas réglementaires habituels doivent être donnés ou refusés, par les services compétents, aux actes administratifs dont ils sont saisis. Ce délai, applicable aux actes de gestion courante a été porté exceptionnellement à trois semaines pour certains dossiers qui comporteraient des implications financières importantes ou dont l'examen approfondi conditionne la prise d'une décision de principe.

Ces dispositions me paraissent déjà avoir été perdues de vue. Il m'a récemment été signalé la persistance de lenteurs accumulées, à tous les niveaux, pour prendre les décisions. Parfois même l'on qualifie d'« urgent », à tel stade de la chaîne, des dossiers qui sont restés dans les circuits pendant plusieurs mois, voire plusieurs années.

Je vous demande de donner les instructions nécessaires à vos services pour un retour à une plus stricte observation des prescriptions qui précèdent.

Dakar, le 7 juin 1972

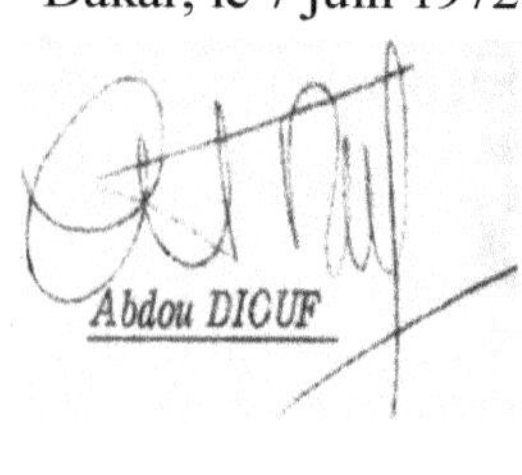

Abdou DIOUF

345. La circulaire n° 20/PM/SGG/CM/BV du 02 avril 1975 sur l'amélioration du circuit des dossiers soumis aux visas (JORS du 6 octobre 1975, p. 1401)

REPUBLIQUE DU SENEGAL

Primature

Le Premier Ministre

N° 20 PM/SGG/CM/BV

Dakar, le 02 avril 1975

A

Messieurs les Ministres ;

Messieurs les Secrétaires d'État ;

Messieurs les Secrétaires généraux ;

Messieurs les Délégués généraux

Objet : Amélioration du circuit des dossiers soumis aux visas

Les contrôles effectués dans le cadre de l'amélioration du travail gouvernemental ont permis de constater que bon nombre de dossiers soumis aux divers visas préalables continuent de mettre un temps anormalement long avant d'aboutir à leur stade final.

Très souvent, les retards constatés ne sont pas motivés par des questions de fond impliquant des études dont la nature exige qu'elles soient entreprises en disposant d'un délai assez long. Ils résultent au contraire, dans la plupart des cas pour ne pas dire toujours, de la négligence d'un agent mal contrôlé par son chef ou du laisser-aller de celui-ci même.

L'administration ayant besoin en permanence de dossiers pour fonctionner, il n'est pas admissible, le sachant, que vous n'appréhendiez pas la nécessité de porter un intérêt particulier à l'élaboration de ceux-ci ainsi qu'à leur circulation et leur aboutissement rapide.

Dans ce but, j'ai décidé de confier le contrôle de la circulation des dossiers à une cellule de la Primature.

Pour permettre à cette cellule de s'acquitter de son travail en connaissance de cause le processus des visas des dossiers s'opérera désormais et ceci pour compter du 10 avril 1975 comme il est précisé dans les exemples ci-dessous.

1.- DOSSIERS D'ADMINISTRATION COURANTE ARRETES, DECISIONS, ETC.

Exemple : Un dossier élaboré par le Ministère de la Fonction publique, du Travail et de l'Emploi doit être visé par le Ministère des Travaux publics, de l'Urbanisme et des Transports, le Ministère des Finances et des Affaires économiques, le Contrôle financier :

- le Ministre de la Fonction publique, du Travail et de l'Emploi envoie le dossier au Ministère des Travaux Publics, de l'Urbanisme et des Transports, qui lui délivre un accusé de réception précisant la date d'arrivée. Un exemplaire de cet accusé de réception est aussi transmis au Secrétariat général du Gouvernement ;
- après visa, le Ministère des Travaux publics transmet le dossier au Ministère des Finances et des Affaires économiques qui exécute la même opération, transmet à son tour un exemplaire de l'accusé de réception au Secrétariat Général du Gouvernement et envoie le dossier au Contrôle financier après visal ;
- le Contrôle financier à son tour exécute les mêmes opérations, vise le dossier et le transmet au Secrétariat général du Gouvernement si le dossier doit être enregistré à ce niveau. Si tel n'est pas le cas, il le transmet à qui de droit en faisant parvenir au Secrétariat général du Gouvernement une copie de la transmission précisant bien la date de départ.

2.- DOSSIERS TECHNIQUES

Exemple : un dossier de financement parti du Ministère du Développement rural et de l'Hydraulique.

Le circuit de tels dossiers est généralement le suivant :

- établissement de la fiche d'utilisation des crédits par le département utilisateur ;
- envoi au Ministère du Plan pour visa ;
- envoi après visa par le Ministère du Plan au Contrôle financier ;
- envoi après visa par le Contrôle financier au Ministère des Finances et des Affaires économiques (Direction des Investissements) pour visa ;
- renvoi après visa par la Direction des Investissements au ministère utilisateur, qui établit alors la fiche d'engagement.

Il ressort du schéma ci-dessus que le processus de circulation des dossiers techniques est à peu près le même que pour les dossiers d'administration courante. La seule différence notable est que ces dossiers ne sont pas soumis à l'enregistrement du Secrétariat général du Gouvernement et échappent de ce fait à tout contrôle possible.

La pratique à utiliser désormais et toujours à compter du 10 avril 1975 sera la même que celle utilisée pour les dossiers d'administration courante.

Autrement dit, le Ministère du Plan établira un accusé de réception chaque fois qu'un dossier lui est envoyé en transmettant un exemplaire au Secrétaire général du Gouvernement, vise le dossier et l'envoie au Contrôle financier.

Le Contrôle Financier et le Ministère des Finances opèrent de la même manière quand ils reçoivent les dossiers mais le Ministère des Finances doit en outre informer le Secrétariat général du Gouvernement de la date de retour du dossier au ministère utilisateur en lui transmettant photocopie de la fiche principale de circulation sur laquelle il aura pris la précaution de préciser cette date.

Cette méthode d'information à l'avantage de permettre à la cellule de contrôle la Primature de connaitre à tout moment à quel stade se trouve les dossiers, le temps qu'ils mettent pour sortir de tel ou tel service et de prendre les dispositions utiles pour réduire les délais de circulation. Elle ne nécessite pas l'établissement d'une correspondance particulière. Les accusés de réception se font sur la fiche de circulation dont le nombre d'exemplaires à joindre aux dossiers est fonction de celui des services ou organismes dont le visa est requis. La fiche principale accompagne le dossier dans le circuit des visas tandis que les fiches secondaires sont adressées au fur et à mesure, au Secrétariat général du Gouvernement, par simple cahier de transmission.

Le Secrétariat général du Gouvernement (cellule de contrôle) informe à son tour le service auteur du dossier pour lui permettre de suivre et de connaître à tout moment à quel stade se situe celui-ci. En outre, quand il s'agit d'une procédure d'approbation d'un marché pour un projet financé sur aide extérieure FED. Par exemple, le Secrétariat général du Gouvernement informe le représentant de cet organisme par un moyen qu'il définira lui-même.

Il va de soi que la cellule de contrôle chargée de suivre les dossiers ne saura assurer correctement son travail que si vous jouez le jeu et respectez les instructions qui vous sont données.

Aussi, cette cellule interviendra directement auprès des services concernés chaque fois qu'elle constatera qu'un dossier a fait à leur niveau deux jours sans en sortir. Le problème n'est pas de garder un dossier quand on ne le trouve pas en règle. Il s'agit de l'examiner dès réception, de le viser et de l'envoyer à l'étape suivante ou alors de le rejeter en donnant les raisons motivées.

Je vous demande de veiller personnellement et sous votre responsabilité, à ce que les dispositions ainsi arrêtées soient scrupuleusement respectées.

Ci-joint le modèle de fiche de circulation telle qu'elle doit être établie conformément aux instructions de la présente circulaire.

Le Premier Ministre

Abdou DIOUF

---

346. La circulaire n° 0015/PM/SGG/BV du 09 février 1976, relative à l'application de la circulaire n° 20 PM/SGG/BV du 02 avril 1975 sur les circuits des visas

REPUBLIQUE DU SENEGAL

Un Peuple-Un But-Une Foi

Primature

Secrétariat général du Gouvernement

N° 00015 PM/SGG/BV

CIRCULAIRE

Le Premier Ministre

A

Messieurs les Ministres.

Messieurs les Secrétaires généraux,

Messieurs les Secrétaires d'État,

Messieurs les Délégués généraux

Objet : Application de la circulaire n° 20 du 02 avril 1975 sur les circuits des visas dont ci-joint copie

Un certain relâchement est constaté dans l'application de la circulaire rappelée en référence.

Les fiches de circulation à partir desquelles le contrôle du suivi est exercé par le Secrétariat général du Gouvernement ne sont plus adressées régulièrement dans les délais prescrits. Cette situation ne peut pas continuer.

C'est pourquoi, je vous demande de veiller personnellement à la mise en œuvre correcte des procédures définies et me rendre compte des difficultés que vous rencontrez dans leur application.

Aucune nouvelle violation ne sera tolérée.

Le Premier Ministre

Abdou DIOUF

347. La circulaire n° 00019/PM/SGG/BV du 19 février 1976, relative à la célérité dans la préparation des dossiers au niveau des services de l'État

REPUBLIQUE DU SENEGAL
PRIMATURE
Secrétariat général du Gouvernement

N° 00019/ PM/SGG/BV

LE PREMIER MINISTRE
CIRCULAIRE
A MM. Les Ministres,
les Secrétaires d'État,
les Secrétaires généraux de la Présidence de la République et du Gouvernement ;
les Délégués généraux

Objet : Célérité dans la préparation des dossiers au niveau des services de l'État

L'exploitation des fiches de circulation adressées au Secrétariat général du Gouvernement pour le contrôle du suivi, en application de la circulaire n° 20 du 2 avril 1975, a permis, lors du visa et du numérotage des dossiers correspondants, de constater qu'il s'agit très souvent, pour ne pas dire toujours d'affaires anciennes parfois de plusieurs mois en considération de la date d'introduction de la demande ayant motivé l'établissement du dossier.

Il apparaît ainsi que l'un des goulots d'étranglement les plus à combattre réside dans les délais anormalement longs que mettent les services habilités à établir les dossiers.

Je vous demande en conséquence, pour toute correspondance que vous ferez et qui implique la prise d'une décision rapide ou l'établissement d'un dossier de quelque nature qu'elle soit, de faire tenir ampliation au Secrétariat général du Gouvernement (Bureau du Contrôle).

Dakar, le 19 février 1976
Le Premier Ministre

Abdou DIOUF

348. La circulaire n° 22/PM/SGG/BV du 02 mars 1979, relative à l'amélioration du circuit des dossiers soumis au visa

REPUBLIQUE DU SENEGAL
PRIMATURE

N°22 PM.SGG.BV

Dakar, le 02 mars 1979

LE PREMIER MINISTRE

A

Madame et Messieurs les Ministres,

Madame et Messieurs les Secrétaires d'État,

Messieurs les Secrétaires généraux de la Présidence de la République et du Gouvernement,

Messieurs les Délégués généraux

Objet : Amélioration du circuit des dossiers soumis aux visas

Rérérence : Circulaire n° 20 PM.SGG.BV du 2 avril 1975

Il a été porté à ma connaissance que les dispositions de la circulaire n o 20 citée en référence et dont ci-joint copie, ont été complètement perdues de vue.

Or cette importante circulaire, publiée au *Journal officiel* du 6 octobre 1975 (p. 1401), fait partie de l'arsenal de mesures prises par le Gouvernement pour lutter contre les goulots d'étranglement. Elle a institué un système de contrôle très efficace permettant au responsable de la cellule de contrôle de la Primature de connaître à tout moment à quel stade du circuit se trouve tel ou tel dossier et d'intervenir, éventuellement pour le débloquer.

La lutte contre les goulots d'étranglement étant toujours d'actualité, je vous demande de veiller personnellement à l'application immédiate de la circulaire n° 20 précitée à laquelle j'attache la plus grande importance.

Abdou Diouf

349. La circulaire présidentielle n° 25 PR/SG/CF du 15 décembre 1983

REPUBLIQUE DU SENEGAL
PRESIDENCE DE LA REPUBLIQUE

N° 25/PR/SG/CF

Dakar, le 15 décembre 1983

LE PRESIDENT DE LA REPUBLIQUE
A
MESSIEURS LES MINISTRES D'ETAT
MESDAMES ET MESSIEURS LES MINISTRES
MADAME ET MESSIEURS LES SECRETAIRES D'ETAT

L'occasion m'a été donnée de constater que la place du Contrôle financier en tant qu'institution est très mal connue des ministères. Certains services pensent même que sa présence dans les réunions administratives fait double emploi avec celle des représentants de la Présidence de la République.

Cette confusion a conduit les départements ministériels à ne pas convoquer le Contrôle financier aux réunions de groupes de travail auxquelles il devrait normalement prendre part.

La circulaire n° 74/PM du 26 août 1978 vous rappelle l'importance qu'il convient d'attacher à l'action du Contrôle financier.

Je vais donc, pour la deuxième fois, vous rappeler quelles sont les attributions du Contrôle financier en application des textes en vigueur.

Le Contrôle financier, un service national, a été créé par l'ordonnance n° 59-043 du 31 mars 1959.

Ses attributions sont multiples.

I.- ATTRIBUTIONS DU CONTROLE FINANCIER RELATIVES A L'EXECUTION DES OPERATIONS FINANCIERES DE L'ETAT

Elles sont déterminées en particulier par les textes suivants :

- ordonnance n° 59-043 du 31mars 1959 portant création du Contrôle financier ;
- décret n°66-458 du 17 juin 1966 portant règlement sur la comptabilité publique de l'État ;
- décret n° 78-085 du 1er février 1978 portant organisation du Contrôle financier.

En application de ces divers textes :

« Le Contrôleur financier assure, au nom du Président de la République, dans les conditions fixées par son statut (...) le contrôle permanent de l'exécution des opérations financières de l'État et des établissements publics nationaux et suit la gestion des collectivités locales, de leurs établissements publics et, généralement, de tous organismes ayant bénéficié de l'aide financière de l'État » (article 235 du décret n° 66-453 du17 juin 1966).

L'exercice de ce contrôle permanent se traduit par les actes suivants :

a) visa préalable par le Contrôleur financier sur tout projet de loi, d'acte réglementaire ou de convention comportant des répercussions sur les finances de l'État.

Ce contrôle de régularité fondé sur des faits précis et juridique permet de limiter les engagements de l'État dans le cadre des possibilités des finances publiques.

Il ne peut être passé outre au refus de visa du Contrôleur financier que sur décision du Président de la République.

b) Les projets de contrats administratifs, notamment les marchés de l'État, des collectivités locales et des établissements publics sont soumis à l'avis du Contrôleur financier en commission des contrats de l'Administration dont il est membre (article 5 du décret 78-085 du 1er février 1978).

Cette procédure simplifiée a été décidée dans le souci de raccourcir le circuit de la passation des marchés qui n'auront plus besoin d'être soumis au visa du Contrôleur financier après avis de la Commission nationale des Contrats de l'Administration.

Il faut cependant préciser la double nature des attributions du Contrôleur financier sur ce point :

- avis collégial en tant que membre de la Commission nationale des Contrats de l'Administration ;
- avis en sa qualité de chargé de visa préalable des projets d'actes administratifs en application de l'article 240 du décret n° 66-458 du 17 juin 1966.

Le Contrôleur financier est également membre de droit de la Commission nationale de Dépouillement des Offres (article 36 du décret n° 82-690 du 7 septembre 1982).

c) Obligation d'informer le Contrôleur financier (qui peut y assister ou se faire représenter) des lieux, dates et ordre du jour des réunions des commissions administratives traitant des questions financières et économiques.

J'attache du prix à cette dernière disposition qui permet au Contrôleur financier d'être informé des décisions gouvernementales afin de mieux exercer ses attributions.

d) Suivi permanent par le Contrôleur financier de l'exécution des opérations budgétaires et de trésorerie de l'État, suivi de l'exécution du plan :

- visa préalable des programmes d'exécution technique et financière des investissements et des fiches d'engagement en autorisation de programme du budget d'équipement ;
- visa préalable des actes portant ouverture des crédits pour l'exécution des financements sur aides extérieures ;
- contrôle de la comptabilisation de l'exécution des aides extérieures.

Les documents de l'exécution du budget général et des comptes spéciaux du Trésor, les conventions de mobilisation des prêts et subventions provenant de l'aide extérieure sont transmises au Contrôleur financier par le Ministre chargé des Finances (article 245 et 246 du décret n° 66-458 du 17 juin 1966, article 2 du décret n° 78-005 du 1er février 1978).

e) Pouvoir du Contrôleur financier de requérir de tout service civil ou militaire la communication de tous documents financiers ou comptables et de toutes études économiques nécessaires à l'accomplissement de sa mission (article 244 du décret n° 66-458 du 17 juin 1966).

II.- ATTRIBUTIONS DU CONTROLEUR FINANCIER A L'EGARD DES COLLECTIVITES LOCALES

Le Contrôleur financier suit la gestion financière des communes et des communautés rurales (article 235 du décret n° 66-458 du 17 juin 1966 et article 14 décret n° 78 du 1er février 1978).

A ce titre il reçoit du Ministre chargé de la tutelle des collectivités :

- copies des budgets et comptes administratifs ;
- communication de tous documents et études nécessaires à l'accomplissement de sa mission.

Il est habilité à demander, soit au Trésorier général, soit aux autorités administratives des collectivités ou à leur comptable les situations et les documents de comptabilités qui lui sont nécessaires.

Le Contrôleur financier suit l'évolution des recettes et l'exécution des marchés communaux, notamment en ce qui concerne la Commune de Dakar, par son visa sur les procès-verbaux de réception et les décomptes provisoires de travaux.

III- ATTRIBUTIONS DU CONTROLEUR FINANCIER A L'ÉGARD DES ETABLISSEMENTS PUBLICS, DES SOCIETES D'ECONOMIE MIXTE ET DES PERSONNES MORALES DE DROIT PRIVE BENEFICIANT DU CONCOURS FINANCIER DE LA PUISSANCE PUBLIQUE

Les attributions du Contrôleur financier vis-à-vis du secteur parapublic sont fixées par la loi n° 77-89 du 10 août 1977.

1.- A l' égard des établissements publics

Le Contrôleur financier dispose d'un droit de regard sur la gestion financière de tous les établissements publics nationaux à caractère industriel ou commercial ou à caractère administratif.

Il assiste ou se fait représenter avec voix consultative aux réunions des organes délibérants de ces établissements.

Il contrôle l'activité de tous les établissements. II reçoit communication de tous documents intéressant la gestion de ces établissements publics.

Les projets de comptes prévisionnels lui sont transmis pour avis préalablement à leur présentation au Conseil d'administration.

En ce qui concerne les établissements publics à caractère professionnel et l'Université de Dakar qui ne relèvent pas des dispositions de la loi n° 77-89 du 10 août 1977, les attributions du Contrôleur financier dans l'exercice du contrôle de leur gestion sont celles fixées par l'article 235 du décret n° 66-458 du 17 juin 1966 portant règlement sur la comptabilité publique de l'État

Il en est également des organismes privés bénéficiant du concours financier de la puissance publique.

2.- A l' égard des sociétés nationales et des sociétés d'économie mixte :

Le Contrôleur financier assure le contrôle permanent des sociétés nationales et des sociétés d'économie mixte.

Ce contrôle permanent que le Contrôleur financier exerce soit par lui-même, soit par un contrôleur d'Etat qu'il désigne auprès de chaque société, se concrétise par un certain nombre de moyens mis en œuvre :

1° Le Contrôleur financier est obligatoirement requis pour formuler un avis motivé :

- sur les projets tendant à créer de telles sociétés ou à accroître la participation de l'État ;
- sur la rentabilité des programmes d'investissement préparés par ces sociétés (article 20 de la loi n° 77-89 du 10 août 1977).

Je vous rappelle que pour permettre au Contrôleur financier de formuler cet avis, il appartiendra au ministère de tutelle ou à la direction générale de la société concernée, de le saisir en lui adressant tous les éléments d'appréciation indispensables.

2° Le Contrôleur financier assiste ou se fait représenter avec voix consultative aux réunions des organes délibérants de ces sociétés (conseils d'administration, comités de direction ou assemblées générales) (article 21 de la loi précitée).

3°Le contrôleur financier ou son représentant a tout pouvoir d'investigation sur pièce et sur place (article 22) :

Lui sont communiqués quinze jours avant la date fixée pour les réunions :

- les comptes de le société, les bilans, les documents d'inventaires annuels, les emprunts, les demandes de crédits ou d'avances ;
- les aliénations, échanges, transaction, constructions d'immeubles ;
- les décisions d'ordre général concernant le personnel de la société ;
- les projets de modification des statuts, de dissolution anticipée, de fusion ou d'union avec d'autres sociétés ;
- les primes de participation dans d'autres sociétés.

IV.- DISPOSITIONS COMMUNES CONCERNANT LE CONTROLE EXERCE SUR LES ORGANISMES DU SECTEUR PARA-PUBLIC

Le Contrôleur financier dispose de certaines prérogatives qu'il est tenu de mettre en œuvre dans l'exercice de ses attributions.

Le Contrôleur financier ou son représentant peut suspendre l'application d'une décision des organes délibérants des organismes visés à l'article ? de la loi n°77-89 du 10 août 1977.

Toutefois, cette suspension doit être confirmée par le Président de la République dans un délai de 15 jours ; faute de quoi la décision devient exécutoire.

En cas de carence des dirigeants des organismes concernés par ladite loi notamment en cas de :

- non convocation dans les délais des assemblées et conseils ;
- non présentation dans les délais de comptes et des bilans ;
- présentation d'états financiers insuffisants.

Le Contrôleur financier, après injonction restée sans suite, fait au Président de la République un rapport de la situation en proposant toute mesure appropriée.

Le Contrôleur financier, ou son représentant, peut requérir des organismes soumis à son contrôle la communication de tout document, de toute étude économique, financière ou comptable nécessaire à l'accomplissement de sa mission.

Toutes ces attributions conférées au Contrôle financier relèvent de deux domaines d'activités :

- d'une part un domaine intéressant la gestion : contrôle, visa, compte rendu ;
- d'autre part, un domaine d'information du Chef de l'État sur l'exécution des opérations financières de l'État et de ses démembrements (collectivités secondaires, entreprises publiques et parapubliques).

Il importe que tous les ministres, tous les secrétaires d'État, tous les responsables des collectivités secondaires et tous les dirigeants des entreprises publiques et parapubliques soient sensibilisés sur l'action du Contrôle financier et sur l'importance que j'attache à la mission du Contrôle financier

Le Premier Ministre

Abdou DIOUF

---

350. La circulaire n° 14 PM/SG/CF 2 du 29 octobre 1991

REPUBLIQUE DU SENEGAL
PRESIDENCE DE LA REPUBLIQUE

N° 14 PM/SG/CF 2

Dakar, le 29 octobre 1991

LE PREMIER MINISTRE
A
MONSIEUR LE MINISTRE D'ETAT
MESDAMES ET MESSIEURS LES MINISTRES
MESSIEURS LES COMMISSAIRES GENERAUX

L'occasion m'a été donnée de constater que la place du Contrôle financier en tant qu'institution est très mal connue des ministères. Certains services pensent même que sa présence dans les réunions administratives fait double emploi avec celle des représentants de le Présidence de la République.

Cette confusion a conduit les départements ministériels à ne pas convoquer le Contrôle financier aux réunions de groupes de travail auxquelles il devrait normalement prendre part.

Par cette présente circulaire, je vous rappelle les attributions du Contrôle financier en application des textes en vigueur.

Le Contrôle financier, un service national, a été créé par l'ordonnance n° 59-043 du 31 mars 1959.

Ses attributions sont multiples.

I.- ATTRIBUTIONS DU CONTROLE FINANCIER RELATIVES A L'EXECUTION DES OPERATIONS FINANCIERES DE L'ETAT

Elles sont déterminées en particulier par les textes suivants :

- ordonnance n° 59-043 du 31 mars 1959 portant création du Contrôle financier ;
- décret n°66-458 du 17 juin 1966 portant règlement sur la comptabilité publique de l'État ;
- décret n° 78-085 du 1er février 1978 portant organisation du Contrôle financier.

En application de ces divers textes :

« Le Contrôleur financier assure, au nom du Président de la République, dans les conditions fixées par son statut (...) le contrôle permanent de l'exécution des opérations financières de l'État et des établissements publics nationaux et suit la gestion des collectivités locales, de leurs établissements publics et, généralement, de tous organismes ayant bénéficié de l'aide financière de l'État » (article 235 du décret n° 66-453 du17 juin 1966).

L'exercice de ce contrôle permanent se traduit par les actes suivants :

a) visa préalable par le Contrôleur financier sur tout projet de loi, d'acte réglementaire ou de convention comportant des répercussions sur les finances de l'Etat.

Ce contrôle de régularité fondé sur des faits précis et juridique permet de limiter les engagements de l'État dans le cadre des possibilités des finances publiques.

Il ne peut être passé outre au refus de visa du Contrôleur financier que sur décision du Président de la République.

b) Les projets de contrats administratifs, notamment les marchés de l'État, des collectivités locales et des établissements publics sont soumis à l'avis du Contrôleur financier en commission des contrats de l'Administration dont il est membre (article 5 du décret n° 78-085 du 1er février 1978).

Cette procédure simplifiée a été décidée dans le souci de raccourcir le circuit de la passation des marchés qui n'auront plus besoin d'être soumis au visa du Contrôleur financier après avis de la Commission nationale des Contrats de l'Administration.

Il faut cependant préciser la double nature des attributions du Contrôleur financier sur ce point :

- avis collégial en tant que membre de la Commission nationale des Contrats de l'Administration ;
- avis en sa qualité de chargé de visa préalable des projets d'actes administratifs en application de l'article 240 du décret n° 66-458 du 17 juin 1966.

Le Contrôleur financier est également membre de droit de la Commission nationale de Dépouillement des Offres (article 36 du décret n° 82-690 du 07 Septembre 1982).

c) obligation d'informer le Contrôleur financier (qui peut y assister ou se faire représenter) des lieux, dates et ordre du jour des réunions des commissions administratives traitant des questions financières et économiques.

J'attache du prix à cette dernière disposition qui permet au Contrôleur financier d'être informé des décisions gouvernementales afin de mieux exercer ses attributions.

d) Suivi permanent par le Contrôleur financier de l'exécution des opérations budgétaires et de trésorerie de l'État, suivi de l'exécution du plan :

- visa préalable des programmes d'exécution technique et financière des investissements et des fiches d'engagement en autorisation de programme du budget d'équipement ;
- visa préalable des actes portant ouverture des crédits pour l'exécution des financements sur aides extérieures ;
- Contrôle de la comptabilisation de l'exécution des aides extérieures.

Les documents de l'exécution du budget général et des comptes spéciaux du Trésor ainsi que les conventions de mobilisation des prêts et subventions provenant de l'aide extérieure sont transmis au Contrôleur financier par le Ministre chargé des Finances (article 245 et 246 du décret n° 66-458 du 17 juin 1966, article 2 du décret n° 78-005 du 1er février 1978).

e) Pouvoir du Contrôleur financier de requérir de tous services civil ou militaire la communication de tous documents financiers ou comptables et de toutes études économiques nécessaires à l'accomplissement de sa mission (article 244 du décret n° 66-458 du 17 juin 1966).

II.- ATTRIBUTIONS DU CONTROLEUR FINANCIER A L'EGARD COLLECTIVITES LOCALES

Le Contrôleur financier suit la gestion financière des communes et des communautés rurales (article 235 du décret n° 66-458 du 17 juin 1966 et article 14 du décret n° 78 du 1er février 1978).

A ce titre, il reçoit du Ministre chargé de la tutelle des collectivités :

- copies des budgets et comptes administratifs ;
- communication de tous documents et études nécessaires à l'accomplissement de sa mission.

II est habilité à demander, soit au Trésorier général, soit aux autorités administratives des collectivités ou à leur comptable les situations et les documents de comptabilités qui lui sont nécessaires.

Le Contrôleur financier suit l'évolution des recettes et l'exécution des marchés communaux, notamment en ce qui concerne la Commune de Dakar, par son visa sur les procès-verbaux de réception et les décomptes provisoires de travaux.

III. ATTRIBUTIONS VIS-A-VIS DES ENTREPRISES DU SECTEUR PARAPUBLIC

Les attributions du Contrôleur financier vis-à-vis du Secteur parapublic sont fixées par la loi n° 90-07 du 26 juin1990.

Le champ du secteur parapublic est précisé par l'article 1er de la loi précitée et couvre :

- les établissements publics à caractère industriel et commercial ;
- les sociétés nationales ;
- les sociétés anonymes d'économie mixte à participation publique majoritaire à participation directe ou indirecte des personnes publiques au moins égale à 50 du capital.

Concernant ces entreprises, le Contrôleur financier est charge du suivi des activités et du contrôle permanent de leur gestion financière. Ce contrôle est assuré soit par lui-même, soit par un Contrôleur d'État placé sous son autorité et nommé par lui auprès de chaque entreprise contrôlée.

Il veille au respect par l'entreprise de la règlementation qui lui est applicable et en particulier celle relative aux marchés, à la réforme, à la vente du matériel et des matières en stock et aux conditions de recrutement et de rémunération du personnel y compris les avantages en nature.

II formule un avis motivé sur les programmes d'investissement des entreprises et leurs projets de comptes prévisionnels préalablement à leur présentation au Conseil d'Administration.

II adresse des rapports périodiques sur les activités et la situation financière de l'entreprise qu'il contrôle. Ces rapports sont communiqués au Président de la République, au Premier Ministre, au Ministre de tutelle, au Président de la Commission de Vérification des Comptes et de contrôle des Entreprises publiques, à l'Inspection générale d'Etat et au Directeur général de l'entreprise.

II est en outre chargé du suivi de l'application des directives présidentielles issues des rapports des Corps de contrôle sur ces entreprises.

Les pouvoirs d'investigation et d'information que lui confère la loi à l'égard de ces établissements lui donnent le droit de recevoir communication de tout document ou rapport intéressant la gestion de l'entreprise et copie des procès-verbaux des séances, délibérations du Conseil d'administration, assemblée générale et Comité de direction.

II assiste avec voix consultative aux séances des organes délibérants et y présentent les observations que les délibérations appellent de sa part.

D'une manière générale, ses attributions sont exhaustivement énumérées par les articles 30 à 33 de la loi n° 90-07 du 26 juin 1990.

IV. A L'EGARD DES PERSONNES MORALES DE DROIT PRIVE BENEFICIANTDU CONCOURS FINANCIER DE LA PUISSANCE PUBLIQUE ET DES SOCIETES D'ECONOMIE MIXTE A PARTICIPATION PUBLIQUE MINORITAIRE

Le rôle du Contrôleur financier vis-à-vis de ces organismes est désormais plus assoupli (art 47 à 50 de la loi n° 90-07 du 26 juin 1990) ; il y conserve un pouvoir information plutôt que de contrôle.

C'est ainsi qu'il assiste avec voix consultative aux réunions des organes délibérants des sociétés d'économie mixte à participation publique minoritaire pour garantir l'information des pouvoirs publics sur leurs activités et gestion, sans toutefois y exercer un contrôle automatique tel que défini ci-avant pour les autres entreprises du secteur parapublic.

Toutefois, lorsque l'importance économique, l'intérêt stratégique de l'activité, l'étendue des aides allouées ou le montant de la participation le justifient, ces organismes peuvent être soumis, à titre exceptionnel, sur décision présidentielle, à un contrôle ponctuel du Contrôle financier.

Habib THIAM

---

351. La circulaire n° 19 PR du 29 juillet 1993 relative à l'application des directives issues des rapports du Contrôle financier

REPUBLIQUE DU SENEGAL
PRESIDENCE DE LA REPUBLIQUE

N° 19 PR

Dakar, le 29 juillet 1993

CIRCULAIRE

A

Monsieur le Premier Ministre,
Messieurs les Ministres d'État,
Mesdames, Messieurs les Ministres et
Ministres Délégués

Objet : Application des directives issues des rapports du Contrôle financier

Mon attention a été appelée sur ce que les directives issues des rapports du Contrôle financier ne sont pas souvent appliquées.

Il doit être constant dans l'esprit de tous que ces directives et recommandations sont élaborées dans l'intérêt majeur des entreprises pour aider à leur redressement ou mettre fin à certains errements constatés dans leur gestion.

Les responsables des départements ministériels, les présidents de conseils d'administration et dirigeants d'entreprises du secteur parapublic veilleront désormais à ce qu'un terme soit mis à de tels manquements.

J'attache du prix à l'application stricte des présentes instructions dont la non-exécution donnera lieu à des sanctions.

Abdou DIOUF

---

352. La circulaire n° 20 PR du 29 juillet 1993

REPUBLIQUE DU SENEGAL
PRESIDENCE DE LA REPUBLIQUE

N° 20 PR

Dakar, le 29 juillet 1993

CIRCULAIRE
A
Monsieur le Premier Ministre,
Messieurs les Ministres d'État,
Mesdames, Messieurs les Ministres et Ministres Délégués

Mon attention a été appelée sur l'absence de convocation du contrôleur Financier de la Présidence de la République à certains groupes de travail ou commissions administratives traitant de questions financières et économiques de l'État, des collectivités locales et des entreprises du secteur parapublic.

Compte tenu de l'importance de la mission que j'assigne au Contrôle financier dans le contrôle et le suivi de ces questions, je demande à ce qu'un terme soit mis rapidement à de tels agissements pour permettre à ce service d'assumer correctement sa mission d'information du Chef de l'État.

A ce titre, il conviendra de dissocier la présence à ces réunions d'un Conseiller à la Présidence de la République et du Contrôleur financier ou son représentant qui a un double rôle d'information et de contrôle.

C'est pourquoi en rappel à la circulaire n° 14 PM du 29 octobre 1991 je vous invite à faire montre à l'égard du Contrôle Financier d'un esprit supérieur de collaboration en vue de l'associer pleinement aux réunions, commissions, travaux et négociations de nature à engager les finances de l'État, de ses démembrements ou des organismes publics ou privés soumis au contrôle ou à la tutelle de l'État.

J'attache de l'importance à l'application correcte des présentes instructions.

J'insiste pour que les instructions contenues dans la présente circulaire dont vous voudrez bien m'accuser réception, soient rigoureusement observées

Abdou DIOUF

CHAPITRE IV

L'ENTRÉE EN VIGUEUR DES TEXTES LÉGISLATIFS ET RÈGLEMENTAIRES

« Les meilleures lois sont inutiles lorsqu'elles ne sont pas exécutées ; elles deviennent dangereuses lorsqu'elles le sont mal»
CHATEAUBRIAND, Pair de France sous la Restauration

Notes

353. L'applicabilité des textes. L'entrée en vigueur est la dernière étape du processus normatif ; c'est le point de repère à partir duquel l'acte législatif ou réglementaire revêt un caractère obligatoire et crée des droits subjectifs[148].

Techniquement, l'entrée en vigueur du texte doit être distinguée de la notion d'adoption. En effet, l'adoption gouvernementale et/ou parlementaire ne confère pas au texte une force juridique. Ni le vote de l'acte législatif par l'Assemblée nationale, ni l'adoption de l'acte administratif par le Conseil des Ministres n'entraîne son opposabilité aux particuliers et son application par l'administration.

L'applicabilité des textes législatifs et réglementaires est subordonnée à l'accomplissement de formalités préalables par les soins du Secrétariat général du Gouvernement.

I. LES FORMALITÉS PRÉALABLES À L'APPLICABILITÉ DES TEXTES LÉGISLATIFS ET RÉGLEMENTAIRES

354. Des formalités préalables. Pour que les textes régulièrement adoptés par le Gouvernement et/ou le Parlement puissent avoir une force juridique, il

[148] C. BERGEAL, *op. cit.*, p. 233, n° 181 ; C. EISENMANN, « Sur l'entrée en vigueur des normes administratives unilatérales », *Mélanges Stassinopoulos*, Paris, LGDJ, 1974, p. 201 ; J.-P. DUBOIS , « L'entrée en vigueur des normes administratives unilatérales », *Mélanges Dupuis*, paris, LGDJ, 1997, p. 103 ; B. SEILLER, « L'entrée en vigueur des actes unilatéraux », *AJDA,* 2004, p. 1463.

est nécessaire que les services du Secrétariat général du Gouvernement accomplissent des formalités préalables. Ce sont des opérations nécessaires pour assurer le passage de la validité à l'effectivité des textes.

355. La disparition du contreseing. Il faut préciser que la réforme constitutionnelle de 2019, restaurant le monocéphalisme au sommet de l'exécutif entraîne la disparition du mécanisme du contreseing.

Le contreseing est la signature apposée par une autorité habilitée sur un acte émanant du Président de la République, du Premier Ministre ou d'un ministre ayant pour objet d'une part, d'attester l'authenticité de la signature portée en premier sur l'acte par le titulaire de la compétence et d'autre part, d'associer le contresignataire à son élaboration[149]. Il s'agit d'une signature prévue par la Constitution ou par la loi apposée au bas d'un acte émanant du titulaire de la signature[150]. Le contreseing était porté sous la signature du Président de la République ou du Premier Ministre, précédé de la mention « Par le président de la République » ou « Par le Premier Ministre »[151].

Il faut distinguer le contreseing de la co-signature. Cette dernière formalité est une signature conjointe d'un acte par deux autorités partageant ainsi la compétence. Par exemple, un arrêté conjoint est co-signé par les deux ministres titulaires de la compétence ; ce qui signifie que ceux-ci en sont les coauteurs[152].

La technique du contreseing avait disparu en toutes matières de la Constitution du 07 mars 1963 instituant un régime de type présidentiel[153]. En effet, la concentration du pouvoir exécutif entre les mains du Président de la République avait pour effet d'ôter aux ministres le pouvoir de contresigner les actes du Chef de l'État qu'ils possédaient précédemment[154].

---

[149] Sur la notion de contreseing, O. DUHAMEL et Y. MENY, *Dictionnaire constitutionnel*, Paris, PUF, 1992, p. 598 ; J.-Y. PLOUVIN, « Le contreseing dans la pratique administrative française », *Petites affiches* 1er-3 novembre 1977 ; B. BRANCHET, *Contribution à l'étude de la Constitution de 1958. Le contreseing et le régime politique de la Ve République*, Paris, LGDJ, 1996 ; I. M. FALL, *Le pouvoir exécutif dans le constitutionnalisme des États d'Afrique*, Paris, l'Harmattan, 2008, p. 137 et s.

[150] P.-L. FRIER, « Vice de forme » *Rép. cont. adm.*, octobre 2014, n° 45.

[151] En ce sens, J. GANDOUIN et J.M. ROUSSIGNOL, *Rédaction administrative Afrique. Maghreb-Afrique subsaharienne,* Armand Colin, 4e édition mise à jour, 2013, p. 193.

[152] CE 1er juillet 1954, Charles, *AJDA,* 1955. II. 302, concl. LAURENT ; également, H. BELRHALI, *Les coauteurs en droit administratif,* coll. Bibl. Droit public, t. 231, Paris, LGDJ, 2003 ; P. FERRARI, « Essai sur la notion de co-auteurs d'un acte unilatéral en droit administratif français », *Mélanges Eisenmann*, Paris, Cujas, 1975, p. 215.

[153] La Constitution du 26 août 1960, instaurant un régime parlementaire, avait aménagé le mécanisme du contreseing des actes du Président du Conseil, Chef du Gouvernement, par les ministres chargés de leur exécution. V. I. M. FALL, *Évolution constitutionnelle du Sénégal de la veille de l'indépendance aux élections de 2007*, Dakar, CREDILA-CREPOS, 2007, p. 33.

[154] La circulaire n° 043 PR.SG du 02 avril 1963 relative aux incidences de la mise en vigueur de la Constitution sur la répartition des compétences, l'organisation du travail gouvernemental et le rôle du Secrétariat général de la Présidence de la République ; V. également, l'instruction générale n° 15

Après avoir été restauré par la réforme introduite par la loi constitutionnelle du 26 février 1970 instituant le Gouvernement[155], le contreseing a été consolidé par la Constitution du 22 janvier 2001[156]. Le contreseing était une prérogative du Premier Ministre et des ministres[157]. Parmi les actes soumis à contreseing, on distinguait entre les décrets pris par le Président de la République (art. 43 de la Constitution) et les actes pris par le Premier Ministre (art. 57 de la Constitution). La circulaire n° 0015 PM/SGG/SGA/PAT du 30 décembre 2016 relative au contreseing ministériel des actes réglementaires du Premier Ministre rappelait d'ailleurs la portée qui s'attache à l'obligation de contreseing ministériel des actes réglementaires du Premier Ministre.

La réforme constitutionnelle de 2019 a supprimé le mécanisme du contreseing. Il en résulte deux conséquences majeures.

En premier lieu, le pouvoir de contresigner les actes du Président de la République, autrefois reconnu au Premier Ministre disparaît[158]. Ainsi, les décrets et les ordonnances du Président de la République, quelle qu'en soit la nature, ne font plus l'objet d'un contreseing. Ils sont seulement signés par le Président de la République.

En second lieu, le pouvoir de contreseing des actes réglementaires du Premier Ministre reconnu aux ministres chargés de leur exécution disparaît également avec la suppression de la fonction primatorale[159]. Il en résulte que les dispositions de la circulaire n° 0015 PM/SGG/SGA/PAT du 30 décembre 2016 relative au contreseing ministériel des actes réglementaires du Premier Ministre sont implicitement abrogées.

Dès lors, les décrets et les ordonnances sont seulement signés par le Président de la République. Il n'est pas nécessaire d'ajouter avant la signature du Chef de l'Etat, la mention « Par le Président de la République », qui constitue en réalité une formule de promulgation prévue seulement pour les textes législatifs par le décret n° 2001-456 du 13 juin 2001 relatif aux formules de promulgation des lois par le Président de la République. En réalité, les textes réglementaires comportent déjà, après leurs intitulés et avant les visas, la mention d'autorité.

PR du 1er mars 1968 sur l'organisation du travail gouvernemental: « la disparition des pouvoirs propres des ministres concerne également la prérogative du contreseing et la collégialité des ministres »

155 D'après l'exposé des motifs de la loi du 26 février 1970, « le contreseing a pour résultat de faire partager au premier ministre et éventuellement aux ministres et secrétaires d'Etat la responsabilité de l'acte vis-vis de l'Assemblée nationale et du peuple sénégalais ».

156 I. M. Fall, *op. cit*, p. 57.

157 CE, 21 janvier 1977, Peron Magnon et autres, n° 02910.

158 V. art. 43 de la Constitution.

159 V. anc. art. 57, alinéa 3 de la Constitution.

Les formalités préalables à l'applicabilité des textes visent en réalité la signature (**1**), l'enregistrement et la publication (**2**) et la promulgation des textes législatifs et réglementaires (**3**)[160].

1. La signature des actes administratifs

Notes

356. La notion de signature. La signature est un paraphe manuscrit ou, lorsqu'elle est électronique, l'usage d'un procédé fiable d'identification garantissant son lien avec l'acte auquel elle s'attache[161].

Les autorités habilitées à prendre des actes administratifs (Président de la République, Premier Ministre, ministres, gouverneur, maire, etc.) doivent les signer.

En ce qui concerne la loi, elle n'a pas à être signée ; elle doit faire l'objet d'une promulgation par le Président de la République.

357. L'exigence de la signature. En principe, un acte administratif n'est régulier que s'il est signé. En effet, l'expression du consentement de l'auteur (signature) permet de distinguer l'acte véritable du simple projet d'acte. C'est avec l'apposition de la signature qu'un texte rédigé devient ainsi un acte juridique.

Tant qu'il n'est pas été signé, l'acte n'est qu'un projet sans aucune valeur juridique. L'acte normatif existe dès sa signature.

C'est au Secrétariat général du Gouvernement qu'il appartient de recueillir la signature du Président de la République et du Premier Ministre sur les textes que ceux-ci ont compétence pour signer.

358. La délégation de signature. Le signataire est présumé être l'auteur de l'acte (décret ou arrêté).

Mais, le signataire peut bénéficier d'une délégation de signature et, dans ce cas, le texte est considéré comme émanant du délégant. La délégation de signature consiste à attribuer seulement le pouvoir formel de signature d'une décision à une autorité autre que celle désignée par les textes ou les principes

---

[160] Il faut préciser que chronologiquement, les formalités se succèdent ainsi qu'il suit : la signature, la promulgation, l'enregistrement et la publication des textes.

[161] V. *Lexique des termes juridiques*, Paris, Dalloz, 13ᵉ édition 2001, p. 511 ; OLIVIER, « Signatures et formes des décisions administratives », *Rev. adm.*, 1952, à. 377 ; P.-L. FRIER, « Vice de forme » *Rép. cont. adm.*, octobre 2014, n° 30 ; G. OLIVIER, « Signature et formes des décisions administratives », *Rev. adm.*, 1952, p. 377.

non écrits. Elle n'emporte pas une substitution de compétence[162]. En pratique, le délégataire doit faire mention de cette délégation de signature dans le corps de l'acte qu'il signe, mais son omission n'est pas de nature à entacher de nullité l'acte si la délégation est régulière[163].

En droit sénégalais, les conditions dans lesquelles les ministres peuvent déléguer leur signature sont encadrées par le décret n° 63-797 du 10 décembre 1963[164], modifié par le décret n°64-774 du 18 novembre 1964[165], par la circulaire présidentielle n° 110/PR/SG/JUR du 10 décembre 1963 sur les délégations de signature et la circulaire n° 154 PR/SG/JUR du 23 décembre 1964 relative à la délégation de la signature des ministres. L'instruction n° 017 PR du 1er mars 1968 relative aux délégations accordées par les ministres a eu pour objet de commenter les dispositions générales du décret n° 63-797 du 10 décembre 1963 et de donner quelques indications sur les délégations qui excèderaient de telles dispositions.

Dans le cadre de la politique de déconcentration des pouvoirs au sein de l'administration, l'instruction n° 17 PM-JUR. du 13 mai 1970 relative à la déconcentration des pouvoirs au sein des départements ministériels avait fixé les modalités juridiques de cette déconcentration à travers le mécanisme de la délégation de signature et celui de la délégation de pouvoirs.

359. Les bénéficiaires de la délégation. Selon le décret n° 63-797 du 10 décembre 1963, les ministres sont autorisés à déléguer, par arrêté, leur signature à leurs directeurs de cabinet en toutes matières et aux directeurs de service pour les matières intéressant leur direction. L'instruction n° 017 PR du 1er mars 1968 relative aux délégations accordées par les ministres énonce que cette liste est limitative.

La délégation de signature ne peut porter que sur les décisions ou arrêtés individuels, à l'exclusion de tout acte à caractère réglementaire ainsi que des décisions ou arrêtés portant nomination, mutation, cessation de fonction, suspension ou sanctions disciplinaires d'un fonctionnaire stagiaire ou titulaire relevant du statut général des fonctionnaires ou d'un agent contractuel ou auxiliaire percevant une rémunération au moins égale au traitement global afférent à l'indice 1423.

Ainsi, ce texte ne vise parmi les bénéficiaires de la délégation de signature que le directeur de cabinet et les directeurs, à l'exclusion du secrétaire général du ministère. Le caractère restrictif de ce texte s'explique par le fait qu'à

[162] I. M. TANDIAN, « La délégation de pouvoirs et de signature dans l'administration régionale et locale au Sénégal », *RIPAS* n° 23-24, janvier- décembre 1990, *Actes du 5e colloque de la RIPAS*, Dakar du 11 au 15 décembre 1989, p. 134 et s.

[163] J. PUISOYE, « Les délégations de signature », *AJDA,* 1960. 1. p. 69.

[164] JORS du 11 décembre 1963, p. 1605.

[165] JORS du 12 décembre 1964, p. 1614.

l'époque, le poste de secrétaire général n'était pas encore institué dans les ministères.

Après avoir connu pendant longtemps une existence de fait, le décret n° 2002-1173 du 23 décembre 2002, a institué, pour la première fois, un secrétaire général dans certains ministères. Ce texte a été modifié, notamment par le décret n° 2005-518 du 09 juin 2005, qui a ajouté le Ministère de la Justice à la liste des ministères disposant d'un secrétaire général.

Dans le souci d'une meilleure coordination de l'action ministérielle, le décret n° 2017-313 du 15 février 2017, instituant un secrétariat général dans les ministères, a procédé à l'extension de l'institution du secrétariat général à tous les ministères.

Pourtant dans la pratique administrative, les ministres, prenant en compte le rôle central des secrétaires généraux dans la coordination de la gestion administrative et technique du département ministériel, leur consentent souvent des délégations de signature pour les besoins de la marche du service.

Cette pratique, n'était pas conforme à la réglementation en vigueur. En effet, l'arrêté de délégation sur le fondement duquel l'acte de délégation est pris ne pouvait pas trouver un fondement confortable dans le décret n° 63-797 du 10 décembre 1963 qui ne visait pas le secrétaire général du ministère.

C'est pourquoi le décret n° 2018-606 du 21 mars 2018 a procédé à la modification du décret n° 63-797 du 10 décembre 1963, en ajoutant le secrétaire général du ministère à la liste des autorités bénéficiaires de la délégation de signature. Désormais, les ministres sont également autorisés à déléguer, par arrêté, leur signature au secrétaire général du ministère, en toute matière.

360. Les actes pouvant être signés par délégation. Il en résulte que la réglementation de la délégation de signature ne s'applique « qu'aux actes comportant un caractère de décision » selon les termes de l'instruction n° 17 PM-JUR du 13 mai 1970 relative à la déconcentration des pouvoirs au sein des départements ministériels.

Il appartient aux ministres de fixer librement les conditions dans lesquelles, ils entendent autoriser leurs subordonnés à signer les documents ne possédant pas le caractère de décision. Il s'agit notamment des lettres d'attente, des renseignements, des convocations, des actes préparatoires, avis ou demandes d'avis, etc.

Pour bien marquer cette différence, l'instruction n° 17 PM-JUR du 13 mai 1970 recommande que de tels documents soient signés avec la formule suivante : «le Ministre et par autorisation » ; la formule « Le Ministre et par délégation » étant strictement réservée aux décisions.

C'est d'ailleurs la raison pour laquelle la circulaire n° 0006/PM/SGG/ADJ1 du 18 janvier 1972 énonce que la pratique consistant pour les directeurs de cabinet de signer les rapports de présentation de projets de texte règlementaire «est contraire à l'esprit des règles qui gouvernent la matière de la délégation de signature : elle excède manifestement les limites de celle-ci, fixées notamment par les dispositions de l'instruction n° 15/PM/JUR. du 1er mars 1968».

D'après la circulaire n° 154 PR/SG/JUR du 23 décembre 1964 relative à la délégation de la signature des ministres, la référence à la rémunération ne concerne que les agents non fonctionnaires. Il en résulte que les ministres doivent obligatoirement signer eux-mêmes les décisions individuelles concernant les fonctionnaires stagiaires ou titulaires, quel que soit leur indice.

La restriction prévue par l'article 1er du décret n° 63-797 du 10 décembre 1963 se comprend aisément. En effet, l'article 5 du décret n° 95-264 du 10 mars 1995 portant délégation de pouvoir du Président de la République en matière d'administration et de gestion du personnel, qui confère aux chefs de service relevant de l'autorité directe du ministre le pouvoir de prononcer les sanctions du premier degré à l'encontre des agents placés sous leurs ordres. Il s'agit d'ailleurs là d'une délégation de compétence et non de signature qui a pour effet de dessaisir complètement les ministres et de placer ces actes dans la compétence exclusive des chefs de service[166].

361. Le régime de la délégation de signature. La délégation de signature, qui ne dessaisit pas le délégant, est personnelle et nominative. En conséquence, elle est caduque automatiquement lorsque le ministre délégant ou le directeur délégataire quittent leurs fonctions. Le principe de caducité des délégations de signature en cas de changement de ministre est rappelé par toutes les circulaires relatives à l'installation des ministres.

La délégation de signature s'analyse en un simple transfert de la tâche matérielle de signature[167]. La décision signée par le délégataire est toujours considérée juridiquement comme émanant du délégant.

Toute délégation de signature excédant les limites fixées par le décret n° 63-797 du 10 décembre 1963 ainsi que toute délégation de pouvoir ne peut être autorisée que par le Président de la République par décret[168].La circulaire du 10 décembre 1963 justifie cette règle par le fait que les ministres ne tiennent eux-mêmes leurs pouvoirs de décisions que d'une délégation du Président de la République. Ainsi, toute subdélégation de pouvoirs consentie en dehors d'une autorisation expresse du délégant serait nulle.

[166] En ce sens, V. l'instruction n° 17 PM-JUR. du 13 mai 1970 relative à la déconcentration des pouvoirs au sein des départements ministériels.
[167] A. BOCKEL, *Droit administratif*, Dakar-Abidjan, NEA, 1978, p. 136.
[168] Sur la délégation de compétence, C. GROSHENS, « La délégation administrative de compétence », *D*. 1958. chron. p. 197.

a. La délégation de signature

Textes

362. Le décret n° 63-797 du 10 décembre 1963 relatif aux conditions dans lesquelles les ministres peuvent déléguer leur signature (JORS du 11 décembre 1963, p. 1605)

LE PRÉSIDENT DE LA RÉPUBLIQUE,

VU la Constitution et notamment ses articles 43, 44, 56 et 65 ;

DÉCRÈTE :

Article premier.- Les ministres sont autorisés à déléguer par arrêté leur signature.

- à leur directeur de cabinet, en toute matière ;
- aux directeurs de service, pour les affaires intéressant leur direction.

Cette délégation est nominative; elle ne peut porter que sur la signature des décisions ou arrêtés individuels, à l'exclusion de tout acte à caractère réglementaire.

Les arrêtés de délégation sont publiés au *Journal officiel.*

Article 2. Toute délégation de signature excédant les limites fixées à l'article précédent ainsi que toute délégation de pouvoirs, ne peut être autorisée que par décret du Président de la République.

Article 3. Sont abrogées toutes dispositions antérieures contraires au présent décret.

Article 4. Le présent décret sera publié au *Journal officiel.*

Fait Dakar, le 10 décembre 1963.

Léopold SÉDAR SENGHOR

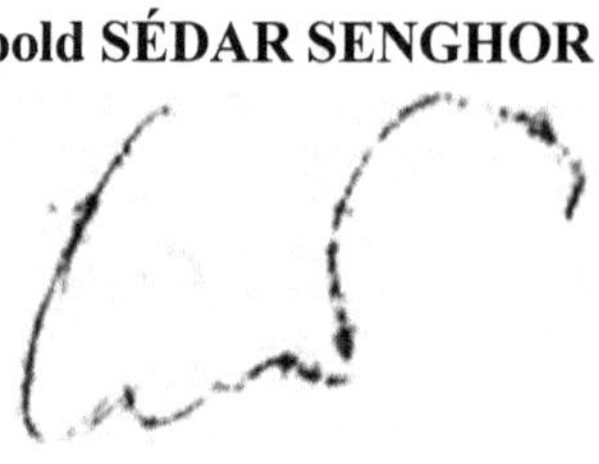

363. Le décret n°64-774 du 18 novembre 1964 modifiant le décret n° 63-797 du 10 décembre 1963 relatif aux conditions dans lesquelles les ministres peuvent déléguer leur signature (JORS du 12 décembre 1964, p. 1614)

LE PRÉSIDENT DE LA RÉPUBLIQUE,

VU la Constitution, et notamment ses articles 43, 44, 56 et 65 ;

VU le décret n° 63-797 du 10 décembre 1963, relatif aux conditions dans lesquelles les ministres peuvent déléguer leur signature,

DÉCRÈTE :

Article premier.- Les dispositions du deuxième alinéa de l'article 1er du décret n° 63-797 du 10 décembre 1963, sont abrogées et remplacées par les dispositions suivantes :

« Cette délégation est nominative, elle ne peut porter que sur les décisions ou arrêtés individuels à l'exclusion de tout acte à caractère réglementaire ainsi que des décisions ou arrêtés portant nomination, mutation, cessation de fonctions, suspension ou sanctions disciplinaires d'un fonctionnaire stagiaire ou titulaire relevant du statut général des fonctionnaires, ou d'un agent contractuel ou auxiliaire percevant une rémunération au moins égale au traitement global afférent à l'indice 1423 ».

Article 2.- Les dispositions du présent décret sont applicables dès leur entrée en vigueur aux délégations de signature déjà consenties par les ministres.

Article 3.- Le présent décret sera publié au *Journal officiel.*

Fait à Dakar, le 18 novembre 1964.

Léopold SÉDAR SENGHOR.

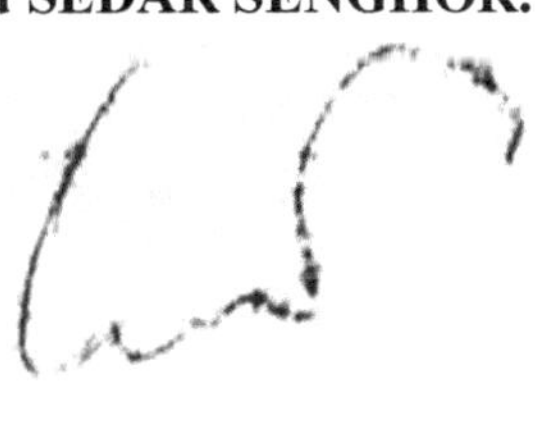

364. Le décret n° 2018-606 du 21 mars 2018 modifiant le décret n° 63-797 du 10 décembre 1963 relatif aux conditions dans lesquelles les ministres peuvent déléguer leur signature

REPUBLIQUE DU SENEGAL

Un Peuple - Un But - Une Foi

Primature

RAPPORT DE PRESENTATION

Les conditions dans lesquelles les ministres peuvent déléguer leur signature sont encadrées par le décret n° 63-797 du 10 décembre 1963, modifié par le décret n° 64-774 du 18 novembre 1964. Il résulte de l'alinéa premier de l'article premier de ce texte que les ministres sont autorisés à déléguer par arrêté leur signature à leur directeur de cabinet, en toute matière et aux directeurs de service, pour les affaires intéressant leur direction.

Ainsi, ce texte ne vise parmi les bénéficiaires de la délégation de signature que le directeur de cabinet et les directeurs de service, à l'exclusion du secrétaire général du ministère. D'ailleurs, en vertu de l'instruction n° 017 PR du 1er mars 1968 relative aux délégations accordées par les ministres et de la circulaire présidentielle n° 110/PR/SG/JUR du 10 décembre 1963 sur les délégations de signature, la liste limitative prévue par le décret n° 63-797 du 10 décembre 1963, doit s'interpréter restrictivement.

Le caractère restrictif de ce texte s'explique par le fait qu'à l'époque, le poste de secrétaire général n'était pas encore institué dans les ministères.

Après avoir connu pendant longtemps une existence de fait, le décret n° 2002-1173 du 23 décembre 2002, a institué, pour la première fois, un secrétaire général dans certains ministères. Ce texte a été modifié, notamment par le décret n° 2005-518 du 09 juin 2005, qui a ajouté le Ministère de la Justice à la liste des ministères disposant d'un secrétaire général.

Récemment, dans un souci d'une meilleure coordination des activités ministérielles, le décret n° 2017-313 du 15 février 2017, instituant un secrétariat général dans les ministères, a procédé à l'extension de l'institution du secrétariat général à tous les ministères.

Pourtant, dans la pratique administrative, les ministres, prenant en compte le rôle central des secrétaires généraux dans la coordination de la gestion administrative et technique des départements ministériels, leur consentent souvent des délégations de signature pour les besoins de la marche du service.

Cependant, cette pratique, non conforme à la réglementation en vigueur, est de nature à entraîner l'annulation devant la Cour suprême de l'acte signé par délégation par le secrétaire général, lorsque cette délégation porte notamment sur une mesure individuelle et ainsi entraver l'efficacité de l'action des départements ministériels.

Il est, dès lors, apparu nécessaire de procéder à la modification du décret n° 63-797 du 10 décembre 1963, en vue d'ajouter le secrétaire général du ministère aux autorités bénéficiaires de la délégation de signature.

Cette solution, en harmonie avec la pratique, vise à favoriser une plus grande déconcentration des pouvoirs au sein des départements ministériels, conformément aux nouvelles options de gouvernance publique.

Telle est l'économie du présent projet de décret.

LE PRESIDENT DE LA REPUBLIQUE,

VU la Constitution ;

VU le décret n° 63-797 du 10 décembre 1963 relatif aux conditions dans lesquelles les ministres peuvent déléguer leur signature, modifié par le décret n° 64-774 du 18 novembre 1964 ;

VU le décret n° 2014-1175 du 17 septembre 2014 relatif à l'organisation et au fonctionnement de la Primature ;

VU le décret n° 2017-313 du 15 février 2017 instituant un secrétariat général dans les ministères ;

VU le décret n° 2017-1531 du 06 septembre 2017 portant de nomination du Premier Ministre ;

VU le décret n° 2017-1533 du 07 septembre 2017 fixant la composition du Gouvernement ;

VU le décret n° 2017-1546 du 08 septembre 2017 portant répartition des services de l'État et du contrôle des établissements publics, des sociétés nationales et des sociétés à participation publique entre la Présidence, la Primature et les ministères ;

SUR le rapport du Premier Ministre,

DECRETE :

Article premier.- Les dispositions du premier aliéna de l'article premier du décret n° 63-797 du 10 décembre 1963 relatif aux conditions dans lesquelles les ministres peuvent déléguer leur signature sont abrogées et remplacées par les dispositions suivantes :

« Article premier, alinéa premier. - « Les ministres sont autorisés à déléguer, par arrêté, leur signature :

- à leur directeur de cabinet et au secrétaire général du ministère, en toute matière ;
- aux directeurs de service, pour les affaires intéressant leur direction »

---

365. La circulaire présidentielle n° 110/PR/SG/JUR du 10 décembre 1963 sur les délégations de signature.

REPUBLIQUE DU SENEGAL

Un Peuple-Un But-Une Foi

Présidence de la République

N° 110 PR/SG/JUR

Dakar, le 10 décembre 1963

CIRCULAIRE

Le Président de la République

A

Messieurs les Ministres

Objet : Délégation de signature

Un décret en date de ce jour, dont le texte est annexé à la présente circulaire, règlemente les conditions dans lesquelles les ministres peuvent déléguer leur signature.

Trois points doivent être particulièrement soulignés :

1.- les seules délégations autorisées sont les délégations de signature, par opposition aux délégations de pouvoirs ou de compétences. La délégation de signature ne dessaisit pas le délégant ; l'acte signé par le délégataire est juridiquement un acte du délégant ; enfin la délégation est essentiellement personnelle et nominative, c'est-à-dire qu'elle devient caduque automatiquement lorsque le ministre délégant ou le directeur délégataire quittent leurs fonctions. Un nouvel arrêté de délégation doit alors être mis au bénéfice du successeur ;

2.- la délégation que vous êtes autorisé à consentir par arrêté est expressément limitée aux actes individuels, à l'exclusion de tous actes ou arrêtés réglementaires, c'est-à-dire statuant par voie de disposition générale.

Peu importe à cet égard la forme de l'acte : une simple circulaire a une valeur réglementaire si elle contient des éléments de décision ;

3.- l'autorisation est limitée au Directeurs de cabinets et Directeurs de service. Cette disposition doit s'entendre strictement ; il s'ensuit que, même en cas d'absence ou d'empêchement, le fonctionnaire suppléant le Directeur ne peut bénéficier d'une délégation, sauf si un décret spécial l'a prévu.

Si par suite de circonstances particulières, il vous apparaît nécessaire de prévoir des délégations de signature à un échelon moins élevé (cas d'un service ayant un très grand nombre de décisions individuelles de minime importance à prendre), ou de consentir des délégations de pouvoir à un fonctionnaire ou à une catégorie de fonctionnaires pris impersonnellement (par exemple aux gouverneurs ou aux commandants de cercle), vous devrez m'adresser un projet de décret en ce sens. Il résulte, en effet, de la Constitution (art. 43 et 44) que les ministres ne tiennent eux-mêmes leurs pouvoirs de délégation que d'une délégation du Président de la République. Toute subdélégation de ces pouvoirs consentie en dehors d'une autorisation expresse du délégant serait radicalement nulle.

Le Président de la République
Léopold Sédar SENGHOR

---

366. La circulaire n° 154 PR/SG/JUR du 23 décembre 1964 relative à la délégation de la signature des ministres

REPUBLIQUE DU SENEGAL

PRESIDENCE DE LA REPUBLIQUE

N° 154 PR/SG/JUR

Dakar, le 23 décembre 1964

CIRCULAIRE

A

MM. LES MINISTRES

Objet : Délégation de la signature des ministres

Le décret n° 64-774 du 18 novembre 1964, modifiant le décret n° 63-797 du 10 décembre 1963 relatif aux conditions dans lesquelles les ministres peuvent déléguer leur signature, semble avoir donné lieu à des divergences d'appréciation en ce qui concerne les actes individuels concernant le personnel.

Il est précisé que l'interdiction de délégation s'applique :

- d'une part aux actes concernant tous les fonctionnaires stagiaires ou titulaires, quel que soit leur indice ;
- d'autre part aux actes concernant les agents relevant du Code du Travail, lorsque ces agents perçoivent une rémunération au moins égale au traitement global correspondant à l'indice 1423.

Cette référence à la rémunération ne concerne donc que les agents non fonctionnaires. Il en résulte que les ministres doivent obligatoirement signer eux-mêmes les décisions individuelles concernant les fonctionnaires stagiaires ou titulaires, quel que soit leur indice.

Il semble également que certaines erreurs d'interprétation se soient produites en ce qui concerne la définition des actes à caractère réglementaire. Possède le caractère réglementaire, quelle que soit la forme qu'il revête (arrêté, circulaire, voire simple lettre) tout acte qui répond aux conditions suivantes :

- avoir une portée générale et impersonnelle (par opposition aux actes individuels, qui ne visent qu'une seule personne, ou un groupe de personnes nommément désignées) ;
- comporter un élément de décision.

Les circulaires et instructions présentent donc le caractère réglementaire, à moins qu'elles ne contiennent aucun élément de décision. Elles doivent donc être normalement signées par le ministre.

Léopold Sédar SENGHOR

---

367. L'instruction n° 017 PR du 1er mars 1968 relative aux délégations accordées par les ministres

1. Le Président de la République étant seul détenteur du pouvoir exécutif (article 36 de la Constitution) et fixant librement les pouvoirs des ministres (articles 43 et 44), a seul compétence pour conférer des pouvoirs à d'autres autorités administratives ou autoriser les ministres à subdéléguer leurs pouvoirs. Ces attributions ou autorisations peuvent résulter, soit d'un décret particulier, soit d'une réglementation d'ordre général, actuellement constituée par le décret n° 63-797 du 10 décembre 1963, modifié par le décret n° 64-774 du 18 décembre 1964.

La présente instruction a pour objet de commenter ces dispositions générales (paragraphes 2 à 7) et de donner quelques indications sur les délégations qui excèderaient ces dispositions (paragraphe 8).

A. - DELEGATIONS QUE LES MINISTRES SONT AUTORISES A CONSENTIR PAR ARRETE (décret n° 63-797 modifié)

2. - Nature des délégations possibles

Le décret susmentionné n'autorise que les délégations de signature, par opposition aux délégations de pouvoirs ou de compétences. La délégation de signature ne dessaisit pas le délégant ; l'acte signé par le délégataire reste juridiquement un acte du délégant ; enfin la délégation est essentiellement personnelle et nominative, c'est-à-dire qu'elle devient automatiquement caduque lorsque le ministre délégant ou l'agent délégataire quittent leurs fonctions.

Il en est notamment ainsi lors de l'expiration du mandat du Président de la République, même si le ministre délégant conserve ses attributions antérieures dans le nouveau Gouvernement et si l'agent délégataire reste en fonctions. Un nouvel arrêté de délégation doit être pris dans tous ces cas.

3. Personnes pouvant faire l'objet de délégations

Il s'agit exclusivement des Directeurs de Cabinet, en toute matière, et des Directeurs ou Chefs de services non rattachés à une Direction pour les affaires intéressant leur direction ou leur service.

Cette liste est limitative : il s'ensuit que même en cas d'absence ou d'empêchement du Directeur ou Chef de service, le fonctionnaire ou l'agent suppléant ne peut bénéficier d'une délégation par arrêté : un décret spécial est nécessaire conformément au paragraphe 8 ci-après.

4. - Actes pouvant être signés par délégation

Il s'agit des actes individuels ou collectifs à l'exclusion de tout acte à caractère réglementaire, c'est-à-dire statuant par voie générale et impersonnelle. Peu importe, à cet égard la forme revêtue par l'acte : une circulaire, une note de service voire une simple lettre peut avoir le caractère réglementaire, si elle comporte un élément de décision de caractère général.

Tous les actes ou décisions ne visant qu'une seule personne ou un groupe de personnes nommément désignées (actes «individuels» ou «collectifs») peuvent en principe faire l'objet d'une délégation de signature. Toutefois, en raison de leur importance, le décret n° 64-774 du 18 novembre 1964, modifiant le décret n° 63-797 du 10 décembre 1963, exclut de cette possibilité les actes portant nomination, mutation, cessation de fonctions, suspension ou sanction disciplinaire :

- d'un fonctionnaire stagiaire ou titulaire, quel que soit son indice ;
- d'un agent non fonctionnaire percevant une rémunération au moins égale au traitement global afférent à l'indice 1423.

Cette restriction doit toutefois se comprendre compte tenu des dispositions du décret n° 68-028 du 10 janvier 1968, qui confère aux chefs de service le pouvoir de prononcer les sanctions du premier degré intéressant les agents placés sous leurs ordres. Il s'agit d'ailleurs là d'une délégation de compétence et non de signature qui a pour effet de dessaisir complètement les ministres et de placer ces actes dans la compétence exclusive des chefs de service.

5. Il est important de noter que cette réglementation ne s'applique qu'aux actes comportant un caractère de décision.

Il appartient aux ministres de fixer librement les conditions dans lesquelles, ils entendent autoriser leurs subordonnés à signer les documents ne possédant pas ce caractère de décision : lettres d'attente, renseignements, convocations, actes préparatoires, avis ou demandes d'avis, etc.

Pour bien marquer cette différence, il est souhaitable que de tels documents soient signés «le Ministre et par autorisation » (la formule « par délégation » étant strictement réservée aux décisions).

Encore une fois, ce caractère dépend du contenu de l'acte et non de sa forme : une lettre qui rejette la demande d'un administré constitue une décision et ne peut être signée que par le ministre ou un agent titulaire d'une délégation régulière ; une lettre qui donne des renseignements ou un avis peut être signée par toute personne autorisée par le ministre.

6. Il est également essentiel de noter que les règles ainsi posées définissent le contenu maximal des délégations qui peuvent être consenties par arrêté. Il est parfaitement loisible aux ministres de consentir des délégations moins larges.

7. La forme des délégations de signature est celle d'un arrêté ministériel, visant obligatoirement le décret n° 63-797 du 10 décembre 1963, modifié par le décret n° 64-774 du 18 novembre 1964.

L'article 1er de cet arrêté doit être rédigé de la manière suivante, pour bien marquer le caractère personnel de la délégation :

« Délégation est donnée à M. Y ..., Ministre .. .». Vient ensuite la définition des actes pour lesquels la délégation est consentie. Si vous entendez accorder la délégation maximale autorisée, la formule peut être la suivante :

« Toutes décisions ou arrêtés individuels (pour les directeurs et chefs de service, ajouter : entrant dans les attributions de son service) à l'exclusion des actes à caractère réglementaire, ainsi que des décisions ou arrêtés portant mutation, cessation de fonctions, suspension ou sanction disciplinaire des deuxième ou troisième degré d'un fonctionnaire stagiaire ou titulaire, ou d'un agent non fonctionnaire percevant une rémunération au moins égale au traitement global afférent à l'indice 1423 ».

Si vous entendez accorder une délégation moins large, il vous appartient de modifier la rédaction en conséquence soit en augmentant la liste des actes exclus de la délégation, soit au contraire en énumérant limitativement les actes que le délégataire est autorisé à signer.

L'article 2 est l'article habituel prévoyant l'enregistrement, la communication et la publication.

Ces arrêtés doivent, bien entendu, être transmis au Secrétariat général du Gouvernement pour enregistrement ; ils doivent obligatoirement être publiés au *Journal officiel.*

B. - AUTRES DELEGATIONS

8. Les règles exposées ci-dessus ne signifient pas que toute délégation excédant les limites ainsi définies soit impossible; elles impliquent seulement que de telles délégations fassent l'objet, non d'un simple arrêté ministériel, mais d'un décret.

Si par conséquent il vous parait nécessaire de prévoir :

- soit des délégations de signature à un échelon moins élevé (cas d'un service ayant à prendre un grand nombre de décisions individuelles de minime importance, ou d'un Cabinet où le volume des affaires est considérable, ou encore si une suppléance permanente vous paraît nécessaire);
- soit des délégations de signature portant sur des actes exclus par le décret n° 63-797 modifié (cas d'un ministère gérant un très grand nombre de fonctionnaires) ;
- soit des délégations de compétence (aux gouverneurs, aux préfets ou à un chef de service).

Il vous appartient de m'adresser un projet de décret en ce sens. Je vous invite à ne pas hésiter à le faire si vous en ressentez l'utilité. Il serait regrettable, en effet, qu'une trop grande rigidité affectât l'efficacité de notre machine administrative et que les ministres et hauts fonctionnaires fussent complètement accaparés par la tâche matérielle des signatures. Je vous encourage, en particulier, à multiplier les délégations de compétence aux gouverneurs et préfets, souvent beaucoup mieux à même que les services centraux d'apprécier les nécessités locales.

S'il s'agit d'une délégation de signature, le texte sera le suivant :

« Par dérogation aux dispositions du décret n° 63-797 du 10 décembre 1963 modifié, délégation est donnée à M. X ... Directeur de ... pour signer au nom de M. Y. ... , Ministre de … les ... » (suit la définition des actes pour lesquels la délégation est donnée).

S'il s'agit d'une délégation de compétence, le texte sera impersonnel :

« Délégation est donnée aux Gouverneurs de région ou au Directeur de ...) pour prendre, au nom du Ministre de ... » (suit la définition des actes).

Ces décrets devront bien entendu être publiés au *Journal officiel.*

La présente instruction entre en vigueur immédiatement.

Elle abroge et remplace toutes les Instructions antérieures portant sur la même matière, et notamment les circulaires n° 110 du 10 décembre 1963 et n°154 du 23 décembre 1964.

Dakar, le 1er mars 1968.

Léopold Sédar SENGHOR

---

368. Instruction n° 17 PM-JUR. du 13 mai 1970 relative à la déconcentration des pouvoirs au sein des départements ministériels

L'objet de la récente révision constitutionnelle a été d'opérer une réelle déconcentration des pouvoirs afin d'assurer la participation aux décisions et la responsabilité personnelle aux plus hauts échelons de l'État. C'est l'un des soucis essentiels du Président de la République – que je partage pour ma part entièrement - que cette déconcentration des pouvoirs soit également réalisée à l'intérieur des départements ministériels et que non seulement chaque directeur et chaque chef de service se sente personnellement responsable du secteur dont il a la charge et ait conscience de participer pleinement à l'action gouvernementale et administrative.

Je ne veux pas m'étendre ici sur les inconvénients d'une centralisation excessive et sur les avantages que présente la déconcentration. Vous les trouverez exposés dans une note annexe, conçue conjointement par l'Inspection générale d'État et le Bureau Organisation et Méthodes, qui vous exposera dans quel esprit il faut concevoir et réaliser cette déconcentration. Je vous demande de la lire avec attention et de vous en pénétrer car la réforme à laquelle le Président de la République et moi-même attachons la plus grande importance ne connaîtra un plein succès que si elle recueille votre adhésion complète et spontanée.

Le but de cette présente instruction est plus précisément de vous indiquer les modalités juridiques de cette déconcentration.

Je vous rappellerai d'abord les textes existants qui lui serviront de cadre.

1° C'est tout d'abord le décret n° 63-797 du 10 décembre 1963 relatif aux conditions dans lesquelles les ministres peuvent déléguer leur signature, modifié par le décret n° 64-774 du 18 novembre 1964. Ce décret comporte deux articles dont voici le texte :

> « Article premier.- Les ministres sont autorisés à déléguer par arrêté leur signature :
>
> à leur directeur de cabinet, en toute matière ;
>
> aux directeurs de service, pour les affaires intéressant leur direction.

Cette délégation est nominative ; elle ne peut porter que sur les décisions ou arrêtés individuels, à l'exclusion de tout acte à caractère réglementaire ainsi que des décisions ou arrêtés portant nomination, mutation, cessation de fonctions, suspension ou sanctions disciplinaires d'un fonctionnaire stagiaire ou titulaire relevant du statut général des fonctionnaires, ou d'un agent contractuel ou auxiliaire percevant une rémunération au moins égale au traitement global afférent à l'indice 1423.

Les arrêtés de délégation sont publiés au *Journal officiel*.

Article 2.- Toute délégation de signature excédant les limites fixées à l'article précédent ainsi que toute délégation de pouvoir ne peut être autorisée que par décret du Président de la République. »

2° C'est ensuite le décret n° 68-023 du 10 janvier 1968 [déjà abrogé et remplacé par le décret n° 70-1306 du 30 novembre 1970 portant délégation de certains pouvoirs en matière de gestion du personnel et du matériel] qui dispose :

« Les sanctions disciplinaires du premier degré (avertissement et blâme) sont infligées par les directeurs et les chefs de services relevant de l'autorité directe du ministre et par les préfets et les gouverneurs de région.

Les sanctions disciplinaires du deuxième degré (déplacement d'office et réduction d'ancienneté d'échelon), sont infligées par les ministres utilisateurs ».

L'extension de ce décret en ce qui concerne les pouvoirs des directeurs et chefs de service à l'égard des fonctionnaires placés sous leurs ordres et leurs pouvoirs de gestion financière est actuellement à l'étude.

3° C'est enfin l'instruction n° 17 P.R. du 1er mars 1968 qui donne un commentaire précis et détaillé de ces deux décrets, qui demeure en grande partie valable aujourd'hui et que je vous engage vivement à relire. Vous en trouverez le texte en annexe II.

Ce rappel étant fait, je voudrais reprendre les problèmes qui se posent en pratique et vous indiquer mes directives.

1° Je passerai tout d'abord rapidement sur les délégations consenties aux directeurs de cabinet qui ne me semblent pas poser de problème particulier. Il s'agit généralement de délégations de signature qui permettent au directeur de cabinet de signer à la place de son ministre tous les actes à l'exception des décrets. Elles sont utiles et même indispensables pour décharger le ministre des questions secondaires qui ne méritent pas de retenir son attention et pour assurer en son absence la marche normale des services. La pratique en est devenue habituelle et je pense même généralisée.

2° Je m'appesantirai au contraire beaucoup plus longtemps sur les délégations aux directeurs et chefs de services qui m'apparaissent être utilisées de manière beaucoup trop insuffisante.

Comme je vous l'ai indiqué, les directeurs et chefs de service peuvent infliger les sanctions disciplinaires de l'avertissement et du blâme aux fonctionnaires placés sous leur autorité en vertu du décret n° 68-028 du 10 janvier 1968. En dehors de cette disposition générale, ils n'ont d'autres pouvoirs que ceux qui leur sont consentis par leur ministre par la voie de la délégation.

A cet effet, le décret n° 63-797 du 10 décembre 1963 a permis aux ministres de consentir par arrêté à leurs directeurs une délégation de signature pour les affaires intéressant leur direction à l'exception des actes à caractère règlementaire et des actes concernant d'une part les fonctionnaires titulaires et d'autre part les agents non fonctionnaires dont la rémunération est supérieure à celle correspondant à l'indice 1423. Je n'ai pas le sentiment que cette possibilité ait été largement utilisée jusqu'à présent et j'estime même qu'elle est en soi insatisfaisante. Je pense qu'il est désormais souhaitable et nécessaire que chaque directeur et chef de service bénéficie d'une véritable délégation de pouvoirs.

A cet égard, je voudrais vous rappeler les différences qui séparent la délégation de signature et la délégation de pouvoirs et qui sont essentiellement au nombre de deux :

a.- la délégation de signature est consentie par un délégant nommément désigné (M. X., Ministre de ...) à un délégataire nommément désigné (M. X., directeur de ...). Elle ne dure qu'aussi longtemps que le délégant ou le délégataire conserve les fonctions qu'il avait au moment de la délégation. En cas de changement de ministre ou de changement de directeur, la délégation de signature tombe d'elle-même sans même qu'il y ait besoin de le constater et une autre délégation doit être prise.

Au contraire, la délégation de pouvoirs donne compétence exclusive au délégataire, le directeur. Le délégant, le ministre, n'a pas plus le pouvoir propre dans la matière déléguée et ne peut plus intervenir. Certes, il lui reste le pouvoir hiérarchique qui lui permet de donner l'ordre à son directeur de prendre telle ou telle décision, mais il ne peut se substituer à lui pour prendre la décision en question à sa place. En cas de refus persistant, il lui faut soit prendre une sanction disciplinaire à l'encontre du directeur intéressé pour la faute professionnelle que représente le refus d'obéissance, soit révoquer la délégation par un nouveau décret.

Je comprends que jusqu'à présent la délégation de pouvoirs ait quelque peu effrayé les titulaires des responsabilités ministérielles et qu'ils aient été peu enclins à y recourir. Cependant, je vous demande de comprendre que c'est pourtant bien cette forme de délégation qui correspond le mieux à une réelle déconcentration administrative.

En effet, la délégation de signature relève du principe que le ministre s'occupe de tout, décide de tout et est compétent pour tout. Ce n'est qu'en désespoir de cause, quand il ne peut plus faire autrement qu'il laisse quelqu'un d'autre, directeur de cabinet ou directeur, signer à sa place. Mais dès qu'il aura retrouvé plus de loisir, il reprendra en main le secteur momentanément abandonné.

b.- La délégation de pouvoirs quant à elle repose sur l'idée qu'il existe une répartition naturelle des compétences au sein de l'Etat et de l'administration. Le ministre ne doit s'occuper personnellement que des grandes affaires, les directeurs et chefs de service peuvent décider par eux-mêmes des affaires non essentielles et cela de façon permanente et organique. Je vous l'ai dit, cette déconcentration est équilibrée par l'autorité hiérarchique dont le ministre dispose sur l'ensemble des fonctionnaires de son département. Elle doit s'appuyer aussi sur un contrôle a posteriori de façon que le ministre soit constamment tenu informé de la manière dont ses directeurs ont utilisé les pouvoirs mis à leur disposition. Je vous signale à cet égard deux méthodes qui vous permettront d'assurer ce contrôle efficacement : soit prévoir qu'un double de toute décision prise par le directeur dans le domaine de la délégation vous sera communiqué, soit spécialisé tel ou tel inspecteur ou tel ou tel membre de votre cabinet dans le contrôle de l'activité de telle direction. Mais, il est entendu qu'il s'agit là d'un contrôle a posteriori. Le directeur garde l'initiative d'agir librement dans le domaine qui lui a été délégué sous réserve d'être frappé d'une sanction disciplinaire s'il a usé de son pouvoir à mauvais escient ou abusivement. C'est là l'application même du principe de la participation responsable des directeurs de service.

Les considérations qui précèdent ne sont pas des vœux. En complet accord avec le Président de la République, je vous donne pour instruction impérative de me soumettre chacun avant le 15 juin prochain un projet de décret portant délégation de pouvoirs aux directeurs et chefs de service de votre département.

Pour chaque direction, pour chaque service, il vous appartiendra de déterminer les catégories de décisions qu'il est souhaitable et normal de confier aux directeurs ou aux chefs de service responsables. Dans chaque direction ou service, il est, en effet, des décisions nombreuses, répétées et habituelles, ne posant pas de problème particulier et qui ne peuvent qu'avantageusement être traitées définitivement à l'échelon de la direction ou du service. Il vous appartiendra d'en faire l'inventaire et de les énumérer de façon précise. C'est à vous d'apprécier les décisions qui vous paraissent essentielles et que vous estimerez devoir garder à votre échelon et celles que vous pensez pouvoir déléguer sans grand inconvénient aux directeurs et chefs de service.

Je vous demande de bien vouloir également étudier les délégations de pouvoirs qu'il vous paraîtra possible de consentir aux gouverneurs et aux préfets souvent mieux à même que l'administration centrale d'apprécier sur place l'opportunité de telle ou telle décision individuelle relevant de votre département.

En la forme, ces délégations de pouvoirs devront se présenter de la manière suivante :

« Projet de décret portant délégation de pouvoirs

« LE PRESIDENT DE LA REPUBLIQUE,

VU la Constitution et notamment ses articles 37, 43 et 65 ;

VU le décret n° 63-797 du 10 décembre 1963 relatif aux conditions dans lesquelles les ministres peuvent déléguer leur signature, modifié par le décret n° 64-774 du 18 novembre 1964 et notamment son article 2 ;

SUR le rapport du Ministre de ...,

DECRETE :

Article premier. - Délégation est donnée au directeur de ... pour prendre au nom du Ministre chargé de ... (suit la liste des actes faisant l'objet de la délégation)

Article 2. - Délégation est donnée au directeur de ... (*idem*)

Article final.- Le Ministre de .... est chargé de l'exécution du présent décret qui sera publié au *Journal officiel.* »

---

369. La circulaire n° 45/PM/JUR du 11 novembre 1970 relative à la présentation matérielle des projets de loi et de décret

REPUBLIQUE DU SENEGAL
Un Peuple-Un But-Une Foi
PRESIDENCE DE LA REPUBLIQUE

N° 45/PM/JUR

Dakar, 11 novembre 1970

CIRCULAIRE
LE PREMIER MINISTRE
MM. LES MINISTRES ET
SECRETAIRES D'ETAT

Objet : Présentation matérielle des projets de loi et de décret

Le Président de la République a appelé mon attention sur le fait qu'il arrive très souvent, dans les projets de loi ou de décret ou d'une manière générale dans les textes soumis à sa signature, que l'espace réservé à celle-ci soit excessivement réduit et ne permette pas de signer le texte en cause d'une manière correcte et lisible. Il peut en être de même d'ailleurs en ce qui concerne ma propre signature et celle des ministres appelés à apposer leur contreseing sur ces textes.

Je vous demande donc de diffuser la présente circulaire dans vos services et de leur donner pour instructions de veiller à l'avenir à ce que soient évités les errements que je viens de rappeler. En pratique, il s'agit de laisser un espace de plusieurs lignes suffisant pour que les intéressés puissent apposer leur signature sans difficulté dans les formules qui doivent ainsi se présenter de la manière suivante :

Fait à Dakar, le 11 novembre 1970

370. La circulaire n° 46/PM/SGG/SL du 26 juin 1974 relative à la présentation des documents soumis à la signature du Président de la République

REPUBLIQUE DU SENEGAL

Secrétariat général du Gouvernement

N° 46/PM/SGG/SL

Dakar, 26 juin1974

CIRCULAIRE

MESSIEURS LES MINISTRES,

MESSIEURS LES SECRETAIRES D'ETAT,

MESSIEURS LES DELEGUES GENERAUX

A L'ATTENTION DES DIRECTEURS DE CABINET

Objet : Présentation des documents soumis à la signature du Président de la République

Il m'a été donné de constater que, sur certains documents, notamment des décrets soumis à la signature du Président de la République, on ne laissait pas suffisamment de place à la signature.

Le Chef de l'État lui-même a eu à le déplorer et refuse maintenant de signer ces documents.

Le Secrétariat général de la Présidence de la République m'a adressé, à ce sujet, une lettre que j'ai commentée en réunion de coordination des Directeurs de cabinet.

Malgré ce rappel, des projets mal présentés nous parviennent encore. Désormais, ils seront purement et simplement renvoyés au département émetteur.

Je voudrais bien pouvoir compter sur la vigilance de tous, pour éviter ce renvoi qui allonge les délais des circuits

Alioune DIAGNE

AMPLIATION

-PR/SG

Jurisprudence

371. La délégation de signature

372. Une décision n° 009935/MTPU/SG du 22 août 1977, signée par le Secrétaire général d'un ministère « *pour le Ministre.... et par délégation* », frappant Amadou Lamine BA de la sanction disciplinaire de blâme est nulle puisqu'en vertu du décret n° 63-737 du 10 novembre 1963, modifié par le décret n°64-774 du 18 novembre 1964, la délégation de signature ne pouvant porter sur les sanctions disciplinaires d'un fonctionnaire stagiaire ou titulaire relevant du statut général des fonctionnaires **(CS, n° 55/81 du 27 mai 1981, Amadou Lamine BA c/ Etat du Sénégal, *GDJAS*, tome II, 2e édition 1984 p. 552).**

b. Le contreseing

Notes

Le mécanisme du contreseing a disparu avec la suppression du poste de Premier Ministre.

Mais, compte tenu de l'intérêt scientifique et historique qu'ils présentent, les textes relatifs au contreseing, à savoir l'instruction n° 04 PM du 12 mars 1970 sur la présentation et la préparation des décrets, la circulaire n° 0015 PM/SGG/SGA/PAT du 30 décembre 2016 sur le contreseing ministériel des actes réglementaires du Premier Ministre ainsi qu'une note de greffe de la l'Assemblée générale consultative de la Cour suprême n° 03/72 en date du 07 avril 1972 ont été reproduits ci-dessous.

Cette option est d'autant plus justifiée que l'instruction n° 04 PM du 12 mars 1970 précitée ne traite pas exclusivement du contreseing. En effet, ce texte aborde également la procédure d'adoption des décrets.

373. L'instruction n° 04 PM du 12 mars 1970 relative à la présentation et à la préparation des décrets

Le Premier Ministre,

à

MM. Les Ministres et Secrétaires d'État

L'adoption de la réforme constitutionnelle, promulguée par la loi n°70-15 du 26 février 1970, entraine quelques modifications dans les règles de présentation et de préparation des décrets. La présente instruction a pour objet de préciser ces modifications et de vous faire part des nouvelles règles qui devront désormais être suivies en la matière.

I.- LA PRESENTATION EN LA FORME DES DECRETS

La disposition qui régit la matière est l'article 37 nouveau de la Constitution.

Selon son premier alinéa « le Président de la République signe les ordonnances et les décrets ».

Ceci signifie qu'il n'existe pas de décret qui ne soit pas signé par le Président de la République. En particulier, un acte qui serait revêtu de la seule signature du Premier Ministre, à l'exclusion de celle du Président de la République, ne saurait être qualifié de décret ni y être assimilé.

Selon le troisième alinéa de l'article 37 nouveau de la Constitution, « les actes du Président de la République, à l'exception de ceux qu'il accomplit en vertu des articles 39, 40, 41, 42, 43, alinéas 1er et 3, 47, 58, 63, 65 alinéa 2, 68, 72 alinéas 2, 75 bis, 76, 80 alinéa 3 et 88 sont contresignés par le Premier Ministre et, le cas échéant, par les ministres ou secrétaires d'État responsables ».

Ceci signifie que les actes du Président de la République se répartissaient en deux grandes catégories :

- ceux que le Président de la République signe seul ;
- ceux que le Président de la République signe et qui doivent être contresignés par le Premier Ministre.

A.- Les actes que le Président de la République signe seul

Il s'agit simplement de reprendre, en l'explicitant, la liste énumérée à l'article 37, alinéa 3 de la Constitution. Ces actes sont par suite les suivants :

1° les actes accomplis par le Président de la République en tant que responsable de la défense nationale et de Chef des Armées (article 39). Cette catégorie couvre en particulier les décrets de nomination aux emplois militaires ;

2° l'accréditation des ambassades sénégalais à l'étranger et la réception des lettres de créances des ambassadeurs étrangers au Sénégal (article 40) ;

3° les décisions accordant la grâce présidentielle à un condamné (article 41) ;

4° les messages adressés par le Président de la République à la Nation (article 42) ;

5° le décret de nomination du Premier Ministre ainsi que celui mettant fin à ces fonctions (article 43 alinéa 1er) ;

6° le décret mettant fin aux fonctions d'un ou plusieurs ministres ou secrétaires d'État (article 43, alinéa 3). En revanche, le décret de nomination des ministres et secrétaires d'État est pris sur la proposition du Premier Ministre et est contresigné par ce dernier ainsi que les textes fixant leurs attributions en l'occurrence essentiellement, le décret n°70-251 du 28 février 1970 portant répartition des services de l'État et du contrôle des établissements publics et sociétés d'économie mixte entre la Présidence de la République, la Primature et les ministères ;

7° les mesures prises par le Président de la République en vertu des « pouvoirs spéciaux », « quand les institutions de la République, l'indépendance de la Nation, l'intégrité du territoire ou l'exécution de ses engagements internationaux sont menacés d'une manière grave et immédiate et que le fonctionnement régulier des pouvoirs publics est interrompu » (article 47) ;

8° les décrets proclamant l'état de siège ou l'état d'urgence (article 58) ;

9° la saisine de la Cour suprême par le Président de la République aux fins de faire déclarer par celle-ci inconstitutionnelle une loi votée par l'Assemblée nationale mais non encore promulguée (article 63) ;

10° la saisine de la Cour suprême aux fins de faire déclarer par celle-ci qu'un texte de forme législative a en fait en caractère réglementaire (article 65, alinéa 2) ;

11° la saisine de la Cour suprême par le Président de la République aux fins de faire déclarer par celle-ci conforme à la Constitution une loi organique votée par l'Assemblée nationale (article 67 alinéa 2) ;

12° les messages adressés par le Président de la République à l'Assemblée nationale (article 68) ;

13° la saisine de la Cour suprême par le Président de la République aux fins de faire déclarer par celle-ci si le Gouvernement a opposé ou non à bon droit l'irrecevabilité à une proposition de loi ou à un amendement d'origine parlementaire qu'il estime n'être pas du domaine de la loi (article 72, alinéa 2) ;

14° les décrets de dissolution de l'Assemblée nationale (article 75, bis) ;

15° les décrets de ratification ou d'approbation des engagements internationaux (article 76) ;

16° les décrets de nomination des magistrats du siège (article 80, alinéa 3). A contrario, les décrets de nomination des magistrats du parquet sont contresignés par le Premier Ministre et par le Garde des Sceaux ;

17° la saisine du Conseil économique et social par le Président de la République (article 88). Il est à remarquer que, parallèlement à celui-ci, le Gouvernement, en la personne du Premier Ministre, possède également le droit autonome de saisir le Conseil économique et social. Il en est de même comme par le passé pour l'Assemblée nationale.

Tous ces actes dans la mesure où ils sont concrétisés par des décrets, doivent donc être présentés dans les mêmes formes que par le passé et comporter la seule signature du Président de la République. En particulier, le contreseing du Premier Ministre étant exclu, se trouve également exclu a fortiori le contreseing des ministres éventuellement intéressés. Par exemple, les décrets ratifiant les traités internationaux n'ont pas à être contresignés par le Ministre des Affaires étrangères ni le décret nommant les magistrats du siège par le Garde des Sceaux.

B.- Les décrets qui sont soumis à contreseing

Vous avez pu constater, à la lecture de l'énumération ci-dessous, que les actes que le Président de la République signe seul se range en gros dans deux grandes catégories :

- ceux qui correspondent à l'exercice de ses responsabilités politiques propres : nomination du Premier Ministre, dissolution de l'Assemblée nationale, saisine de la Cour suprême, etc. ;
- ceux qui correspondent à ce que l'on appelle communément, bien que l'expression ne soit pas dans la Constitution, « domaine réservé » du Président : défense nationale, justice et affaires étrangères.

Tous ces autres actes accomplis par le Président de la République doivent être obligatoirement contresignés en vertu des dispositions du nouvel article 37 de la Constitution. Il faut bien voir que ces « autres actes » comprennent la promulgation des lois et la quasi-totalité des décrets. Par suite la formule finale de ceux-ci (ainsi que la formule finale de la promulgation des lois), doit désormais être la suivante, conformément à l'avis déjà émis sur ce point par la Cour suprême :

Fait à Dakar, le

LEOPOLD SEDAR SENGHOR

Par le Président de la République

Le Premier Ministre,

Abdou DIOUF.

Enfin, l'article 37 prévoit que les actes du Président de la République contresignés par le Premier Ministre le sont également « le cas échéant, par les ministres et secrétaires d'Etat responsables ». Cette disposition a pour objet, selon l'esprit de la réforme constitutionnelle, de créer une réelle déconcentration dans l'exercice du pouvoir exécutif et notamment de mieux amener les membres du Gouvernement à assumer pleinement les responsabilités qui sont les leurs. Le contreseing des ministres intéressés sera donc requis chaque fois que cela apparaitra normal et souhaitable. La formule finale des décrets devient alors :

Fait à Dakar, le

LEOPOLD SEDAR SENGHOR

Par le Président de la République

Le Premier Ministre,

Abdou DIOUF.

Le Ministre de ……..

Le Secrétaire d'État à………… x……… x………………

Je vous rappelle enfin que tout décret préparé par l'un d'entre vous doit comporter à la fin des visas la formule « SUR le rapport du Ministre de …… » et conférer également à l'article final aux membres du Gouvernement concernés (généralement celui qui est l'auteur du texte mais d'autres peuvent également y être associés), l'exécution du texte en cause selon la formule consacré « Le Ministre de …… et le Ministre de ….. sont chargés, chacun en ce qui le concerne de l'exécution du présent décret qui sera publié au *Journal officiel*. »

A cet égard (rapport des ministres intéressés et formule d'exécution), rien n'est changé à la pratique antérieure et notamment il ne saurait être question de substituer systématiquement le Premier Ministre, aux ministres ou secrétaires d'Etat concernés. Ne seront pris « SUR le rapport du Premier Ministre » que les décrets préparés par mon Cabinet ou le Secrétariat général du Gouvernement. De même, je suis chargé en général par l'article 37 de la Constitution de « l'exécution des lois » et il n'est pas nécessaire en conséquence de citer spécialement le Premier Ministre, dans l'article final, de l'exécution du décret en cause.

Telles sont les règles de forme qui doivent désormais présider à la confection des projets de décret et que vous voudrez bien appliquez des maintenant chacun en ce qui vous concernez.

II.- LA PROCEDURE D'ADOPTION DES DECRETS

L'article 37 nouveau, alinéa 2 de la Constitution précise que « le Premier Ministre assure l'exécution des lois et dispose du pouvoir réglementaire sous réserve des dispositions du présent alinéa. »

Cela signifie essentiellement que la coordination de l'activité réglementaire du Gouvernement (et de la préparation des projets de loi) est désormais assurée par le Premier Ministre, et plus particulièrement par le Secrétaire général du Gouvernement et non plus par le Secrétaire général de la Présidence de la République.

Cela est bien précisé par l'article 4 du décret n°70-232 du 26 février 1970 relatif à l'organisation des services du Premier Ministre qui dispose que :

« Le Secrétaire général du Gouvernement assure au premier chef, sous l'autorité du Premier Ministre, la coordination des départements ministériels. Il provoque à cet effet, toutes réunions et tous arbitrages qui s'avèrent nécessaires…

Il veille à la bonne marche administrative des affaires de l'Etat. A cet effet, il suit la préparation des textes qui doivent être examinés par la Cour suprême, le Conseil économique et social et l'Assemblée nationale ; il provoque la saisine de ces assemblées par l'autorité compétente et suit, en liaison avec le ministre désigné à cet effet, les discussions qui s'y déroulent. Il assure l'enregistrement unique, la publication ou la notification, après contrôle, des lois, décrets, arrêtés et décisions dont il est tenu à jour un fichier chronologique et un fichier analytique ».

De même, l'article 7 de ce même décret range le service de liaison auquel sont rattachés le bureau du courrier général et le bureau du visa, parmi les services propres du Secrétariat général du Gouvernement et l'article 8 énumère les attributions de ce service de liaison qui reprennent

Fait à Dakar, le12 mars 1970

directives.

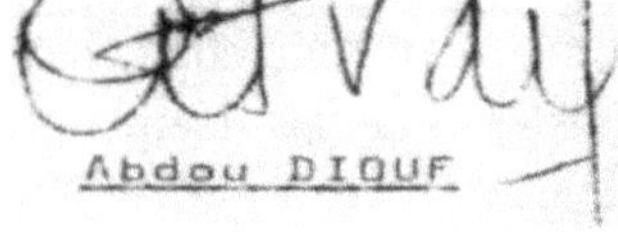

Abdou DIOUF

374. Note de greffe n° 03/72 du 07 avril 1972

REPUBLIQUE DU SENEGAL
COUR SUPREME

N ° 03/72

NOTE DE GREFFE

Objet : Décret-Forces armées-Contreseing du Premier Ministre

L'Assemblée générale consultative de la Cour suprême s'est penchée sur le problème du contreseing des actes du Président de la République concernant les Forces armées.

Le point soulevé était de savoir si décret réglementant la rémunération des services rendus la gendarmerie devait être contresigné par le Premier Ministre.

A cette question, la Cour a répondu par la négative, en considération des dispositions de l'article 37 alinéa 3 de la Constitution, desquelles il résulte que les actes du Président de la République pris en vertu de l'article 39 ne sont pas contresignés par le Premier Ministre.

En décidant ainsi, la Cour a donc estimé que tout ce qui concerne l'organisation et le fonctionnement des Forces Armées entre dans les prévisions de l'article 39, qui dispose que le Président de la République, responsable de la défense nationale, est Chef des Armées.

Assemblée générale consultative séance du 07 avril 1972.

Affaire n° 55/A/72.

LE PRESIDENT LE RAPPORTEUR LE GREFFIER EN CHEF

Suivent les signataires pour expédition certifiée conforme
Le Greffier en Chef de la Cour suprême
Doudou Salmone FALL

375. La circulaire n° 0015 PM/SGG/SGA/PAT du 30 décembre 2016 relative au contreseing ministériel des actes réglementaires du Premier Ministre

REPUBLIQUE DU SENEGAL
Primature
Le Premier Ministre

N° 0015 PM/SGG/SGGA/PAT

Dakar, le 30 décembre 2016

CIRCULAIRE
A
Mesdames et Messieurs les Ministres
Messieurs les Ministres délégués

Objet : Le contreseing ministériel des actes réglementaires du Premier Ministre

A l'occasion du contrôle de l'activité normative du Gouvernement, il m'a été donné de constater que les ministres chargés de l'exécution des actes réglementaires signés par le Premier Ministre contresignent rarement lesdits actes.

La présente circulaire a pour objet de rappeler l'obligation ministérielle de contreseing des actes réglementaires du Premier Ministre (I) et de préciser la portée qui s'attache à cette formalité (II).

I.- L'obligation du contreseing ministériel des actes réglementaires du Premier Ministre

Le contreseing ministériel des actes réglementaires du Premier Ministre constitue une exigence constitutionnelle. En effet, aux termes de l'article 57, alinéa 3 de la Constitution : « Les actes réglementaires du Premier Ministre sont contresignés par les membres du Gouvernement chargés de leur exécution ».

En premier lieu, l'obligation de contreseing ne concerne que les actes administratifs à caractère réglementaire du Premier Ministre. Il s'agit notamment des décrets réglementaires pris par le Premier Ministre sur autorisation du Président de la République. En effet, en vertu de l'article 50, alinéa 2 de la Constitution, le Président de la République peut autoriser le Premier Ministre à prendre des décisions par décret.

Doivent également être contresignés, les arrêtés réglementaires, c'est-à-dire ceux comportant des dispositions exécutoires de portée générale et impersonnelle. Il s'agit notamment des arrêtés portant création et fixant les règles d'organisation et de fonctionnement de comités impliquant plusieurs départements ministériels et des arrêtés fixant les modalités d'application des décrets présidentiels.

Cependant, échappent à l'obligation de contreseing, les actes administratifs à caractère individuel signés par le Premier Ministre (arrêtés de nomination de fonctionnaires, arrêtés de nomination des membres du cabinet du Premier Ministre, etc.) et les actes réglementaires du Premier Ministre qui n'exigent pas, de la part des ministres, l'accomplissement de mesures d'exécution.

En deuxième lieu, les ministres contresignataires sont ceux chargés de l'exécution des actes réglementaires. Il s'agit des ministres qui doivent prendre les dispositions administratives nécessaires à l'application des dispositions de l'arrêté primatoral.

Pour les besoins de l'identification des ministres contresignataires, il est fortement recommandé de se reporter à la disposition d'exécution de l'arrêté contresigné qui énumère les ministres chargés de son exécution.

II. La portée du contreseing ministériel des actes réglementaires du Premier Ministre

Le contreseing n'est pas une simple formalité sans aucune portée juridique et pratique.

D'une part, même s'il n'affecte pas l'existence de l'acte réglementaire ; il a pour objet d'attester l'authenticité de la signature de l'autorité titulaire de la compétence. Le contreseing constitue une exigence de forme, dont le non-respect est susceptible d'entraîner son annulation pour vice de forme.

D'autre part, le contreseing garantit que le ministre contresignataire, sans être le coauteur de l'arrêté primatoral, a bien été associé à son élaboration et qu'il en assume la responsabilité pour le mettre en œuvre par la suite. Par l'apposition de sa signature sur l'arrêté du Premier Ministre, le contresignataire marque sa collaboration à l'édiction de l'acte. Le contreseing contribue ainsi à favoriser la solidarité et la cohésion de l'action gouvernementale.

Ainsi, le contreseing, ayant notamment pour objet d'authentifier la signature de l'autorité compétente, il reviendra au Secrétariat général du Gouvernement de présenter au préalable l'acte à la signature du Premier Ministre, avant de recueillir le contreseing des ministres concernés.

En conséquence, je vous demande de veiller scrupuleusement à l'accomplissement diligent de la formalité du contreseing des actes réglementaires du Premier Ministre, tout en évitant les retards préjudiciables à la continuité de l'action gouvernementale.

J'attache du prix au respect scrupuleux des prescriptions de la présente circulaire dont vous m'accuserez réception.

Le Premier Ministre

Mahammed Boun Abdallah DIONNE

Ampliation :

Son Excellence, Monsieur le Président de la République (à titre de compte rendu

2. L'enregistrement et la publication des textes législatifs et réglementaires

Notes

a. L'enregistrement des textes législatifs et réglementaires

376. L'enregistrement des textes. Les lois votées par le Parlement ainsi que les actes administratifs adoptés et signés doivent faire l'objet d'un enregistrement par les soins du Secrétariat général du Gouvernement. La formalité de l'enregistrement, encore appelée la numérotation, consiste à attribuer un numéro à l'original de l'acte et aux copies ; ce numéro continu de 00001 à N, commence le 1er janvier et s'achève le 31 décembre de l'année.

377. Un monopole du Secrétariat général du Gouvernement. L'enregistrement des textes normatifs est une activité monopolistique du Secrétariat général du Gouvernement[169]. En vertu des dispositions de l'article 2 du décret , le Secrétariat général du Gouvernement assure l'enregistrement unique, la publication et la notification après contrôle, des lois, ordonnances, décrets, arrêtés et décisions[170]. A cet effet, il procède au contrôle avant enregistrement de tous les arrêtés, décisions et circulaires transmis à la Primature, pour numérotation et publication.

Compte tenu de l'importance qu'elle revêt, l'obligation d'enregistrement des textes au Secrétariat général du Gouvernement a été plusieurs fois rappelée par des instructions générales et des circulaires. Il s'agit de la circulaire n° 50/PC/CA/SG du 11 juillet 1961 relative à l'enregistrement des actes administratifs et à l'acheminement du courrier, de l'instruction présidentielle n° 21 PR/SG/JUR du 28 février 1967 relative à l'enregistrement, la diffusion et la publication des circulaires ministérielles , de l'instruction générale n° 15 PR du 1er mars 1968 sur l'organisation du travail gouvernemental, de la circulaire n° 0011/PM du 22 janvier 1972 sur l'enregistrement des arrêtés et décisions ministériels et plus récemment de la circulaire n° 012 PM/SGG/SGA/PAT du 04 novembre 2016 relative à l'enregistrement des arrêtés et décisions ministériels.

378. Les actes à enregistrer. Selon la circulaire n° 50/PC/CA/SG du 11 juillet 1961 relative à l'enregistrement des actes administratifs et à l'acheminement du courrier « tous les actes administratifs réglementaires ou

[169] J. GAUTRON et M. ROUGEVIN-BAVILLE, *Droit public du Sénégal*, Paris, éditions A. Pédone, 1977, p. 160.

[170] Aux termes de l'article 6 de l'arrêté n°00893 du 1er janvier 2015 portant organisation et fonctionnement de la Direction des Services législatifs de la Primature.

individuels susceptibles de recours contentieux (décrets, arrêtés, décisions) » doivent être adressés, pour enregistrement dans une série unique, au Secrétariat général du Gouvernement chargé d'en contrôler la légalité.

L'instruction générale n° 021/PR/SG/JUR du 28 février 1967 sur l'enregistrement, la diffusion et la publication des circulaires ministérielles précise que l'enregistrement s'applique à tous les actes comportant un élément de décision, quelle que soit leur dénomination (arrêtés, décisions, etc.), aux contrats spéciaux et à toutes les circulaires ou instructions présentant un caractère de généralité ou de permanence.

Au sens de l'instruction générale n° 15/PR du 1er mars 1968 sur l'organisation du travail gouvernemental, les « actes comportant un élément de décision » visent ceux qui entraînent une modification de l'ordonnancement juridique, soit vis-à-vis des tiers, soit vis-à-vis des agents publics. Par exemple, l'octroi d'un avantage, le rejet d'une requête, une promotion, une mutation, etc.

Les circulaires et instructions sont également concernées par la formalité de l'enregistrement. En effet, face à la tendance des ministres à enregistrer leurs circulaires au niveau de leurs services, le Président Léopold Sédar SENGHOR avait décidé, par une instruction présidentielle n° 21 PR/SG/JUR du 28 février 1967 relative à l'enregistrement, la diffusion et la publication des circulaires ministérielles de «soumettre les circulaires ministérielles à l'obligation d'enregistrement par le Secrétariat général qui en assurera l'enregistrement, la datation et le tirage ». Ainsi, les circulaires ministérielles doivent être adressées sur stencil au Secrétariat général du Gouvernement où elles sont enregistrées et numérotées. L'instruction présidentielle n° 21 PR/SG/JUR du 28 février 1967 précise que les exemplaires tirés seront retournés au ministère d'origine, après prélèvement par le Secrétariat général de dix (10) exemplaires destinées aux Archives nationales et à l'Inspection générale d'État et à la Cour suprême.

379. La portée de l'enregistrement. L'accomplissement de la formalité de l'enregistrement présente des enjeux certains dans le processus d'adoption des textes. En effet, elle est précédée du contrôle sur les textes normatifs exercé par le Secrétariat général du Gouvernement. Il s'agit notamment de s'assurer de leur légalité, de veiller à la bonne présentation des visas, de vérifier les incidences financières des actes et le circuit des visas[171].

En outre, lorsque l'enregistrement concerne des actes de nature législative ou réglementaire, le non-accomplissement de cette formalité risque de faire obstacle à leur applicabilité subordonnée à l'enregistrement et à leur publication au *Journal officiel*.

[171] V. la note n° 1578 PR/SG/AD3 du 27 mai 1963 sur l'enregistrement des arrêtés et des décisions.

Cependant, malgré l'importance attachée à la formalité de l'enregistrement, son omission ne saurait entacher de nullité l'acte normatif concerné[172].

b. La publication des textes législatifs et réglementaires

380. La publication des textes : les lois et actes réglementaires, Au Sénégal, la publication des textes législatifs et réglementaires ainsi que celle des conventions internationales au *Journal officiel* est la procédure employée pour porter ces textes à la connaissance du public[173]. Il s'agit d'une opération matérielle consistant à porter à la connaissance du public le texte de loi, par son insertion au *Journal officiel*. Ainsi, un texte législatif ou réglementaire non publié est dépourvu de force obligatoire[174].

Cependant, le législateur apporte quelquefois des dérogations à l'obligation de publication des lois et des actes administratifs réglementaires dans le but de garantir la préservation de la sécurité publique[175].

Prenant en compte l'importance de la formalité de la publication pour l'accessibilité des textes, l'instruction n° 021 /PR/SG/JUR du 28 février 1967 sur l'enregistrement, la diffusion et la publication des circulaires ministérielles a étendu cette formalité aux circulaires.

381. Les actes administratifs à caractère individuel. S'agissant des actes administratifs individuels, la publication ne semble pas être le procédé adapté de publicité. Par leur portée particulière et leurs effets personnels, ils appellent plutôt une notification. La notification est un procédé de publicité des actes individuels consistant à porter une décision donnée à la connaissance d'une personne déterminée, le plus souvent celle directement visée par cette décision.

Toutefois, la loi prévoit, dans certains cas, des dérogations à ce principe. A titre d'exemple, il résulte de l'article 25 de la loi n° 61-33 du 15 juin 1961 relative au statut général des fonctionnaires, modifiée, que les nominations et les promotions de fonctionnaires appartenant aux divers corps doivent être publiées au *Journal officiel*.

---

172 En ce sens, J.C. GAUTRON et M. ROUGEVIN-BAVILLE, *Droit public du Sénégal*, Paris, éditions A. Pédone, 1977, p. 159 ; également, A. BOCKEL, *Droit administratif*, Dakar-Abidjan, NEA, 1978, p. 139.

173 J.C. GAUTRON et M. ROUGEVIN-BAVILLE, *op. cit.*, p. 268 ; M. M. MBACKE, « L'entrée en vigueur des actes réglementaires en droit sénégalais », *RIPAS*, n° 23-24, janvier-décembre 1990, p. 125 et s.

174 NGAMPIO-OBÉLÉ-BÉLÉ, « Un décret non publié est dépourvu de force obligatoire », sous CE 28 décembre 2007, req. n° 275138, *JCP*, n° 14, 02 avril 2008. II. 10066.

175 V. l'alinéa 1er de l'article 13 de la loi n° 2016-33 du 14 décembre 2016 relative aux services de renseignement (JORS n° 6984 du samedi 07 janvier 2017).

382. L'Imprimerie nationale. L'insertion des textes au *Journal officiel* constitue une mission de service public incombant à l'État qui implique les services de l'État.

A cet égard, l'Imprimerie nationale constitue une pièce maîtresse du dispositif de publication des textes. En vertu de l'article 2 de l'arrêté ministériel n° 3649 MEF du 17 avril 1981 portant organisation de la Direction de l'Imprimerie nationale, l'Imprimerie nationale, rattachée au Secrétariat général du Gouvernement, est chargée « d'assurer l'impression et la publication des textes officiels de l'État et toutes autres éditions que lui confie le Gouvernement». D'ailleurs, l'Imprimerie nationale vient de lancer son site web : www.imprimerie-nationale.gouv.sn.

Déjà au lendemain de l'indépendance, les pouvoirs publics avaient constaté que l'Imprimerie officielle de Rufisque fonctionnait au-dessous de sa capacité normale. C'est certainement la raison pour laquelle la circulaire présidentielle n° 012/PR/SG du 28 janvier 1965 a recommandé aux ministères de passer obligatoirement toutes leurs commandes d'imprimés administratifs à l'Imprimerie nationale.

Par ailleurs, face aux difficultés d'accès aux textes constatées dans l'administration publique, le Président de la République et le Premier Ministre ont respectivement, par des circulaires n° 0005 PR/SG/IGE du 03 mai 1985 et n° 0036 PM/SGG/PAT du 02 juin 2015 sur l'abonnement des ministères et autres services de l'État au *Journal officiel*, instruit les ministères et autres services de l'État, de souscrire des abonnements au *Journal officiel* et de renouveler la souscription au début de chaque gestion budgétaire.

- *L'enregistrement et la publication des actes*

Textes

383. Note n° 55 PR/ SG du 31 mars 1963 sur l'enregistrement des décrets

REPUBLIQUE DU SENEGAL
PRESIDENCE DE LA REPUELIQUE
LE SECRETARIAT GENERAL

N° 55 PR/SG

Dakar, le 31 mai 1963

NOTE SUR L'ENREGISTREMENT DES DECRETS

Tout décret doit être présenté à la signature du Président de la République par le Secrétaire général de la Présidence de la République.

En conséquence, tout agent chargé de l'enregistrement des décrets, devra s'assurer que l'original de tout décret qui lui est présenté, porte en haut et à droite, la griffe manuscrite du Secrétaire général de la Présidence de la République.

Tout décret dont l'original ne porte pas cette griffe manuscrite devra être adressé au Secrétaire général de la Présidence de la République, pour examen.

LE SECRETAIRE GENERAL
Jean COLLIN

384. Note n° 576 PR/SG/AD3 du 27 mai 1963 sur l'enregistrement des arrêtés et des décisions

REPUBLIQUE DU SENEGAL
PRESIDENCE DE LA REPUBLIQUE
SECRETARIAT GENERAL

N° 576 PR/SG/AD3

Dakar, le 27 mai 1963

NOTE
SUR L'ENREGISTREMENT DES ARRETES
ET DES DECISIONS

L'enregistrement unique des arrêtés et des décisions, actuellement tenu par le Secrétariat du Conseil des Ministres, est rattaché au Bureau du courrier général du Secrétariat général de la Présidence de la République.

Les arrêtés et les décisions ne seront enregistrés qu'après contrôle de leur régularité et de leur opportunité.

Monsieur Ibrahima TAL assurera ce double contrôle, par délégation du Secrétaire général de la Présidence de la République.

En conséquence, l'agent chargé de l'enregistrement des arrêtés et des décisions devra s'assurer que l'original de cet acte porte la griffe de Monsieur Ibrahima TAL ou, le cas échéant, du Secrétaire général de la Présidence de la République.

A cette occasion, il est une fois de plus rappelé que tous les arrêtés et toutes les décisions doivent être envoyés pour enregistrement au Secrétariat général de la Présidence de la République. Aucun arrêté, aucune décision ne peut être valablement enregistré par les bureaux d'ordre des divers départements ministériels.

Cette prescription répond à la nécessité du contrôle de la coordination des actes administratifs.

Elle est en outre la conséquence du fait qu'aux termes de la Constitution, le Président de la République dispose seul du pouvoir réglementaire et du pouvoir de prendre des décisions individuelles. Il importe donc que lorsque les ministres exercent dans l'un de ces domaines les délégations qui leur ont été consenties, leurs actes soient enregistrés au Secrétariat général de la Présidence de la République afin que le Président de la République puisse éventuellement évoquer l'affaire et en décider personnellement.

LE SECRETAIRE GENERAL

J.B. COLLIN

385. La circulaire n° 50/ PC/ CA/SG du 11 juillet 1964 relative à l'enregistrement des actes administratifs et l'acheminement du courrier

REPUBLIQUE DU SENEGAL
PRESIDENCE DU CONSEIL

N° 50 /PC/CA/SG

CIRCULAIRE
LE PRESIDENT DU CONSEIL DES MINISTRES
M. M. LES MINISTRES
SECRETAIRES GENERAUX
DIRECTEURS, CHEFS DE SERVICE

Objet : Enregistrement des actes administratifs et acheminement du courrier

Les ministres, secrétaires généraux, directeurs et chefs de service sont invités à donner aux personnels placés sous leur autorité toutes instructions utiles pour l'application des règles définies ci-après, en matière d'enregistrement des actes administratifs et d'acheminement du courrier.

1° Tous les actes administratifs réglementaires ou individuels susceptibles de recours contentieux (décrets, arrêtés, décisions) doivent être adressées, pour enregistrement dans une série unique au Secrétariat général du Gouvernement chargé d'en contrôler la légalité.

La diffusion est assurée par les soins du Bureau du Courrier de la Présidence du Conseil.

Les autres documents enregistrés habituellement par la Présidence du Conseil (circulaires, contrats, conventions, etc.) lui seront adressés directement comme par le passé.

2° Toutes les correspondances à destination de l'étranger, à l'exception des correspondances à caractère purement technique, doivent être soumises à la signature du Président du Conseil, Les correspondances sont enregistrées par la Présidence du Conseil.

3° Ampliation de toutes les correspondances à caractère technique adressées doit être envoyée à la Présidence du Conseil qui en conserve une collection.

4° Les règles de correspondance avec les Gouvernements étrangers, les organismes internationaux ou leurs représentants à Dakar restent définies par ma circulaire n° 28/ PC/ CA/ SG du 8 mai 1961 (pages 4 et 9) relative aux Relations Internationales et à la Coopération Technique à laquelle je vous prie de vous reporter.

Je vous rappelle que, dans ce domaine également, le Président du Conseil doit recevoir ampliation de toutes les correspondances adressées à l'étranger,

Les envois de télégramme à l'extérieur sont réservés à la signature du Président du Conseil, à l'exception de ceux que le Ministre des Affaires Etrangères adresse aux postes diplomatiques et consulaires sénégalais.

Je vous prie de veiller à l'exécution par tous les services placés sous votre autorité de ces instructions, qui prendront effet à compter du 17 juillet prochain.

Dakar, le 11 juillet 1964

Le Président du Conseil
Mamadou DIA

Le Directeur de Cabinet
R. COLIN

---

386. L'instruction n° 021 /PR/SG/JUR du 28 février 1967 sur l'enregistrement la diffusion et la publication des circulaires ministérielles

REPUBLIQUE DU SENEGAL
Un Peuple - Un But - Une Foi
PRESIDENCE DE LA REPUBLIQUE

Dakar, le 28 février 1967

1 - Les circulaires adressées par les ministres aux agents placés sous leur autorité, aux gouverneurs et préfets ou aux autres ministères, constituent un élément important de l'ordonnancement juridique et administratif de l'Etat, soit qu'elles se bornent à donner l'interprétation officielle d'un texte, soit qu'elles en précisent les détails d'exécution, soit même qu'elles revêtent un véritable caractère réglementaire, c'est-à-dire qu'elles contiennent des dispositions nouvelles s'imposant juridiquement aux agents de l'Etat et parfois aux simples citoyens.

Malgré cette importance théorique et pratique, l'expérience montre que le texte des circulaires ministérielles est le plus souvent difficile à trouver, elles font l'objet d'un enregistrement au seul niveau du département émetteur, et d'une diffusion le plus souvent en un seul exemplaire aux destinataires. Ni le Secrétariat général de la Présidence de la République, ni les Archives nationales n'en sont en général destinataires : elles ne sont ni recueillies ni classées systématiquement.

2 - Cette situation étant critiquable, j'ai décidé de soumettre les circulaires ministérielles à l'obligation de l'enregistrement par le Secrétariat général qui n'était imposé jusqu'à présent que pour les actes ayant le caractère d'une décision, et en particulier ceux qui doivent être publiés au *Journal officiel* (Instruction générale n° 112 du 9 décembre 1963 sur l'organisation du travail gouvernemental - paragraphe 6).

Vous voudrez bien, en conséquence, adresser vos circulaires sous forme de stencil, dans les mêmes conditions que vos arrêtés ou décisions individuelles, au Secrétariat général qui en assurera l'enregistrement, la datation et le tirage. Les exemplaires tirés seront retournés au ministère d'origine, après prélèvement par le Secrétariat général de dix exemplaires destinés aux Archives nationales et à l'Inspection générale d'Etat.

Sont soumises à cette obligation les « circulaires » ou « instructions » proprement dites, c'est-à-dire présentant un certain caractère de généralité ou de permanence ; c'est ainsi qu'un document convoquant des agents pour une réunion ou une série de réunions n'y sera pas soumis (il répond d'ailleurs à la définition de la « note de service » plutôt qu'à celle de « circulaire » : cf. à ce sujet ma circulaire n° 113 du 28 octobre 1964). Par contre la circulaire concernant la préparation du budget d'une année financière donnée sera soumise à cette obligation.

3 - Les services du Secrétariat général adresseront cinq exemplaires de chacune des circulaires ministérielles qu'ils auront enregistrées aux Archives nationales et à l'Inspection générale d'Etat.

L'Inspection générale d'Etat et les Archives nationales sont chargées de conserver selon le classement qui leur apparaîtra le plus commode, la totalité des circulaires et instructions ministérielles. La collection détenue par les Archives nationales pourra être ouverte à la consultation des services administratifs, à l'exclusion des particuliers.

La collection détenue par l'Inspection générale est réservée à l'usage du Secrétariat général de la Présidence.

4.- En outre, l'Inspection générale préparera la publication à intervalles réguliers, en principe tous les trois mois, d'un numéro spécial du *Journal officiel* publiant, à titre d'information, les circulaires ministérielles les plus importantes. Il sera pris auparavant contact avec le ministère dont émane la circulaire pour le cas où ce ministère aurait des objections à la publication. Il est cependant recommandé de limiter ces objections aux seuls cas où la publication comporte un inconvénient sérieux ; il me parait souhaitable, en effet, que les activités et la vie de l'Administration sénégalaise puissent être aisément connues de ceux qui s'y intéressent, utilisateurs des services publics, étudiants ou chercheurs. Le « secret », sous peine de dévalorisation, doit être limité aux affaires qui le méritent vraiment.

5 - Enfin, l'attention des services est appelée sur l'utilité d'opérer de temps en temps une nouvelle diffusion des circulaires et instructions les plus importantes, lorsqu'elles continuent à être en vigueur.

A titre de première mise en œuvre de cette recommandation, l'instruction générale n° 112 du 9 décembre 1963 fait l'objet d'une nouvelle diffusion en même temps que la présente instruction.

6 – La présente Instruction entre en vigueur immédiatement.

Léopold Sédar SENGHOR

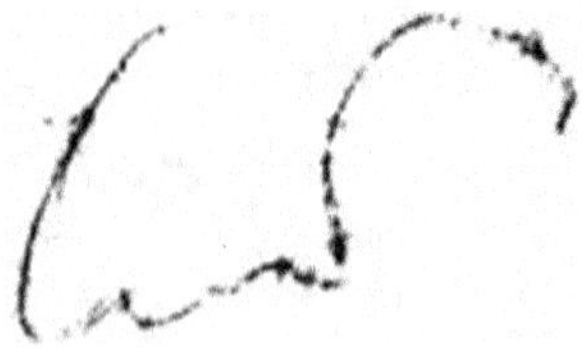

---

387. La circulaire n° 0011 PM du 22 janvier 1972 relative à l'enregistrement des arrêtés et décisions ministériels

REPUBLIQUE DU SENEGAL

Primature

Le Premier Ministre

N° 0011/PM

Dakar, le 22 janvier 1972

CIRCULAIRE

A

Messieurs les Ministres,

Messieurs les Secrétaires d'État

Objet : Enregistrement des arrêtés et décisions ministériels

Il m'a été donné de constater que certains départements ministériels continuent à enregistrer eux-mêmes les arrêtés et décisions qu'ils sont amenés à prendre, bien que la règlementation en vigueur, plusieurs fois rappelée, et notamment, l'instruction générale n°15/PR du 1er mars1968 donne au Secrétariat général le monopole de l'enregistrement de tous les actes ministériels comportant un élément de décision, quelle que soit leur dénomination (arrêté, décision, etc.).

Il est temps que de tels agissements cessent.

C'est pourquoi, à l'avenir, je vous demande de prendre toutes dispositions utiles pour que les actes précités soient transmis, pour enregistrement, au Secrétariat général du Gouvernement.

Je vous demande de veiller personnellement à l'application des prescriptions de la présente circulaire dont vous voudrez bien m'accuser réception.

Abdou DIOUF

---

388. La circulaire n° 0081 PM/SGG/ADJ du 28 juillet 1972 relative à l'enregistrement des actes administratifs - Cas particulier des circulaires ministérielles

REPUBLIQUE DU SENEGAL
PRIMATURE
Secrétariat général du Gouvernement

PM/SGG/ ADJ N° 0081

Dakar, le 28 juillet 1972

LE PREMIER MINISTRE
A
Messieurs les Ministres
Messieurs les Secrétaires d'État

Objet : Enregistrement des actes administratifs - Cas particulier des circulaires ministérielles

Si des rappels ont pu récemment amener les services à une observation plus stricte de la nécessité de faire enregistrer les actes administratifs importants au Secrétariat général du Gouvernement, cette obligation me parait avoir été totalement perdue de vue, particulièrement en ce qui concerne les circulaires ministérielles.

Je rappelle qu'à cet égard l'instruction n° 21/PR/SG/JUR en date du 28 février 1967 confirmée dans ses dispositions essentielles par l'instruction générale n° 15/PR du 1er mars 1968, énonce clairement les mesures à prendre, dans un but évident de coordination de l'action gouvernementale.

Vous trouverez ci-joint, en nouvelle diffusion, copie de cette instruction, qui demeure en vigueur ; il y a tout simplement lieu de lire « Secrétariat général du Gouvernement » à la place de « Secrétariat général de la Présidence de la République ».

Vos services veilleront à ce que ce soit les stencils eux-mêmes de vos circulaires qui parviennent aux services de la Primature, chaque fois que vous estimerez que celles-ci entrent dans la catégorie des circulaires visées.

Le Premier Ministre

Abdou DIOUF

---

389. La circulaire n° 0007/PM/JUR du 11 février 1975 relative à l'enregistrement, à la diffusion et à la publication des circulaires ministérielles

REPUBLIQUE DU SENEGAL
Un Peuple-Un But-Une foi
PRIMATURE

N° 0007/PM/JUR

CIRCULAIRE
RELATIVE A L'ENREGISTREMENT, A LA DIFFUSION ET A LA PUBLICATION DES CIRCULAIRES MINISTERIELLES

I – ENREGISTREMENT DES CIRCULAIRES MINISTERIELLES

L'instruction n° 21 du 28 février 1967 du Président de la République a prescrit l'obligation de l'enregistrement des circulaires ministérielles à l'époque par le Secrétariat général de la Présidence de la République. Il semble que cette prescription soit de moins en moins respectée et je voudrais par la présente circulaire vous préciser mes instructions à ce sujet.

La circulaire est une instruction qui a un caractère général et permanent. Elle peut avoir une destination interne au département du ministre qui l'a signée. Elle peut aussi déborder le cadre d'un seul département et intéresser d'autres départements, d'autres autorités administratives qui en sont destinataires.

Nous utiliserons dans le premier cas le terme « note de service » et, dans le deuxième cas, le terme « circulaire ». L'enregistrement de ces deux documents se fera donc désormais comme suit :

les circulaires émanant des départements ministériels doivent être adressées sur stencil au Secrétariat général du Gouvernement où elles seront enregistrées et numérotées. S'agissant des notes de service, elles seront enregistrées et numérotées par les départements qui en sont auteurs. Toutefois, 15 exemplaires en seront adressés, pour information, au Secrétariat général du Gouvernement qui les archivera pour en avoir collection.

Le Secrétariat général du Gouvernement devra ainsi posséder une double collection complète des circulaires et notes de service.

I - DIFFUSION DES CIRCULAIRES

En dehors des destinataires normaux de telle ou telle circulaire, dont la liste est arrêtée par le ministre signataire, le Secrétariat général du Gouvernement adressera systématiquement cinq exemplaires de toute circulaire d'une part au service des Archives nationales, d'autre part à l'Inspection générale d'Etat. En ce qui concerne les notes de service, ces 10 exemplaires seront prélevés sur les 15 qui lui seront envoyés par le ministère auteur de la note considérée comme il a été dit ci-dessus.

II - PUBLICATION DES CIRCULAIRES

L'instruction n° 21 du 28 février 1967 avait prévu la publication trimestrielle d'un numéro spécial du *Journal officiel* consacré aux principales circulaires parues pendant cette période. La mission d'arrêter leur choix était confiée à l'Inspection générale d'Etat. Cette prescription est pratiquement tombée dans l'oubli total puisque, depuis plusieurs années, aucune circulaire n'a été publiée au *Journal officiel*.

Les considérations qui avaient conduit à prescrire cette diffusion en 1967 demeurent cependant toujours valables et il peut être souhaitable que des circulaires particulièrement importantes ou intéressantes soient portées à la connaissance non seulement de l'ensemble de l'administration mais aussi du public par la voie de la publication au *Journal officiel.*

Je confie donc désormais au Secrétariat général du Gouvernement le soin de sélectionner les circulaires dont l'importance et l'intérêt justifient une telle publication et, sans fixer de périodicité rigoureuse, d'en assurer la publication dans des numéros spéciaux du *Journal officiel* chaque fois que leur nombre le justifiera.

Dakar, le 11 février 1975

Abdou DIOUF

---

390. La circulaire n° 012 PM/SGG/SGA/PAT du 04 novembre 2016 du novembre 2016 relative à l'enregistrement des arrêtés et décisions ministériels.

REPUBLIQUE DU SENEGAL
Primature
Le Premier Ministre

N° 0012 PM/SGG/SGGA/PAT

Dakar, le 04 novembre 2016

CIRCULAIRE
A
Mesdames et Messieurs les Ministres,
4Mesdames et Messieurs les Ministres délégués

Objet : L'enregistrement des arrêtés et décisions ministériels

Il m'a été donné de constater que certains départements ministériels procèdent eux-mêmes à l'enregistrement des arrêtés et décisions qu'ils préparent.

Cette pratique n'est pas conforme à la réglementation en vigueur, plusieurs fois précisée, notamment par l'instruction générale n° 21/PR du 28 février

1967, l'instruction générale n° 15/PR du 1er mars 1968 et par la circulaire primatorale n° 0011/PM du 22 janvier 1972 sur l'enregistrement des arrêtés et décisions ministériels.

En vertu des dispositions des articles 5 et 9 du décret n° 2014-1175 du 17 septembre 2014 relatif à l'organisation et au fonctionnement de la Primature, le Secrétariat général du Gouvernement est chargé d'assurer « l'enregistrement unique » des lois, ordonnances, décrets, arrêtés et décisions. A cet effet, il procède au contrôle avant enregistrement de tous les arrêtés, décisions et circulaires transmis à la Primature, pour enregistrement et publication.

Il résulte de ces textes que le Secrétariat général du Gouvernement a le monopole de l'enregistrement des lois, ordonnances, décrets, arrêtés et décisions. Doivent, de manière générale être enregistrées, toutes les décisions, même si elles ne sont pas publiées au *Journal officiel*.

Selon l'instruction générale n° 21 du 28 février 1967, cette règle s'applique à tous les actes comportant un élément de décision, quelle que soit leur dénomination (arrêtés, décisions, etc.), aux contrats spéciaux et à toutes les circulaires ou instructions présentant un caractère de généralité ou de permanence.

Au sens de l'instruction générale n° 15/PR du 1er mars 1968 sur l'organisation du travail gouvernemental, les « actes comportant un élément de décision » visent ceux qui entrainent une modification de l'ordonnancement juridique, soit vis-à-vis des tiers, soit vis-à-vis des agents publics. Par exemple, l'octroi d'un avantage, le rejet d'une requête, une promotion, une mutation, etc.

Cependant, les mesures d'ordre intérieur, telles que les notes de service, ne produisant aucun effet juridique et ne pouvant recevoir application qu'à l'intérieur du département ministériel ou service concerné, échappent à l'obligation d'enregistrement au Secrétariat général du Gouvernement. Par exemple : l'affectation d'un agent au sein d'un même ministère, des instructions données sur la conduite à tenir, etc.

Ne sont pas également soumises à la formalité de l'enregistrement, les correspondances telles que les lettres d'attente, les renseignements, avis et actes préparatoires d'une décision, etc.

En outre, la formalité de l'enregistrement consiste à attribuer un numéro à l'original de l'acte et aux copies ; ce numéro continu de 00001 à N, commence le 1er janvier et s'achève le 31 décembre de l'année.

Mais, elle est précédée du contrôle des actes exercé par le Secrétariat général du Gouvernement. Il s'agit notamment de s'assurer de leur légalité, de veiller à la bonne présentation des visas, de vérifier les incidences financières des actes et le circuit des visas. Ce n'est qu'après ce contrôle préalable que la Direction des Services législatifs de la Primature procède à l'apposition de la mention « Vu SGG/DSL » sur l'original de l'acte.

Ainsi, le non-respect de l'obligation d'enregistrement ne facilite pas le contrôle de l'activité normative des départements ministériels ainsi qu'une meilleure coordination de l'action gouvernementale.

De plus, lorsque l'enregistrement concerne des actes de nature réglementaire, le non-accomplissement de cette formalité risque de faire obstacle à leur applicabilité subordonnée à l'enregistrement et à la publication au *Journal officiel*.

Compte tenu de l'importance que revêt l'enregistrement des actes, je vous demande de faire prendre toutes les dispositions utiles en vue de transmettre, pour enregistrement au Secrétariat général du Gouvernement, les lois, décrets, ordonnances et tous les actes ministériels comportant un élément de décision au sens de la présente circulaire.

J'attache du prix au respect scrupuleux des prescriptions de la présente circulaire dont vous m'accuserez réception.

Le Premier Ministre

Mahammed Boun Abdallah DIONNE

- *L'Imprimerie nationale et le Journal officiel*

Textes

391. L'arrêté ministériel n° 3649 MEF du 17 avril 1981 portant organisation de la Direction de l'Imprimerie nationale (JORS du 02 mai 1981, p. 283)

Le Ministre de l'Économie et des Finances,

VU la Constitution ;

VU le décret n°80-892 du 29 juillet 1980 portant organisation du Ministère de l'Économie et des Finances ;

SUR proposition du directeur de l'Imprimerie nationale,

ARRETE :

Article premier- L'Imprimerie nationale, placée sous l'autorité du Directeur de l'Imprimerie nationale, est chargée de l'administration, de la coordination et du contrôle des fonctions logistiques, de production et de distribution qui composent ses activités. Le Ministre chargé de l'Économie et des Finances peut déléguer au Directeur de l'Imprimerie nationale une partie de ses pouvoirs, notamment en ce qui concerne ses rapports avec les imprimeries privées sénégalaises ou étrangères, la représentation es qualité du département dans les conseils d'administration des sociétés d'économie mixte exerçant des activités se rapportant à l'industrie du Livre et des Arts graphiques, les comités techniques« ad hoc », les conférences, expositions et séminaires graphiques nationaux et internationaux.

Article 2- L'Imprimerie nationale est chargée :

- d'assurer l'impression et la publication des textes officiels de l'État et toutes autres éditions que lui confie le gouvernement ;
- de confectionner les imprimés et documents administratifs nécessaires au fonctionnement des départements ministériels, services publics, établissements publics) et autres organismes sous tutelle gouvernementale ;
- de conseiller éventuellement le Gouvernement dans les cas de falsification des documents officiels de l'état tels que passeports, cartes d'identité nationale, pièce d'état civil.

Article 3- L'Imprimerie nationale entretient des liaisons avec :

- les services financiers du Ministère de l'Économie et des Finances ;

- le Secrétariat général du Gouvernement duquel elle reçoit les copies des textes officiels pour publication au *Journal officiel*
- le Conseiller juridique du Président de la République à qui elle soumet les épreuves du *Journal officiel* et autres textes à caractère réglementaire pour lecture, collation et délivrance du « bon à tirer » ;
- le Secrétariat général de l'Assemblée nationale pour l'édition et la diffusion des débats parlementaires ;
- le Centre de linguistique appliquée de Dakar, l'institut fondamental d'Afrique et les sociétés d'édition pour la mise en œuvre des moyens nécessaires à la transcription des langues africaines en général et nationales en particulier.

Article 4- L'Imprimerie nationale comprend :

- la Division administrative et financière ;
- la Division de la Production ;
- la Division commerciale ;
- l'Inspection des procédés d'impression ; l'imprimerie annexe de Saint-Louis.

Article 5- La Division administrative et financière est chargée de toutes les questions d'administration générale, de personnel et des problèmes financiers et comptables de l'Imprimerie nationale. Elle est structurée en bureaux :

- le Bureau de la Comptabilité financière ; le Bureau du Personnel ;
- le Bureau de Gestion ;
- le Bureau des Abonnements ;
- le Bureau du Courrier et Recettes.

Article 6- La Division de la Production est chargée des procédures techniques de l'exploitation de la chaîne de fabrication, de la gestion et du contrôle de quantité et de qualité de la production.

Elle comprend les bureaux et les sections suivants :

- le Bureau de la Fabrication chargé de la conception des modes de fabrication, de la programmation et du lancement du travail ;
- le Bureau des Commandes et Devis chargé de l'établissement des devis et du classement des commandes ;
- la Section de la Composition mécanique chargée de la composition des textes officiels et autres travaux en feuilles ;
- la Section de la Composition typographique chargée de la composition des modèles, de la Mise en Pages et de l'imposition des textes ;
- la Section de la Photocomposition, chargée de la composition filmée des textes ;
- la Section d'Impression Typo et Offset chargée du tirage de tous les textes ;

- la Section de la Reliure et Travaux accessoires chargée de l'assemblage et de la confection du journal, des registres et autres documents ;
- la Section de la Mécanique chargée du dépannage et de la maintenance du parc de l'Imprimerie nationale.

Article 7- La Division commerciale est chargée des ventes, de l'administration générale des ventes de la publicité des produits de l'Imprimerie nationale, de l'étude du marché et de la détermination statistique des causes de réduction, de stagnation ou d'augmentation des commandes.

Elle comprend :

- le Bureau de Vente chargé d'écouler dans le marché les produits réalisés par la Division de la Production ;
- les Bureaux de prospection du Cap-Vert, de la Casamance, de Diourbel, du fleuve, du Sénégal oriental, du Sine-Saloum, de Thiès et de Louga qui ont pour mission de prospecter les marchés régionaux, d'acheminer les commandes sur l'Imprimerie nationale et de procéder après exécution à leur redistribution;

Article 8 - L'inspection des Procédés d'Impression a pour rôle la recherche et la mise au point de recettes graphiques pour la création et l'amélioration des genres et styles d'éléments imprimant de tous ordres en vue de donner à l'Imprimerie" nationale toutes les aptitudes techniques nécessaires lui permettant de traiter avec efficacité les besoins exprimés par les clients.

Outre les liaisons de travail avec les autres divisions du service de l'Imprimerie nationale, l'Inspection des procédés d'impression entretient d'autres liaisons avec certains départements ministériels, notamment l'éducation nationale, pour la création typographique de signes linguistiques destinés à la transcription des langues nationales.

Elle collabore avec les sociétés d'édition nationales dont elle étudie la nature des travaux et auxquelles elle prodigue des conseils et donne des renseignements.

Article 9- L'Imprimerie officielle de Saint-Louis est une annexe de l'Imprimerie nationale. Le Directeur de l'Imprimerie nationale peut déléguer ses pouvoirs au Chef de l'Imprimerie officielle de Saint-Louis à charge pour ce dernier de lui rendre compte.

L'Imprimerie officielle de Saint-Louis comprend :

- le Bureau financier chargé de toutes les opérations comptables et financières ;
- la Section de la Composition mécanique chargée de la composition des textes et travaux en feuilles ;
- la Section de la Composition typographique chargée de la composition, de la mise en pages et de l'imposition des modèles ;

- la Section d'Impression typographique chargée du tirage des textes ;
- la Section de la Reliure chargée de l'assemblage et de la confection des registres et autres documents.

L'Inspection des procédés d'impression comprend :

- le Bureau de Correction chargé de corriger tous les textes et de soumettre les « bons à tirer» ;
- le Bureau de la Recherche graphique, chargé d'étudier et de doter le parc de l'Imprimerie nationale d'éléments imprimant, performants et variés permettant de maintenir l'Imprimerie nationale au goût du jour ;
- le Bureau de Programmation, chargé de la mise au point des programmes de fabrication de caractères typographiques.

Article 10- Le Secrétaire général du Ministre de l'Économie et des Finances, et le Directeur de l'Imprimerie nationale sont chargés, chacun en ce qui le concerne de l'exécution du présent arrêté qui sera publié au *Journal officiel.*

Fait à Dakar, le 17 avril 1981

Le Ministre de l'Économie et des Finances

Ousmane SECK

---

392. La circulaire n° 012/PR/SG du 28 janvier 1965

REPUBLIQUE DU SENEGAL
PRESIDENCE DE LA REPUBLIQUE

N° 012/PR/SG

Dakar, le 28 janvier1965

LE PRESIDENT DE LA REPUBLIQUE
A MESSIEURS LES MINISTRES

Mon attention vient d'être appelée, à nouveau sur le fait que l'Imprimerie officielle de Rufisque fonctionne toujours au-dessous de sa capacité normale. Il en résulte, vous vous en doutez bien, un déficit auquel j'ai décidé de mettre un terme dans toute la mesure du possible.

En conséquence, je vous invite à passer toutes vos commandes d'imprimés administratifs à l'Imprimerie nationale. Aucune dérogation à cette règle ne pourra être admise.

Toutefois, pour tenir compte des intérêts des Imprimeries privées, certains assouplissements, dont le processus est décrit plus loin, pourront y être apportés.

Pour permettre d'établir annuellement un planning des travaux susceptibles de faire disparaître les pointes d'activités génératrices de retards dans l'exécution des commandes, je vous prie de vouloir bien faire parvenir à la Direction de l'Imprimerie nationale l'état complet des imprimés demandés pour l'année suivante en mentionnant la date limite à laquelle ils doivent vous être livrés. Un modèle de chaque imprimé sera joint à cet état qui précisera le nombre demandé pour chaque imprimé. L'état devra être parvenu chaque année à la Direction de l'Imprimerie nationale le 15 juin au plus tard.

En vue de faciliter la tâche des départements ministériels et des services, l'Imprimerie nationale installera prochainement un bureau de liaison au Building administratif.

L'emplacement de ce local ainsi que son numéro de téléphone seront portés à votre connaissance en temps utile

La Direction de l'Imprimerie officielle a reçu des instructions relatives à l'établissement, par ses soins, d'un catalogue pour tous les imprimés ayant un caractère réglementaire.

Vous trouverez dans ce document toutes indications utiles susceptibles de vous guider dans l'établissement de vos commandes.

En ce qui concerne la qualité des travaux à exécuter, l'Imprimerie nationale a été invitée à faire l'effort nécessaire en vue de son amélioration.

Les délais d'exécution des commandes ainsi que leurs prix feront l'objet d'une étude approfondie dans le sens de leur abaissement.

La contrepartie de l'effort demandé aux services résidera dans le fait que toutes les malfaçons constatées dans les fournitures faites par l'Imprimerie nationale lui seront imputées.

D'autre part, je crois utile de signaler que les départements ministériels, les services publics et semi-publics pourront, également, s'adresser aux Imprimeries privées mais à condition :

- que l'Imprimerie nationale se déclare incapable d'exécuter la commande, laquelle doit obligatoirement lui être soumise avant d'être portée à la connaissance d'une imprimerie privée ;
- que, dans ce cas, le bon de commande porte impérativement la mention : « Techniquement ou matériellement impossible à exécuter par l'Imprimerie nationale » ;
- qu'une telle mention soit apposée et signer par le Directeur de l'établissement ou son représentant spécialement commis à cet effet.

Le Centre Comptable André PEYTAVIN est tenu de s'opposer au paiement de tout mandat pour imprimé dont le bon de commande n'aurait pas été visé conformément aux indications qui précèdent.

Vous voudrez bien appeler l'attention de vos collaborateurs sur l'importance toute particulière que j'attache aux prescriptions de la circulaire dont je vous demande de m'accuser réception.

Léopold Sédar SENGHOR

---

393. La circulaire n° 0005 PR/SG/IGE du 03 mai 1985 sur l'abonnement au *Journal officiel*

REPUBLIQUE DU SENEGAL
Présidence de la République

N° 05 PR/SG/IGE

Dakar, le 08 mai 1985

LE PRESIDENT DE LA REPUBLIQUE

A

Mesdames, Messieurs les Ministres,

Madame et Messieurs les Secrétaires d'État

Objet : Abonnement au *Journal officiel*

Au cours des différentes vérifications effectuées par l'Inspection générale d'État, en 1984 dans les départements de Kolda, Sédhiou et Vélingara, il a été notamment constaté que la plupart des services départementaux n'étaient pas abonnés au *Journal officiel* et qu'ils ne recevaient pas ce document de l'administration centrale ; cette omission constitue une lacune grave qu'il convient de combler au plus tôt, étant donnée l'importance dudit document pour l'information des agents de l'État.

C'est pourquoi, je vous rappelle que tous les services publics et parapublics doivent souscrire à un abonnement annuel au *Journal officiel* et renouveler la souscription au début de chaque gestion budgétaire.

Je vous rappelle également que le *Journal officiel* fait partie du patrimoine du service et que la collection annuelle doit être reliée et soigneusement conservée pour être exploitée par les agents.

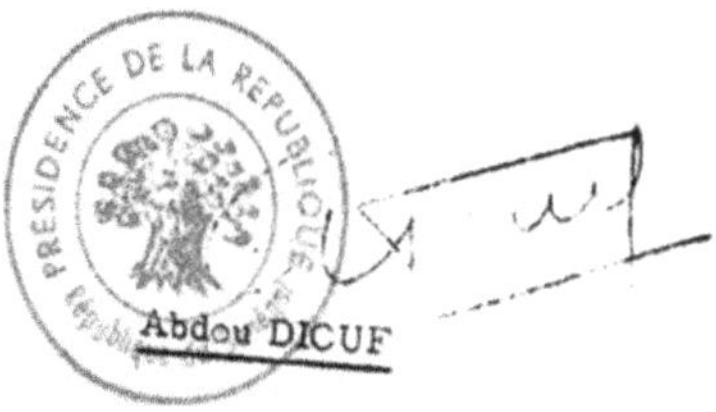

Abdou DIOUF

---

394. La circulaire n° 0036 PM/SGG/PAT du 02 juin 2015 sur l'abonnement des ministères et autres services de l'État au *Journal officiel*

REPUBLIQUE DU SENEGAL
Primature
Le Premier Ministre

N° 0036 PM/SGG/SGGA/PAT

Dakar, le 02 juin 2015

CIRCULAIRE

A

Mesdames et Messieurs les Ministres,

Mesdames et Messieurs les Ministres délégués,

Monsieur le Ministre, Secrétaire général de la Présidence de la République,

Objet : Abonnement des ministères et autres services de l'État au *Journal officiel*

Au Sénégal, la publication des textes législatifs et réglementaires ainsi que des Conventions internationales au *Journal officiel* est la procédure employée pour porter ces textes à la connaissance du public.

En effet, en vertu de l'article 2 de la loi n° 70-14 du 6 février 1970 fixant les règles d'applicabilité des lois, des actes administratifs à caractère réglementaire et des actes administratifs à caractère individuel, modifiée par la loi n° 71-07 du 21 janvier 1971, les lois promulguées et les actes administratifs à caractère réglementaire sont publiés par voie d'insertion au *Journal officiel*. Celui-ci doit, au moment de sa diffusion dans le public, être déposé contre récépissé au Secrétariat général du Gouvernement.

L'original du récépissé est ensuite publié dans le *Journal officiel* suivant et des copies sont adressées au Ministère de l'Intérieur et de la Sécurité publique, au Ministère de la Justice et aux archives nationales où elles peuvent être consultées par toute personne Intéressée.

A cet effet, l'article 2 de l'arrêté ministériel n° 3649 MEF du 17 avril 1981 portant organisation de la Direction de l'Imprimerie nationale énonce que ce service, rattaché au Secrétariat général du Gouvernement, est chargé d'assurer l'impression et la publication des textes officiels de l'État et toutes autres éditions que lui confie le Gouvernement.

Il m'a été donné de constater que rares sont les ministères et autres services de l'État qui ont souscrit des abonnements au *Journal officiel*. Malgré l'instauration d'un *Journal officiel* électronique, à travers la mise en ligne partielle du *Journal officiel* dans le site du Gouvernement du Sénégal (www.gouv.sn), cette situation n'a fait qu'aggraver les difficultés d'accès aux textes au Sénégal.

Pourtant, la formalité de la publication, indispensable à l'entrée en vigueur des textes normatifs, participe de l'accessibilité du droit et pose des enjeux de bonne gouvernance économique. L'accès au droit positif constitue un critère majeur d'attractivité de notre système juridique et un facteur de compétitivité économique.

En conséquence, je vous invite à instruire vos services, en rapport avec la Direction de l'Imprimerie nationale, de prendre toutes les dispositions nécessaires en vue de souscrire des abonnements au *Journal officiel*.

J'attache du prix à l'exécution strict de mes présentes directives.

Le Premier Ministre

RÉPUBLIQUE DU SÉNÉGAL
Le Premier Ministre
PRIMATURE

Mahammed Boun Abdallah DIONNE

Jurisprudence

395. La publication des traités et des lois

L'ancien article 79 de la Constitution, les traités régulièrement ratifiés ou approuvés ont, une autorité supérieure à celle des lois, dès leur publication, s'applique même aux traités entrés en vigueur antérieurement à la Constitution du 07 mars 1963. Il n'est pas établi que la convention n° 87 de l'OIT ait fait l'objet de publication au Sénégal ; en admettant même qu'elle soit effectivement appliquée par le Sénégal, elle ne saurait dans ces conditions prévaloir sur les dispositions précitées de la loi n° 65-40 du 22 mai 1965 qui ont servi de fondement légal à la décision attaquée (**CS du 29 janvier 1975, Séga SECK FALL, in *GDJAS* 2 e édition, Dakar, *RIPAS*, p. 114).**

396. Le décret du 23 décembre 1970 portant baisse du prix du riz publié au quotidien *Le Soleil* et ayant fait l'objet d'un communiqué radiophonique et d'un communiqué au Bulletin de la Chambre de commerce, conformément au système de publication d'urgence est irréfragablement présumé être connu d'un commerçant condamné pour pratiques de prix illicites **(CA Dakar, n° 209 du 09 avril 1970, MP et Contrôle économique c/ Oumar FALL, *ASERJ*, 1973, n° 02, p. 58).**

3. La promulgation des textes législatifs

Notes

397. L'objet de la promulgation. La procédure législative est close par la promulgation. Elle est l'acte juridique qui atteste l'existence de la loi et par lequel est donné l'ordre aux autorités publiques de l'observer et de la faire observer. Elle est effectuée après la vérification de la régularité de l'adoption de la loi par le parlement. La promulgation a pour objet d'authentifier le texte de la loi et de la rendre exécutoire[176]. Il s'agit d'une formalité préalable à la publication des lois. Le Président de la République qui promulgue une loi adoptée par le Parlement agit comme un « notaire de la République »[177].

Selon l'article 2 de la loi n° 70-14 du 06 février 1970 fixant les règles d'applicabilité des lois, des actes administratifs à caractère réglementaire et des actes administratifs à caractère individuel[178], « les lois promulguées » sont publiées par voie d'insertion au *Journal officiel*. Elle est en principe l'œuvre du Président de la République[179].

L'usage est de considérer que la date d'une loi est celle de sa promulgation par le Président de la République et non celle de son adoption par le Parlement.

La Constitution décrit la procédure et les modalités de la promulgation.

398. Les formules de promulgation. Le décret n° 2001-456 du 13 juin 2001 relatif aux formules de promulgation des lois par le Président de la République prévoit les formules de promulgation insérées dans les textes législatifs promulgués. Elles varient suivant qu'il s'agit d'une loi ordinaire, d'une loi organique ou d'une loi constitutionnelle.

A l'étape de l'examen du texte à la Primature, ces formules ne doivent pas être insérées dans le projet de texte normatif. Elles sont en réalité ajoutées au texte par les services du Secrétariat général du Gouvernement après son adoption par l'Assemblée nationale[180].

---

[176] E. SAUVIGNON, « La promulgation des lois », *RDP*,1981, p. 989 ; J. LAFERRIÈRE, « De l'authenticité du texte des lois publiées au *Journal officiel* », *RDP*,1949, p. 113 ; G. JEZE, « La promulgation des lois », *RDP* 1918, p. 379 ; S. F. ACKA, « La promulgation de la loi en Afrique noire francophone (Bénin, Cameroun, Côte d'Ivoire, Sénégal) ». www.ohada.com ohadata D-07-14, p. 1 et s.

[177] Selon l'expression de J. GICQUEL et J.-E. GICQUEL, *Droit constitutionnel et institutions politiques*, Paris, Montchrestien, 26e éd., 2012, p. 647.

[178] JORS, n° 4095 du mardi 31 mars 1970, p. 325.

[179] V. art. 72 al. 1er de la Constitution.

[180] En ce sens, la circulaire n° 00041 PM/SGG/SGA/PAT du 06 octobre 2015 sur les règles de présentation et de rédaction des textes.

Texte

399. Le décret n° 2001-456 du 13 juin 2001 relatif aux formules de promulgation des lois par le Président de la République

RAPPORT DE PRESENTATION

La suppression du Sénat et l'adoption d'une nouvelle Constitution par la loi n° 2001-03 du 22 janvier 2001 impliquent la modification des formules de promulgation des lois par le Président de la République qui étaient jusqu'à présent régies par un décret n° 99-136 du 22 février 1999.

Le présent décret prévoit différentes formules de promulgation suivant que la loi est ordinaire ou qu'il s'agit d'une loi organique ou d'une loi constitutionnelle. Dans ce dernier cas, deux hypothèses sont envisagées selon que la révision constitutionnelle a été soumise ou non au référendum.

L'article 6 prévoit une formule de promulgation particulière pour la loi organique portant règlement intérieur de l'Assemblée nationale laquelle est adoptée selon les dispositions de l'article 62 de la Constitution.

Lorsqu'en application de l'article 74 de la Constitution le Conseil Constitutionnel a été saisi d'un recours visant à faire déclarer une loi inconstitutionnelle, une formule particulière de promulgation est prévue à l'article 2 du décret.

Lorsqu'en application de l'article 73 de la Constitution le Président de la République a demandé une nouvelle délibération à l'Assemblée nationale, une formule spéciale de promulgation est prévue à l'article 3 du décret.

Tel est l'objet du présent décret.

LE PRESIDENT DE LA REPUBLIQUE,

VU la Constitution, notamment en ses articles 62,71,72,73,74,75,78 et 103 ;

VU la loi organique n° 92-23 du 30 mai 1992, modifiée, sur le Conseil constitutionnel ;

VU le décret n° 99-136 du 22 février 1999 relatif aux formules de promulgation des lois par le Président de la République ;

DECRETE :

Article premier.- Lorsque l'Assemblée nationale a adopté une loi, elle est promulguée dans la forme suivante :

« L'Assemblée nationale a adopté en sa séance du….,

Le Président de la République promulgue la loi dont la teneur suit : (texte de la loi)

La présente loi sera exécutée comme loi de l'État

Fait à……le ……..

Par le Président de la République:

Le Premier Ministre ».

Article 2.- Lorsque la loi adoptée par l'Assemblée nationale a été soumise à l'examen du Conseil Constitutionnel en vertu des dispositions de l'article 74 de la Constitution, la formule de promulgation prévue à l'article premier du présent décret est complétée par l'insertion, avant les mots : « Le Président de la République promulgue la loi dont la teneur suit », de la mention suivante :

> « Le Conseil Constitutionnel ayant statué par sa décision n° ………du……, ».

Article 3.- Lorsqu'en application de l'article 73 de la Constitution, le Président de la République a demandé à l'Assemblée nationale une nouvelle délibération, la formule

« L'Assemblée nationale a adopté en sa séance du…...», prévue à l'article premier du présent décret, est remplacée par la formule suivante :

> « L'Assemblée nationale a adopté à la majorité des trois cinquièmes des membres la composant en sa séance du……..».

Article 4.- Lorsque la loi adoptée par l'Assemblée nationale est une loi organique, la formule «L'Assemblée nationale a adopté en sa séance du ..... , », prévue à l'article premier du présent décret, est remplacée par la formule suivante :

> « L'Assemblée nationale a adopté à la majorité absolue des membres la composant en sa séance du………, »

Article 5.- Lorsque la loi adoptée par l'Assemblée nationale est une loi constitutionnelle :

1° La formule « L'Assemblée nationale a adopté en sa séance du………,», prévue à l'article premier du présent décret, est remplacée par la formule suivante lorsque la révision est approuvée par référendum:

> « L'Assemblée nationale a adopté en sa séance du……, Le peuple Sénégalais a approuvé par référendum en date du …….» ;

2° La formule «L'Assemblée nationale a adopté en sa séance du….., », prévue à l'article premier du présent décret, est remplacée par la formule suivante lorsque la révision n'est pas présentée au référendum :

« L'Assemblée nationale a adopté à la majorité des trois cinquièmes des membres la

composant en sa séance du………, ».

Article 6.- Lorsque la loi adoptée par l'Assemblée nationale est relative à son règlement intérieur, la formule « L'Assemblée nationale a adopté en sa séance du ………, », prévue à l'article premier du présent décret, est remplacée par la formule suivante:

« L'Assemblée nationale a adopté à la majorité absolue des membres la composant en sa séance du ,

Le Conseil Constitutionnel, saisi par le Président de la République, a déclaré conforme à la Constitution en sa séance du « …. ».

Article 7.- Le décret susvisé n° 99-136 du 22 février 1999 est abrogé.

Article 8.- Le Premier Ministre et les ministres sont chargés, chacun en ce qui le concerne, de l'exécution du présent décret qui sera publié au *Journal officiel*.

Fait à Dakar, le 13 juin 2001

II. L'APPLICABILITÉ DES TEXTES LÉGISLATIFS ET RÉGLEMENTAIRES

Notes

400. Les règles ordinaires d'entrée en vigueur des textes. Les règles générales relatives à l'applicabilité des textes législatifs et réglementaires sont prévues par la loi n° 70-14 du 06 février 1970 fixant les règles d'applicabilité des lois, des actes administratifs à caractère réglementaire et des actes administratifs à caractère individuel, modifiée par la loi n° 71-07 du 21 janvier 1971.

401. Les lois et les actes administratifs à caractère réglementaire. Ce texte a mis en place un système d'entrée en vigueur des lois et des actes administratifs réglementaires, tributaire de leur publication au *Journal officiel*[181]. En vertu de l'article 2 de la loi n° 70-14 du 06 février 1970, sauf dispositions expresses reportant leur entrée en vigueur à une date ultérieure, les lois et les actes administratifs à caractère réglementaire deviennent exécutoires dans la région du Cap-Vert, et dans les communes de Diourbel, Kaolack, Saint-Louis et Thiès, « le troisième jour suivant la date du dépôt au Secrétariat général Gouvernement du *Journal officiel* dans lequel ils sont insérés ». Dans le reste du territoire, ces textes entrent en vigueur, le cinquième jour suivant la même date. Si l'un ou plusieurs des jours qui précèdent le 3e ou le 5e jour sont un dimanche ou un jour férié, le délai est prorogé d'autant.

La circulaire n° 006 PM/JUR du 19 janvier 1973 relative à la date d'entrée en vigueur des lois, décrets et arrêtés a apporté des précisions utiles à la date d'applicabilité des textes. Selon cette circulaire, les règles prévues par la loi du 06 février 1970 constituent le droit commun de l'entrée en vigueur des lois et des actes administratifs. Elle énonce qu'il est dès lors superflu d'insérer dans le texte une disposition prévoyant son entrée en vigueur à compter de la date de sa publication au *Journal officiel.*

La circulaire n° 00004 PM/SGG/SGA/PAT/SP du 05 mars 2018 relative aux dispositions relatives à l'entrée en vigueur des textes législatifs et réglementaires a énoncé qu'il n'est pas en principe nécessaire de prévoir dans un texte une disposition déterminant sa date d'entrée en vigueur.

---

181 Sur l'ensemble de la question, V. M. M. MBACKE, « L'entrée en vigueur des actes réglementaires en droit sénégalais », *RIPAS*, n° 23-24, janvier-décembre 1990, p. 125 et s. ; L. NIANG « Commentaires de lois : loi n° 70-14 du 06 février 1970 fixant les règles d'application des lois, des actes administratifs à caractère règlementaire et des actes administratifs à caractère individuel (JORS n° 4095 du mardi 31 mars 1970, p. 325) », *Rev. sén. dr.*, septembre 1970, n° 8, pp. 103-104.

L'insertion de dispositions spéciales d'entrée en vigueur n'est nécessaire que lorsque la date d'entrée en vigueur du texte ne correspond pas à celle prévue par la loi n° 70-14 du 06 février 1970.

Il en est ainsi lorsque cette date est postérieure à la date normale d'entrée en vigueur (entrée en vigueur différée), ou au contraire lorsque l'entrée en vigueur du texte est rétroactive (entrée en vigueur anticipée).

402. Les actes administratifs à caractère individuel. L'article 5 de la loi n° 70-14 du 06 février 1970, codifiant la jurisprudence administrative sénégalaise qui s'est dégagée en matière de recours pour excès de pouvoir, a prévu un système d'entrée en vigueur tributaire de la notification de l'acte administratif individuel à l'intéressé. En effet, selon ce texte, « sauf exception prévue par la loi et sous réserve de dispositions contraires, les actes administratifs à caractère individuel, quelles qu'en soient la forme et l'origine, deviennent exécutoires dès leur notification ».

S'agissant des tiers, les actes administratifs à caractère individuel ne sont opposables aux tiers que « du jour où ceux-ci en ont officiellement connaissance».

403. Les règles particulières d'entrée en vigueur. Cependant, le droit sénégalais a renvoyé à des lois particulières les modalités d'applicabilité des textes réglementaires de certaines autorités. Aux termes de l'article 6 de la loi n° 70-14 du 06 février 1970 : « les règles d'applicabilité des actes à caractère réglementaire des autorités régionales et locales demeurent fixées par des lois particulières ».

Ainsi, à côté des règles ordinaires d'entrée en vigueur des textes, il y a des règles spécifiques d'applicabilité prévues pour certaines catégories de textes. Il en est ainsi des ordonnances et des actes réglementaires édictés par les autorités décentralisées (maire, président de conseil départemental) dont les modalités d'applicabilité sont fixées respectivement par la Constitution[182] et par la loi n° 2013-10 du 28 décembre 2013 portant Code général des Collectivités territoriales[183].

A notre connaissance, le législateur n'a pas aménagé des règles particulières s'agissant des actes édictés par les « autorités régionales », c'est-à-dire les autorités administratives déconcentrées (gouverneur, préfet, sous-préfet).

[182] V. art. 77 de la Constitution.

[183] V. notamment, les art.117, 179 et 244 de la loi n° 2013-10 du 28 décembre 2013 portant Code général des Collectivités territoriales

La circulaire n° 0036/MINT CAB 5 du 25 avril 1973 du Ministre de l'Intérieur sur les actes réglementaires des autorités locales et territoriales a tenté de combler ce vide juridique en s'inspirant des modalités d'applicabilité des actes de l'Administration communale fixées par le Code de l'Administration communale applicable à l'époque.

En ce qui concerne les actes à caractère réglementaire, la circulaire n° 0036/MINT CAB 5 du 25 avril 1973 précitée énonce que leur applicabilité est subordonnée à l'accomplissement de formalités obligatoires, à savoir l'inscription de l'arrêté sur le registre spécial, l'affichage aux lieux accoutumés, la déclaration certifiée par l'auteur que l'acte selon laquelle l'affichage a eu lieu et la communication de l'arrêté aux autorités chargées de l'exécution.

S'agissant des arrêtés permanents, c'est-à-dire ceux qui ne sont pas destinés à faire face à une situation transitoire, ils sont exécutoires dès qu'ils sont publiés ou notifiés régulièrement.

Les arrêtés temporaires pris par le gouverneur ou le préfet en matière de police municipale ne sont exécutoires qu'un mois après leur arrivée à la préfecture ou à la gouvernance, selon les cas (art. 93 et 98 du Code de l'Administration communale). Il en est de même pour les actes réglementaires pris par les préfets à l'égard des arrondissements dans les domaines qui sont de la compétence des maires dans les communes. En cas d'urgence, l'autorité chargée du contrôle de légalité peut en autoriser l'exécution immédiate.

La circulaire du 25 avril 1973 précise que les arrêtés permanents pris en d'autres matières de police administrative sont exécutoires dès leur publication, sauf annulation, réformation ou suspension postérieure par l'autorité compétente.

Pour ce qui concerne les actes individuels des autorités déconcentrées, la circulaire n° 0036/MINT CAB 5 du 25 avril 1973, prévoit, conformément à l'article 5 de la loi n°70-14 du 06 février 1970 fixant les règles d'applicabilité des lois et des actes administratifs, qu'ils deviennent exécutoires après leur notification aux intéressés.

Cependant, la légalité de la circulaire n° 0036/MINT CAB 5 du 25 avril 1973 précitée est douteuse. En effet, en vertu de l'article 6 de la loi n°70-14 du 06 février 1970, les règles d'applicabilité des actes à caractère réglementaire des autorités régionales doivent être fixées «par des lois particulières» et non par voie de circulaire ministérielle[184].

---

[184] En ce sens, J.C. GAUTRON et M. ROUGEVIN-BAVILLE, *Droit public du Sénégal*, Paris, éditions A. Pédone, 1977, p. 268 ; M. M. MBACKE, « L'entrée en vigueur des actes réglementaires en droit sénégalais », *RIPAS*, n° 23-24, janvier-décembre 1990, p. 127.

404. La réforme du système d'entrée en vigueur. Face à la complexité et à l'inadaptation de la loi n° 70-14 du 06 février 1970 au nouveau contexte juridique et technologique, le Secrétariat général du Gouvernement a engagé un vaste chantier de réforme du régime de l'entrée en vigueur des textes. L'objectif visé par cette réforme est d'assurer une simplification et une modernisation des règles d'applicabilité des textes, par notamment la prise en compte du support électronique du *Journal officiel* et par la reconnaissance de la valeur juridique qui lui est attachée.

Textes

405. La loi n° 70-14 du 06 février 1970 fixant les règles d'applicabilité des lois, des actes administratifs à caractère réglementaire et des actes administratifs à caractère individuel (JORS, n° 4095 du mardi 31 mars 1970, p. 325)

L'Assemblée nationale a délibéré et adopté,

Le Président de la République promulgue la loi dont la teneur suit :

Article premier.- Les lois et les actes administratifs à caractère réglementaire ne sont applicables sur le territoire de la République que dans les conditions déterminées ci-après.

Article 2. - Les lois promulguées et les actes administratifs à caractère réglementaire sont publiés par voie d'insertion au *Journal officiel*. Celui-ci doit, au moment de sa diffusion dans le public être déposé contre récépissé au Secrétariat général de la présidence de la République.

L'original du récépissé est publié dans le *Journal officiel* suivant et des copies sont adressées au Ministère de l'Intérieur, au Ministère de la Justice et aux archives nationales où elles peuvent être consultées par toute personne Intéressée.

Sauf dispositions expresses reportent leur entrée en vigueur à une date ultérieure, les lois et les actes administratifs à caractère réglementaire deviennent exécutoires :

- dans la Région du Cap-Vert, et dans les communes de Diourbel, Kaolack, Saint-Louis et Thiès, le 3e jour suivant la date du dépôt au Secrétariat général de la Présidence de la République du *Journal officiel* dans lequel ils sont insérés ;
- dans le reste du territoire, le 5e jour suivant la même date.

Si l'un ou plusieurs des jours qui précèdent le 3e ou le 5e jour indiqué ci-dessus sont un dimanche ou un jour férié, le délai est prorogé d'autant,

Article 3. - En cas d'extrême urgence, les actes visés à l'article précédent peuvent être transmis, avant publication au *Journal officiel*, télégraphiquement ou par messager dûment commissionné, aux maires et aux chefs de circonscriptions administratives. Dans ce cas, ils sont applicables dans les communes et les circonscriptions administratives le lendemain du jour de leur publication à la mairie ou au chef-lieu de la circonscription administrative par voie d'affiche ou par tout autre moyen approprié à condition d'avoir été également diffusés par voie radiophonique.

Article 4. - Les décrets ordonnant la publication au *Journal officiel* des conventions internationales ne peuvent intervenir qu'après l'entrée en vigueur internationale de celles-ci. Toutefois, ils pourront intervenir avant cette entrée en vigueur lorsque la date de celle-ci sera connue à l'avance de façon déterminée ; ladite date devra dans ce cas être mentionnée dans le décret correspondant.

Les dispositions des conventions internationales ne sont opposables aux particuliers que le lendemain du dépôt au Secrétariat général du *Journal officiel* où elles ont été publiées. Dans l'hypothèse envisagée ci-dessus où leur publication au *Journal officiel* est intervenue avant leur entrée en vigueur internationale, elles ne seront opposables aux particuliers qu'à compter de la date de cette dernière.

Périodiquement, des avis officiels du Ministère des Affaires étrangères sont publiés au *Journal officiel*. Ils contiennent la liste des États liés par des conventions multilatérales dès l'origine ou par adhésion postérieure dont la date est précisée, ainsi que les réserves éventuelles déposées ou retirées par eux.

Il en est de même en cas de dénonciation d'une convention internationale par l'une des parties engagées.

Article 5. - Sauf exception prévue par la loi et sous réserve de dispositions contraires, les actes administratifs à caractère individuel, quelles qu'en soient la forme et l'origine, deviennent exécutoires dès leur notification,

Ils ne sont opposables aux tiers que du jour où ceux-ci en ont officiellement connaissance. Ils ne peuvent être retirés lorsqu'ils ont créé des droits qu'avant l'expiration du délai de recours pour excès de pouvoir ouvert à tout intéressé ou avant l'intervention de la décision juridictionnelle sur ce recours.

Article 6. - L'ordonnance n° 59-35 du 31 mars 1959 fixant les règles d'applicabilité des lois, décrets et arrêtés ministériels et des actes administratifs à caractère individuel est abrogée.

Les règles d'applicabilité des actes à caractère réglementaire des autorités régionales et locales demeurent fixées par des lois particulières.

La présente loi sera exécutée comme loi de l'Etat.

Fait à Dakar, le 06 février 1970.

LEOPOLD SEDAR SENGHOR

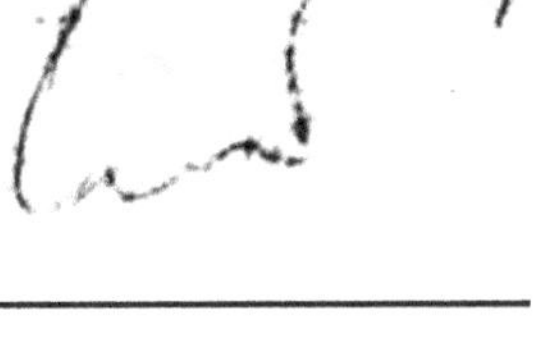

406. La loi n° 71-07 du 21 janvier 1971 modifiant l'article 2 de la loi n° 70-14 du 06 février 1970 fixant les règles d'applicabilité des lois, des actes administratifs à caractère réglementaire et des actes administratifs à caractère individuel

L'Assemblée nationale a délibéré et adopté,

Le Président de la République promulgue la loi dont la teneur suit :

Article unique.- Les mots « Secrétariat général de la Présidence de la République » figurant au 1er alinéa et du 3e alinéa de l'article 2 de la loi n° 70-14 du 06 février 1970 fixant les règles d'applicabilité des lois, des actes administratifs à caractère réglementaire et des actes administratifs à caractère individuel sont remplacés par les mots « Secrétariat général du Gouvernement » .

La présente loi sera exécutée comme loi de l'État.

Fait à Dakar, le 21 janvier 1971.

---

407. La circulaire n° 006 PM/JUR du 19 janvier 1973 relative à la date d'entrée en vigueur des lois, décrets et arrêtés

REPUBLIQUE DU SENEGAL

Un Peuple- Un But-Une Foi

PRIMATURE

N° 006 PM/JUR

Dakar, le 19 janvier 1973

LE PREMIER MINISTRE
MESSIEURS LES MINISTRES
ET SECRETAIRES D'ETAT

Objet : Date d'entrée en vigueur des lois, décrets et arrêtés.

J'ai remarqué qu'un certain nombre de textes publiés au *Journal officiel* précisent dans un article spécial que, par exemple, « le présent décret prendra effet à compter de la date de sa publication au *Journal officiel* ». Ainsi en est-il des décrets n°72-1442 72-1443 , 72-1444 , 72-1445 et 72-1446 du 13 décembre 1972 portant agrément respectivement de la Société d'exploitation des carrières de Bargny-Bambylor, de la Société industrielle sénégalaise de menuiserie, de la Nouvelle entreprise pour la Gestion d' opérations commerciales, industrielles et artisanales (NEGOCIA) de la Société industrielle de carbonisation de bois et de la Société sénégalaise pour la fabrication des matelas et meubles (SI FA M) au régime de faveur prévu par La loi n°72-46 du 12 juin 1972 et du décret n° 72-1447 du 13 décembre 1972 portant agrément en qualité d'entreprise conventionnée de la Société financière France-Ingelheim, tous décrets pris sur le rapport du Ministre des Finances et des Affaires économiques et publiés au *Journal officiel* n° 24270 du 13 janvier 1973.

Je vous rappelle à cet égard que la loi n°70-14 du 06 février 1970 fixant les réglas d'applicabilité des lois, des actes administratifs à caractère réglementaire et des actes administratifs à caractère individuel (publiée au numéro spécial du *Journal officiel* n° 4095 du 31 mars 1970) modifiée par la loi n° 71-07 du 21 janvier 1971 (publiée au *Journal officiel* n°4148 du 20 février 1971) a fixé de manière précise les règles d'entrée en vigueur des lois, des décrets et de tous les actes administratifs. Ces règles sont de droit commun et s'imposent d'une manière générale.

II est donc parfaitement inutile et superflu d'insérer dans un texte une disposition prévoyant que le texte en question entrera en vigueur à compter de la date de sa publication au *Journal officiel*.

Comme le permet la loi n°70-14 du 06 février 1970, ce n'est que dans les cas où la date de cette entrée en vigueur ne correspond pas à la date normalement prévue par ladite loi, qu'il convient de faire un article spécial indiquant expressément la date d'entrée en vigueur de ces textes particuliers , soit que cette date soit postérieure à la date normale, le texte n'entrant en vigueur que largement après sa publication au *Journal officiel*, comme c'est le cas par exemple pour l'application de la réforme régionale, soit au contraire que cette entrée en vigueur soit rétroactive.

L'Assemblée générale consultative de la Cour suprême rectifie d'elle même dans le sens indiqué ci-dessus tous les textes qui lui sont soumis et donc notamment tous les projets de loi, mais je vous demande de communiquer cette circulaire à l'ensemble de vos services en leur demandant de veiller soigneusement à son application désormais en ce qui concerne les décrets non soumis à l'Assemblée générale consultative de la Cour suprême, c'est-à-dire en général. Les décrets individuels, et l'ensemble des arrêtés ministériels ou interministériels.

Je vous rappelle que, sauf nécessité contraire, il convient de n'insérer dans ces textes aucune disposition relative à leur date d'entrée en vigueur, la question étant réglée pour tous par la loi n°70-14.

Abdou DIOUF

---

408. La circulaire n° 0036/MINT/CAB 25 avril 1973 les actes règlementaires des autorités locales et territoriales

REPUBLIQUE DU SENEGAL
MINISTERE DE L'INTERIEUR
CABINET

N° 0036/MINT/CAB

Dakar, le 25 avril 1973

CIRCULAIRE SUR LES ACTES REGLEMENTAIRES DES AUTORITES LOCALES ET TERRITORIALES

Les mesures de décentralisation et de déconcentration qui ont fait l'objet de la réforme de l'administration locale et territoriale rendent nécessaire une mise au point des différents domaines d'attribution en matière de police administrative. La présente circulaire répond à ce but de clarification. Elle se propose, également, de confirmer les règles de rédaction, de publication et de notification des différents actes réglementaires pris par les autorités concernées.

Le sujet revêt une particulière importante puisque, par une étude attentive de la législation et de la réglementation en vigueur, nous devons éviter des conflits de compétence et parvenir à une unification dans la présentation et l'évacuation des arrêtés et décisions.

GENERALITES

La police administrative se définit par les buts en vue desquels elle est exercée. Elle est « une forme d'intervention qu'exercent certaines autorités et qui consiste à imposer, afin d'assurer l'ordre public, des limitations aux libertés individuelles » (A. de Laubadére). Ces limitations aux libertés individuelles sont contenues dans des actes juridiques unilatéraux, pris par une autorité centrale, territoriale ou locale, créant des droits ou des obligations pour les particuliers.

La définition qui vient d'être donnée appelle des précisions qui rendront plus aisée la compréhension des présentes instructions.

Pour ce qui est du pouvoir réglementaire confié au président du Conseil rural, vous voudrez bien vous reporter à la circulaire n° 118/ M.INT/ CAB du 14 novembre 1972, § 1 2.

Il existe une police administrative générale devant assurer la tranquillité, la sécurité, la salubrité et le bon ordre. Des polices spéciales peuvent viser d'autres buts dans un domaine d'activité déterminé. C'est ainsi que l'on parlera de polices de la chasse, de la circulation, des débits de boissons, des jeux, des établissements dangereux, incommodes et insalubres, etc.

Il peut y avoir concours de compétence en matière de police administrative. Dans le cadre national, et par voie de décret, le Président de la République dispose d'un pouvoir général qui lui est donné par la Constitution et qu'il peut déléguer aux ministres. Les gouverneurs, préfets, sous-préfets (à l'exclusion des chefs d'arrondissements) exercent le pouvoir de police générale dans leur circonscription et des polices spéciales leur sont confiées. Les Maires et les présidents de conseils ruraux sont dans la même situation. La concurrence de compétence existe donc dans de nombreux cas.

Si elle joue entre deux autorités de police générale, les solutions sont simples. Dans le même domaine, une autorité supérieure peut toujours prendre une mesure de police déjà prévue par l'autorité inférieure ; le gouverneur réglemente, pour la région, alors même que le préfet ou le maire ont déjà réglementé chacun en ce qui concerne sa compétence territoriale. En sens inverse, une autorité locale peut édicter des règles plus sévères (mais non des règles plus libérales) que celles déjà édictées par l'autorité supérieure, lorsque les circonstances exigent cette aggravation (par exemple en matière de limitation de vitesse des véhicules).

Dans l'hypothèse d'une concurrence entre une autorité de police générale et une autorité de police spéciale, les règles sont plus nuancées. L'autorité locale de police générale peut, en raison des circonstances locales, aggraver les mesures prises par un échelon supérieur. Ainsi, le préfet peut prendre des mesures plus rigoureuses que celles prévues dans une loi spéciale telle que celle fixant la police des débits de boissons. Il en va autrement lorsque la loi a entendu réserver, à titre exclusif la réglementation à une autorité de police spéciale.

Les actes de police administrative des autorités locales et territoriales, dont nous aurons à traiter ici, à l'exclusion de ceux des autorités centrales, se présentent sous la forme d'arrêtés ou de décisions. Ces actes peuvent tendre à des mesures générales applicables à tous les citoyens de la circonscription de la commune. Ils peuvent également s'appliquer à une ou plusieurs personnes, à un ou plusieurs établissements particuliers. La différence entre règlement général et particulier présente une grande importance du point de vue des règles de publication.

Les actes réglementaires peuvent également édicter des mesures permanentes ou temporaires. Est temporaire l'arrêté interdisant une manifestation sur la voie publique alors qu'est permanent celui qui organise un marché ou une foire.

SECTION I.- LES ATTRIBUTIONS DES AUTORITES MUNICIPALES EN MATIERE DE POLICE ADMINISTRATIVE GENERALE

Dans les communes soumises au Code de l'Administration communale (CAC) les maires exercent les attributions classiques qui forment la police municipale. Dans les communes à statut spécial régies par la loi n° 72-26 du 19 avril 1972, l 'Administrateur municipal détient les compétences dont il s'agit ici, tandis qu'à Dakar, c'est le gouverneur qui les possède, en vertu des dispositions de la loi n°72-26 du 19 avril 1972.

§ 2- Les compétences du maire dans les communes de droit commun

Le maire « ordonne les mesures locales sur les objets confiés par la loi à sa vigilance et à son autorité » (art. 89 CAC). Sa compétence s'étend à la police municipale et rurale et à l'exécution des actes de l'autorité supérieure qui y sont relatifs (art. 92 CAC). Ce qui comprend notamment, les matières énumérées ci-dessous concernant le bon ordre, la sûreté, la tranquillité, la sécurité et la salubrité publiques.

a)-La sûreté et la commodité du passage dans les rues et sur les places publiques qui comprend :

- le nettoiement et la propreté de la voie publique (art. 93 CAC), le maire peut prendre des arrêtés tendant à faire débarrasser les voies publiques de ce qui nuit à la salubrité ; notamment pour prescrire aux habitants de balayer devant leur maison ou établissement, en fixant les heures ;
- l'enlèvement des immondices (art. 93 CAC), constitue généralement un service communal incombant à la municipalité ou à l'entrepreneur qu'elle s'est substituée. Mais un arrêté peut imposer que les résidus de ménage soient déposé avant l'heure fixée pour le passage des véhicules de ramassage et que les récipients les contenant répondent à certaines caractéristiques ; qu'ils soient hermétiquement clos, par exemple ;
- l'éclairage de la voie publique (art. 93 CAC) fait partie des compétences municipales. Lorsque la commune ne s'en charge pas elle-même, elle peut l'imposer aux habitants. Habituellement, cette obligation est faite à ceux qui exercent la profession de cafetiers, hôteliers, restaurateurs, et d'organisateurs de spectacles. De même, le maire doit faire obligation, à toute personne ou entreprise qui pratique des excavations dans la voie publique ou y dépose des matériaux, de les éclairer de nuit ;
- le dépôt de matières encombrantes sur la voie publique (art. 93 CAC). L'article 10 (1°) du Code des contraventions punit « ceux qui auront embarassé la voie publique en y déposant ou y laissant, sans nécessité, des matériaux ou des choses quelconques qui empêchent ou diminuent la liberté ou la sûreté de passage ». Le maire ne peut se contenter de reproduire l'interdiction générale. Il lui appartient d'édicter des mesures de détail propres à assurer la viabilité des voies publiques. Il peut subordonner les dépôts à certaines conditions de durée ou d'espace ou encore à des autorisations spéciales qu'il délivrera. Dans ce dernier cas, la délivrance du permis d'occuper donnera lieu au versement d'une redevance à la commune (art. 95 CAC). Il en est également ainsi pour l'installation de tables et de chaises devant les cafés et restaurants et pour les étages ou devant des magasins. Mais il convient de tenir également compte de la notion de nécessité.

A noter qu'il a été jugé que l'interdiction d'étalage sur la voie publique ne s'applique pas à celui qui vend sa marchandise devant son magasin ou sur un terrain privé.

Serait illégal l'arrêté municipal qui soumettrait ceux qui veulent construire ou réparer un immeuble à l'obligation de se pourvoir d'une autorisation spéciale pour encombrer la voie publique.

La répartion ou la démolition des édifices menaçant ruine. Il s'agit ici de mesures individuelles portant sommation de réparer ou de démolir des maisons d'habitation, magasins, hangars, murs d'enceinte…lorsque ceux-ci constituant un danger pour les passants. A ce qui précède peuvent être assimilées différentes restrictions apportées au droit de propriété : obligation de clôturer les terrains bordant la voie publique, les puits et excavations dangereuses. Ces mesures restrictives peuvent être édictées par le maire auquel la jurisprudence administrative et l'article 96 CAC accordant ce pouvoir.

L'interdiction de ne rien exposer aux fenêtres qui puisse endommager les passants ou causer des exhalaisons nuisibles (art. 93 CAC). Le maire peut interdire d'exposer aux ouvertures donnant sur la voie publique du linge, des pots de fleurs, des peaux de bêtes ... Il doit également interdire de secouer et battre par les fenêtres les tapis, paillassons, couvertures et draps, sauf à réserver à ces travaux ménagers certaines heures du petit matin. Il peut également réglementer le déversement, sur la voie publique, des eaux pluviales et ménagères et interdire le dépôt d'immondices produisant des exhalaisons putrides, et notamment de fumier.

b) - Le maire a également compétence en ce qui concerne la réglementation du transport des personnes décédées ; le maintien du bon ordre et de la décence dans les cimetières (art. 93 CAC) ; ce qui ne semble pas demander d'explications supplémentaires.

c)- L'inspection sur la fidélité du débit des denrées qui se vendent au poids ou la mesure et sur la salubrité des comestibles exposés en vente. Les pouvoirs de police du maire sont ici prévus par l'article 93 CAC. Traditionnellement ce texte lui donne des attributions très étendues. Mais la prolifération des textes spéciaux concernant les prix, la réglementation de certaines professions et, d'une manière générale, la police économique, a entraîné une réduction des pouvoirs à l'autorité municipale.

Les maires qui désireraient prendre des arrêtés en ces domaines pourront me consulter afin que je sois en mesure ; dans chaque cas, de leur donner mon avis et celui des ministres compétents. Il reste, néanmoins, que la police des foires et marchés leur est conservée. Elle porte, notamment, sur les heures d'ouverture et de fermeture, les conditions générales d'utilisation des biens communaux mis à la disposition des marchands, les mesures d'hygiène, l'obligation qui peut être faite d'y rassembler les marchands, d'y pratiquer la pesée…

d)- Le soin de prévenir et de faire cesser les accidents et fléaux, de pourvoir d'urgence à toutes les mesures de sécurité et de provoquer l'intervention de l'administration supérieure (art. 93 CAC).

En vertu de ces dispositions, il appartient au maire de prendre toutes mesures contre les incendies. Il est vrai que nombre de textes spéciaux concernent déjà les conditions de sécurité en matière. De même l'existence du corps des sapeurs-pompiers et de la commission régionale de la protection civile restreint les compétences du maire. II lui reste, cependant, à prendre toutes les mesures complémentaires telles que le stockage d'eau, l'interdiction des feux de brousse dans les zones rurales de la commune, la création de pares feux... Il en est de même lorsque des inondations sont à craindre. Ajoutons qu'en application de l'article 8 (1 1°) du Code des Contraventions, le maire peut contraindre ses concitoyens à lui prêter main forte lors des accidents ou calamités publiques.

Les mesures de salubrité publique sont généralement contenues dans le Code de la Santé et les textes pris en son application, le maire étant généralement démuni de moyens pour combattre les maladies épidémiques ou contagieuses. Mais, il peut prendre des mesures contre les causes d'insalubrité interdiction aux particuliers d'entreprendre des travaux qui provoqueraient la stagnation d'eau et la formation de cloaques, l'interdiction de dépôts insalubres sur la voie publique et dans les lieux privés, l'interdiction d'élever de porcs et bestiaux dans les agglomérations....

Surtout il appartient au maire, en l'absence ou en complément de l'action des services d'hygiène, de prescrire toutes les mesures d'exécution : curage des citernes et puits, assainissement des mares, fossés, fosses d'aisance, suppression des écuries et étables. II convient d'ajouter que le propriétaire ou le locataire intéressé peut seulement être mis en demeure d'exécuter, dans un délai déterminé, les travaux propres à faire cesser les causes d'insalubrité. Le maire ne saurait, sans excès de pouvoir, déterminer la nature et l'importance des travaux à exécuter ou prescrire un moyen exclusif de faire disparaître les causes d'insalubrité, s'il existe d'autres méthodes aussi efficaces.

e)- Mesures provisoires concernant les aliénés (art. 93 CAC). Le maire peut prendre des mesures contre les aliénés dont l'état compromet la sécurité des personnes ou la conservation des biens. Mais il ne peut s'agir que de décisions provisoires en attendant l'intervention des autorités médicales et administratives. Il lui est loisible, notamment, de confier la garde de l'aliéné à la famille (art. 88 du Code des Contraventions).

f)- Mesures de police concernant la divagation des animaux.

Les dispositions des articles 84 et 93 CAC concernent, à la fois, la divagation des animaux domestiques et des animaux dangereux soit par leur nature, soit accidentellement. Le maire peut interdire leur divagation et organiser une fourrière municipale. Dans les zones rurales de sa commune, il peut prévoir la destruction des nuisibles.

g)- Protection de l'environnement.

Nombre de mesures qui viennent d'être vues et qui concernent la salubrité touchent également à l'environnement dont la protection est prévue par l'article 84 CAC. Mais il s'agit ici d'une compétence générale qui peut être exercée en d'autres domaines : lutte contre la pratique des feux de brousse, contre la pollution des eaux courantes, contre les fumées industrielles, contre l'installation d'entreprises constituant une gêne pour la population (telles les sécheries de poissons par exemple).

h) - Police de la circulation des véhicules à l'intérieur des agglomérations.

Comme je l'ai déjà indiqué, le maire, doit tenir compte des dispositions du Code de la Route, sauf à les aggraver, notamment en matière de limitation de vitesse. Il peut aussi interdire la circulation de certains véhicules en certains lieux ou à certaines heures ; dans les mêmes conditions interdire la circulation ou le stationnement, Il s'agit, en l'occurrence, de matières suffisamment connues pour que l'on ne s'y attarde pas.

i)- La lutte contre le bruit

Les autorisations de tam-tam, bals, jeux publics et chants religieux sont délivrées par le maire lorsque ces manifestations ont lieu dans la journée ou jusqu'à minuit. Après minuit la demande d'autorisation est soumise au préfet.

§ 3.- Compétences dans les communes à statut spécial

Différentes hypothèses sont à envisager selon les textes applicables.

En vertu de l'article 33 de la loi n° 72-26 du 19 avril 1972, c'est le gouverneur de la région du Cap-Vert qui exerce en ce qui concerne la Commune de Dakar, les attributions énumérées au paragraphe 2 ci-dessus.

Dans les communes soumises aux dispositions de la loi n° 72-63 du 26 juillet 1972, c'est également le gouverneur qui est chargé de l'ensemble de ces attributions (art. 35)

SECTION II : LES ATTRIBUTIONS DES AUTORITES TERRITORIALES EN MATIERE DE POLICE ADMINISTRATIVE DANS LES COMMUNES

En ce qui concerne les communes, les gouverneurs et préfets ont des pouvoirs propres, en matière de police administrative en application de l'article 97 CAC. D'autre part, ils peuvent exercer les mêmes attributions que les maires, dans les circonstances prévues par l'article 98 CAC où en se substituant à eux.

§ 4. L'article 97 CAC dispose que les autorités administratives exercent les pouvoirs de réprimer les atteintes à la tranquillité publique et de maintenir le bon ordre dans les lieux où il se fait de grands rassemblements de personnes.

a)- Les atteintes à la tranquillité publique concernent tout d'abord le tumulte dans les lieux d'assemblées publiques ; elles rejoignent le maintien du bon ordre dans les endroits où il se fait de grands rassemblements de personnes, tout en visant plus spécialement les réunions ; elles concernent, ensuite, les bruits et rassemblements nocturnes qui troublent le repos des habitants ou tous autres actes de nature à compromettre la tranquillité publique; également la police des hôtels et garnis.

b) - Pour tous les troubles qui précédent, les autorités administratives peuvent intervenir préventivement : interdiction d'une réunion publique (mais non d'une réunion privée), d'un rassemblement sur la voie publique ; surveillance des débits de boissons et dancings quant aux heures d'ouverture, ces dernières pouvant être retardées sur autorisation des autorités administratives ; autorisation des tams-tams et chants religieux, lorsque les manifestations ont lieu après minuit. Au-delà de cette heure, les réunions, tam-tam, bals, jeux publics ou toute autre manifestation sont interdites sauf autorisation expresse réservée au préfet.

c)-Par « autorités administratives compétentes », il convient d'entendre :

- les gouverneurs, pour les communes de Dakar, Saint-Louis, Diourbel, Thiès, Kaolack, Tambacounda et Ziguinchor ;
- les préfets pour les autres communes.

L'Administrateur municipal étant uniquement chargé de l'administration de la commune, reçoit les attributions conférées ailleurs aux maires : à l'exclusion, par conséquent des compétences conférées par l'article 97 CAC, lesquelles ne sont pas prévues à l'article 35 de la loi n° 72-63 du 26 juillet 1972.

§ 5. L'article 98 CAC prévoit que les pouvoirs de police municipale appartenant aux maires (voir paragraphe 2 ci-dessus) ne font pas obstacle au droit de l'autorité de tutelle de prendre toutes mesures relatives au maintien de la salubrité, de sûreté et de la tranquillité publique ». Ceci dans deux cas :

- à l'égard de plusieurs communes d'une même circonscription administrative dans les matières où il n'y aurait pas été pourvu par l'autorité municipale (art. 98 CAC, al. 1er) elle est également possible d'aller plus loin en ce domaine ; une autorité administrative de tutelle peut prendre un règlement général (par exemple en matière d'organisation des marchés ou de fourrières), quitte à ce que l'autorité municipale adopte ce texte aux contingences locales. Ceci en vertu du principe général que j'ai indiqué au paragraphe 1er (concours de compétence) ;
- à l'égard d'une seule commune, si le maire (ou son adjoint en cas d'absence ou d'empêchement du maire) refusait ou négligeait de faire les actes qui s'imposent à lui en vertu des textes en vigueur ou dans l'intérêt de la commune (art. 98, al.2 et art, 102 CAC). Mais alors, il doit y avoir mise en demeure préalable. Celle-ci est une formalité essentielle dont l'omission pourrait entraîner l'annulation pour excès de pouvoir de l'acte auquel il a été procédé d'office. La mise en demeure peut revêtir la forme d'une simple lettre prescrivant un délai raisonnable et remise au maire ou à son adjoint.

Par autorité de tutelle, il convient d'entendre, ici, soit le Ministre de l'Intérieur pour l'ensemble des communes du Sénégal ou pour celles d'une région ou d'un département, en cas de nécessité ; soit le gouverneur ou le préfet pour l'ensemble des communes de leur circonscription administrative ; en cas de substitution (prévu par les articles 102 et 98. § 2 CAC) la compétence est réservée au préfet par l'article 22, alinéa 3 du décret n° 72-636 du 29 mars 1972.

Néanmoins, l'article 94 CAC donne une compétence spéciale au préfet en « cas de danger grave ou imminent ». Dès lors, le préfet prend toutes les mesures exigées par les circonstances, dans le cadre des attributions de police administrative normalement conférées au Maire. Par extension, on considérera que le gouverneur est également compétent dans les mêmes circonstances à l'égard des communes chefs-lieux de région.

Quant au gouverneur de la région du Cap-Vert, il est compétent dans tous les cas puisqu'il détient les attributions des maires des communes de droit commun et qu'il ne peut se substituer à lui-même.

SECTION III : LES ATTRIBUTIONS DES AUTORITES TERRITORIALES DANS LES ARRONDISSEMENTS

Hors des communes, le rôle du gouverneur, du préfet et du sous-préfet est également important en matière de police administrative.

§ 6. Attributions du gouverneur dans les communautes rurales

Là s'applique la loi n°72-02 du 1er février 1972, Le gouverneur peut prendre des arrêtés concernant la création et l'organisation de chemins de bétail constituant des voies à grande circulation, du bétail de bouderie vers les marchés et centres de consommation. II a également une compétence générale pour toutes les matières énumérées au paragraphe 8 ci-dessous attributions du sous-préfet alinéa a) c'est-à-dire dans les matières pour lesquelles le sous-préfet réglemente à la suite d'un avis ou d'un vœu du conseil rural. Dans ce cas, la réglementation du gouverneur doit intéresser plusieurs ou l'ensemble des départements de la région (art. 31 al. 2, de la loi n°72-25).

§ 7- Attributions des préfets dans les zones rurales

Pour ce qui concerne l'ensemble des arrondissements, le préfet dispose d'une part des pouvoirs des maires dans les communes de droit commun et d'autre part des attributions pour la protection de l'ordre public (art. 22 du décret n° 72-636). A l'égard des communautés rurales, article 21 du même décret lui donne des pouvoirs particuliers :

a) pour ce qui concerne l'ensemble des arrondissements de sa circonscription, le préfet dispose d'un pouvoir de police générale.

Il prend les dispositions nécessaires pour réprimer les atteintes à la tranquillité publique et pour le maintien de l'ordre dans les endroits où se fait de grands rassemblements de personnes (art, 22, al. 1er, du décret n°72-636) comme il a été indiqué au paragraphe 4 ci-dessus,

II réglemente dans toutes les matières qui, dans les communes, forment la police municipale et qui ont été étudiées au paragraphe 2 ci-dessus (art. 22, al. 2 du décret n° 72-636).

Pour ce qui est des communautés rurales, l'article 21 du décret n° 72-636 mentionne qu'il prend les décisions (sous forme d'arrêtés de police générale) concernant :

- les modalités d'exercice des droits d'usage s'exerçant à l'intérieur du terroir des communautés, à l'exception des droits d'exploitation des mines et carrières, des droits de chasse et d'exploitation commerciale de la végétation arborée qui font l'objet d 'une réglementation spéciale ;
- les projets d'aménagement, de lotissement et d'équipement affectés à l'habitation ; la création, la modification ou la suppression des foires et marchés ; néanmoins, en application de l'article 106 de la loi 72-25, les opérations comportant des investissements doivent, au préalable, être soumises au comité régional de développement et être ensuite approuvées par le Ministre de l'Intérieur et le Ministre chargé du Plan. De même les projets de lotissement et d' urbanisme doivent être soumis à l'avis de la commission régionale de l'Urbanisme puis du Ministre chargé de l'Urbanisme ; la protection et la lutte contre les déprédateurs, la lutte contre les incendies et la pratique des feux de brousse ; la nature et les modalités d'exécution des clôtures et des défenses limitant les fonds et protégeant les récoltes pendantes et individuelles ou collectives ; les servitudes de passage vers des points d'eau de toute nature, l'aménagement de l'exploitation de tous les produits végétaux de cueillette et de coupes de bois.

§ 8. Attributions du sous-préfet sont de deux ordres et ne portent que sur les communautés rurales ; ce qui exclut la compétence des chefs d'arrondissement.

Aux termes de l'article 31 de la loi n°72-25 le sous-préfet peut prendre des arrêtés de police administrative à la suite des avis et des voeux émis par un conseil rural. Il ressort de ces dispositions que le sous-préfet :

- peut prendre un arrêté à la suite d'un vœu qui lui est transmis par un conseil rural à l'égard de cette seule communauté rurale ; il ne s ' agit que d'une faculté et non d'une obligation ; par conséquent, il peut ne pas répondre au vœu du conseil rural ;
- dans les matières qui seront indiquées par la suite, il peut agir de sa propre initiative, à condition de consulter un ou l'ensemble des conseils ruraux de l'arrondissement ; le texte réglementaire doit être précédé d'un avis, même si celui-ci n'est pas conforme ;

- en tout état de cause, les avis et vœux pouvant faire l'objet d'un arrêté du sous-préfet doivent entrer dans l'une des matières suivantes énumérées à l'article 30 de la loi n°72-25 (plan général d'utilisation des terres, régime des jachères collectives et leur modalité de défrichement et d'incinération, respect des espèces végétales arborées sur les terres de culture, aménagement de l'exercice de la pêche et de la vaine pâture, bans de semailles, de récolte ou de cueillette).

b) - En exécution de l'article 57 de la loi n° 72-25 le sous-préfet peut se substituer au président du conseil rural qui refuserait ou négligerait de faire un des actes prescrits par la loi ou les règlements qui s 'imposent dans l'intérêt de la communauté rurale. Au préalable, le sous-préfet doit requérir le président du conseil rural d 'y procéder par lui-même, par une simple lettre laissant un délai raisonnable avant que ne joue la substitution d'office.

SECTION IV : CONDITIONS D'ELABORATION DES ACTES DE POLICE ADMINISTRATIVE

§ 9- LA FORME- Les pouvoirs de police administrative s'exercent en forme d'arrêtés. Ceux-ci ne sont assujettis à aucune forme particulière. Ils doivent, toutefois, à peine de nullité, être datés et signés,

Habituellement, ils portent un titre, (exemple : arrêté fixant les conditions d'élevage de certains animaux domestiques dans les communes de……..Puis ils indiquent l'autorité qui les a pris (« le Préfet ») et les visas des textes en vertu desquels ils sont pris.

Les prescriptions de police doivent être précises. II faut que les assujettis connaissent exactement ce qui est autorisé, ordonné ou défendu. Par exemple, il a été jugé, que l'arrêté disposant qu'aucune voiture n'est autorisée à occuper la voie publique « de façon anormale notamment par un stationnement effectif et prolongé » est trop imprécis pour être applicable.

Les mesures de police ne doivent formuler que les ordres ou les interdictions strictement nécessaires. Elles doivent indiquer aux particuliers le but à atteindre en leur laissant le choix des moyens. Par exemple, l'arrêté peut mettre en demeure un habitant de la commune de mettre fin aux inconvénients que présente (au point de vue de la salubrité et de tranquillité) la présence de nombreux animaux dans son habitation. II ne peut lui imposer un des moyens possibles à moins qu'il y en ait qu'un d'efficace.

Les interdictions générales et absolues d'une activité sont, en principe, proscrites. C'est ainsi qu'un préfet peut interdire l'activité des photographes ambulants dans telle rue, à telle heure, mais ne peut interdire toute activité aux photographes ambulants.

Le préfet ne peut, par décision individuelle, déroger à des prescriptions réglementaires. Par exemple lorsqu' un arrêté concernant l'installation des appareils distributeurs d'essence sur les voies publiques dispose qu'en aucun cas le réservoir ne doit être installé sous la voie publique mais doit se trouver dans le terrain du pétitionnaire il n'est pas possible de dispenser un demandeur de cette prescription.

§ 10- EXERCICE DE LA TUTELLE Sur les actes de police administrative. L'autorité de tutelle est également le Ministre de l'Intérieur qui peut suspendre, annuler ou réformer les actes réglementaires pris par les autorités locales ou territoriales. Ce pouvoir est également confié au gouverneur. Ces questions étant suffisamment connues ne seront pas reprises ici dans le détail. Le tableau ci-dessous tient compte des différentes situations possibles.

AUTEUR DE L'ACTE	TRANSMISSION A	AUTORITE DE TUTELLE	OBSERVATIONS
MAIRE Police municipale (§ 2)	Préfet	M.INT	Les arrêtés portant règlement sont exécutoires un mois après leur arrivée à la préfecture, constatée par un récépissé (art 90 CAC. a contrario les arrêtés individuels sont immédiatement exécutoires
ADMINISTRATEUR MUNICIPAL Police municipal – (§ 3)	Gouverneur	M.INT	Même règle que pour le maire
GOUVERNEUR Acte pris en application de (l'article 97 CAC (§ 4) Acte pris en application des articles 98 et 102 CAC du (§ 5) • Acte pris en application de l'article 31 loi n° 72-25 (§ 6)		M.INT M.INT M.INT	

§ 11.- Régles d'applicabilité

Les arrêtés et décisions en matière de police administrative ne sont applicables qu'après l'exécution de certaines formalités de publicité.

En vertu de l'article 5 de la loi n°70-14 du 06 février 1970 fixant les règles d'applicabilité des lois et des actes administratifs, les actes à caractère individuel deviennent exécutoires après leur notification à ou aux intéressés.

Pour ce qui est des actes réglementaires, il convient d'appliquer dans tous les cas les formalités édictées par l'article 91 du Code de l'Administration communale. Elles sont rappelées par le tableau ci-après :

	ARRETES A CARACTERE REGLEMENTAIRE	ARRETE A CARACTERE INDIVIDUEL
Formalités facultatives	Proclamation selon l'usage des lieux (par ex. publication à son de trompe, par crieur public). publication ou avis à la radio et dans la presse.	NEANT
Formalités obligatoires	a.- Inscription de l'arrêté sur le registre spécial (1) b.- affiches aux lieux coutumés c.- déclaration certifiée par l'auteur de l'acte selon laquelle l'affichage a eu lieu. La déclaration est inscrite au registre spécial. d.- Communication de l'arrêté aux autorités chargées de l'exécution	inscription de l'arrêté sur le registre notification à l'intéressé c'est-à-dire remise à chaque intéressé d'une copie de l'arrêté par les soins d'un fonctionnaire (commissaire de police, gendarme).

(1) Le registre spécial est tenu par l'autorité qui a pris l'acte.

A noter, toutefois que les dispositions réglementaires prises pour compléter celles du Code de la Route (par exemple en matière de stationnement) et qui doivent faire l'objet de mesures de signalisation, ne sont opposables aux usagers que si ces mesures de signalisation sont prises. La publication de l'arrêté ne suffit pas.

Les arrêtés permanents (c'est à dire ceux qui sont destinés à faire face à une situation transitoire : interdiction de circuler dans une rue durant une manifestation par exemple) sont exécutoires dès qu'ils ont été publiés ou notifiés régulièrement.

Les arrêtés temporaires pris par le maire, l'administrateur municipal, le gouverneur ou le préfet en matière de police municipale (art. 93 et 98 CAC) ne sont exécutoires qu'un mois après leur arrivée à la préfecture ou à la gouvernance, selon les cas. Il en est de même pour les actes réglementaires pris par les préfets à l'égard des arrondissements dans les domaines qui sont de la compétence des maires dans les communes. L'arrivée de l'acte réglementaire doit être constatée par un récépissé (art. 90 CAC). En cas d'urgence, l'autorité de tutelle peut en autoriser l'exécution immédiate.

Les arrêtés permanents pris en d'autres matières de police administrative sont exécutoires dés leur publication, sauf annulation, réformation ou suspension postérieure par l'autorité compétente.

§ 12- Sanctions des actes de police administrative

Les arrêtés et décisions de police administrative, sauf cas particuliers prévus par une peine de simple police (emprisonnement d'un jour à un mois et amende de 200 à 20. 000 francs, ou de l'une de ces deux peines seulement).

L'article 8 1° du Code des Contraventions punit ainsi « ceux qui auront contrevenu aux décrets et arrêtés légalement faits par l'autorité administrative et aux arrêtés publiés par l'autorité municipale ». Certaines dispositions des articles 8, 9,10 et 13 du Code des Contraventions visent plus spécialement la police administrative (respectivement la sûreté et la tranquillité publiques, l'hygiène et la santé, le voirie et la circulation, les dommages à la propriété privée), Les textes devront être cités dans les visas des arrêtés ou décisions. Il en est de même du Code de la Route (partie réglementaire) pour ce qui concerne la circulation.

Les destinataires de la présente circulaire auront toujours intérêt à s'informer auprès de l'autorité ou de moi-même, préalablement à toute décision qui leur paraîtrait pouvoir comporter une ambiguïté tant du point de vue de l'objet que de la compétence.

Ils ne manqueront pas de me signaler les cas qui, de leur point de vue, appelleraient des éclaircissements.

LE MINISTRE DE L'INTERIEUR
Jean COLLIN

409. La circulaire n° 00004 PM/SGG/SGA/PAT/SP du 05 mars 2018 sur les dispositions relatives à l'entrée en vigueur des textes législatifs et réglementaires

RÉPUBLIQUE DU SÉNÉGAL

Primature

Le Premier Ministre

N° 00004 PM/SGG/SGA/PAT/SP

Dakar, le 05 mars 2018

CIRCULAIRE

A

Mesdames et Messieurs les Ministres,

Messieurs les Ministres délégués

Objet : Les dispositions relatives à l'entrée en vigueur des textes législatifs et réglementaires

Il m'a été donné de constater que certains départements ministériels ont tendance à insérer dans les projets de texte des dispositions fixant leur entrée en vigueur, soit à compter de la date de leur promulgation, soit au jour de leur publication au *Journal officiel*.

Je rappelle qu'en vertu des dispositions de l'article 2 de la loi n° 70-14 du 06 février 1970 fixant les règles d'applicabilité des lois, des actes administratifs à caractère réglementaire et des actes administratifs à caractère individuel, modifiée par la loi n° 71-07 du 21 janvier 1971, les lois promulguées et les actes administratifs à caractère réglementaire deviennent exécutoires dans la région du Cap-Vert et dans les communes de Diourbel, Kaolack, Saint-Louis et Thiès, le troisième jour suivant la date du dépôt au Secrétariat général du Gouvernement du *Journal officiel* dans lequel ils sont insérés.

Dans le reste du territoire, ces textes entrent en vigueur, le cinquième jour suivant la même date.

Ces règles constituent le droit commun de l'applicabilité des lois et des actes réglementaires. En principe, il n'est pas nécessaire de prévoir dans un texte une disposition déterminant sa date d'entrée en vigueur.

L'insertion de dispositions spéciales d'entrée en vigueur n'est nécessaire que lorsque la date d'entrée en vigueur du texte ne correspond pas à celle prévue par la loi n° 70-14 du 06 février 1970.

En premier lieu, il en est ainsi lorsque la date d'applicabilité est antérieure à celle légalement fixée (entrée en vigueur rétroactive). C'est le cas lorsque le texte entre immédiatement en vigueur le lendemain de sa publication par tout moyen approprié (art. 3 de la loi n° 70-14 du 06 février 1970). Il en est de même dans l'hypothèse où le texte régit des situations juridiques antérieures à son entrée en vigueur, sous réserve du respect des conditions relatives à la rétroactivité des textes.

Par exemple : « Le présent décret s'applique aux procédures introduites avant son entrée en vigueur ».

En second lieu, une disposition d'entrée en vigueur est nécessaire lorsque la date d'applicabilité du texte est postérieure à la date normale (entrée en vigueur différée). L'article 2 de la loi n° 70-14 du 06 février 1970 réserve d'ailleurs la possibilité d'inclure dans les textes des « dispositions expresses reportant leur entrée en vigueur à une date ultérieure ».

Par exemple : « La présente loi entrera en vigueur six (6) mois à compter de sa publication au *Journal officiel* ».

En conséquence, je vous recommande de n'insérer dans les textes des dispositions spéciales d'entrée en vigueur que dans les cas susmentionnés où la date d'applicabilité ne correspond pas à celle fixée par la loi n° 70-14 du 06 février 1970 précitée.

J'attache du prix à la bonne application de la présente circulaire dont vous m'accuserez réception.

Ampliation :

Son Excellence Monsieur le Président de la République (à titre de compte rendu)

---

410. Les règles spéciales d'entrée en vigueur des textes

Extraits de la loi n° 2013-10 du 28 décembre 2013 portant Code général des Collectivités territoriales

Article 117.- Les décisions et les arrêtés du maire ne sont exécutoires qu'après avoir été portés à la connaissance des intéressés, par voie de publication et d'affichage, toutes les fois qu'ils contiennent des dispositions générales et, dans les autres cas, par voie de notification individuelle. La publication est constatée par une déclaration certifiée par le maire. La notification est établie par le récépissé de la partie intéressée ou, à défaut, par l'original de la notification conservé dans les archives de la mairie. Les actes pris par le maire sont enregistrés à leur date dans un registre spécial tenu à la mairie. Il en est fait dépôt à la préfecture.

Article 179.- Les décisions et les arrêtés du maire de la ville ne sont exécutoires qu'après avoir été portés à la connaissance des intéressés, par voie de publication et d'affichage, toutes les fois qu'ils contiennent des dispositions générales et, dans les autres cas, par voie de notification individuelle. La publication est constatée par une déclaration certifiée par le maire de la ville. La notification est établie par le récépissé de la partie intéressée ou, à défaut, par l'original de la notification conservé dans les archives du siège de la ville. Les actes pris par le maire de la ville sont enregistrés à leur date dans un registre spécial tenu au siège de la ville. Il en est fait dépôt à la préfecture.

Article 244.- Les décisions réglementaires et individuelles prises par le président du conseil départemental ou le maire dans l'exercice de leurs pouvoirs de police, les actes de gestion quotidienne pris au nom des collectivités locales autres que ceux mentionnés à l'article 243 ci-dessus sont exécutoires de plein droit dès qu'il est procédé à leur publication ou à leur notification aux intéressés, après transmission au représentant de l'État.

Article 245.- Par dérogation au caractère exécutoire des actes prévus aux articles 243 et 244 du présent code, restent soumis à l'approbation préalable du représentant de l'État les actes pris dans les domaines suivants :

- les budgets primitifs et supplémentaires ;
- les emprunts et garanties d'emprunts ;
- les plans de développement des collectivités locales ;
- les conventions financières de coopération internationale comportant des engagements d'un montant fixé par décret ;
- les affaires domaniales et l'urbanisme ;
- les garanties et prises de participation dans des sociétés privées exerçant des activités d'intérêt général à participation publique ;

- les marchés supérieurs à un montant fixé par décret et les contrats de concession d'une durée supérieure à trente ans.

Ces délibérations et décisions sont transmises au représentant de l'État, dans les conditions prévues à l'article 243 du présent code. L'approbation du représentant de l'État est réputée tacite si elle n'a pas été notifiée à la collectivité locale dans le délai d'un mois à compter de la date de l'accusé de réception par le représentant de l'État. Ce délai d'un mois peut être réduit par le représentant de l'État à la demande du président du conseil départemental ou du maire.

Article 246.- Le représentant de l'État défère à la Cour suprême les actes mentionnés aux articles 243 et 244 du présent code qu'il estime entachés d'illégalité, dans les deux mois suivant leur transmission. Cette juridiction doit se prononcer dans un délai maximum d'un mois. Ces actes déférés au juge ne sont pas susceptibles de recours hiérarchique. Sur demande du président du conseil départemental ou du maire, le représentant de l'État l'informe de son intention de ne pas déférer au juge administratif un acte qui lui a été transmis en application de l'article 243 du présent code. Lorsque le représentant de l'État défère un acte au juge administratif, il en informe par écrit sans délai le président du conseil départemental ou le maire et lui communique toutes précisions sur les illégalités invoquées à l'encontre de l'acte incriminé.

Article 247.- Le représentant de l'État peut assortir son recours d'une demande de sursis à exécution. Il est fait droit à cette demande si l'un des moyens invoqués dans la requête paraît, en l'état de l'instruction, sérieux et de nature à justifier l'annulation de l'acte attaqué. Lorsque l'acte attaqué est de nature à compromettre l'exercice d'une liberté publique ou individuelle, le Président de la Cour suprême ou un de ses membres délégué à cet effet prononce le sursis dans les quarante-huit heures. La Cour suprême peut, sur sa propre initiative, prononcer le sursis à exécution pour tout marché public que lui transmet le représentant de l'État aux fins d'annulation.

Jurisprudence

411. L'applicabilité des textes législatifs et réglementaires

412. Il résulte de l'article 2 de la loi du 06 février 1970 que la date de dépôt au Secrétariat général du Gouvernement du *Journal officiel* contenant l'acte réglementaire constitue la date d'applicabilité des actes administratifs à caractère réglementaire et non celle du point de départ du recours pour excès de pouvoir **(CE n° 0002 du 25 août 1993, Samba Diama SECK c/ Etat du Sénégal, *inédit*).**

413. Le décret n° 2015-1145 du 03 août 2015 fixant la compétence des cours d'appel, des tribunaux de grande instance et des tribunaux d'instance, inséré au *Journal officiel* n°6869 du 18 août 2015, est devenu applicable dans la région de Dakar le 3° jour du dépôt dudit numéro du *Journal officiel* au Secrétariat général de la Présidence de la République. Ainsi, l'auteur d'un commandement-assignation daté du 13 août 2015, devait se soumettre aux règles de compétence fixées par le décret n° 84-1194 du 22 octobre 1984 qui attribuait compétence aux tribunaux régionaux pour connaître des actions relatives aux baux à usage d'habitation dont le taux du loyer était supérieur ou égale à cinquante mille (50 000) francs CFA (**CA Dakar n° 313 du 16 décembre 2015, Elias Haïdar FARROUKH c/ La SCI CAYOR, *inédit***).

CHAPITRE V

LE RETRAIT DES ACTES ADMINISTRATIFS INDIVIDUELS

« Rapporter ou retirer un acte,
c'est le faire disparaître avec effet rétroactif »
Léopold Sédar SENGHOR,
La circulaire n° 37/PR/SG/JUR du 16 avril 1964 relative au retrait des actes administratifs individuels

Notes

414. La notion de retrait. Le retrait est une opération consistant à faire disparaître un acte administratif pour l'avenir et également à effacer ses effets pour le passé[185]. On utilise également le verbe « rapporter » à la place de « retirer ». Il s'agit d'une annulation rétroactive qui déroge au principe de la non-rétroactivité des actes administratifs.

La circulaire n° 37 PR/SG/JUR du 16 avril 1964 relative au retrait des actes administratifs individuels, face à la récurrence d'erreurs de vocabulaire, a reprécisé les contours de la notion de retrait. S'il s'agit d'un acte réglementaire, la circulaire suggère l'utilisation du terme « abroger ».

415. Le régime du retrait des actes créateurs de droits. La question du retrait des actes administratifs individuels créateurs de droits est marquée par le souci d'autoriser le retrait des actes irréguliers et par l'impératif de garantir la stabilité des situations juridiques. Aussi, la circulaire n° 37 PR/SG/JUR du 16 avril 1964 a-t-elle très tôt posé les conditions du retrait. Selon cette circulaire, lorsque l'acte a créé des droits, le retrait n'est possible qu'à la double condition que cet acte soit illégal et que le retrait intervienne dans le délai du recours contentieux. L'auteur du retrait doit s'assurer que la sortie de vigueur de l'acte

[185] Sur cette question, P. LOUIS-LUCAS, « Le retrait des actes administratifs individuels », *D.* 1952, ch. p. 107 ; A. BOCKEL, « La Cour suprême et le problème du retrait des actes administratifs », *Ann. afric.* 1971, p. 7 ; *RDP,* 1973, p. 135 ; J. M. NZOUANKEU, « Remarques sur quelques particularités du droit administratifs sénégalais », *RIPAS*, n° 09, 1984, p. 1-36 ; S. A. NDIAYE, « Le régime de sortie de vigueur des actes créateurs de droits illégaux en Afrique : le cas du Sénégal », in A. SALL et I. M. FALL (dir.), *Actualités du droit public et de la science politique en Afrique, Mélanges en l'honneur de Babacar KANTE*, Dakar, l'Harmattan, 2017, p. 566.

administratif « est légalement possible ou qu'il n'y a pas lieu d'observer préalablement une procédure particulière » (respect des droits de la défense, procédure disciplinaire, etc.).

En France, l'arrêt Dame Cachet rendu par le Conseil d'État français le 03 novembre 1922[186] a consacré la solution selon laquelle: « le retrait d'un acte administratif irrégulier est possible aussi longtemps que cet acte est susceptible d'une annulation contentieuse, il devient impossible dès lors qu'un juge ne pourrait plus se prononcer »[187].

Cette règle a été reprise par l'arrêt Samba Ndoucoumane GUEYE rendu par la Cour suprême le 23 mars 1966[188]. Selon le juge sénégalais: « s'il appartient à l'autorité administrative lorsqu'une décision ayant créé des droits est entachée d'une illégalité de nature à entraîner l'annulation par la voie contentieuse, de rapporter d'office cette décision, elle ne peut le faire que tant que le délai du recours contentieux n'est pas expiré; que dans le cas où un tel recours a été formé, l'administration peut encore même après l'expiration de ce délai et tant que la Cour suprême n'a pas statué, rapporter elle-même l'acte attaqué dans les limites où l'annulation a été demandée par le requérant et en vue de donner satisfaction audit recours ». Cette solution jurisprudentielle a été codifiée par l'article 5, alinéa 2 de la loi n° 70-14 du 06 février 1970 fixant les règles d'applicabilité des lois, des actes administratifs à caractère réglementaire et des actes administratifs à caractère individuel. Selon ce texte, les actes administratifs individuels « ne peuvent être retirés lorsqu'ils ont créé des droits qu'avant l'expiration du délai de recours pour excès de pouvoir ouvert à tout intéressé ou avant l'intervention de la décision juridictionnelle sur ce recours »[189].

---

[186] CE 03 novembre 1922, Dame Cachet, *GAJA*, n° 42 ; S. 1925, 03, 09, note Hauriou ; *RDP*, 1922, p. 552, concl. Rivet ; CS 23 mars 1966, Mamadou Lamine DIOP, *RLJ*, 1966, p. 96, *Ann afric.* 1974, p. 284.

[187] I. MICHALLET, « Le retrait des décisions illégales créatrices de droits, retour à l'esprit de l'arrêt Dame Cachet », *Dr. adm.* 2001, chron. 17.

[188] CS 23 mars 1966, Samba Ndoucoumane GUEYE, *Ann. afr.* 1974, p. 287 ; *GDJAS*, tome I, 2e édition 1984 p. 185 ; pour une application récente de cette jurisprudence, CS, n° 70 du 10 décembre 2015, Babacar KEBE c/ Mairie de Dakar, in *Cour suprême. Bulletin des arrêts*, n° 9-10, année judiciaire 2015, décembre 2016, p. 256.

[189] Sur cette question, J. M. NZOUANKEU, « Remarques sur quelques particularités du droit administratif sénégalais », *RIPAS*, n° 09, 1984, p. 1-36.

Texte

416. La circulaire n° 37/PR/SG/JUR du 16 avril 1964 relative au retrait des actes administratifs individuels

RÉPUBLIQUE DU SÉNÉGAL
Un Peuple - Un But - Une foi
PRÉSIDENCE DE LA RÉPUBLIQUE

N° 37/PR/SG/JUR

Dakar, le 16 avril 1964

CIRCULAIRE
LE PRÉSIDENT DE LA RÉPUBLIQUE
A
MESSIEURS LES MINISTRES

Objet : Retrait des actes administratifs individuels

De nombreuses décisions individuelles élaborées par les ministères marquent une confusion entre la notion du « retrait » et du « rapport » des actes administratifs et celle la cessation pour l'avenir des effets de ces actes lorsqu'il s'agit en particulier de désinvestir de ses fonctions un agent ou un membre de commission quelconque, il est couramment employé la forme « l'arrêté n°… du …ayant nommé M. est rapporté (ou retiré) ».

Il s'agit là d'une erreur de vocabulaire.

« Rapporter » ou « retirer » un acte, c'est le faire disparaître avec effet rétroactif ; et une telle opération n'est légalement possible, s'il s'agit d'un acte ayant créé des droits (telle une nomination) qu'à la double condition que l'acte soit illégal et que le retrait intervienne dans le délai du recours contentieux.

Si l'on veut seulement (comme c'est presque toujours le cas) mettre fin pour l'avenir aux effets de l'acte il faut employer une formule telle que « il est mis fin aux fonctions de … ». Encore faut-il s'assurer que cette désinvestiture est légalement possible ou qu'il n'y a pas lieu d'observer préalablement une procédure particulière (respect des droits de la défense, procédure disciplinaire, etc.).

S'il s'agit d'un acte réglementaire, c'est l'expression « abroger » qu'il y a lieu d'utiliser.

Je vous serais obligé de veiller à ce que vos services fassent une exacte application du vocabulaire ainsi précisé dans les décisions qu'ils élaboreront à l'avenir.

Léopold Sédar SENGHOR

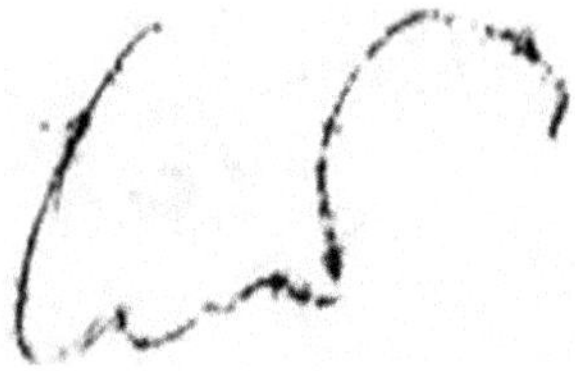

Jurisprudence

417. S'il appartient à l'autorité administrative lorsqu'une décision ayant créé des droits est entachée d'une illégalité de nature à entraîner l'annulation par la voie contentieuse, de rapporter d'office cette décision, elle ne peut le faire que tant que le délai du recours contentieux n'est pas expiré; que dans le cas où un tel recours a été formé, l'administration peut encore, même après l'expiration de ce délai et tant que la Cour suprême n'a pas statué, rapporter elle-même l'acte attaqué dans les limites où l'annulation a été demandée par le requérant et en vue de donner satisfaction audit recours **(CS 23 mars 1966, Samba Ndoucoumane GUEYE, *Ann. afr.* 1974, p. 287 ; *GDJAS*, tome I, 2e édition 1984 p. 185**).

418. Une disposition qui modifie favorablement la situation d'un fonctionnaire crée des droits à son profit et ne peut être retirée que pour illégalité et dans le délai du recours pour excès de pouvoir. En conséquence, doit être annulé un arrêté rapportant ladite disposition environ huit (8) mois après son édiction **(CS, 19 avril 1967, Samba Cor SARR, *RLJ* 1967, p. 93, *Ann. afr.* 1974, p. 287, *GDJAS*, tome I, 2 e édition 1984 p. 196**).

419. Il résulte de l'article 5, alinéa 2 de la loi n° 70-14 du 06 février 1970 fixant les règles d'applicabilité des lois, des actes administratifs à caractère réglementaire et des actes administratifs à caractère individuel que les actes administratifs individuels ne peuvent être retirés lorsqu'ils ont créé des droits qu'avant l'expiration du délai de recours pour excès de pouvoir ouvert à tout intéressé ou avant l'intervention de la décision juridictionnelle sur ce recours.

En admettant même que les dispositions rapportées des arrêtés du 23 juin 1977 et du 1er août 1977 l'aient été effectivement pour cause de double emploi résultant d'une erreur de l'Administration, lesdites dispositions constituaient une décision individuelle qui, au plan de la rémunération, créait des droits au profit de son bénéficiaire. Dans ces conditions, l'administration ne pouvait légalement la rapporter que dans le délai de deux mois du recours pour excès de pouvoir ; en prenant l'arrêté de retrait attaqué plus de 16 mois après la notification de l'arrêté du 1er août 1977 portant régularisation de la situation administrative de Léon DIATTA, le Ministre de la Fonction publique, du Travail et de l'Emploi n'a pas respecté le principe de l'intangibilité des droits acquis et que le requérant est par suite fondé à demander l'annulation de l'arrêté attaqué pour excès de pouvoir **(CS 27 mai 1981, Léon DIATTA,*GDJAS*, tome II, 2 e édition 1984 p. 556**).

420. Un arrêté municipal rapportant un autre arrêté portant autorisation de construire est entaché de nullité pour être intervenu plus de deux mois après sa notification à l'intéressé **(CS, n° 70 du 10 décembre 2015, Babacar KEBE c/ Maire de Dakar, in *Cour suprême, Bulletin des arrêts,* n° 09-10, année judiciaire 2015, décembre 2016, p. 256**).

BIBIOGRAPHIE

I. OUVRAGES ET THÈSES

- BERGEAL (C.), *Rédiger un texte normatif. Manuel de légistique*, 7e édition, Paris, Berger-Levrault, octobre 2012.
- BESCH (M.), *Traité de légistique formelle*, Publication du Conseil d'État du Grand-Duché de Luxembourg, 2008.
- BOCKEL (A.), *Droit administratif*, Dakar-Abidjan NEA, 1978.
- DIAKHATE (M.), *Rédaction administrative*, Dakar, CREDILA, 2016.
- DIOP (EL. H. O.), *La justice constitutionnelle au Sénégal. Essai sur l'évolution, les enjeux et les réformes d'un contre-pouvoir juridictionnel*, Dakar, CREDILA-OVIPA, 2013.
- DIOP (M.), *L'administration d'État au Sénégal*, Dakar, édition Clairafrique, 2011.
- FALL (I. M.), *Evolution constitutionnelle du Sénégal de la veille de l'indépendance aux élections de 2007*, CREDILA-CREPOS, 2007.
- FALL (I. M.), *Les décisions et avis du Conseil constitutionnel du Sénégal*, Dakar, CREDILA, 2008.
- FALL (I. M.), *Le pouvoir exécutif dans le constitutionnalisme des États d'Afrique*, Paris, l'Harmattan, 2008.
- FALL (I. M.), *La réforme constitutionnelle du 20 mars 2016 au Sénégal. La révision consolidante record*, Dakar, l'Harmattan, 2017.
- GANDOUIN (J.) et ROUSSIGNOL (J.-M.), *Rédaction administrative Afrique. Maghreb-Afrique subsaharienne,* Armand Colin, 4e édition mise à jour, 2013.
- GAUTRON (J.C.) et ROUGEVIN-BAVILLE (M.), *Droit public du Sénégal*, Paris, éditions A. Pédone, 1977.
- GILBERT (K.) et (C.) GROULIER, *Former à la légistique. Les nouveaux territoires de la pédagogie juridique,* Paris, LexisNexis, 2018.
- GREVISSE (M.) et GOOSSE (A.), *Le bon usage*, 14e édition, Paris, De boeckduculot, 2010.
- GREVISSE (M.), *Le bon usage. Grammaire française avec des remarques sur la langue française d'aujourd'hui,* Gembloux, éditions J. Duculot SA, 9e édition, 1969.

- LAVROFF (D. G.), *La République du Sénégal*, Paris, LGDJ, 1966.
- NZOUANKEU (J.M.), *Constitution de la République du Sénégal. Texte consolidé*, Nzouankeu Alternatives. L'encrier et le porte-plume, édition mai 2017.
- REMY (D.), *Légistique. L'art de faire les lois*, Paris, Romillart, 1994.
- SY (D.), *Droit administratif*, Dakar, l'Harmattan, 2 e édition, 2014.
- TOURE (P.A.), *La légistique. Techniques de conception et de rédaction des lois et des actes administratifs : une tradition de gouvernance normative*, l'Harmattan (Sénégal), 2018.
- THIAM (C. T.), *Droit public du Sénégal*, volume I, L'État et le citoyen, Dakar, CREDILA, 1993.

II. GUIDES ET RAPPORTS

- *Guide de légistique*, Paris, La documentation française, 3e édition, mise à jour 2017.
- *Guide de la rédaction des lois et amendements*, Assemblée nationale, juillet, 2007.
- *Guide relatif aux méthodes et techniques de transposition des Directives de l'UEMOA et au modèle d'acte de notification, adopté par la décision n° 05/2019/COM/UEMOA du 06 août 2019.*
- *La rédaction des amendements, sous-amendements et motions de procédure*, Sénat, service de la séance, octobre 2009.
- *Rédiger la loi. Guide de rédaction des propositions de loi et des amendements*, Sénat, édition septembre 2007, p. 64 et s.
- Conseil d'État, *Principes de technique législative. Guide de rédaction des textes législatifs et réglementaires*, 2008.
- Conseil d'État, *Publication et entrée en vigueur des lois et de certains actes administratifs,* Paris, La Documentation française, 2001.
- Inspection générale d'État, *Le rapport public sur l'état de la gouvernance et de la reédition des comptes*, juin 2014.
- *Rapport sur l'activité normative de l'année 2016,* Secrétariat général du Gouvernement.

III. Articles de doctrine et actes de séminaires

- ACKA (S. F.), « La promulgation de la loi en Afrique noire francophone (Bénin, Cameroun, Côte d'Ivoire, Sénégal) ». www.ohada.com ohadata D-07-14.
- BOCKEL (A.), « La Cour suprême et le problème du retrait des actes administratifs », *Annales africaines* 1971, p. 7.
- COULIBALY (A. L.), « Gouvernance normative. Nouvelle dynamique, nouvelle approche ! », in *Le Soleil*, du mercredi 21 septembre 2015, p. 12.
- COULIBALY (A. L.), « De l'art de mal légiférer au paradigme du mieux légiférer : contribution à la recherche d'une nouvelle gouvernance normative au Sénégal», in A. SALL et I. M. FALL (dir.), *Actualités du droit public et de la science politique en Afrique, Mélanges en l'honneur de Babacar KANTE*, Dakar, l'Harmattan, 2017, p. 661 et s.
- COULIBALY (A.), « La portée juridique de la signature du Président de la République dans la jurisprudence du Conseil d'État », *LPA*, 24 mars 1995, p. 4.
- DIAGNE (A.A.), « Communication sur l'élaboration et la présentation des textes juridiques », *Session de formation en légistique*, Dakar, les 3, 4 et 5 mars 2015.
- DIARRA (E.), « La procédure législative au Sénégal », *RIPAS*, n° 11, octobre-décembre 1984, p. 702-816.
- DIEYE (A.), « Les lois d'habilitation en droit comparé. La situation dans quelques Etats d'Afrique noire francophone et en France », *Annales de l'Université de Toulouse I, Capitole*, tome IV, 2014, p. 133 et s.
- DIOUF (G. A.), « L'arrêté préfectoral », in *Le pouvoir réglementaire des autorités administratives au Sénégal*, Actes du 5e colloque de la RIPAS, Dakar, 11-15 décembre 1989, *RIPAS*, janvier-décembre 1990, n° 23-24, p. 177 et s.
- GAUTRON (J-C.), « Réflexions sur l'autonomie du droit public sénégalais », *Annales africaines*, 1969, p. 29-41.
- GEORGES (PH.), « La procédure législative au Sénégal, *Annales africaines*, 1965, p. 177.
- KHOUMA (O.), « Le contrôle de la légalité externe des actes administratifs unilatéraux par le juge sénégalais. Un exemple de

transposition de la jurisprudence administrative française » : http://afrilex.u-bordeaux4.fr

- LAPEYRE (CH.), « La consultation du Conseil supérieur de la fonction publique en matière de statut particulier constitue une formalité préalable substantielle (note sous l'arrêt Souleymane SIDIBE-Amicale des Administrateurs civils du Sénégal (Cour suprême, 23 juillet 1975) », *Annales africaines*, 1975, p. 179 et s.
- MBACKE (M. M.), « L'entrée en vigueur des actes réglementaires en droit sénégalais », *RIPAS*, n° 23-24, janvier-décembre 1990, p. 125 et s.
- MBAYE (B. N.), « A propos du pouvoir réglementaire au Sénégal » in *Le pouvoir réglementaire des autorités administratives au Sénégal*, Actes du 5e colloque de la RIPAS, Dakar, 11-15 décembre 1989, *RIPAS*, janvier-décembre 1990, n° 23-24, p. 33 et s.
- MBAYE (K.), « Le droit africain. Ses voies et ses vertus », *Rev. sén. dr.*, juin 1968, n° 03, p. 05 et s.
- MBAYE (K.), « L'expérience sénégalaise de la réforme du droit », in *RIDP*, vol. 22 n°1, janvier- mars 1970. p. 35-42.
- MBODJ (E-H.), « Le Premier Ministre dans l'ordonnancement constitutionnel sénégalais », *Alternatives Démocratique dans le Tiers-monde*, n° 06, juillet-décembre 1992, p. 57-71.
- NDIAYE, « La portée abrogatoire des droits supranationaux de l'espace OHADA sur les dispositions du COCC », in I. Y. NDIAYE, J.J. L. CORREA et A.A. DIOUF (dir.), *Code des Obligations civiles et commerciales du Sénégal (COCC) : cinquante ans après*, Vol 2, Dakar, CREDILA, l'Harmattan, 2018, p. 407 et s.
- NDIAYE (I. Y.), « Le Conseil constitutionnel sénégalais », *Les Nouveaux Cahiers du Conseil constitutionnel,* 2014/4, n° 45, p. 77 à 103.
- NDIAYE (S. A.), « Le régime de sortie de vigueur des actes créateurs de droits illégaux en Afrique : le cas du Sénégal », in A. SALL et I. M. FALL (dir.), *Actualités du droit public et de la science politique en Afrique, Mélanges en l'honneur de Babacar KANTE*, Dakar, l'Harmattan, 2017, p. 565 et s.
- NDIAYE (Y.,) « L'art de mal légiférer (propos irrévérencieux sur certains textes de lois) », *Rev. Ass. sén. dr. pén.*, n° 02, juillet-décembre 1995, p. 53.
- NIANE (I.), « L'Assemblée nationale et le parcours de la loi », in Constitutions et institutions publiques africaines, Études doctrinales, *EDJA*, p. 445 et s.
- NIANG (L.) « Commentaires de lois : loi n° 70-14 du 06 février 1970 fixant les règles d'application des lois, des actes administratifs à

caractère règlementaire et des actes administratifs à caractère individuel (JORS n° 4095 du mardi 31 mars 1970, p. 325)», *Rev. sén. dr.*, septembre 1970, n° 8, pp. 103-104.

- NZOUANKEU (J. M.), « L'intérim du Président de la République », *RIPAS*, n° 10, avril-juin- 1984, p. 357.
- NZOUANKEU (J. M.), « Remarques sur le pouvoir réglementaire au Sénégal » in *Le pouvoir réglementaire des autorités administratives au Sénégal*, Actes du 5e colloque de la RIPAS, Dakar, 11-15 décembre 1989, *RIPAS*, janvier-décembre 1990, n° 23-24, p. 11 et s.
- NZOUANKEU (J. M.), « Remarques sur quelques particularités du droit administratif sénégalais », *RIPAS*, n° 09, 1984, p. 1-36.
- NZOUANKEU (J. M.), « Les domaines respectifs de la loi et du règlement en droit sénégalais », *RIPAS* n° 11, octobre-décembre 1984, p. 892.
- OUATTARA (A.), « De la nature juridique des Actes uniformes de l'OHADA », Ohadata D 02-08.
- RIVES (G.), « Le droit criminel sénégalais », *Rev. sén. dr.*, juin 1974, n° 15, 7e année, p. 45.
- SALL (A.), « Le droit international et les nouvelles Constitutions africaines», *RJPIC*, n°03, septembre-décembre 1997.
- SALL (A.), « Le juge national et la publication des traités : à propos de l'invocabilité du traité de l'OHADA devant les juridictions sénégalaises», Revue *EDJA*, n° 42, 1999, p. 71 et s.
- SAMB (O.), « Procédures et effets attachés au défaut de transposition », *Echos finances*, n° 04, janvier-février-mars, 2017, p. 42 et s.
- SY (P. D.), « Présentation de la nouvelle Constitution », *Nouvelles Annales africaines,* n° 01, 2007, p. 279 et s.
- SY (P. M.), « Quelques remarques sur l'institution du recours pour excès de pouvoir au Sénégal depuis la création du Conseil d'État », *EDJA*, n° 53, avril-mai-juin 2002, p. 57 et s.
- SYLLA (S.), « Le contrôle de constitutionnalité des lois au Sénégal », *RIPAS*, n° 11, octobre-décembre 1984, p. 817-888.
- TALL (S. N.), « Les ordonnances en Afrique noire francophone », *Revue EDJA*, n° 64, janvier-février-mars 2005, p. 47 et s.
- TALL (S. N.), « La Constitution sénégalaise de 2001 et le droit international public », *Nouvelles Annales africaines*, n° 01, 2007, p. 371 et s.
- TANDIAN (I. M.), TANDIAN (I. M.), « La délégation de pouvoirs et de signature dans l'administration régionale et locale au Sénégal »,

RIPAS n° 23-24, janvier- décembre 1990, Actes du 5e colloque de la RIPAS, Dakar du 11 au 15 décembre 1989, p. 134 et s.

- TOURE (P. A.), « La circulaire primatorale du 06 octobre 2015 : l'art de mieux légiférer », www.sudonline.sn
- TOURE (P. A.), « L'ordonnance : un instrument normatif hybride au service de la stratégie de riposte contre le Covid-19 », *Le Soleil* n° 14987 du 12 mai 2020, p. 18.
- WODIE (F.), « La législation », in *Encyclopédie juridique de l'Afrique*, Tome premier, Abidjan-Dakar-Lomé, NEA, p. 322.

INDEX ALPHABÉTIQUE

Les chiffres renvoient aux numéros de paragraphes et non aux numéros de pages.

TABLE DES MATIÈRES

Structures éditoriales du groupe L'Harmattan

L'Harmattan Italie
Via degli Artisti, 15
10124 Torino
harmattan.italia@gmail.com

L'Harmattan Hongrie
Kossuth l. u. 14-16.
1053 Budapest
harmattan@harmattan.hu

L'Harmattan Sénégal
10 VDN en face Mermoz
BP 45034 Dakar-Fann
senharmattan@gmail.com

L'Harmattan Cameroun
TSINGA/FECAFOOT
BP 11486 Yaoundé
inkoukam@gmail.com

L'Harmattan Burkina Faso
Achille Somé – tengnule@hotmail.fr

L'Harmattan Guinée
Almamya, rue KA 028 OKB Agency
BP 3470 Conakry
harmattanguinee@yahoo.fr

L'Harmattan RDC
185, avenue Nyangwe
Commune de Lingwala – Kinshasa
matangilamusadila@yahoo.fr

L'Harmattan Congo
67, boulevard Denis-Sassou-N'Guesso
BP 2874 Brazzaville
harmattan.congo@yahoo.fr

L'Harmattan Mali
Sirakoro-Meguetana V31
Bamako
syllaka@yahoo.fr

L'Harmattan Togo
Djidjole – Lomé
Maison Amela
face EPP BATOME
ddamela@aol.com

L'Harmattan Côte d'Ivoire
Résidence Karl – Cité des Arts
Abidjan-Cocody
03 BP 1588 Abidjan
espace_harmattan.ci@hotmail.fr

L'Harmattan Algérie
22, rue Moulay-Mohamed
31000 Oran
info2@harmattan-algerie.com

L'Harmattan Maroc
5, rue Ferrane-Kouicha, Talaâ-Elkbira
Chrableyine, Fès-Médine
30000 Fès
harmattan.maroc@gmail.com

Nos librairies en France

Librairie internationale
16, rue des Écoles – 75005 Paris
librairie.internationale@harmattan.fr
01 40 46 79 11
www.librairieharmattan.com

Librairie l'Espace Harmattan
21 bis, rue des Écoles – 75005 paris
librairie.espace@harmattan.fr
01 43 29 49 42

Lib. sciences humaines & histoire
21, rue des Écoles – 75005 paris
librairie.sh@harmattan.fr
01 46 34 13 71
www.librairieharmattansh.com

Lib. Méditerranée & Moyen-Orient
7, rue des Carmes – 75005 Paris
librairie.mediterranee@harmattan.fr
01 43 29 71 15

Librairie Le Lucernaire
53, rue Notre-Dame-des-Champs – 75006 Paris
librairie@lucernaire.fr
01 42 22 67 13